AF392719

Orbe Romano e Imperio Global

EDITORIAL UNIVERSITARIA

Alejandro Bancalari Molina

Orbe Romano e Imperio Global

La Romanización desde Augusto a Caracalla

EDITORIAL UNIVERSITARIA

A mis padres Bernardo y Berta

ÍNDICE

CAPÍTULO I

La Romanización como proceso histórico de larga duración: fundamentos teóricos

CAPÍTULO II

La teoría y el estudio de la Romanización: pluralidad de modelos

CAPÍTULO III
Grandes variables y factores del proceso de Romanización

CAPÍTULO IV

Distintos testimonios sobre el mundo romano

CAPÍTULO V

De Roma a la Aldea Global

I. Tomadas de L'année Philologique: Bibliographie critique et analytique de l'antiquité gréco-latine.

AC	: L'Antiquité Classique, Bruxelles.
Aevum	: Rassegna di scienze storiche, linguistiche e filologiche, Milano.
AIV	: Atti [dell']Istituto Veneto di Scienze, Lettere ed Arti, Venezia.
AJA	: American Journal of Archaeology, Boston.
AJAH	: American Journal of Ancient History, Cambridge.
ANRW	: Aufstieg und Niedergang der Romischen Welt: Geschichte und Kultur Roms im Spiegel der neueren Forschung, Berlin.
AntAfr	: Antiquités Africaines, Paris.
Arctos	: Acta Philologica Fennica, Helsinki.
ASNP	: Annali della Scuola Normale Superiore di Pisa, Classe di lettere e filosofia, Pisa.
Athenaeum	: Studi di letteratura e storia dell' antichità, Como.
Augustinianum	: *Periodicum semestre Instituti Patristici Augustinianum*, Roma.
BAR	: British Arqueological Reports, Oxford.
BASP	: The Bulletin of the American Society of Papyrologists.
BIDR	: Bulletino dell'Istituto di Diritto Romano, Milano.
Britania	: A Journal of Romano–British and Kindred Studies, London.
BSFN	: Bulletin de la Société Française de Numismatique.
CIL	: *Corpus Inscriptionum latinarum*, Berlin 1863 sgg.
CISA	: Contributi dell' Istituto di Storia Antica dell' Università del Sacro Cuore, Milano.
CPh	: Classical Philology, Chicago.
CQ	: Classical Quarterly, Oxford.
CRAI	: Comptes Rendus de l'Académie des Inscriptions et Belles–lettres, Paris.
Chiron	: Mitteilungen der Kommission für alte Geschite und Epigraphik des Deutschen Archäologischen Instituts, München.
CW	: Classical World, Pittsburgh.

Dacia	: Revue d'Archéologie et d'Histoire Ancienne, Bucarest.
Darch	: Dialoghi di Archeologia.
DHA	: Dialogues d'Histoire Ancienne, Besançon.
Digesto	: *Digesta Iustiniani Augusti*, Berlin.
EClás	: Estudios Clásicos, Madrid.
Emerita	: Revista de Lingüística y Filología Clásica, Madrid.
Gerión	: Revista de Historia Antigua, Universidad Complutense de Madrid.
G&R	: Greece and Rome, Oxford.
Gymnasium	: Zeitschrift für Kultur der Antike und Humanistische Bildung, Heidelberg.
Habis	: Filología Clásica, Historia Antigua, Arqueología Clásica, Sevilla.
HAnt	: Revista de Historia Antigua, Valladolid.
Helikon	: Rivista di Tradizione e Cultura Classica dell'Università di Messina.
Hermes	: Zeitschrift für klassische Philologie, Stuttgart.
Historia	: Zeitschrift für Alte Geschichte, Stuttgart.
Index	: Quaderni camerti di studi romanistici = International survey of roman law, Napoli.
Ítaca	: Quaderns Catalans de cultura clàssica, Barcelona.
Iura	: Rivista internazionale di diritto romano e antico, Napoli.
JEA	: The Journal of Egyptian Archaeology, London.
JRA	: Journal of Roman Archaeology, Portsmouth.
JRS	: The Journal of Roman Studies, London.
Ktèma	: Civilisations de l'Orient, de la Grèce et de Rome antiques, Strasbourg.
Klio	: Beiträge zur Alten Geschichte, Berlin.
Labeo	: Rassegna di diritto romano, Napoli.
Latomus	: Revue d' Études Latines, Bruxelles.
LEC	: Les Études Classiques, Namur.
MAAR	: Memoirs of the American Academy in Rome.
MediterrAnt	: Mediterraneo antico: economie, società, culture, Pisa.
MEFRA	: Mélanges de l'École française de Rome.
MIL	: Memorie dell' Istituto Lombardo, Milano.
Mnemosyne	: Bibliotheca Classica Batava, Leiden.
Orom	: Opuscula Romana: annual of the Swedish Institute in Rome.
PCPhS	: Proceedings of the Cambridge Philological Society, Cambridge.
Phoenix	: The Journal of the Classical Associations of Canada, Toronto.
Polis	: Revista de ideas y formas políticas de la antigüedad clásica. Alcalá de Henares.

PP	:	La Parola del Passato. Rivista di studi antichi, Napoli.
P&P	:	Past and Present, Oxford.
RAL	:	Rendiconti della classe di scienze morali, storiche e filologiche dell' Accademia dei Lincei, Roma.
RCCM	:	Rivista di Cultura Classica e Medioevale, Roma.
RD	:	Revue historique de droit français et étranger, Paris.
REA	:	Revue des Études Anciennes, Talence.
REG	:	Revue des Études Grecques, Paris
RHD	:	Revue d'Histoire du Droit. Tijdschrift voor Rechtsgeschiedenis.
RIDA	:	Revue internationale des Droits de l' Antiquité, Bruxelles.
RIL	:	Rendiconti dell' Istituto Lombardo, Classe di Lettere, scienze morali e storiche, Milano.
RSA	:	Rivista Storica dell' Antichità, Bologna.
RSI	:	Rivista Storica Italiana, Napoli.
SCO	:	Studi Classici e Orientali, Pisa.
SDHI	:	Studia et Documenta Historiae et Iuris, Pontificia Universitas Lateranensis, Vaticano.
SEG	:	*Supplementum Epigraphicum Graecum*, I sgg. Leiden 1923; XXVI sgg. Alphen a. d. Rijn; XXVIII sgg. Amsterdam.
SHHA	:	Studia Historica. Historia Antigua, Salamanca.
SMSR	:	Studi e Materiali di Storia delle Religioni, L'Aquila.
StudClas	:	Studii Clasice, Bucureşti.
StudRom	:	Studi Romani, Istituto Nazionale, Roma.
TAPhA	:	Transactions of the American Philological Association, Philadelphia.
Veleia	:	Revista de prehistoria, historia antigua, arqueología y filología clásicas, Vitoria (País Vasco).
ZPE	:	Zeitschrift für Papyrologie und Epigraphik, Boon.

II. Otras revistas internacionales y nacionales.

— American Historical Review, Washington (AHR).
— Annales (ESC), Annales (Economie, Sociétés, Civilizations).
— Anuario, Universidad Internacional SEK, Santiago.
— Atenea, Universidad de Concepción.
— Boletín de la Real Academia de la Historia, Madrid

— Bulletin de l'institut d'Égypte, Le Caire (BIE).
— Comparative Studies in Society and History, Cambridge University (CSSH).
— English Historical Review, Oxford University (EHR).
— Florentia Iliberritana, Revista de Estudios de Antigüedad Clásica, Universidad de Granada (Flor. Il).
— Journal of the History of Ideas, Virginia University (JHI).
— Journal of World History, University of Hawai'i. (JWH).
— Limes, Revista del Centro de Estudios Clásicos, Universidad Metropolitana de Ciencias de la Educación, Santiago.
— Política y Sociedad, Universidad Complutense de Madrid.
— Revista de Estudios Clásicos, Universidad Nacional de Cuyo, Mendoza.
— Revista de Estudios Histórico-Jurídicos, Universidad Católica de Valparaíso.
— Revista de Historia Social y de las Mentalidades, Universidad de Santiago.
— Revista de Historia Universal, Pontificia Universidad Católica de Chile.
— Revista de Historia Universal, Universidad Nacional de Cuyo, Mendoza.
— Revista de Historia, Universidad de Concepción.
— Revista de Humanidades, Universidad Andrés Bello, Santiago.
— Rivista Italiana per le Scienze Giuridiche (RISG).
— Semanas de Estudios Romanos, Universidad Católica de Valparaíso.
— Stylos, Revista del Instituto de Estudios Grecolatinos, Universidad Católica Argentina.
— World Archaeology, Oxford University (WA).

AGRADECIMIENTOS

Después de concluir esta larga investigación, me siento deudor de ciertas ideas y sugerencias formuladas por profesores y colegas que, desinteresada y gentilmente, leyeron el original de esta publicación. Sus comentarios, aportes y críticas mejoraron en forma sustancial el texto. Mi gratitud es para colegas y amigos de Italia y Chile.

En cuanto al país peninsular, no tengo más que palabras de agradecimiento para la mayor parte de los académicos del Departamento de Ciencias Históricas del Mundo Antiguo de la Universidad de Pisa. Al profesor Umberto Laffi por su lectura, incisivos comentarios y precisiones. A Sandra Gozzoli por su cordial disponibilidad para el diálogo y para hacer sugerencias. A Domitila Campanile por sus acertadas opiniones y por su estímulo. Igualmente a Marinela Pasquinucci y Simonetta Menchelli por su interés en conversar sobre este tema. A mi amigo Luca Fezzi por su gentileza y la colaboración que me prestó. A Jimena Silva, ex alumna, hoy colega y doctoranda en Historia Romana por la Universidad de Pisa, por su amabilidad, estímulo permanente y valiosa colaboración. A Omar Coloru, por ayudarme a conseguir importantes datos y a Alessandro Launaro por el diseño de dos mapas de los imperios mundiales. A Simonetta Seggeni de la Universidad de Milán por sus comentarios e informaciones. A María Antonieta Giua de la Universidad de Florencia por sus aportes en conversaciones. Una especial mención para el profesor Leandro Polverini de la Universidad de Roma Tre quien siempre ha tenido una cordial disposición y buena voluntad para sugerirme valiosos datos y comentarios.

Por último, mi reconocimiento, sobre todo, desde el punto de vista humano, a aquellas familias que hicieron siempre grata mi permanencia en Italia, con ocasión de las estadías de investigación que realicé para llevar a cabo este libro. A Roberto y Alfa Abbattista por hacerme sentir en Pisa como en 'casa propia', con sus delicadezas, detalles inolvidables y gratísimo ambiente familiar; en suma, por su magnífica hospitalidad. A Vittorio y Maria Grazia Sabatini por su disponibilidad y amabilidad para recorrer conmigo en Roma bibliotecas, archivos, museos y conversar en torno a estos temas. A Renato y Teresa Revello por su amistad iniciada en Concepción y que continúa en Rapallo, donde pude encontrar momentos de paz, descanso y reflexión.

En Chile, mi gratitud es también para muchas personas. A mi ex colega de español de la Universidad del Bío-Bío, Wagner Pérez, quien leyó el manuscrito completo, haciéndome valiosas correcciones estilísticas, por su leal amistad y por compartir días hablando en torno a la lengua de Cervantes. A Luis Rojas, Presidente de la Sociedad Chilena de Estudios Medievales, por su fineza histórica y sus importantes aportes metodológicos respecto de la problemática. A Jaime Rebolledo que como ex director del Departamento de Historia, Geografía y Ciencias Sociales de la Universidad del Bío-Bío, me otorgó todas las facilidades para la realización de este trabajo. A Christian Loyola, de la misma institución, por su aporte en la confección de los mapas relativos al orbe romano.

Asimismo, agradezco a Leonardo Mazzei colega y amigo de la Universidad de Concepción, quien con su constante estímulo y ejemplo, incentivó esta investigación. A nuestro ex profesor de la mencionada Universidad, Humberto Estay, por sus consejos y su profunda sensibilidad histórica por lo antiguo y lo moderno. A Tulio Mendoza Belio, poeta y escritor, miembro correspondiente de la Academia Chilena de la Lengua, por sus amables, generosos y finos consejos lingüísticos. A los alumnos de Magister en Historia, en particular, a Guillermo Tapia por su ayuda práctica y sincera; a Verónica Caroca y Sandra Aste por su perseverante preocupación y apoyo. Un reconocimiento especial para Jorge San Martín, quien digitó el manuscrito final, con una disposición y buena voluntad inigualables. A la socióloga Loreto Maza, por los diálogos fecundos que mantuvimos sobre el problema de la identidad y la globalización. Al profesor Stephen Wiley del Departamento de Comunicación Social de la Universidad de Carolina del Norte (EE.UU.), que en variadas conversaciones me sugirió interesantes aportes. A Luis Saavedra por sus precisiones lingüísticas y siempre atenta colaboración.

A mi amigo Nicolás Cruz, profesor de la Pontificia Universidad Católica de Santiago por su permanente estímulo, por sus certeras opiniones respecto de algunos capítulos y por compartir largas veladas discutiendo e intercambiando opiniones y reflexionando sobre la Historia Romana. También quiero expresar mi inmensa gratitud a mi amiga y colega Ximena Ponce de León, Filóloga Clásica de la Universidad de Chile, quien tuvo la gentileza, la mejor disposición y la enorme paciencia de leer este texto completo, haciéndome inteligentes comentarios y profundas precisiones; sus finas sugerencias han hecho que estas páginas tengan una lectura más fluida.

Agradezco el apoyo constante del profesor Rafael Sagredo, Director del Centro de Investigación Diego Barros Arana, perteneciente a la DIBAM, por su interés en impulsarme en esta investigación y por su permanente difusión de la historiografía chilena, en temas nacionales-americanos y de historia europea-universal. A

Eduardo Castro Le-Fort, por su perseverancia y compromiso en estos 60 años de la Editorial Universitaria como difusora de la cultura. Del mismo modo, a FON-DECYT por los diversos proyectos aprobados, cuyos resultados se han concretado en este libro. No puedo dejar de mencionar a la Universidad de Concepción y a la Universidad del Bío-Bío por otorgarme todo el apoyo y las facilidades para la realización de esta obra. Del mismo modo, el reconocimiento a mis alumnos por debatir y compartir conmigo algunos de estos tópicos en las aulas.

Finalmente, a Cesare Letta, maestro intelectual, por quien siento gran respeto y una amistad sincera y profunda. Por más de dos décadas –primero como profesor, hoy como colega– ha sido un modelo de agudeza, rigurosidad histórica, perspicacia y generosidad. Con Cesare conversamos, reflexionamos y discutimos sobre variados temas y posturas en relación a este texto. Mi deuda con él es muy grande.

Mi reconocimiento al patrocinio brindado por el profesor Héctor Herrera Cajas (Q.E.P.D.) quien tuvo siempre un gran interés por motivar al ciudadano común, al joven y al adulto a los estudios históricos, especialmente los del Occidente cristiano. A mi querido amigo Enrique Ruggeri Vega (Q.E.P.D.), por haber compartido inolvidables lecciones de Cultura y Lengua Latina y por su inagotable simpatía y locuacidad.

Por último, deseo reconocer mi eterno agradecimiento a Marisol Miranda, mi esposa, por haber tenido una gran capacidad de comprensión y tolerancia durante todo este período. Sin su compañía y apoyo permanente, habría sido muy difícil para mí investigar y escribir esta obra.

Concepción, marzo de 2007.

La grandeza del fenómeno de la romanización y su importancia en la historia del mundo son asuntos que no necesitan ser demostrados. Fue un imperio que se extendió por los tres continentes del mundo antiguo y que comprendió, no solamente toda la cuenca del Mediterráneo, sino también la parte mayor de la Europa continental. Esto no tiene parangón en ninguna otra época histórica, además su continuidad por más de ocho siglos –que en su mitad oriental se desplegó nada menos que por otro milenio– constituye un fenómeno único y extraordinario.

Se puede comprender, entonces, el hecho de que haya constituido la referencia ideal y la matriz de la propia idea de imperio a lo largo de toda la historia de Occidente, es decir, desde el restablecimiento del sacro imperio romano hasta el imperio napoleónico y los grandes imperios coloniales creados por las naciones europeas más poderosas.

Asimismo, el imperio romano ha suscitado, en todas las épocas, el interés y las reflexiones de los historiadores, quienes han intentado comprender y explicar el presente a la luz del pasado. El imperio de Roma, su unificación cultural y la política realizada han sido vistas como un antecedente y un modelo de los imperios coloniales europeos; en un primer momento, bajo una óptica claramente positiva y luego, en la época de la descolonización, desde una perspectiva cada vez más crítica y negativa.

Recientemente, las grandes transformaciones en la disposición geopolítica actual, han propuesto motivos de interés y perspectivas nuevas para la investigación. Por su parte, el derrumbe de la URSS y, con ello, la emergencia de un mundo caracterizado no por un equilibrio más o menos estable entre las grandes potencias, sino que por la clara preponderancia de una 'superpotencia'. Este hecho ha permitido una comparación con el mundo antiguo caracterizado en su dimensión mediterránea y europea, por la hegemonía indiscutible de Roma, en torno a la cual gravitaban no solamente los súbditos directos de su imperio, sino pueblos formalmente libres y aliados como también aldeas que, desde un punto de vista geográfico, estaban ubicadas fuera de los límites del imperio. Por otra parte, la marcha del mundo hacia una economía y una cultura globalizada ha llevado a muchos estudiosos a ver un antecedente de este fenómeno grandioso en los análogos procedimientos de unificación, puestos en marcha en el mundo antiguo por la romanización de poblaciones lejanas y diversas por su lengua, cultura, mentalidad y tradiciones.

Esta comparación, naturalmente, obliga a preguntarse por las analogías y por las diferencias, no sólo para comprender mejor las peculiaridades del uno y del otro, sino para intentar tomar de la realidad del pasado algunas sugerencias para corregir e incidir de manera positiva en el presente.

Desde esta óptica se ha movido, con inteligencia y seguro discernimiento crítico, Alejandro Bancalari Molina, un académico e investigador que se ha formado entre Concepción y Pisa, quien junto a un pequeño, pero meritorio grupo de estudiosos –entre ellos recuerdo, sobre todo, a Raúl Buono-Core Varas y Nicolás Cruz Barros– ha contribuido a refundar los estudios de historia romana en Chile, sobre las huellas del recordado 'maestro' Héctor Herrera Cajas.

Bancalari ha sabido individualizar muy bien la actualidad de esta problemática y proponer una discusión amplia y fascinante, sólida y rigurosa, pero dirigida no sólo al estrecho círculo de los historiadores del mundo antiguo, sino asimismo a los historiadores en general y a las personas cultas, capaces de preguntarse sobre las grandes transformaciones actuales.

El mayor valor de su análisis es su equilibrio, pues evita, por una parte, volver a proponer la vieja perspectiva colonialista que veía en la expansión romana únicamente el avance de la civilización y del progreso en contra de la barbarie y, por otra, los esquematismos ideológicos que se han afirmado con la descolonización y la moda del *political correctness*. De esta forma, y con mucha frecuencia, se ha sobrevalorado casi como un mito la resistencia a la romanización y, de esta última, se ven solamente los aspectos de mayor opresión y explotación.

Comparto igualmente, sin reservas, la decisión del profesor Bancalari de utilizar sin temor la palabra "romanización", hoy en día cuestionada por muchos historiadores, pero que permanece sin duda, como la más simple y eficaz para designar todo un complejo de fenómenos de transformación cultural que no pueden ser expresados, de manera adecuada, por ninguna de las acepciones sustitutivas que han sido propuestas hasta ahora.

A través de un estudio profundo y sistemático de los principales factores de la romanización, de los cuales indaga el funcionamiento y las correlaciones, Bancalari demuestra de manera concreta el hecho de que no resulta posible proponer cuadros esquemáticos y uniformes, sean positivos o negativos. Como toda realidad histórica, la romanización es un fenómeno complejo y parcialmente contradictorio, donde no deben descuidarse los matices y, sobre todo, la dimensión evolutiva. Es impensable suponer que la romanización tuvo, en todo momento y en todos los lugares, las mismas características, desde la fase de expansión mediterránea del siglo II a.C. hasta el imperio tardío; desde las provincias del Oriente de lengua griega, con una antigua y refinada civilización urbana, hasta las del Occidente extremo, habitadas preponderantemente por tribus no urbanas.

La tarea del historiador, en consecuencia, es reconstruir cuadros evolutivos, articulados y documentados en la medida de lo posible, antes que aplicar de manera mecánica esquemas ideológicos simples pero abstractos. Solamente al término de esta operación de reconstrucción será posible intentar un balance que, por fuerza, no podrá ser ni una exaltación incondicional ni una condena inapelable. Al historiador le corresponde comprender y explicar, no juzgar. Para que su valoración final tenga sentido, debe considerar todos los aspectos evidenciados por la investigación, sean positivos o negativos.

Particularmente útil, entonces, puede ser una comparación puntual con los otros grandes imperios antiguos y modernos, con la finalidad de resaltar las peculiaridades del romano; explicar las causas de su duración más extensa y proponer, por lo mismo, un balance realista y matizado que no se agote en una exaltación ni en una invectiva.

Bancalari ha elegido de manera decidida este enfoque en su libro el que parece el único metodológicamente aceptable. Sin ignorar los aspectos de la prevaricación, del robo, a veces del genocidio, que se encuentran presentes en algunas fases de la expansión. Del mismo modo, ha subrayado muy bien la importancia de Augusto en el cambio decisivo hacia una relación más equilibrada con las provincias y una plena integración de las 'élites'. Esta apertura recuperaba la política de integración que se había aplicado desde hacía siglos a las 'élites' latinas e itálicas y la transfería a las provincias. Lo anterior explica el hecho de que, por lo menos hasta el siglo IV d.C., el poder romano tuvo a lo largo de todo el imperio un consenso difundido y permanente, frente a los episodios de rechazo radical y revueltas que resultaron sustancialmente marginales y esporádicos, casi nunca dictados por motivos 'patrióticos' o 'nacionalistas'.

Muy eficaz me parece la fórmula "unidad en la diversidad" con la cual Bancalari resume la esencia profunda de la romanización. Con ella se subraya muy bien la falta de rigidez del sistema imperial romano que no tenía la estructura elefantiásica y esclerótica del imperio zarista, que no imponía por las armas la lengua y la religión de Roma y estaba dispuesta a asimilar, sobre un plano de absoluta igualdad, a las 'élites' de todos los pueblos sometidos.

Se necesita reflexionar sobre este aspecto fundamental de la romanización: sólo en el orbe romano fue posible que españoles, africanos, ilirios y árabes fueran admitidos dentro de la clase dirigente romana, se los designara senadores, gobernadores de provincias, comandantes militares e incluso emperadores. Una integración total, por otra parte, resultaba imposible, no sólo en los otros imperios de la antigüedad, sino también, en los grandes imperios coloniales modernos desde el español al inglés. ¡En éstos, habría sido impensable que un 'natural' de India o de Kenia pudiera convertirse en rey de Inglaterra, así como llegaron a ser emperadores el español Trajano, el africano Septimio Severo o el árabe Filipo!

De mucha importancia resulta, a su vez, la insistencia de Bancalari en la relación "bidireccional" o "multidireccional" de ósmosis entre el centro y la periferia del imperio, que hace de la romanización un fenómeno complejo, no reducible a las toscas categorías del 'desarraigo' o del 'genocidio cultural'. No puede olvidarse que, por lo menos, en cierta medida, la romanización fue un fenómeno espontáneo y no impuesto por la fuerza, y que para algunos aspectos importantes, como la organización urbana, la alfabetización y la adopción de la lengua latina, se puede hablar sin exageración de autorromanización como adecuación espontánea de las 'élites' hacia un modelo de vida sentido como superior.

Espero que estas breves reflexiones preliminares puedan suscitar, en muchos, el deseo de profundizar el conocimiento de un tema tan fascinante, mediante la lectura de este importante libro de Alejandro Bancalari. Él ofrece una guía segura y puesta al día sobre los debates más recientes, que han visto como protagonistas, sobre todo, a estudiosos de lengua inglesa, cuyas opiniones a menudo resultan muy discutibles. Creo que el interés del lector tendrá una buena recompensa y que encontrará en esta obra algunas sugerencias metodológicas importantes, aplicables igualmente a otros períodos históricos. De un interés especial, resultará la comparación entre el procedimiento de unificación cultural realizado por Roma y el que hoy en día se designa con la palabra "globalización". Quizás el modelo romano podría ayudar para que se tomen decisiones acertadas, si se quieren orientar las transformaciones actuales, con el propósito de lograr que la unificación mundial se configure como una "unidad en la diversidad" y no como una homologación total y una pérdida de identidad, esto es, como un crecimiento y no como un empobrecimiento irremediable.

Cesare Letta
Universidad de Pisa
Pisa, febrero de 2007.

Introducción

1. Volver sobre lo mismo

El proceso civilizador de la romanización como *continuum* histórico, *forma mentis,* ha perdurado –conciente e inconcientemente– por dos mil años como 'modelo de sociedad' con toda su resonancia material y valórica. El mundo actual es deudor de dicho proceso al que debemos considerar como un exitoso procedimiento vertebrador, de integración y asimilación entre romanos y sociedades nativas.

Es particularmente novedoso e interesante comprender la dinámica y la diversidad de la experiencia romana en un imperio inmenso y con múltiples realidades y contextos. Sin embargo, mediante una política de consenso, tolerancia y de una vasta lista de mecanismos y fenómenos va concretándose, paulatinamente, una cierta unidad dentro de esta diversidad hasta confluir en una cultura e identidad común. En otras palabras, Roma y los pueblos locales construyen y estructuran una forma común de vida civilizada, un estilo y modo de ser, pensar y accionar: la *Romanitas*.

Si existió un consenso romano–provincial para dinamizar, experimentar y llevar a cabo la política romanizadora, los estudios, hoy en día, presentan una gama infinita de interpretaciones y enfoques para caracterizar dicho proceso. No existe una visión consensuada acerca de la romanización, en el sentido de cómo se difundió la cultura romana a través del imperio. Ésta es una nomenclatura equívoca que en los actuales debates historiográficos y arqueológicos, tiene mayor relación con las distintas formas de percepción que posee cada uno de los estudiosos de Roma y de su imperio. Algunos de ellos evidenciaron sólo los cambios observados en la cultura material de las sociedades locales. Existen así, enfoques estrechos y simplistas, otros más amplios y eclécticos, otros más integrados y vinculados con la aculturación. En cada uno de éstos, la definición y caracterización de sus agentes variará de un historiador a otro[1], transformándose en un concepto ambiguo, subjetivo y manipulado, cargado de valores e ideologías diversas.

---

[1] C. Nicolet, "Lexicographie politique et histoire romaine: problèmes de méthode et directions de recherches", en I. Lana y N. Marinone (eds.), *Atti del convegno sulla lessicografia politica e giuridica nel campo delle scienze dell'antichità* (Torino, 1978), Accademia delle Scienze, Torino, 1980, pp. 19-46, plantea que "las palabras no tienen una vida independiente de los hombres que las usan".

Nuestro esfuerzo se concentrará en intentar explicar, una vez más, la misión y proyección del orbe romano en la civilización cristiano-occidental, demostrando cómo el fenómeno de la *Romanitas* llegó a ser la llave maestra para transformar a los enemigos-vencidos por Roma en ciudadanos iguales. Y cómo, en general, los romanos fueron tolerantes, permitiendo las tradiciones locales y seduciendo a los nativos con un sofisticado sistema de vida, posibilitando una integración y unidad al interior de una diversidad y, al mismo tiempo, logrando que el imperio perdurara por alrededor de ocho siglos.

2. El marco temporal y espacial

En este libro abordaremos el estudio del mundo romano y su consiguiente proceso civilizador de la romanización desde el gobierno del emperador Octavio Augusto (27 a. C. – 14 d. C.) hasta Caracalla (211–217 d. C.), período conocido con el nombre de alto imperio romano. Tradicionalmente, el *orbis Romanus* es presentado durante esta época como un mundo político panmediterráneo, como una comunidad multiétnica y como una entidad plurilingüística[2]. Esta imagen de heterogeneidad va haciéndose progresivamente más homogénea. Es una macro estructura imperial que espontánea y naturalmente organiza su unidad bajo la égida de Roma y con la interacción e integración de los habitantes de las provincias.

Es el período en que Roma y el imperio adquirieron su máxima extensión territorial y su mayor esplendor cultural-artístico, una época áurea[3], de progreso, de *pax Romana*, que representa su apogeo: una etapa de añoranza, de nostalgia, de respeto y de rememoración, es decir, un "imperio humanitario" tal como lo denominó Santo Mazzarino[4]. Sin duda, marcó el cenit de la prosperidad y el

---

[2] Entre otros autores que sostienen esta postura: A. Garzetti, *From Tiberius to the Antonines. A History of the Roman Empire A.D. 14-192*, Methuen, London, 1974; P. Petit, *La paz romana*, Labor, Barcelona, 1976; F. Millar, *The Emperor in the Roman World (31 BC- AD 337)*, Duckworth, London, 1977 (1992²); G. I. Luzzatto, *Roma e le province, I, Organizzazione, Economia, Società*, Istituto Nazionale di Studi Romani, Cappelli, Bologna, 1985; M. Grant, *The Antonines. The Roman Empire in transition*, Routledge, London-New York, 1994; J. Le Gall y M. Le Glay, *El Imperio Romano. El alto imperio desde la batalla de Actium hasta la muerte de Severo Alejandro (31 a. C.-235 d. C.)*, I, Akal, Madrid, 1995.

[3] Le corresponde el mérito a L. Homo, *Le siècle d'or de l'empire romain. Les Antonins (96-192 ap. J.-C.)*, Ch. Piétri, Paris, 1969, en definir y calificar al siglo de los Antoninos como de "oro". Cfr. a su vez, E. Cizek, *L'epoque de Trajan. Circonstances politiques et problèmes idéologiques*, Les Belles Lettres, Paris, 1983, esp. pp. 21-25 y 467-477, quien plantea como entre la época de Trajano hasta Antonino Pío se produce el apogeo de la civilización romana, caracterizada por la "generosidad, el humanismo y la igualdad".

[4] S. Mazzarino, *L'impero romano I*, Laterza, Roma-Bari, 1973 (1991⁵), esp. pp. 316-374, particularmente se refiere a los gobiernos de los emperadores Adriano, Antonino Pío y Marco Aurelio como "ideales humanísticos".

equilibrio como proceso lineal e irreversible. Si bien es cierto, estas aseveraciones son generales y universalmente aceptadas, el argumento de la unidad imperial ha sido objeto de múltiples discusiones e investigaciones.

Intentaremos entregar una nueva aproximación e interpretación de esta problemática, con una visión holística, considerando la conformación del *imperium Romanum* como un todo orgánico, coherente e interconectado y, además, como un mundo que es el reflejo de una fuerza irradiadora y magnética para las provincias y cómo éstas se asimilan con la urbe. Utilizamos la expresión *oikuméne* en el sentido de un *orbis* espiritual y materialmente civilizado e identificado con la presencia romana.

Por otra parte, la amplitud y vastedad del orbe romano extendido en tres continentes fue sorprendente para la antigüedad. Sin embargo, comparativamente, en el contexto planetario hodierno y globalizado, el imperio ocuparía un porcentaje inferior de tierras y mares. En los dos primeros siglos de la era cristiana poseía una superficie de 10 millones de kilómetros cuadrados (de los cuales cerca de 3 son ocupados por el Mediterráneo) y una población de más de 60 millones de habitantes e incluso cálculos actuales la aproximan a la cantidad de 80 millones[5]. Más aún, la distancia en línea recta del Occidente al Oriente del imperio, o sea, desde Lusitania (Portugal) –traspasando todo el Mediterráneo– hasta el Tigris y Éufrates (actual Irak), bordeaba los 4.500 km., abarcaría hoy en día, cinco usos horarios diversos[6]. En estricto rigor, esa distancia corresponde, en forma más o menos exacta, a la longitud total de Chile, desde la ciudad de Arica en el norte hasta Punta Arenas en el extremo meridional, es decir, aproximadamente los mismos 4.500 km. o equivalente a la distancia que separa la costa pacífica de la atlántica en Estados Unidos. En el territorio del imperio romano desde los límites septentrionales: la muralla de Adriano localizada en el paralelo 55, y el Rin y el Danubio, descendiendo bajo el paralelo 50; hasta los límites meridionales en la costa de África (paralelo 30 aproximadamente), el trayecto oscilaría entre 2.500 y 2.000 km., lo que equivale a un poco más de la mitad del territorio chileno de norte a sur. En consecuencia, el *orbis Romanus*, entendido como una sumatoria de provincias (45 a la muerte de Augusto y 101 con las reformas de Diocleciano), corresponde a un verdadero rectángulo, eso sí, con una leve inclinación oeste-este en dirección al sur.

---

[5] P. Le Roux, *L'impero romano*, Newton & Compton, Roma, 2005, esp. p. 58 y p. 87.

[6] Con aproximaciones similares a las nuestras, pero con otros matices y cálculos, cfr. Le Gall y Le Glay, *El imperio romano* (cit.), p. 196. También en G. Ruffolo, *Quando l'Italia era una superpotenza. Il ferro di Roma e l'oro dei mercanti*, Einaudi, Torino, 2004, esp. pp. 22-23.

Por lo anteriormente señalado, esta comparación geográfica no hace otra cosa que confirmarnos, una vez más, los grandes logros del *imperium Romanum* en el ámbito de un sistema político, social y económico que aseguró su duración y conformó un 'modelo de sociedad' y de unidad dentro de la diversidad.

3. Roma: atracción e irradiación

Un punto central radica en describir cuál era el sentimiento de los distintos pueblos que conformaban el imperio. ¿Se sentían verdaderamente romanos y estaban concientes de una pertenencia a un mundo común o, por el contrario, manifestaban su rechazo y desconfianza hacia las autoridades y la política general emanada por Roma? La respuesta no es sencilla. No obstante, sostenemos que en este consenso romano–provincial como asimismo en la integración y unidad, radica el asunto clave y constante de la historia imperial: el complejo proceso civilizador de la *Romanitas*. Cómo, a través de una fuerza centrífuga, se expande la forma de vida y la cultura romana y cómo, a su vez, Roma ejerce una atracción en las élites locales y en los sectores medios que tratan de imitar concientemente a la urbe, ampliándose de manera gradual el consenso con las poblaciones sometidas y el deseo de éstas de pertenecer al *orbis Romanus*.

En efecto, en el siglo II d. C., con los emperadores Antoninos, período de esplendor, prosperidad y de largos años de paz e integración, la ciudad de Roma produjo una fuerza centrípeta admirable. Ella lideró un importantísimo polo de atracción que cautivó y proliferó a lo largo de las provincias constituyéndose en un espacio urbano fascinante. Con todo, ¿qué puede producir tal seducción en una ciudad conquistadora y parásita, populosa, con grandes problemas e incluso atochamientos, como nos presentan algunas fuentes? Creemos que en su fuerza magnética e irradiadora radica su peculiaridad máxima y decisiva: generar y mantener un orbe como núcleo interrelacionado y ecuménico entre Roma y las provincias. De aquí que el imperio romano fue capaz de superar la dimensión de su propio tiempo histórico.

4. Nuestra propuesta

En este libro, pretendemos realizar un exhaustivo examen teórico acerca de qué es la romanización, problemática siempre vigente y muy estudiada. Examinaremos cada una de las pluralidades y sus formas. Asimismo, nos proponemos indagar sobre cada uno de los once agentes o variables seleccionados sincrónicamente que por sí solos significan estudios particulares e interminables[7]. Nuestro esfuerzo y aporte se centra en valorar el proceso civilizador de la romanización a partir de una perspectiva actual y global. Hemos hecho una clasificación de las diversas formas y modelos de la romanización, de las categorías y de sus agentes para comprender cómo Roma, entre Augusto y Caracalla, pudo conformar un *orbis Romanus* y, del mismo modo, se convirtió en la primera "aldea" e "imperio global" de la historia.

Como paradigma de organización social, la romanización fue el motor y eje transversal en la integración y asimilación entre la sociedad romana y las sociedades nativas. Argumento propio de la naturaleza del *imperium Romanum* el que, sin duda, primero se configuró sobre la base de las conquistas, anexiones y de una dominación represiva y fuerte –que por cierto formó parte de la historia romana, pero no es el tema que nos incumbe por ahora– y segundo, se produce el proceso de adaptación e integración entre los pueblos interactuantes. Desde esta perspectiva de análisis, intentaremos desarrollar una nueva propuesta y a la vez una contribución metodológica. A raíz de esto, postulamos concebir la romanización como una cierta equivalencia, vinculación y antecedente del actualmente discutido y criticado –con sus pro y sus contra– proceso de globalización, entendido como un conjunto de acciones concretas que llevan a una identidad e integración de los diversos pueblos, componiendo así un mundo interconectado.

Ahora bien, procuraremos demostrar, a través de las fuentes primarias y de un estudio hermenéutico, que la unidad política, social, económica, jurídica y cultural del imperio romano constituye el primer gran ejemplo de globalización en la historia universal y, particularmente, en la civilización cristiano–occidental. Este hecho fue posible gracias a que hubo un precedente: el helenismo que operó en esta misma dirección con fundación de ciudades y una amalgamación entre Occidente y Oriente. Sin embargo, le corresponderá a Roma y a su imperio materializar los mecanismos progresivos de un consenso romano–provincial, de una igualdad y participación con las élites locales, de una difusión de la *civitas Romana*, de propagar su lengua y cultura, en fin, de una integración y pacificación que hicieron del mundo romano una verdadera *communitas*. Esto lo podemos recabar de fuentes que nos informan e insisten en la idea de que Roma es la *communis patria*. Tal como Elio Arístides señala: "convertisteis el ser romano, no en ser miembro de una ciudad, sino en el

---

[7] Los once agentes seleccionados –que trataremos detalladamente en el capítulo III– son: integración de la aristocracia local y provincial, la ciudadanía romana, derecho romano y derecho local, el sistema político, una economía global, un mundo educativo, la tecnología, una plataforma comunicacional, un ejército permanente, el culto imperial y, por último, la vida urbana.

nombre de un cierto linaje común"[8]. Igualmente, Modestino en el siglo III d. C. reafirma la idea de este proceso civilizador e integrador de la *Romanitas*, con su famosa aseveración: "*Roma communis nostra patria est*"[9], reflejando y legitimando con ella, junto a otros testimonios, un clima romanizador y ecuménico donde el imperio es visto como una totalidad.

En esta interpretación, el proceso de globalización lo relacionaremos con el de romanización, mostrando la ecúmene del período bajo una mirada occidental-europocéntrica-mediterránea de la historia. Obviamente, a las civilizaciones milenarias de China e India, además de los germanos y los partos, no les podemos desconocer su importancia como entidades globalizadoras; éstas se encuentran, sin embargo, al margen del *orbis Romanus*, a pesar de los contactos económicos y de las embajadas.

Nuestro objeto de estudio *per se* no es el macro fenómeno de la globalización –tema complejo y para ser analizado a cabalidad por otros especialistas– sino cómo ella, con sus características y elementos diferenciadores, puede encontrar antecedentes de adaptación, asimilación, identidad y forma de sociedad integrada en el exitoso proceso de la romanización, caracterizado por su diversidad y durabilidad. En el fondo, por ésta y otras razones, la naturaleza y la dinámica del imperio romano es una problemática fascinante, viva y de plena actualidad, que nos sirve de punto de referencia y de arquetipo. Uno de los aspectos que ofrecerá este libro lo constituye el hecho de que el análisis lo hemos realizado desde Latinoamérica. Se trata entonces de reinterpretar la romanización, pero desde otra perspectiva, advirtiendo la *longue durée* en el tiempo y en el espacio y su resonancia en el marco de la civilización cristiano-occidental.

5. *La historia: ayer y hoy*

Hace más de una centuria, Jacobo Burckhardt llamaba la atención sobre dos sentencias centrales y propias del estudio de la reconstrucción de la historia: cada generación escribe su propia historia y toda historiografía es hija de su tiempo. Más aún, pasados sesenta y cinco años, todavía son sugerentes y de plena vigencia y realidad, las palabras de Marc Bloch: "la incomprensión del presente nace fatalmente de la ignorancia del pasado"[10].

[8] Elio Arístides, *A Roma*, 26, 63.
[9] Modestino, *Digesto*, 50, 1, 33; cfr., además Calistrato, *Digesto*, 40, 22, 18.
[10] M. Bloch, *Introducción a la historia*, F.C.E., México, 1957, esp. p. 38.

De esta forma, el cultivo de la historia nos ofrece la posibilidad de interpretar una vez más, mejorando y profundizando los conocimientos, en la medida que las nuevas generaciones puedan reescribir o reinterpretar los grandes procesos acaecidos en épocas pretéritas. Por ello, la historia también posee la capacidad de captar lo 'vivo', lo 'actual', lo 'inmediato' y, si podemos comparar esta realidad del 'hoy' con el pasado a través del "paisaje" de la historia es, por cierto, más adecuado. Tal vez el historiador dedicado a la antigüedad, está en mejores condiciones que el estudioso especializado en temas contemporáneos, como sostiene J. Lewis Gaddis, porque aquél posee un "dilatado horizonte"[11] para una interpretación más amplia de la historia.

Al intentar comprender el proceso de globalización, nos hemos dado cuenta de que muchos de sus elementos y principios, en cierta medida, estaban presentes en el *orbis Romanus*: la unidad en la diversidad y un 'modelo de sociedad' con características similares a las que podemos encontrar en el proceso de globalización que estamos viviendo.

Numerosos temas que interesan a quien se preocupa de investigar la historia del hoy, nacen de su presente y de éste vuelve al pasado. El historiador necesaria y legítimamente debe estudiar el problema –cuando corresponda– atendiendo a la continuidad entre la experiencia antigua y la actual. Ahora bien, al detenernos en el caso específico de Roma y su imperio, nos encontramos con que su devenir histórico fue la progresión de una conversión gradual acaecida en una comunidad primitiva que evolucionó hasta llegar a ser un imperio mundial. De la urbe al orbe explica la larga trayectoria de Roma para llegar a convertirse en la primera potencia globalizadora.

6. *El porqué del tema*

La materia a tratar es en extremo amplia y variada, debido a la multiplicidad de fuentes, a una bibliografía tanto general como monográfica muy extensa, a la proliferación de nuevos estudios revisionistas del macro proceso de la romanización y porque la naturaleza y esencia del mundo romano fue construida sobre una ósmosis, esto es, una influencia recíproca entre conquistadores y conquistados. Entonces, ¿por qué pretender discernir algo tan complejo de abordar? ¿Qué sen-

[11] J. L. Gaddis, *El paisaje de la historia. Cómo los historiadores representan el pasado*, Anagrama, Barcelona, 2004, esp. p. 21.

tido tiene reestudiarlo? ¿Habría presunción u osadía en dilucidarlo? Intentamos hacerlo no por antojo o arbitrariedad, sino más bien para recalcar el peso, el valor histórico y la fuerza magnética que tuvo la *Urbs*. Una empatía entre nosotros y dicho tema tiene ya una larga data. En este apasionante campo de reflexión procuraremos, a través de un enfoque selectivo, sintético y con una mirada global, presentar una nueva propuesta, no definitiva, del difícil, largo y triunfal accionar de Roma para llegar a ser y mantener una macro estructura imperial.

Creemos necesaria una mirada a la naturaleza del imperio romano y a su proceso de romanización desde las antípodas del mundo (Chile) –el *limes* más recóndito del Occidente– para entender, en calidad de resonancias pretéritas, el valor, la trascendencia y la continuidad histórica del *orbis Romanus* al cual, por cierto, reconocemos como 'constructor' de una identidad y de una civilización. Diversos imperios, pueblos y gobernantes –con aciertos y desaciertos– como mirándose al espejo, retrotraían nostálgicamente el mito político de Roma, de su eternidad, inmortalidad y de su legado secular. Debemos nuevamente comprender el fenómeno parcelándolo y generalizándolo. De esta manera, la proyección del análisis del mundo romano sirve de base y de modelo para un mejor conocimiento de la historia contemporánea y posee, además, un amplio valor formativo y humanista.

7. *El largo camino recorrido*

El argumento relativo a la problemática imperial y a la romanización, ha sido nuestro tema de estudio desde hace más de una década: proyectos de investigación; artículos en revistas especializadas; ponencias en congresos y seminarios y el diálogo fecundo con colegas y estudiantes en los diversos cursos de pre y posgrado referentes al mundo romano.

A partir de 1993, por un espacio de dos años, generamos una investigación interna en la Universidad del Bío-Bío (Chillán) titulada: *Factores en el proceso de romanización. El caso de Hispania (siglos III–I a. C)*. Posteriormente, realizamos otra indagación en la misma universidad entre los años 1996–1997 sobre un *Estudio comparativo de la rogatio de sociis de Druso (91 a. C.) y de la constitutio Antoniniana de civitate de Caracalla (212 d.C.)*. Continuamos con dos proyectos del Fondo Nacional de Investigación Científica y Tecnológica (Fondecyt) de Chile; el primero, en torno al *Edicto de Caracalla como reflejo del avanzado proceso de romanización: problemática y nueva interpretación*, entre los años 1998–2000 y el segundo, realizado durante 2003–2005, relativo a *La fuerza magnética de*

Roma. Una visión holística del imperio romano como entidad globalizadora en la época de los Antoninos y Severos. Los resultados de estas investigaciones nos han servido de base, marco teórico e histórico del complejo fenómeno de la romanización, como asimismo para profundizar problemas puntuales de micro historia vinculados con el argumento.

Por otra parte, las diversas estadías de investigación y pasantías realizadas en universidades europeas, nos permitieron ahondar y precisar en un material documental y bibliográfico abundante. Así, por ejemplo, una en la Universidad de Perugia, en julio de 1996 y otra, en la Universidad de Granada, entre enero y marzo de 1998, donde tuvimos la ocasión de compartir gratos momentos de estudio y reflexión con los profesores que con generosidad nos aportaron valiosas sugerencias.

Una mención aparte merece el *Dipartimento di Scienze Storiche del Mondo Antico* de la Universidad de Pisa, para el cual tenemos una especial y eterna gratitud. En aquel claustro, tuvimos 'la mejor de las formaciones' y luego hemos mantenido permanentemente una vinculación personal y profesional con la mayor parte de los académicos, hoy colegas pisanos. Desde 1986, cuando obtuvimos el doctorado, hasta nuestros días, regresamos al *alma mater* en innumerables ocasiones; una fuente inagotable de estímulos. En cada una de las estadías de investigación e invitaciones, el resultado obtenido ha sido extremadamente valioso y enriquecedor. Escudriñar cada rincón de la Biblioteca del Departamento, de la Universidad y de la *Scuola Normale Superiore di Pisa*, nos ha proporcionado todo el material disponible para llevar a cabo un riguroso trabajo hermenéutico. La amabilidad y las siempre oportunas sugerencias e indicaciones de los colegas nos hicieron el trabajo viable, grato y humano. Gran parte de estas aproximaciones y reflexiones en torno a la fuerza magnética de Roma y al fenómeno de la romanización, las hemos venido planteando y madurando a partir de estas pasantías de investigación.

El largo pero fructífero camino recorrido de acumulación de datos y reflexión nos ha permitido escribir este libro. Puede ser una aproximación más, por supuesto no será la última palabra respecto del intrincado problema no consensuado de la *Romanitas*. Finalmente, para concebir y comprender, más que para juzgar la romanización como un antecedente y modelo de la actual sociedad globalizada, el estudio lo hicimos en forma transversal, comparativa y analógica, con el propósito de hacer más accesible el conocimiento y comprensión de la historia a un público amplio y culto, interesado en las humanidades, las ciencias sociales y en la interdisciplinariedad. El texto, en consecuencia, puede ser útil no sólo para los colegas y estudiosos de la historia, sino para filólogos, sociólogos, cientistas políticos y de derecho romano, como también para amplios sectores de alumnos universitarios relacionados con estas disciplinas y en especial con la historia romana.

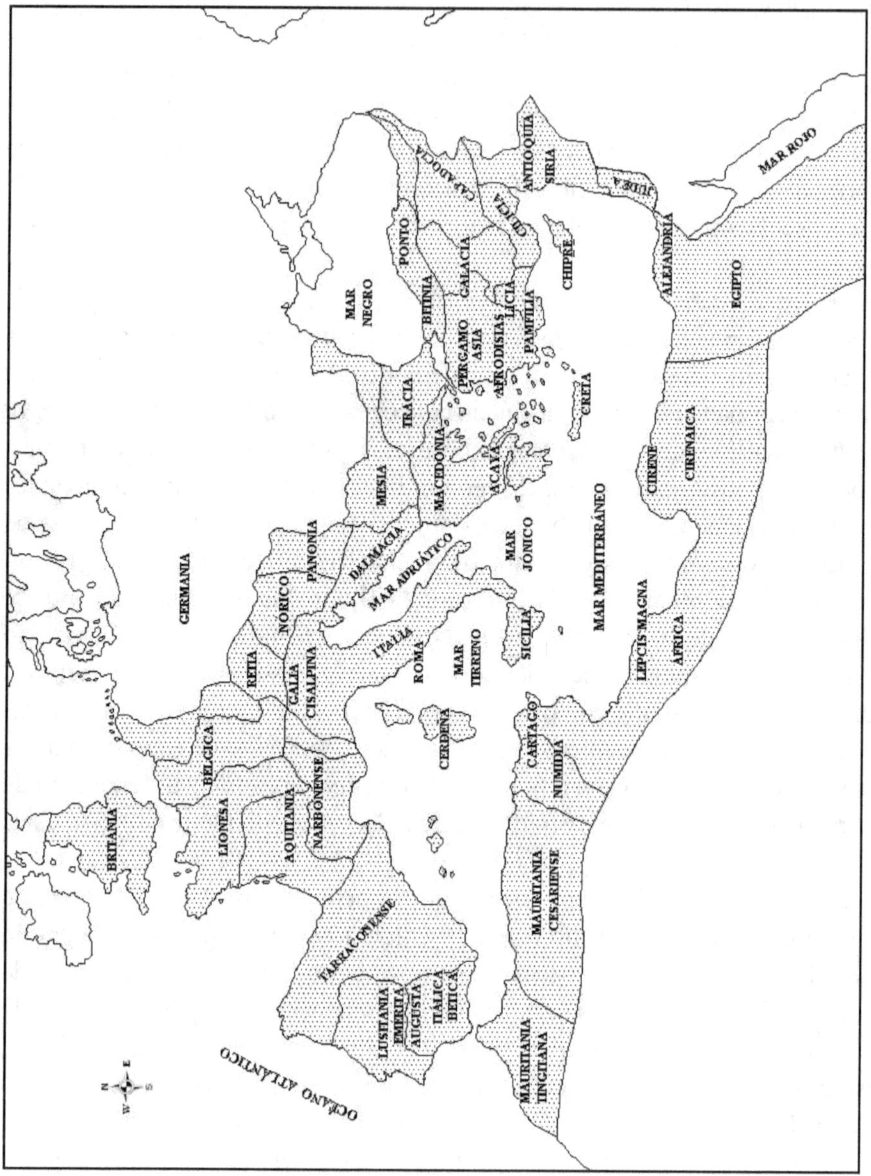

Figura 1. El orbe romano a la muerte de Augusto (14 d.C.).

CAPÍTULO I

La Romanización como proceso histórico de larga duración:
fundamentos teóricos

1. Cotérminos: Imperialismo y Romanización

La actitud natural y conciente de los pueblos hacia un expansionismo determinado y a conseguir tierras, botines y mano de obra, ha sido una de las más recurrentes acciones de la historia universal. El fenómeno bélico trae consigo la concreción de un imperio, o sea, una voluntad de expansión y anexión de territorios. Fue precisamente en el mundo del cercano Oriente, donde este fenómeno surgió y se desarrolló, legándoselo a Occidente. Babilonia, Egipto, Asiria y Persia configuraron un sistema imperial con éxitos y desaciertos, seguido posteriormente por el imperio ático-délico, Esparta, Macedonia y Cartago. Sin embargo, todos ellos crearon estructuras imperiales, pero carecieron de la resonancia y trascendencia del romano, esto es, la capacidad de 'mantenerlo' por varios siglos. El *orbis Romanus* es el arquetipo de imperio universal, orgánico, unificado y de larga data. La urbe tuvo la habilidad y la capacidad necesarias para concebir y preservar un territorio conquistado por cerca de ochocientos años, constituyéndolo en un ejemplo único en la historia de Occidente.

El concepto 'imperialismo' –como un proceso por el cual un Estado–rector comienza a expandirse y a controlar otros pueblos por diversos motivos: políticos, económicos y estratégicos– es una creación contemporánea y surgió hace sólo ciento treinta y cinco años a propósito de la expansión y el colonialismo, que lograron imponer las potencias europeas en el continente africano y asiático. De esta manera, el alcance actual del término surge de la acción expansionista llevada a cabo, esencialmente, por el imperio británico en la segunda mitad del siglo XIX[12]. Sin embargo, para Emilio Gabba el problema histórico del imperialismo, es decir, el nacimiento y consolidación del dominio romano en toda el área del Mediterráneo es un "problema antiguo"[13], independientemente que el vocablo haya surgido en torno a 1870.

---

[12] E. Frézouls, "Sur l' historiographie de l' impérialisme romain", en *Ktèma*, 8 (1983), pp. 141-162.

[13] E. Gabba, "L' imperialismo romano", en A. Schiavone (ed.), *Storia di Roma, 2, L'imperio mediterraneo, I, La repubblica imperiale*, Einaudi, Torino, 1990, pp. 189-233.

37

Polibio –principal fuente para el expansionismo en época republicana– explica en sus *Historias* que el argumento a tratar "es un único hecho y un único espectáculo, es decir, cómo, cuándo y por qué todas las partes conocidas del mundo conocido han caído bajo la dominación romana"[14]. Las palabras de Polibio presentan un testimonio directo de la fuerza y acción de Roma por anexar y ocupar otros territorios. La *Urbs*, entonces, va conformando un imperio universal que no tiene precedentes en períodos anteriores[15].

La constitución del imperio –"como hijo de la república"[16]– se fue estructurando a través de un complejo y largo proceso de triunfales conquistas militares y navales[17]. William Harris –uno de los mayores estudiosos actuales del imperialismo romano– es categórico al explicar que Roma fue una potencia de una "regularidad bélica impresionante"[18] y eminentemente militar. El autor se pregunta cuál fue el "comportamiento" y qué "motivos" tuvieron los romanos al generar una expansión imperial, utilizando para ello su instrumento básico: la "guerra". Según Harris, los auténticos propósitos de los romanos hacia la expansión imperial no están presentes en la obra polibiana[19]. ¿Qué condujo a Roma a este imperialismo desenfrenado? La explicación está dada en la mentalidad de la misma sociedad romana y en sus conglomerados sociales divididos en dos grupos: a) el sector aristocrático que determinó y condujo la política exterior; para el cual combatir significaba la *gloria*, la *virtus* y la *laus*, el reconocimiento, la fama y la alta estima de sus conciudadanos; b) los ciudadanos medios para quienes la guerra era una óptima alternativa de ascenso social, con la esperanza de obtener bienes y botines. En síntesis, para todos los componentes de la so-

---

[14] Polibio, 3, 1, 4.

[15] Id., 3, 1, 9-10, señala, "que el tiempo abarcado son cincuenta y tres años, período que comprende acciones tan numerosas y de tanta envergadura que, en un lapso igual de tiempo, no se ha dado jamás en épocas anteriores". Cfr. además, Id., 3, 4, 2.

[16] Tesis mayormente sostenida por C. Nicolet, *Roma y la conquista del mundo mediterráneo 264-27 a. de J. C. 2. La génesis de un imperio*, Labor, Barcelona, 1984, esp. pp. 741-775; Id., "Il modello dell'Impero", en A. Schiavone (ed.), *Storia di Roma 4. Caratteri e morfologie*, Einaudi, Torino, 1989, pp. 459-486. Ahora último, H. Sidebottom, "Roman Imperialism: the changed outward trayectory of the Roman Empire", en *Historia* 54(3), 2005, pp. 315-330.

[17] Para amplia discusión sobre el problema del imperialismo romano en la república, véase R. Buono Core V., *Roma republicana: estrategias, expansión y dominio (525-31 a.C.)*, Universidad Católica de Valparaíso, Valparaíso, 2002, esp. pp. 197-209, quien sostiene que el expansionismo y la voluntad hegemónica de Roma, por lo menos, hasta los Escipiones se podría asimilar -actualmente- al "lenguaje de la océano-política".

[18] W. Harris, *Guerra e imperialismo en la Roma republicana: 327-70 a.C.*, Siglo XXI, Madrid, 1989, esp. pp. 9-52.

[19] Polibio, 3, 4, 10-11, expresa, "nadie que esté en su sano juicio guerrea contra los vecinos por el sólo hecho de luchar, ni navega por el mar sólo por el gusto de cruzarlo, ni aprende artes o técnicas sólo por el conocimiento en sí. Todos obran siempre por el placer que sigue a las obras, o la belleza, o la conveniencia".

ciedad, la actividad bélica era ventajosa y a eso hay que agregarle los beneficios económicos, la obra de mano esclava y los nuevos territorios. El *ethos* romano fue esencialmente guerrero y tuvo una regularidad y una mentalidad imperialista muy racional, ofensiva y concreta.

Lo perdurable es que Roma no se limitó solamente a esta fase de conquista, sino que, inconsciente y después concientemente fue desarrollando y desplegando los mecanismos y factores adecuados para incorporar e integrar a las sociedades locales en la cultura y en el mundo de los romanos. Proceso multidireccional de transculturización llamado 'romanización', el cual comienza a estudiarse en profundidad a partir de la segunda mitad del siglo XIX, como consecuencia del fenómeno imperialista europeo.

Más allá de todo proceso histórico estudiado, la romanización es hija de su tiempo y, por lo tanto, lleva consigo la impronta del contexto político, económico, cultural y antropológico de ese período en que las grandes potencias europeas colonizan África y Asia: la época del imperialismo. Es en el siglo decimonónico cuando se cimenta, con mayor precisión, el significado, las características y la misión civilizadora del imperio romano en el concierto del Mediterráneo; como resultado de este interés, surge este tema en la historiografía del siglo XIX. Por esto, no podríamos entender la romanización sin el imperialismo, pues aquélla es tal vez la consecuencia directa primaria, o mejor dicho, la forma como se expresa o asume el expansionismo. Sin lugar a dudas que las dos fuerzas dinámicas, recurrentes pero distintas, de la naturaleza y civilización romanas las constituyen el dualismo imperialismo-romanización, dos términos que se necesitan y se fundamentan mutuamente.

El fenómeno de la romanización, es un proceso histórico de larga duración que presenta dos perspectivas contrapuestas: mientras que para algunos es fruto de un discurso teórico y retórico, para otros es una realidad material y concreta. Si nos apegamos cada vez más a los hechos precisos o, en expresión rankeana, "como ocurrió realmente"[20], entre los siglos III a. C. hasta el V d. C. Roma estructuró y organizó un imperio mundial: dominó e integró a pueblos disímiles, los hizo partícipes de su propio proyecto, tuvo largos períodos de pacificación y prosperidad, logró una integración y asimilación entre vencedores y vencidos y una cierta identidad y unidad dentro de la diversidad. Por cierto, esto fue la llamada romanización y la *Urbs* estructuró un modelo de sociedad longevo que se mantuvo vigente por cerca de ocho siglos.

[20] M. Finley, *Historia Antigua. Problemas metodológicos*, Crítica, Barcelona, 1986, pp. 75-103.

Una de las características recurrentes de los imperialismos es que, como sostiene Eric Wolf, a menudo "enajenan a los conquistados de su pasado, creando un pueblo sin historia"[21]. Así, la gran mayoría de estas sociedades campesinas "sin historia" parecen no jugar ningún rol en el pasado y, por lo tanto, no son actores de la historia. Se obstaculiza, todavía más, la problemática en aquellos casos donde los pueblos originarios no tuvieron o hicieron un uso restringido de la escritura con antelación a las conquistas. Particularmente, las anexiones del imperio romano no caen en esta categoría (salvo algunos pueblos) y por ello, en el proceso de romanización es necesario considerar para su estudio y mejor comprensión, los relatos tanto de los vencedores como de los vencidos, ambos merecen ser contados. El asunto se agudiza aún más cuando los pueblos conquistados no dejan testimonios escritos y ningún tipo de relato sobre la percepción de su encuentro cultural con los conquistadores. Desde esta premisa, ha surgido una de las tantas críticas al estudio de la romanización, con relación a las provincias del noroeste, ya que algunos historiadores se preocuparon y focalizaron su mirada escribiendo la historia de aquéllas, desde el punto de vista tan sólo de los dominadores[22].

El trabajo metodológico del historiador, entre otros aspectos, consiste en una reflexión y recreación en su 'mente' de situaciones y procesos pasados, a partir de problemáticas y preguntas determinadas por quien necesariamente debe encontrar respuesta en la materia prima. Como señaló con énfasis Arnaldo Momigliano "si no hay fuentes, no existe la historia"[23]. Desde esta perspectiva, al revisar los testimonios antiguos y los estudios historiográficos modernos, nos encontramos que, por una parte, el imperio romano es una totalidad materializada y teórica en la mente e interpretación del historiador; por otra, es una realidad concreta manifestada por una numerosa población (alrededor de 60 a 80 millones en el siglo

---

[21] Es la tesis desarrollada por E. R. Wolf, *Europe and the people without history*, University of California, Berkeley, 1982, esp. pp. 4-5. Cfr., además, en un plano teórico de la historia a R. Hodges, "Il declino e la caduta: San Vincenzo al Volturno", en A. Schiavone (ed.), *Storia di Roma, 3, L'età tardoantica, II, I luoghi e le culture*, Einaudi, Torino, 1993, pp. 255-278, esp. p. 256.

[22] G. Woolf, "The Unity and Diversity of Romanisation", en T. Blagg y M. Millett (eds.), *The Early Roman Empire in the West*, Oxbow Book, Oxford, 1990 (2002²), pp. 349-352, postula la necesidad imperiosa de corregir este desequilibrio a partir de los análisis actualizados y sofisticados del trabajo de campo arqueológico, con los propósitos de descubrir las características distintivas de las sociedades de la preconquista y de sus diferentes experiencias al dominio romano.

[23] A. Momigliano, "Le regole del gioco nello studio della storia antica", en *ASNP*, s. III, 4 (1974), pp. 1183-1192 (= *Sesto contributo alla storia degli studi classici e del mondo antico*, Edizioni di Storia e Letteratura, Roma, 1980, pp. 13-22) (= ahora en *Sui fondamenti della storia antica*, Einaudi, Torino, 1984, pp. 477-485, esp. p. 479).

II d. C.), un amplio territorio tricontinental (Europa, África, Asia) con fronteras y con un sistema político-jurídico, económico-social, cultural-religioso y una red articulada de ciudades y vías.

Esa 'realidad concreta' con una impronta e identidad, fue posible o, más precisamente, se gestó gracias a los diversos agentes y elementos del proceso romanizador y multidireccional entre Roma y las provincias. Estamos ciertos de que esa realidad ha tenido variadas interpretaciones en los últimos dos siglos y existen diversas formas, teorías de poder, de encuentros, modelos y abstracciones generalizadas que intentan explicar el imperio y su consecuente romanización. De ahí que se postulan múltiples y disímiles afirmaciones e interpretaciones, algunas desafiantes sobre su concepto e idea. Para determinados estudiosos es una "construcción intelectual" de un grupo de especialistas del siglo XIX, de lo que se desprende que el imperio romano fue "inventado" por ciertos historiadores y arqueólogos contemporáneos. David J. Mattingly, considera que el mensaje subyacente es claro, la romanización es una "construcción artificial", no una realidad antigua, fácilmente definible[24]. No se encuentra una definición común y, como veremos, no existe una visión consensuada.

A partir de un modelo[25] propuesto: 'la fuerza magnética de Roma', expondremos que la ciudad organizó de manera creciente un imperio universal o mejor dicho 'global', como resultado de un proceso romanizador imaginado como 'globalizador'. En consecuencia, intentaremos demostrar y argumentar cómo la romanización, en su etapa central, sirve de antecedente, se asemeja y presenta elementos comunes –también algunos divergentes– al fenómeno actual de la globalización.

Ahora bien, el debate incesante, controvertido y recurrente del binomio imperialismo-romanización, ha sido objeto de múltiples estudios, así como de revisionismos extremos, particularmente desde las últimas décadas del siglo XX y comienzos del tercer milenio. Para Paolo Desideri, la problemática de la

[24] D. J. Mattingly (ed.), "Dialogues in Roman imperialism. Power, discourse, and discrepant experience in the Roman Empire", *JRA*, Suppl. series n. 23, Porthsmouth, Rhode Island, 1997, esp. p. 17. Texto sobre diversas posturas y debates de qué es y qué significó la romanización. En general, los autores de la obra presentan una posición crítica, aguda y cuestionan con diversos matices el imperio romano y, en forma particular, algunos suscitan interrogantes respecto a la validez del concepto de romanización. Ahora último, Id., "Being Roman: Expressing Identity in a Provincial Setting", JRA, 17 (2004), pp. 5-25.

[25] K. Hopkins, "La Romanización, asimilación, cambio y resistencia", en J.M. Blázquez y J. Alvar (eds.), *La Romanización de Occidente*, Actas, Madrid, 1996, pp. 15-43, señala que todo historiador precisa de un modelo o se vale de él y caracteriza al imperio romano de acuerdo con ocho parámetros: "el tamaño; la paz; bajos rendimientos y población dispersa; facilidad de comunicaciones y bajos costes del transporte por el Mediterráneo; un entramado de ciudades unidas entre sí por una serie de factores políticos y económicos; el sistema político: monarquía estable, aristocracia débil, plebe privada de derechos cívicos; bajos impuestos, significativa difusión de la economía monetaria y la integración cultural de las élites y sub-élites por medio de la escritura".

romanización finaliza por ser la "sede natural de una toma de posición, implícita o explícita, sobre el significado y valorización, positivo o negativo, del imperio romano en la historia del mundo"[26]. Esta interpretación debe, necesariamente, postularse desde una óptica comparativa, de una apreciación general de lo que puede ser considerado como ventajas y desventajas de las grandes formaciones políticas y socio-económicas: los "imperios"[27]. Parte del problema yace en la 'naturaleza monolítica' de la mayoría de los enfoques sobre el imperialismo y su consiguiente proceso romanizador. Existen interpretaciones elogiando los beneficios civilizadores del dominio y la presencia romana y otros condenándolos completamente[28]. Surgen nuevas perspectivas revisionistas y post coloniales del imperio y de la romanización que comienzan a tener impacto y a avanzar en el debate de la naturaleza del orbe romano.

No debemos olvidar ni desconocer que la política exterior romana fue eminentemente ofensiva. A lo largo de su historia, el imperio de Roma se ha formado, progresivamente, por las diversas conquistas. Desde esta perspectiva y con ciertos matices podríamos encontrar tres grandes etapas en el proceso expansionista que llevó a una dominación total ejercida por el pueblo romano: *imperium populi Romani*. Primero, desde el siglo V a. C. hasta la consolidación de la conquista de Italia (comienzos del siglo III a. C.), se propagó un imperialismo de 'protección' por el cual Roma estableció tratados (*foedus*) con sus aliados, debiendo respetarlos y salvaguardarlos. Les otorgó, conjuntamente, autonomías y fue un expansionis-

---

[26] P. Desideri, "La Romanizzazione dell' Impero", en A. Schiavone (ed.), *Storia di Roma. 2. L'impero mediterraneo*, II. *I principi e il mondo*, Einaudi, Torino, 1991, pp. 577-626, esp. p. 585.

[27] El argumento de los "grandes imperios" o "Estados universales" y, últimamente, "imperios globales" está en el centro del debate historiográfico y de sus diversas posturas revisionistas. Uno de los pioneros de esta temática, con su monumental obra, fue el insigne historiador inglés A. Toynbee, *A Study of History (vol. I-XII)*, Oxford University, London, 1934-1961, quien hace un estudio comparativo de los estados universales. Ahora, con visiones críticas, véase, M. Duverger (ed.), *Le concept d'empire*, Presses Universitaires de France, Paris, 1980, pp. 5-23; G. Weber, "Das Imperium Romanum als Wirtschaftsraum", en W. Schreiber (ed.), *Vom imperium Romanum zum Global Village. "Globalisierungen" im Spiegel der Geschichte*, Ars una, Neuried, 2000, pp. 53-74; M. Hardt y A. Negri, *Impero*, Rizzoli, Milano, 2001; N. Ferguson, *Empire. The rise and demise of the British world order and the lessons for global power*, Allen Lane, London, 2002; A. Pagden, *Pueblos e Imperios*, Mondadori, Madrid, 2003; R. Montoya, *El imperio global*, El Ateneo, Buenos Aires, 2003; J. R. Mc Neill y W. H. Mc Neill, *Las redes humanas. Una historia global del mundo*, Crítica, Barcelona, 2004; J. M. Iranzo, "El imperio como fantasía y deseo de las globalizaciones", en *Política y sociedad*, 41 (2004), pp. 35-61. A su vez, en los últimos años muchos politólogos, cientistas políticos, historiadores contemporáneos e intelectuales norteamericanos establecen una serie de paralelos y estudios comparativos con diferencias y semejanzas entre el imperio romano y la hegemonía de los Estados Unidos. Una síntesis actual en G. Zecchini, "Egemonie a confronto: Roma e gli Stati Uniti", en M. Pani (ed), *Storia romana e storia moderna*, Edipuglia, Bari, 2005, pp. 155-166; S. Roda, "Strategie imperiali", en Pani (ed.), *Storia romana* (cit.), pp. 115-132. E. W. Robinson, "American Empire? Ancient Reflections on Modern American Power", en CW, 99/1 (2005), pp. 33-50.

[28] Mattingly, *Introduction*, en *Dialogues* (cit.), pp. 7-8.

mo relativamente cortés y apegado a la guerra justa (*bellum iustum*). La urbe, al conquistar y unificar la península itálica, se transforma en una potencia nacional. Segundo, entre la guerra anibálica (218-202 a. C.) y el gobierno de Augusto, Roma desarrolló y potenció un imperialismo 'desenfrenado', brutal y duro de conquistas y más conquistas. Se destruyeron ciudades (Cartago, Corinto, Numancia, entre otras), hubo masacres y todo lo que conlleva a la gestación de un imperio por vía de la fuerza, del garrote y de la espada. Tercero, a partir de Octavio Augusto hasta el 235 d. C., con el inicio de la crisis y anarquía, el imperio de Roma exportó, con la ayuda central de la *pax Romana* y los mecanismos integradores, un imperialismo 'romanizador', es decir, igualitario, durable y estable. Esta fase de sustento, consentimiento y adherencia entre Roma y las provincias –dentro de una diversidad– fue vital y vertebradora para la prosperidad y conservación del mismo. La *Urbs*, con su fuerza atractiva, proyectó su cultura y estilo de vida, siendo imitada por los miembros del *orbis Romanus*.

Figura 2. Restos de la ciudad de Corinto (Peloponeso), destruida por los romanos en el 146 a. C., demostrando su fuerza imperialista. Un siglo después, Julio César la convierte en colonia romana.

Así como todos los imperios se han constituido más o menos, a través de los enfrentamientos bélicos; por el contrario, lo prístino y original de Roma, fue concebir sabiamente un mundo y lograr mantenerlo, no por vía de la espada o de la represión. Ningún imperio ha podido perpetuarse de esta manera, como lo realizó el romano: por el consenso, la tolerancia, la conversión de vencidos en iguales, la integración en una *communitas*, respetando la diversidad. Esto fue fruto del complejo pero efectivo proceso de interacción y mancomunión denominado romanización: una realidad incuestionable de la fuerza y vitalidad de la civilización romana.

Lo central en la dualidad imperialismo-romanización lo constituye el hecho de que la *Urbs*, necesariamente, estaba obligada a ofrecer algo más a los pueblos anexados. Debía persuadirlos y convencerlos de que su sistema de vida, estatus socio-económico y cultural, entre otros aspectos, bajo el imperio romano sería en definitiva "mejor" del que habían disfrutado hasta ese momento[29], tanto para ellos como para sus descendientes.

Por lo mismo, los primeros años del presente siglo han experimentado un aumento en forma sustancial, y una renovación de enfoques, paradigmas y métodos relativos al proceso de romanización, en su calidad de categoría histórica. Para algunos como J. Webster, el concepto es anacrónico y sugiere una nueva expresión, "criollización"[30], como sustituto; para otros, como P. Le Roux, la romanización todavía es una "cuestión actual" y está en un "debate crítico" con múltiples transformaciones y se hace necesario retornar a las fuentes[31]. Recientemente, en el 2005, un nuevo estudio de Richard Hingley insiste y argumenta, una vez más, el rechazo al término romanización y enfoca el estudio del imperialismo romano adoptando –con matices críticos– los conceptos contemporáneos de un mundo "globalizado"[32]. Lo sustancial, a nuestro parecer, es que si bien todos los estudios revisionistas e interpretaciones son un aporte a la romanización –uno de los más grandes problemas históricos e historiográficos–, no existe aún otra

---

[29] Pagden, *Pueblos* (cit.), p. 52 y p. 58, sostiene que el imperialismo romano puede concebirse, no como un modo de opresión y apoderación de tierras, bienes y personas sino, más bien, en calidad de "dominio benéfico", suponiendo tanto conquista como protección y cuyo propósito original era mejorar las condiciones de vida de los pueblos bajo la égida de Roma.

[30] J. Webster, "Creolizing the Roman provinces", en *AJA*, 105 (2001), pp. 209-225. Atrayente y polémico artículo, donde la autora estima que es más útil estudiar y concebir a las provincias romanas, en calidad de "criollizadas" en vez de romanizadas, desde abajo hacia arriba. El trabajo, además, presenta un buen compendio de la evolución histórica y diversos significados del vocablo romanización.

[31] P. Le Roux, "La Romanisation en question", en *Annales* (*ESC*), 59/2 (2004), pp. 287-311.

[32] R. Hingley, *Globalizing Roman Culture: Unity, Diversity and Empire*, Routledge, London-New York, 2005.

palabra que pueda definir y caracterizar en toda su complejidad el fenómeno de transformación social y cultural entre romanos y provinciales.

2. Imperio romano e imperios modernos: una comparación

El análisis en el que se articulan semejanzas y diferencias entre los imperialismos europeos de la segunda mitad del siglo XIX y el imperio romano, ha sido objeto de un gran debate y de variadas interpretaciones, no sólo por parte de historiadores y arqueólogos, sino también por antropólogos, sociólogos y cientistas políticos[33]. Si bien se ha generado una serie de nuevos resultados en las últimas décadas, este asunto tiene una larga data de estudio desde finales del siglo decimonónico y comienzos del XX.

Diversos especialistas, a partir de enfoques comparativos entre unos y otros imperios, se preguntan y exponen disímiles argumentos del porqué de la exitosa longevidad del mundo romano. La explicación del fenómeno de la durabilidad del imperio es lo medular y, por lo mismo, nos proponemos fundamentar que ésta se logra exitosamente por la vía del proceso de romanización, expresión como tal, diferente a la de imperialismo. Hacemos la precisión, pues diversos estudiosos proponen el imperialismo y la romanización como un todo que forma parte y caracteriza en su conjunto al imperio romano, lo que puede ser metodológicamente correcto; sin embargo, nosotros, por razones didácticas, semánticas y de enfoque de los procesos históricos, como una encadenación causa-efecto, entendemos los dos términos en cuestión como distintos –aunque unidos– en la perspectiva de que el imperialismo viene a ser la fase inicial de la romanización.

Estudiosos contemporáneos, entre ellos Giles Miles, plantean tres esenciales diferencias entre los imperios modernos y el romano, a partir de tres factores que explican y fundamentan lo peculiar y la longevidad de este último[34]. Primero, a través del factor ideológico se precisa cómo en el imperio de Roma no hubo rebeliones de tipo nacionalistas[35], a diferencia de los imperialismos del siglo XIX y de las primeras décadas del XX, donde se observan frecuentes movimientos hacia una unificación nacionalista. Entre los casos que explican este fenómeno, se

---

[33]En los estudios de historia comparada se postula, por una parte, que Roma creó, organizó, administró e irradió su cultura a los pueblos bárbaros y, por otra, cómo las potencias europeas (Alemania, Francia, Inglaterra, Italia y otras) en el siglo XIX configuran sus imperios en África, Asia y tuvieron la misión de llevar el desarrollo y la civilización a las poblaciones primitivas, según el lenguaje decimonónico.

[34] G. B. Miles, "Roman and Modern Imperialism: a Reassessment", en *CSSH*, 32/4 (1990), pp. 629-659.

[35] Si bien existieron focos de resistencia y contrarios al dominio romano, las revueltas fueron locales y no tuvieron un espíritu propiamente nacionalista. Para este punto, véase el capítulo II, 2.2.

encuentra la tesis de P. Brunt, cuando señala que la "ideología liberal occidental" fue el factor decisivo que condujo a los imperialistas modernos al desbande de sus imperios[36].

En segundo lugar, considerando el factor sociopolítico, se argumenta que en el imperio romano y en sus provincias, los funcionarios, autoridades y los mismos colonos no quedaban excluidos de la participación y de la progresión en la vida de la metrópoli (Roma). A diferencia de los imperialismos modernos, que crearon en sus colonias una exclusiva clase administrativa identificada con sus gobernantes europeos, pero que estaban totalmente al margen de las decisiones y participación del centro[37]. Obviamente, uno de los grandes méritos y éxitos es la durabilidad del mundo romano, sobre todo, la integración y asimilación entre provinciales con la urbe, interpretación aceptada por la mayoría de los historiadores.

El tercer factor a considerar está relacionado con el avance tecnológico. El orbe romano era más cercano para las sociedades autóctonas que los imperialismos de los siglos XIX y XX, puesto que los procesos de industrialización, de economía capitalista, del avance del cristianismo y, en general, de la tradición cultural, eran muy disímiles con las sociedades que colonizaban[38]. Éstas y quizás otras, pueden ser las explicaciones de porqué el *orbis Romanus,* en comparación con los imperios modernos, como el zarista, el español, el inglés, haya perdurado con tanta resonancia y por varios siglos.

Sintetizando los tres factores, el imperio romano como forma de dominación no siempre sometió aniquilando a los vencidos, ya que la mayoría de las veces los hizo partícipes en la construcción de un nuevo mundo, no en calidad de segregados o viviendo en ghetos, sino más bien, mejorando sus condiciones de vida, como miembros iguales del mismo *orbis.* Es ésta la fascinación, la evidencia práctica y la proyección vertebradora de Roma.

Los estudios comparativos nos sirven para aproximarnos y nos proveen de una perspectiva útil en el conocimiento y comprensión del imperio romano y de los otros (tanto antiguos como actuales). ¿Por qué unos se mantuvieron por escasas décadas y otros por siglos?, ¿qué causó su ocaso?, ¿cuáles fueron los elementos que cohesionaron los imperios? y, sobre todo, ¿cómo algunos sirvieron de arquetipo para otros? Por cierto, son realidades acaecidas en tiempos distintos (y a veces en espacios geográficos diferentes), sin embargo, en el caso concreto

---

[36] P. A. Brunt, "Reflections on British and Roman Imperialism", en *CSSH,* 7/3 (1965), pp. 267-288, esp. pp. 284-288.

[37] Miles, "Roman and Modern" (cit.), p. 638.

[38] Ibid, p. 645.

Figura 3. Busto del emperador Trajano (98-117 d.C.), representado como vencedor y coronado con hojas de roble. (Roma, Museo Capitolino).

del *imperium Romanum*, por su huella indeleble de longevidad, ecumenicidad, integración y progreso, ha servido y servirá como 'modelo de sociedad' para otros imperios ya fenecidos y, más aún, para los momentos actuales tan discutidos y globalizados. Es difícil y casi imposible, llegar a un 'exacto término medio' o presentar una visión 'consensuada' o catalogarlo históricamente[39]. Hay, sin embargo, realidades concretas que están en el diario vivir, como asimismo, simpatías o empatías inherentes por la civilización romana y su proyección. Estudios actuales y revisionistas, a su vez, plantean la necesidad de comprender al imperio romano como un 'todo' a partir de 'perspectivas globales'. Si bien éste fue heterogéneo

---

[39] Le Roux, *L'impero romano* (cit.), pp. 9-13, sostiene que el imperio romano permanece todavía como una "estructura inclasificable desde el punto de vista histórico, pues no es un estado territorial nacional, ni una monarquía absoluta, ni una dictadura popular, ni un régimen totalitario".

y diverso, es necesario terminar con la barrera entre Occidente y Oriente que en el fondo es una "concepción artificial moderna"[40]. Esta división binaria resulta, en gran parte, de visiones nacionalistas, intereses coloniales y políticos.

3. Valor y peso histórico de la Romanización

El *imperium Romanum* es, sin duda, la más deslumbrante, completa y compleja civilización que el mundo mediterráneo[41] haya conocido y de los imperios de la antigüedad, el mayor por extensión y duración. A lo largo de los siglos ha representado constantemente un conjunto de referencias ideológicas, modelos estéticos, un sistema socio-político, axiomas, ejemplos, ideas y mitos[42], todos transversales y que han permeado la cultura europea y occidental hasta nuestros días.

De este modo, estudiar hoy en día el *orbis Romanus* significa indagar en la "memoria" con posterioridad a su caída, como potencia política, es decir, reflexionar y valorizar el aporte de "Roma después de Roma"[43]. Su perennidad, herencia, fascinación, mensaje, virtud moral, misteriosa atracción y presencia, han estado en la conciencia colectiva de todos nosotros en los últimos mil quinientos años y han sido, indiscutidamente, "fuente de inspiración, del imaginario y del léxico de todos los imperios europeos"[44]. Roma tiene un lugar y gran peso en la civilización cristiano-occidental[45]. Por eso que la famosa expresión de Saint-Just: "el mundo está vacío después de los romanos, pero su memoria todavía lo llena y profetiza la libertad"[46], sigue todavía vigente.

[40]S. E. Alcock (ed.), *The Early Roman Empire in the East*, Oxbow Book Monograph 95, Oxford, 1997. Interesante análisis en M. C. Sturgeon, "East meets West: toward a global perspective on the Roman empire", en *JRA*, 13 (2000), pp. 659-667, esp. 663.

[41] A diferencia del "egoísmo" de las *poleis* griegas, Roma actuó políticamente en la formación de la unidad mediterránea. Cfr. S. Accame, *La formazione della civiltà mediterranea*, La Scuola, Brescia, 1966, esp. pp. 308-326; cfr. L. Polverini, "Reseña a Accame, *La formazione* (cit.)", en *Vita e pensiero*, 51 (1968), pp. 511-516. Ahora, F. Fabbrini y J. Accame, *Studioso del mondo antico*, Istituto italiano per la storia antica 1, Abilgraph, Roma, 2000, esp. pp. 354-360 y 373-376.

[42] En general, el argumento del valor y proyección histórica de Roma, es tratado en S. Roda, *Roma antica e il mondo occidentale moderno: criteri di interpretazione e ipotesi di continuità*, Thélème, Torino, 1999; también en A. Giardina y A. Vauchez, *Il mito di Roma. Da Carlo Magno a Mussolini*, Laterza, Roma-Bari, 2000.

[43] Ibid, "Introduzione", p. VII.

[44] Pagden, *Pueblos* (cit.), p. 43.

[45] Por su parte, A. Toynbee, *El Mundo y el Occidente*, Aguilar, Madrid ,1958, pp. 89-101, en una de sus amplias reflexiones de cómo la historia grecorromana ilumina a la historia universal, señaló: "para los historiadores que se dedican a la historia en general, el estudio de la historia romana tiene una gran ventaja. Conocemos toda la trama, mientras que tratándose de nuestra historia, es decir, la historia de nuestra civilización cristiano-occidental, nos encontramos en medio del argumento ignorando las peripecias del capítulo siguiente".

[46] Citado en F. Hartog, "Il confronto con gli antichi", en S. Settis (ed.), *I Greci. Storia Cultura Arte Società, 1. Noi e i Greci*, Einaudi, Torino, 1996, pp. 3-37, esp. p. 32.

Por lo mismo, como expresa J. Barrett, considerar al imperio romano como producto del "discurso", no significa cuestionar su "existencia", por el contrario, es comprender la forma en que se creó aquella existencia y se reprodujo en el conocimiento y en la acción[47]. Roma y su imperio constituyen la más larga continuidad histórica, estabilidad política, paz interna, prosperidad y bienestar económico que la historia occidental haya registrado. Conformó una experiencia inigualada, una gran entidad estatal y territorial, multinacional y multiétnica[48]. Después de consolidar las conquistas, Roma y las provincias, de modo natural, comenzaron a integrarse y a asimilarse en todas las esferas. La controversia y el debate de si la romanización fue impuesta o voluntaria, pierde sentido en la *praxis* y en la 'realidad concreta' de lo que ha sido el imperio romano, en particular, desde Augusto hasta Caracalla.

Es necesario distinguir claramente dos momentos cruciales en el proceso de romanización: el más importante e incisivo –objeto de este estudio– sucede entre el siglo I y el III d. C.; el otro, el período republicano (509-27 a. C.), cuando Roma, a través de la liga latina y de los aliados del pueblo romano (*socii populi Romani*) desarrolló originalmente los mecanismos y agentes activos en la política de romanización, época en que la península itálica se convirtió en el ejemplo y 'laboratorio histórico' aplicado más tarde a los habitantes de las provincias. Una diferencia sustancial entre los dos momentos históricos y entre los pueblos sometidos, radica en que los *socii populi Romani*, en términos generales, formaron parte del dominio de Roma, en virtud de diversos *foedus*. En cambio, a los habitantes de las provincias se les conquista y a partir de esta anexión, comienza gradualmente el proceso de integración y asimilación entre la *Urbs* y los provinciales.

Una vez más concordamos plenamente con Desideri cuando señala que el proceso de romanización representa el "fenómeno tal vez, más grandioso que se ha realizado en la historia de la civilización humana"[49]. El éxito, perpetuación y espontaneidad del proceso romanizador, consiste en la disponibilidad romana para convertir a los súbditos en ciudadanos, confiriéndoles, en forma paulatina, la posibilidad de sentirse copartícipes del funcionamiento de la estructura del mundo romano. La idea constante de cambiar a los enemigos-vencidos en *cives Romani*, fue un rasgo prácticamente desconocido en todos los otros grandes imperios.

---

[47] J. C. Barrett, "Romanization: a critical comment", en Mattingly (ed.), *Dialogues* (cit.), pp. 51-64, esp. p. 59, se cuestiona y tiene dudas si el imperio fue siempre una realidad sencilla, una totalidad cuya verdad puede ser reducida a un "conjunto de principios organizativos o fuerzas coercitivas".

[48] S. Roda, *Profilo di Storia Romana. Dalle origini alla caduta dell' impero d' occidente*, Carocci, Roma, 2002, esp. pp. 127-129.

[49] Desideri, "La Romanizzazione" (cit.), p. 577.

La romanización en su calidad de unidad política, económica, homogeneidad cultural y 'modelo de sociedad' dejó una "impronta" que, en cierta medida, es factible correlacionar –como examinaremos– con la globalización actual. Para muchos esta última es un fenómeno de integración o 'mundialización' que tiene sus antecedentes sólo a partir de la época moderna (siglo XV) y que es inédito. Nosotros, por el contrario, creemos que Roma tiene mucho que aportarnos en la comprensión de este proceso de la última parte del siglo XX y comienzos del XXI.

El concepto de romanización tiene su origen y uso común en las lenguas europeas desde la segunda mitad del siglo XIX, concebido ampliamente como el proceso de asimilación del imperio a Roma[50]. Los estudios sobre este tema tuvieron un gran impulso e impacto con los trabajos de Mommsen, sin embargo, él no los inventó. Sus umbrales se remontan al período del Renacimiento[51] con Justo Lipsio[52] y a la Ilustración con Edward Gibbon. Éste considera a los dos primeros siglos del imperio como el período de la historia universal en el cual la humanidad ha tenido el destino más "feliz y próspero"[53]. Corresponde esta interpretación a una de las primeras veces que un historiador presenta en forma concreta la función civilizadora del imperio romano en el mundo occidental, en tanto Roma es potencia benefactora e irradiadora de su cultura. El autor destaca además la obediencia que reina en todo el mundo romano, como voluntaria, uniforme y permanente[54] y que los pueblos vencidos formarían, de aquí en adelante, un gran Estado sin deseo de independencia sino, más bien, asemejándose a Roma. Si bien Gibbon no es el creador del término 'romanización', sin duda, con su obra difundió ampliamente la idea. Para éste –quizás el más grande historiador del siglo XVIII– la entera evolución de la historia romana y el destino final de su imperio tuvo como misión global la "acción civilizadora de Roma". Gibbon conocía muy bien a Elio Arístides y su visión de "felicidad" y "prosperidad" en la época de los Antoninos, la obtuvo releyendo su obra. El historiador británico observa en el imperio un consenso generalizado entre sus miembros a través de una perspectiva unitaria y global[55].

[50] Ibid, p. 585, n. 30.

[51] P. Freeman, "Mommsen to Haverfield: the origins of studies of Romanization in late 19th-c. Britain", en Mattingly (ed.), *Dialogues* (cit.), pp. 27-50, esp. p. 45.

[52] Justo Lipsio, de origen flamenco, escribió en 1598 una reflexión histórica, filosófica y política en cuatro volúmenes sobre la grandeza de Roma (*De Magnitudine Romana*). Cfr. Roda, *Profilo* (cit.), pp. 148-150.

[53] E. Gibbon, *The history of the decline and fall of the Roman Empire* (1788), Encyclopedia Britannica, Chicago, 1952, esp. pp. 1-34.

[54] Roda, *Profilo* (cit.), pp. 157-159.

[55] En un ámbito de proyección de la obra de Gibbon, véase a A. Momigliano, "Dopo il Decline and fall di Gibbon", en Id., *Sui fondamenti* (cit.), pp. 328-348; además, en E. Gabba, *Cultura classica e storiografia moderna*, il Mulino, Bologna, 1995, esp. pp. 78-97.

Famosa y clásica sigue siendo la interpretación de Gibbon en torno al período de los Antoninos que describe como el más luminoso y excelso de la civilización romana. Éste señala: "si hubiéramos de fijar el período de la historia mundial durante el cual la condición del género humano fue más dichosa y próspera, sin vacilar lo fijaríamos entre la muerte de Domiciano y la llegada de Cómodo. La vasta extensión del imperio romano era gobernada autocráticamente por medio de la virtud y la prudencia. La firme y moderada mano de cuatro emperadores sucesivos, cuyos caracteres y autoridad imponían un respeto espontáneo, contenía los ejércitos. Nerva, Trajano, Adriano y los Antoninos, que se deleitaban con la imagen de la libertad y se ufanaban considerándose responsables ministros de las leyes, preservaron cuidadosamente las formas de la administración civil"[56]. Interpretación en la que muchos estudiosos coinciden, pero polémica para otros, pues ¿cuánto de objetivo y exacto hay en los dichos del historiador inglés? Según A. Schiavone, este esquema ya no rige y adopta una postura controvertida en torno a las afirmaciones de Gibbon, tildando el siglo II como de "fractura y no de continuidad"[57]. A pesar de estos diversos enfoques, creemos que la visión de E. Gibbon está todavía vigente, corroborada por otras fuentes e interpretaciones modernas[58] y por el proceso de romanización materializado eficazmente en la época.

4. La *pax Romana* en el siglo II: clave en el proceso romanizador

Uno de los aspectos centrales en la difusión e intensidad del proceso romanizador, fue una relativa pacificación –interna y externa– que se desarrolló en el *orbis Romanus*, como un poderosísimo medio para fomentar la adaptación e integración entre romanos y nativos. En general, las fuentes y la historiografía son concordantes en reiterar que el alto imperio se caracterizó, entre múltiples aspectos y fenómenos, por una difusión masiva de la *pax Romana*, alcanzando su cenit durante los gobiernos de los emperadores Trajano (98-117), Adriano (117-

[56] Gibbon, *The history of the decline and fall* (cit.), p. 32 .

[57] A. Schiavone, "La struttura nascosta. Una grammatica dell' economia romana", en *Storia di Roma*, 4 (cit), pp. 7-69, esp. p. 27, n. 46.

[58] También, T. Mommsen, *Le Province romane da Cesare a Diocleziano*, Sansoni, Firenze (1885), 1970, esp. pp. 10-11, señaló que durante este período: "raramente ha sido gobernado el mundo durante tan largo tiempo en una secuencia ordenada. En su esfera, y quienes a ella pertenecían no andaban errados al considerarla como en el mundo, se fomentaba la paz y la prosperidad de los muchos pueblos unidos bajo su dominio más amplia y más enteramente que cualquier otro poder jamás lo haya logrado. La labor del período imperial hay que buscarla y hallarla en las ciudades agrarias de África, en las casas de los viñadores del Mosela, en los florecientes municipios de las montañas licias y en los márgenes del desierto sirio". Un resumen en C. Wells, *L'impero Romano*, il Mulino, Bologna, 1995², esp. pp. 19-29. La opinión de Mommsen debemos situarla en el contexto de la misión civilizadora de Roma, propia de los historiadores decimonónicos.

138)[59], Antonino Pío (138-161) y Marco Aurelio (161-180). Según Petit, la época de los Antoninos fue el único período en el que "reinó verdaderamente la paz romana"[60]. Fue, a su vez, una centuria dorada y de esplendor cultural-artístico[61]. Roma todavía no había perdido ninguna provincia: el imperio estaba cohesionado e incólume constituyendo una unidad firme y poderosa. Si tomamos, por ejemplo el caso del reinado de Antonino Pío, lo central fue su pacificación. Este emperador se destacó por su espíritu controlado, moderado y tradicionalista, no buscaba cambios radicales ni profundas reformas, era un conservador[62]. La *Historia Augusta* considera que "fue el único de casi todos los emperadores que gobernó sin derramar una gota de sangre de sus conciudadanos ni de sus enemigos y que con razón puede ser comparado con Numa, pues mantuvo siempre la prosperidad, la religiosidad, la serenidad y las costumbres religiosas de éste"[63].

La *pax Romana* fue una realidad como resultado de un largo proceso, después de infinitas y sangrientas guerras y enfrentamientos en la época republicana. Con Octavio Augusto surgió la iniciativa de fomentar y difundir la pacificación impe-

Figura 4. Lado sur del Altar de la Paz (Ara Pacis) en Roma, construido a partir del 13 a. C. para honrar el regreso de Augusto de Galia e Hispania. Representa la pacificación victoriosa, prosperidad, religión y buen gobierno del príncipe y su dinastía.

[59] Sin duda, con Adriano se estructura una política de un reordenamiento total del *orbis Romanus*, guiado por una voluntad de consolidar la *pax Romana* y con la máxima de la *aeternitas imperii*.

[60] Petit, *La paz* (cit.), p. 30. En general, sobre el tema de la paz, véase M. Sordi (ed.), *La pace nel mondo antico*, en CISA, 11, Università Cattolica Sacro Cuore di Milano, Milano, 1985.; I. Lana, *Studi sull'idea della pace nel mondo antico*, (Mem. Acc. Sc. Torino, ser 5ª, 13, 1-2), Torino, 1989; R. Uglione (ed.), *La pace nel mondo antico*, Atti del convegno Int. (Torino, 9-11 apprile 1990), Regione Piemonte, Torino, 1991; L. Hardwick, "Concepts of peace", en J. Huskinson (ed.), *Experiencing Rome. Culture, Identity and Power in the Roman Empire*, Routledge, Open University, Oxford, 2000, pp. 335-368; G. Brizzi, "*Si vis pacem, para bellum*", en Pani (ed.), *Storia romana* (cit), pp. 11-26.

[61] A. La Penna, "La cultura letteraria latina nel secolo degli Antonini", en A. Schiavone (ed.), *Storia di Roma, 2 L'impero mediterraneo. 3, la cultura e l'impero*, Einaudi, Torino, 1992, pp. 491-577.

[62] Millar, *The Emperor* (cit.), pp. 420-436.

[63] *Historia Augusta, Antonino Pío*, 13, 4.

rial. Por ello, los miembros del *orbis Romanus* se beneficiaron y disfrutaron de una paz extendida a lo largo del siglo I y II d. C. Esta *pax Augusta* se desarrolló también como forma de propaganda ideológica, que se va haciendo cada vez más consciente y activa, como hilo conductor y fuerza motriz de gran parte de los gobernantes de la época.

La numismática en el siglo II d. C., nos ofrece un cuadro muy completo de la situación del imperio, de su relativa pacificación y de la propaganda que circulaba en el siglo de oro (*saeculum aureum*). La acuñación monetaria, naturalmente, poseía una función, sobre todo, económico-financiera, pero asimismo, un valor de índole político-ideológico y de propaganda. Las imágenes de emperadores y de leyendas con alusiones al sol, a la eternidad del imperio[64], a la *pax*[65] y sus derivados etimológicos (*paci, pacator, pacifer*), aparecerán sin interrupción desde Augusto hasta Caracalla. Particularmente, durante la época de Antonino Pío existe una gran acuñación de monedas resaltando la *pax* de pie con ramas y cornucopia, otras con ramas y caduceo y varias monedas con cornucopia y antorcha quemando armas[66]. Más aún, Antonino asocia la leyenda de la paz con la diosa Fortuna, identificada con el timón y la cornucopia.

Como ideología oficial del Estado, la *pax Augusta* se fue cristalizando en la mancomunión de Roma-Italia y las provincias, en una integración y en una tendencia a mantener las fronteras y a establecer un sistema que evitara las incursiones bárbaras[67]. Este fue el origen de la pacificación que tuvo el imperio en los dos primeros siglos y que Plinio el Viejo señalara, en forma categórica, como "la inmensurable majestad de la paz romana"[68]. Por su parte, el orador Elio Arístides, en su elogio a Roma a mediados del siglo II d. C., admira y alaba la paz romana que existía y que reunía e interconectaba a las ciudades del imperio, especialmente las de Oriente[69]. Señala: "en lugar de la disputa por el imperio y por la primacía, causas por la que todas las guerras anteriores estallaron, unos, como el agua que fluye en silencio, viven plácidamente en absoluta paz"[70].

[64] R. Turcan, "Le soleil et l'éternité impériale. Expressions monétoires d'un processus historique", en C. Eversy y A. Tsingarida (eds.), *Rome et ses provinces: genèse et diffusion d'une image du pouvoir. Hommages a Charles Balty*, Timperman, Bruxelles, 2001, pp. 221-232.

[65] F. Muñoz y E. Diez, "*Pax orbis terrarum.* La pax en la moneda romana", en *Flor.Il.*, 10 (1999), pp. 211-250.

[66] Ibid, pp. 239-240 destacan que a partir de Antonino Pío, la tradicional moneda de la *pax* con rama y cetro aparece ahora de pie y se convierte en la tipología más acuñada a lo largo de todo el imperio.

[67] Hopkins, "La Romanización" (cit.), pp. 24-25.

[68] Plinio, *Historia Natural*, 27, 3.

[69] N. Yannakopulos, "Preserving the pax romana: The peace functionaries in Roman East", en *MediterrAnt*, 6/2 (2003), pp. 825-905, esp. pp. 879-883, n. 220.

[70] Arístides, *A Roma*, 26, 69.

Inapropiado e imposible sería que concibiéramos un *orbis Romanus* durante el gobierno de Antonino Pío como pacificado en toda su extensión y magnitud. Durante su reinado existieron algunas operaciones militares de menor importancia tales como: en Britania contra los brigantes (población de la baja Escocia), donde se estructuró un nuevo *limes* fortificado con la construcción de la muralla de Antonino[71]; en el frente oriental, los reyes de los partos, Vologeso II y III prepararon una guerra contra Roma con la finalidad de restituir el trono simbólico de "rey de reyes" a su pueblo. Antonino se negó, pero conocido el poder del ejército romano disuadió a Vologeso III de iniciar el ataque. Del mismo modo, hubo operaciones en Mauritania Cesariense y Tingitana; problemas menores en Judea, Siria, Acaya, Dacia y una revuelta campesina en Egipto[72]. De esta manera, la pacificación se vio quebrantada por estas intervenciones citadas, lo que en ningún caso prueba que fue un período belicoso[73]. Sin duda que el fenómeno pacificador del imperio está en estrecha relación con el proceso gradual y civilizador de la romanización.

Figura 5. Panorámica del muro defensivo de Adriano, el límite norte del imperio en Britania.

---

[71] La edificación de este *vallum* fue el único cambio importante de las fronteras -se trasladó al norte a la línea Forth-Clyde- durante el mandato de Antonino Pío; su duración fue breve, pues en el 165 se regresó al *vallum* adrianeo con sus 128 km. de longitud y cerca de 5 mts. de alto. Cfr. G. Webster, *The Roman Imperial Army of the first and second centuries A. D.*, Black 1969, New York, 1985, esp. pp. 77-83; R. Watson, "Eserciti e confini da Traiano a Settimo Severo", en *Storia di Roma*, 2, II (cit.), pp. 387-408, esp. p. 407. A. Birley, *Hadrian. The restless emperor*, Routledge, London-New York, 1997, esp. p. 123-141.

[72] *Historia Augusta*, *Antonino Pío*, 5, 3-5 describe las guerras, en las cuales Antonino "las afrontó valiéndose de sus legados".

[73] Arístides, *A Roma*, 26, 70, puntualiza: "como es natural en un imperio tan grande e inmenso, en alguna parte de la frontera se traba combate".

5. La noción de *Romanitas*

5.1. PROBLEMÁTICA DEL LÉXICO

El vocablo romanización –expresión central para entender la historia republicana y, sobre todo, imperial de Roma y de sus provincias– es un término polisémico y controvertido, en ocasiones mal empleado y utilizado ambivalentemente por la historiografía moderna y contemporánea. No obstante, es indispensable y útil para comprender, en forma global, cómo la cultura romana se proyecta a las áreas provinciales del imperio y cómo las culturas locales proporcionan sus elementos y creencias a Roma. No fue entonces un proceso unidireccional, más bien, fue dinámico, mixto y también dialéctico. Para diversos estudiosos, en el corazón del léxico está la interrogante de si la cultura centrada en Roma fue impuesta a las provincias por el centro y desde arriba o fue difundida por los locales desde abajo[74]. No es fácil definir y explicar el proceso de romanización; es una tarea compleja por la heterogeneidad de enfoques, posiciones maximalistas y matices histórico-arqueológicos[75].

De partida, en el mundo antiguo, el concepto –como muchos otros– no era conocido, los autores clásicos no lo utilizaron[76], más bien, se adoptó la expresión *Romanitas*. Fue un escritor de origen africano y cristiano, Tertuliano, quien a comienzos del siglo III d. C. (pocos años antes de la constitución de Caracalla), empleó la palabra como entidad conceptual señalando: "*Quid nunc, si est Romanitas omni salus, nec honestis tamen modis ad Graios estis?*"[77]. El pasaje de Tertuliano (hablándole a los cartagineses), en realidad es distante, complejo y contradictorio; no se desprenden claramente los diversos significados de un concepto amplio e identificador como *Romanitas*[78]. Existe una crítica a las costumbres griegas, a sus juegos atléticos y a la depilación de los hombres. En el

---

[74] J. Huskinson, "Looking for culture, identity and power", en Id. (ed.), *Experiencing Rome* (cit), pp. 3-27, esp. p. 21.

[75] M. Millett, "Romanization: historical issues and archaeological interpretation", en Blagg y Millett (eds.), *Early Roman* (cit.), pp. 35-41.

[76] Hingley, *Globalizing Roman Culture* (cit.), p. 15; J. N. Adams, "*Romanitas* and the Latin language", en *CQ*, 53 (2003), pp. 184-205.

[77] Tertuliano, *Palio*, 4, 1, ["¿Si la Romanidad es el medio de salvación para todos, por qué entonces, ustedes se comportan como los griegos con maneras tan poco honorables?"]. Ahora último, una amplia visión de Tertuliano en V. Hunink (ed.), *Tertullian, De Pallio*, J. C. Gieben, Amsterdam, 2005.

[78] Véase para tal problemática, Desideri, "La romanizzazione" (cit.), p. 586, n. 33; E. Savino, *Città di frontiera nell'impero romano. Forme della romanizzazione da Augusto ai Severi*, Edipuglia, Bari, 1999, esp. p. 27, n. 58. Una síntesis en H. Inglebert, "Citoyenneté romaine, romanités et identités romaines sous l'Empire", en Id. (ed.), *Idéologies et valeurs civiques dans le monde romain, (Hommage à Claude Lepelley)*, Picard, Paris, 2002, pp. 241-260, esp. pp. 250-252.

fondo, Tertuliano, intenta mostrar "modos y estilos de vida" italianos y romanos que deben adoptar y compartir todos los miembros del mundo romano. Al parecer, deberíamos concebirlo en el sentido de lo que significa "ser romano": la manera de pensar y actuar como ciudadano del imperio.

A partir de la definición y caracterización de este término, se deduce un cierto anhelo de creerse y sentirse romano, de poseer un estilo de vida común tanto material como psicológico, representado en la civilización romana y en oposición a la barbarie[79]. *Romanitas* pues, como sinónimo de *civis Romanus* y como *communitas* que es el *orbis Romanus*, un mundo relativamente homogéneo.

Tanto la expresión de Tertuliano como su derivada en el siglo XIX, han sufrido críticas severas, cuestionando la utilidad de los conceptos. ¿Cómo era definida y reconocida esta *Romanitas*? ¿Abarcaba la expresión un cuerpo auténtico de cultura material común tanto a los romanos y a los provinciales? ¿Cómo fue posible reconocer y darle forma a esa idea? ¿Qué significó en el imperio convertirse y hacerse romano? ¿Tuvieron conciencia de una existencia colectiva? ¿Hasta dónde la *Romanitas*-romanización fue deliberada e impositiva como propósito subyacente del imperialismo? ¿Qué impulsó a las diversas sociedades a emular la simbología y los modos de vida romanos? ¿Existe sólo un interés pragmático por mantener un estatus y asimismo mejorar la existencia? ¿No fue producto accidental y natural de la conducta humana? ¿Podemos saber realmente si las comunidades locales, al enfrentarse y vincularse con la experiencia romana, la aceptaban o resistían en forma pasiva o activa? ¿Es posible recuperar los relatos de los vencidos y de las minorías dentro del poder central? En fin, pueden surgir múltiples preguntas, disquisiciones y fundamentos a favor y en contra.

5.2. LA IDENTIDAD ROMANA

Lo notable y perdurable es que sí existió un imperio romano que integró a sus miembros a través del proceso de romanización. Philip Freeman señala que para los antiguos, *Romanitas* estaba vinculado, mayormente, con los asuntos "temporales y literarios que con la cultura material"[80]. Actualmente, estamos ciertos de que es imposible disociar y explicar el término sin la noción concreta de una cultura material romana y todo un complejo de evidencias de los cambios culturales y sociales de las poblaciones nativas[81]. J. Barrett, por su parte, interpreta el concepto

---

[79] Ibid, p. 251.
[80] P. Freeman, "Romanisation and Roman material culture", en *JRA*, 6 (1993), pp. 438-445.
[81] Hingley, *Globalizing Roman Culture* (cit.), pp. 44-45.

"convertirse en romano" como adoptar una "disciplina de vida" conformada por un ideal comprendido por aquellos que lo adoptaban, como igualmente por otros. Precisa entonces, que la idea de "ser romano" tenía que ser vivida y lo interesante es la forma en que las distintas comunidades de personas fueron asimilando esta forma de vida y compartiendo un mismo ideal[82].

Roma, después de la conquista, fue utilizando una serie de mecanismos con los cuales comienza a desarrollar e incrementar una idea de pertenencia a la *Urbs* y al imperio, sentimiento poderoso y difundido, todavía mayor que la idea de pertenecer a sus orígenes[83]. Clave y central en esta nueva disposición, fue la integración de las élites locales que paulatinamente se romanizaron[84]. Por consiguiente, no debemos confundir el proceso de romanización con una simple conquista o incorporación, sino que es preciso entenderlo como la integración, asimilación y homologación por parte de los diversos pueblos nativos a una nueva entidad, sintiéndola como propia. Se va constituyendo así una cosmovisión romana común, más o menos transversal en el imperio, implicando un estilo de vida y una cierta conciencia de vivir dentro del *orbis Romanus*, formando parte activa y dinámica de éste. De ahí que la ciudad en su conjunto, fuera central en la organización del imperio, convirtiéndose en el gran instrumento cultural de poder[85] por el cual se implementó la conquista y también se asentó e integró el imperio.

La noción de *Romanitas* es además un principio de "identidad de valor universal"[86] que significa sentirse partícipe de una cultura propia y, en consecuencia, a la romanidad y a la romanización, deberíamos vincularlas con la 'construcción social de la identidad', concepto apoyado por estudiosos de la sociología[87] y de la antropología cultural. Sin duda que en el caso concreto de la fuerza magnética

[82] Barrett, "Romanization" (cit.), p. 52 y p. 63.

[83] Roda, *Profilo* (cit.), p. 80.

[84] P. A. Brunt, "The Romanization of the local ruling classes in the Roman Empire", en D.M. Pippidi (ed.), *Assimilation et résistance à la culture grecorromaine dans le monde ancien*, Travaux du VIᵉ Congrès International d'Études Classiques, Les Belles Lettres, Paris, 1976, pp. 161-174, (= ahora en Id., *Roman Imperial Themes*, Oxford, 1990, pp. 267-281).

[85] C. R. Whittaker, "Imperialism and culture: the Roman initiative", en Mattingly (ed.), *Dialogues* (cit.), pp. 143-163, esp. 145-148.

[86] A. Giardina, "Gli antichi a confronto. L' Europa rapita", en *Archeo,* 15/167 (1999), pp. 36-41. En una visión amplia de la identidad cultural en el *orbis Romanus* y su relación con la romanización, véase R. Laurence y J. Berry, *Cultural identity in the Roman Empire*, Routledge, London-New York, 1998.

[87] A propósito de situaciones actuales y en ambientes extraños a la antigüedad, como es el caso de la mexicanización e hispanización de los Estados Unidos, se tiende a caracterizar la identidad como el sentimiento del "yo" de un individuo o grupo; es un producto de la autoconciencia y de una construcción en la cual interactúan personas e identifican las similitudes que las unen y las diferencias que las separan. Véase el controvertido estudio de S. Huntington, *¿Quiénes somos? Los desafíos a la identidad nacional estadounidense*, Paidós, Barcelona, 2004, esp. pp. 45-57.

de Roma y a través de sus diversos y penetrantes mecanismos de romanización, es factible constatar y enumerar los elementos que conformaban una 'identidad propia', cimentada en la ciudadanía romana[88]. Por ejemplo: aspectos simbólico-rituales, político-jurídicos, económico-sociales y lingüístico-culturales, fueron construyendo una realidad, una identidad y un 'modelo de sociedad' más o menos uniforme en el vasto imperio.

En un atrayente estudio, N. Purcell analiza la situación de los romanos en el momento de la configuración imperial –con anterioridad y en la época de Augusto– empleando la palabra "diáspora"[89]. Utiliza este término aplicándolo a un grupo de romanos aventajados: emprendedores, semiempresarios, comerciantes y ciudadanos, además de *negotiatores* itálicos y libertos que emigran a las provincias a raíz de las infinitas oportunidades que les otorgaba la expansión. Era un conglomerado "heterogéneo" que, a pesar de la separación y de la distancia con la capital, tenía "algo" que lo unía con Roma. Una identidad de dependencia, tal vez mental y práctica, por la cual los componentes de la "diáspora romana" se sentían vinculados al poder total de la *Urbs*.

La identidad colectiva, a su vez, genera una serie de imágenes y representaciones de "ella" y de los "otros", que llevan a configurar estereotipos convencionales entre civilizados e incivilizados, helenos y bárbaros, romanos y bárbaros. Así, la expresión *Romanitas* puede ser asociada –dentro de los requisitos de una nación moderna– con un fuerte sentido de identidad compartida como pueblo victorioso en el período republicano e imperial, con la proyección de sus modos de vida y con el acatamiento a una autoridad legítima[90]. En el fondo, hay un consenso –entre los habitantes del imperio– de lograr una integración, de poseer una identidad común y una "conciencia clara de pertenencia"[91] diversa a los pueblos ubicados al exterior del *orbis Romanus*.

El profesor norteamericano S. Huntington, al caracterizar las identidades, considera que éstas son definidas por el "yo", pero son producto de la interacción entre el "yo" y los "otros". Como las identidades son construidas, se vinculan con el "tú" y el "yo" para convertirse en "nosotros", apareciendo luego un "ellos"[92]. Extrapolando la anterior explicación al proceso complejo del caso romano, con-

---

[88] Inglebert, "Citoyenneté romaine" (cit.), pp. 246-248.

[89] N. Purcell, "Romans in the Roman World", en K. Galinsky (ed.), *The Cambridge Companion to the Age of Augustus*, Cambridge University, Cambridge, 2005, pp. 85-105.

[90] Miles, "Roman and Modern" (cit.), p. 634.

[91] Hidalgo de la Vega, "Algunas reflexiones" (cit.), p. 278.

[92] Huntington, *¿Quiénes somos?* (cit.), p. 48.

quistadores y conquistados se amoldaban y se amalgamaban en diversos grados a la cultura del uno y del otro.

Los romanos, por cierto, lograron desarrollar algunos rasgos o conjuntos de rasgos distintivos como 'algo particularmente romano', que era en el fondo la especificidad de la *Romanitas*. De este modo, debemos concebir y entender que "la diversidad y la unidad" en la romanización, como sostiene Woolf, forman un conjunto paradójico, tal como "la continuidad y el cambio", ninguno puede ser comprendido sin la presencia del otro[93]. De acuerdo con D. Asheri, la "identidad en el sentido psico-sociológico del término es un complejo moderno"[94], entendido como la convicción colectiva y del individuo por pertenecer a una identidad social, o sea, a una entera comunidad política, geográfica, lingüística, religiosa y cultural. De partida, es un concepto difícil de definir y, ciertamente, abstracto. Cada identidad social se individualiza y se caracteriza por ser "egocéntrica", la romana no escapó a esta realidad como "categoría flexible", incorporando a muchos dentro de su estructura[95]. El individuo posee identidades múltiples y variadas vinculadas con su hábitat, ciudad y tradiciones. Por consiguiente, el *orbis Romanus* en su conjunto, es un útil paradigma de entrecruzamiento de identidades locales y heterogéneas y que, manteniendo la diversidad, tiende a estructurar una unidad: el sentido de ser romano. Por ello, sobre todo en el Occidente del imperio, la identidad –que es dinámica y se va construyendo– no se definía contra Roma, sino dentro de ella[96]. Para los ciudadanos del mundo romano, existía un sentimiento de pertenencia a la *Urbs* y a las demás ciudades del imperio ("nosotros"). Quienes están al margen de los límites del *orbis Romanus* poseen disímiles "formas de ser" ("otros"). De ahí que la identidad colectiva tenga la necesidad de exteriorizarse; así pues, la élite local demostró con ejemplos concretos (lengua, vestimentas, emblemas, usos culinarios y otros), su interés por sentirse cada vez más romana, logrando una cierta homogenización en todo el imperio. De hecho, con Augusto, la toga se convierte en el vestido oficial y en uno de los símbolos identitarios de la *Romanitas*.

[93] Woolf, "The Unity and Diversity" (cit.), p. 352.

[94] D. Asheri, "Identità greche, identità greca", en S. Settis (ed.), *I Greci. Storia Cultura Arte Società, 2 Una storia greca, II. Definizione*, Einaudi, Torino, 1997, pp. 5-26.

[95] Hingley, *Globalizing Roman Culture* (cit.), p. 118.

[96] Un útil estudio de la problemática de la identidad romana en el Occidente en F. Jacques, *Le privilège de liberté. Politique impériale et autonomie municipale dans les cités de l'Occident romain (161-244)*, École Française de Rome, Rome, 1984.

H. Inglebert, en un interesante estudio, constata la equivalencia compleja entre la *civitas Romana*, la romanidad y la identidad romana[97]. Desde Augusto hasta los Severos, se va estructurando paulatinamente una unidad orgánica de los habitantes del imperio. Una ciudadanía común, un territorio geográfico centrado en el Mediterráneo, una identidad imperial y unos modos de vida común que, en el fondo, representan la manera de vivir como romano "material y psicológicamente". Esta unidad y romanidad presentan una multiplicidad de matices al interior de un amplio imperio, con una gran diversidad cultural, étnica y social.

El estudio de la onomástica[98], cada vez más, nos ayuda a clarificar el problema de la romanización en las diversas áreas del *orbis Romanus*. La utilización y propagación de los *tria nomina: praenomen* (nombre propio), *nomen* (nombre de la *gens*), *cognomen* (nombre de la familia o sobrenombre) en el alto imperio, fue una característica central y un importantísimo elemento integrador entre romanos y nativos.

Todos sus miembros en la macro estructura se sienten romanos, no obstante, un griego o un galo romanizado, tal vez ellos no se consideran similares a un romano originario de la península[99]. Sin duda que las variantes locales juegan roles esenciales en la integración romano-provincial y con ello se van construyendo diferentes realidades romanas que tienen como puntos comunes los patrones propios de la civilización romana. De ahí que en los grupos étnicos, la percepción de la propia identidad está asociada con la delimitación respecto de un mundo externo percibido como diverso de ellos[100]. Del mismo modo, se puede definir a los "otros" dependiendo de la visión que tenemos de "nosotros mismos"[101].

[97] Inglebert, "Citoyenneté romaine" (cit.), pp. 241-260, este trabajo hace un excelente tratamiento del concepto *Romanitas*, sus vinculaciones y su apego a los modelos grecorromanos.

[98] Un importante texto que apunta al problema de la romanización onomástica en la Galia y en la Germania en el período del alto imperio es M. Dondin-Payre y M. T. Raepsaet-Charlier (eds.), *Noms, Identités culturelles et Romanisation sous le Haut-Empire*, Le livre Timpermain, Bruxelles, 2001. Cfr. M. A. Giua, "Reseña a Dondin-Payre y Raepsaet-Charlier" (cit.), en *Athenaeum*, 92 (2004), pp. 313-321. Sobre el particular, véase además, J. France, "État romain et romanisation: à propos de la municipalisation des Gaules et des Germanies", en AC, 70 (2001), pp. 205-212.

[99] Inglebert, "Citoyenneté romaine" (cit.), pp. 251-253.

[100] Una visión sintética de los "otros" a partir del caso griego como elaboración de un "modelo de análisis" en la historia europea, véase W. Nippel, "La costruzione dell'altro", en Settis (ed.), *I Greci, 1* (cit.), pp. 165-196.

[101] Un texto orgánico y muy actual –a propósito de la continuidad de la historia antigua con la contemporánea– acerca del problema de la identidad en el mundo grecorromano en M. G. Angeli Bertinelli y A. Donati (eds.), *Il cittadino, lo straniero, il barbaro, fra integrazione ed emarginazione nell'antichità*, Atti del I Incontro Internazionale di Storia Antica (Genova, 22-24 maggio 2003), L'Erma di Bretschneider, Roma, 2005.

Por otra parte, ciertos estudiosos como R. MacMullen retrotraen el concepto de romano, integrándolo y asemejándolo como sinónimo de "itálico" o "italiano"[102]. En la práctica, quienes primero proyectan la idea de una vinculación entre romanos e itálicos son los *negotiatores,* a través de sus actividades económicas en las provincias; éstos en forma creciente van conformando una cierta mancomunión romano-itálica[103].

El proceso de romanización y su identidad, que se va construyendo y adaptando junto con los otros pueblos, es mucho más complejo. Gracias a los actuales avances arqueológicos y los estudios de casos, S. Keay postula que no es posible asumir implícitamente que Roma e Italia fueron los puntos focales de una cultura romana pura y sin adulteración que se difundió hacia las provincias a fines de la república y a comienzos del imperio. Por consiguiente, la llamada "Italia romana"[104] era un conjunto diverso y fragmentado de realidades culturales dentro de las cuales existía un amplio rango de reacciones culturales complejas entre conquistadores y conquistados a lo largo del tiempo y con diversas implicancias[105].

[102] R. MacMullen, *Romanization in the time of Augustus*, Yale University, London, 2000, esp. p. XI.

[103] La idea de una unión romano-itálica, surge a mediados del siglo II a. C., cuando se desarrolla una profunda integración y asimilación voluntaria entre los estratos altos y bajos de las comunidades aliadas con Roma. Sobre esta relación, Diodoro de Sicilia nos informa acerca de un documento de fidelidad que los itálicos juraron al tribuno del 91 a. C. Marco Livio Druso. El juramento puede ser interpretado -teóricamente- como un punto de integración por redes, vínculos y clientelas difundidas entre Roma y los itálicos. Sin entrar en detalles del juramento, consideramos que una parte del texto es fundamental para comprender, ante todo, la veracidad de éste y la unidad recíproca entre los dos pueblos mencionados: "Si llegara a ser ciudadano romano por la ley de Druso consideraré a Roma como mi patria y a Druso el mayor de mis benefactores" (Diodoro, 37, 11). Estas palabras son clave en la concepción itálica de un parentesco común, mirando a Roma no en calidad de potencia opresora, recelosa de otorgar el *ius suffragii*, sino más bien, como un conjunto orgánico en que la urbe y los pueblos itálicos formarían idealmente un Estado mutuo de *cives* con similares intereses y problemas. A su vez, en la formulación del documento es evidente que la fidelidad a Roma es entendida y actuada en el respeto a ciertas posibilidades de un desarrollo autónomo local, sin objetivos políticos o pretensiones separatistas. Este punto era ciertamente reflejado en aquellos ambientes aliados dispuestos a colaborar con la metrópoli y, al mismo tiempo, deseosos de participar y tomar decisiones en la vida política del imperio. No obstante, si el juramento en la práctica fracasó y no tuvo aplicación directa, se debió al repentino asesinato de Livio Druso y al estallido de la guerra social. Según la tradición analística romana, después de la guerra social existió un ambiente favorable para integrar a los itálicos con el pasado de Roma. Por ello, el auténtico juramento a Druso, como continuidad de esta tradición, podemos considerarlo el eslabón que une el problema itálico, desde los orígenes de Catón, continuando con Varrón, hasta llegar a la prospectiva virgiliana-augustea de la exaltación de la unidad romano-itálica. Para una mayor profundización, véase, A. Bancalari, "Gli interventi degli italici nella lotta politica romana durante il tribunato di Livio Druso (91 a. C)", en *SCO*, 37 (1987), pp. 407-437.

[104] E. Gabba, "Il problema dell'unità dell' Italia romana", en E. Campanile (ed.), *La cultura italica*. Atti del convegno della società italiana di glottologia, Pisa (19-20 dicembre 1977), Pisa, 1978, pp. 11-27 (=ahora en *Italia Romana*, New press, Como, 1994, pp. 17-31), (=*Sociedad y política en la Roma republicana (siglos III-I a. C.)*, Pacini, Pisa, 2000, pp. 11-24).

[105] S. Keay y N. Terrenato (eds.), *Italy and the West. Comparative issues in Romanization*, Oxbow Book, Oxford, 2001, esp. p. 113. Cfr. E. Dench, "Reseña a Keay y Terrenato, *Italy and the West* (cit.)", en *JRS*, 93 (2003), pp. 327-329.

En la conformación y, sobre todo, en la romanización de la península itálica y en su posterior proyección provincial, es necesario considerar a todos los pueblos componentes de esta realidad. Cada una de las diversas regiones y provincias constituye un todo, siendo tolerante y respetando las tradiciones y modos de vida de cada sociedad. El producto resultante de esta amalgama cultural es, por cierto, muy complejo y rico en contenido.

Incalculable es también en la formación y evolución de una identidad común, la deuda de la *Urbs* hacia el mundo griego. No debemos desconocer ni minimizar el masivo proceso de helenización y de transformación de la cultura material e intelectual romana desde los dos últimos siglos de la república hasta el reinado de Adriano. Por ello, Horacio es categórico y claro al presentar la conquista cultural de los griegos conquistados: *"Graecia capta ferum victorem cepit et artes intulit agresti latio"* [106]. La influencia griega fue enorme y los romanos debieron, necesariamente, redefinir su identidad[107] y, en ella, el elemento helénico, sobre todo en la élite dominante, es considerado y tomado como propio y civilizado.

Finalmente, en el mundo hodierno de cultura globalizada las personas toman conciencia de las creencias y valores compartidos, de las distinciones culturales; hay un interés por identificarse a sí mismos, por ejemplo, el estudio del "género" y la "etnicidad", se han convertido en una forma de definir la identidad. Janet Huskinson en un original libro –que recopila diversos ensayos sobre el imperio romano– lo estudia desde una perspectiva amplia y global, observando la "diversidad y complejidad de la experiencia moderna". Tres de sus componentes, la "cultura", la "identidad" y el "poder", conforman un entramado de relaciones humanas, políticas y sociales que funcionan entre sí en el vasto y variado mundo romano[108].

[106] Horacio, *Epístulas*, 2, 1, 156-157 [= "La cautiva Grecia cautivó a su fiero vencedor e introdujo las artes en el agreste Lacio"]. En general, para toda la problemática, véase D. Plácido, "*Graecia capta*. Integradora de la Romanidad", en *SHHA*, 8 (1990), pp. 97-107; S. E. Alcock, *Graecia Capta. The landscapes of Roman Greece*, Cambridge University, Cambridge, 1993; J. L. Moralejo, "Horacio y sus modelos griegos. (En torno a *Epi*. I 19, 21-34)", en E. Falque y F. Gascó (eds.), *Graecia capta. De la conquista de Grecia a la helenización de Roma*, Universidad de Huelva, Huelva, 1996, pp. 45-81.

[107] A. Wallace-Hadrill, "Vivere alla greca per essere Romani", en S. Settis (ed.), *I Greci. Storia, cultura, arte, società. 2. Una storia greca, III. Trasformazioni*, Einaudi, Torino, 1998, pp. 939-963. Ahora último, J. M. Cortés, "Polis Romana. Hacia un nuevo modelo para los griegos del imperio", en SHHA, 23 (2005), pp. 413–437, trabajo que persigue destacar la diversidad local y mutación del proceso romanizador y cómo los griegos participaron y colaboraron en la vida del imperio, conformando una cierta identidad colectiva. En general, para una dimensión teórica y de conjunto de la identidad en el mundo antiguo, véase J. Assmann, *La memoria culturale. Scrittura, ricordo e identità politica nelle grandi civiltà antiche*, Einaudi, Torino, 1997.

[108] Huskinson (ed.), *Experiencing Rome* (cit.), pp. 1-2.

La noción de *Romanitas*, con sus defectos y virtudes, involucra los factores culturales y de identidad de los romanos y de las sociedades locales. El producto resultante romano-nativo a través de una metamorfosis cultural, crea, conforma y estructura una nueva forma de ser y de estilo de vida, más o menos unida y homogénea que, necesariamente, asimila a los dos integrantes en la diversidad propia del imperio. Se arraiga entonces, un sentimiento de "pertenecer a un mismo mundo" político, socio-económico y cultural, no renegando su pasado, como por ejemplo, el galo de Avaricum, el ibero de Sagunto, el berberisco de Tagaste y el sirio de Palmira[109]. Así, se va conformando un mismo sentimiento e identidad (con las variaciones regionales), en un orbe romano casi globalizado. Si bien la expresión latina, como señalamos, tiende a ser poco clara y puede revestir otras acepciones propias de la romanización, no existe un mejor término para caracterizar en esencia el 'ser romano', una 'disciplina y forma de vida', en fin, una 'identidad común' que posee, además, una serie de signos y simbologías de representación que ayudaban a distinguir al romano del no romano.

[109] M. Le Glay, *Grandeza y caída del imperio romano*, Cátedra, Madrid, 2002, esp. p. 143.

CAPÍTULO II

La teoría y el estudio de la Romanización: pluralidad de modelos

1. Definición actual de la Romanización

Uno de los mayores problemas que enfrenta el estudio de la romanización, son los criterios o parámetros que se utilizaron para lograr la integración y la asimilación entre romanos y comunidades locales, pues no han sido bien definidos. Desde el punto de vista semántico, no tiene el mismo significado para todos los especialistas; existen visiones contrastantes, discrepantes, inclusive radicales[110], interpretaciones simplistas y pasadas de moda y que, muchas veces, dependen de las singulares realidades de las provincias[111]. Algunos definen este proceso y lo caracterizan como "espontáneo", "consciente" y "selectivo"[112]. Muchos lo valoran a partir de la visión de los conquistadores como expresión de dominación o, en contraposición, como resistencia al poder romano al "cambio dialéctico" de una cultura sobre otra[113]. Otros lo interpretan como un proceso de civilización y transmisión cultural o como la incorporación y asimilación de poblaciones locales al poder romano, también hay una posición "ecléctica" o "intermedia" entre la imposición de este dominio y la autorromanización de las élites nativas[114] y, en fin, como proceso bidireccional de integración y transculturación entre romanos y provinciales o como la asimilación de los autóctonos a la cultura romana[115], vale decir, interacción cultural.

---

[110] Mattingly, "Introduction" (cit.), p. 20, considera que a partir de las diversas perspectivas de análisis, el imperio romano era más "intervencionista" y menos "altruista" de lo que a veces se describe; sus súbditos respondían de maneras complejas al período colonial y le ocasiona una injusticia si intenta forzar la evidencia, para que "calce en un estereotipo estrecho que privilegia sólo los valores sociales" de la aristocracia romana. Este es precisamente el cuadro que recibimos de las fuentes literarias y es también un modelo que ha desarrollado un gran sentido en los investigadores de los países imperiales occidentales y últimamente postimperiales.

[111] R. Reece, "Romanization: a point of view", en Blagg y Millett (eds.), *Early Roman* (cit.), pp. 30-34.

[112] M. Bénabou, "Les Romains ont-il conquis l'Afrique" ?, en *Annales* (*ESC*), 33 1978, pp. 83-88. Cfr., además, Savino, *Città di Frontiera* (cit.), p. 29, n. 69.

[113] M. Millett, *The Romanization of Britain. An essay in archaeological interpretation*, Cambridge University, Cambridge, 1990, esp. pp. 1-3.

[114] G. Woolf, "The Formation of Roman Provincial Cultures", en J. Metzler, M. Millett, N. Roymans y J. Slofstra (eds.), *Integration in the Early Roman West. The role of culture and ideology*, Dossiers d'Archéologie du Musée National d'Histoire et d'art 4, Luxembourg, 1995, pp. 9-18.

[115] En general, para una síntesis de la problemática semántica, véase, R. Sheldon, "Romanizzazione, Acculturazione e Resistenza. problemi concettuali nella storia del Nordafrica", en *DArch*, 4 (1982), pp. 102-106; G.

De esta forma, podemos abordar el estudio de la romanización, por una parte, como símbolo de la labor civilizadora y difusora de Roma; por otra, con interpretaciones polarizadas en clave colonialista, enfatizando el control de las poblaciones autóctonas y la explotación de sus recursos económicos. Asimismo con posturas esquemáticas de prehistoriadores y arqueólogos que tienden a concebir la romanización a manera de proceso por el cual los conquistadores romanos reemplazan o marginan las formas prerromanas; en el fondo, es la expansión de lo que "era romano a expensas de lo que no era"[116]. Por cierto, no todo fue idílico en las relaciones entre Roma y los súbditos.

Es prioritario y esencial entender que la romanización no es un proceso uniforme ni rígido, sino que presenta un fuerte dinamismo y flexibilidad. Este dinamismo se debe, fundamentalmente, a la resistencia de los habitantes; al grado de educación, cultura y tradición de los pobladores originarios; a la situación interna de cada pueblo en relación con aspectos étnicos y sociales; a la gran extensión y variedad de los territorios; a la ausencia o presencia de un sector político y cultural fuerte y, en fin, al tiempo de permanencia del ejército romano en cada área de dominación[117].

Un problema central en el estudio de la naturaleza y esencia del imperio de Roma, implica, según Woolf, comprender tanto la dinámica de expansión, explotación y control, como a su vez, las múltiples experiencias locales a medida de que cada sociedad se adaptaba al nuevo orden. Tanto conquistadores como conquistados tienen sus "propias historias y ambas merecen ser contadas"[118].

Otra de las críticas severas –preferentemente de historiadores y arqueólogos británicos– que se han realizado al proceso romanizador, consiste en argumentar que el objetivo de Roma era gobernar los pueblos recién conquistados con el mínimo esfuerzo posible[119] y, en consecuencia, no romanizarlos. Discusiones

---

Woolf, "Beyond Romans and Natives", en WA, 28 (1997), pp. 339-350; J.M. Blázquez, *Nuevos estudios sobre la Romanización*, Itsmo, Madrid, 1989, pp. 99-145; S. Keay, "Romanization and the Hispaniae", en Keay y Terrenato, *Italy and the West* (cit.), pp. 117-144, esp. pp. 122-124.

[116] Freeman, "Romanisation" (cit.), pp. 438-445, véase, además, Woolf, "Beyond Romans" (cit.), 339.

[117] Un excelente estudio teórico referente a aspectos de variabilidad del proceso de romanización en: S. Gozzoli, "Fondamenti ideali e pratica politica del processo di romanizzazione nelle province", en *Athenaeum*, 65 (1987), pp. 81-100.

[118] Woolf, "The Unity and Diversity" (cit.), p. 349; también en P. James, "The language of dissent", en Huskinson (ed.), *Experiencing Rome* (cit.), pp. 277-303, esp. p. 301.

[119] Entre otros, C. C. Haselgrove, "Romanization before the conquest: Gaulish precedent and British consequences", en T. Blagg y A. King (eds.), *Military and Civilian in Roman Britain. Cultural relationships in a frontier province*, BAR (S. 136), Oxford, 1984, pp. 1-64.

que pretenden en última instancia insistir sobre las debilidades del modelo de la romanización y de lo inadecuado y obsoleto del término, reemplazándolo por otros nuevos. Hoy –para muchos– el término romanización no goza de "buena prensa"[120]. Sin embargo, la realidad histórica nos ha demostrado lo vigente, permanente y actual de este proceso civilizador. La situación concreta del imperio romano al estructurar un *orbis* relativamente homogéneo, a partir de la integración de las élites locales y gradualmente en los niveles sociales medios y bajos con una serie de agentes o factores que, en forma natural y espontánea, los nativos van adoptando como suyos. Por lo mismo, G. Woolf se cuestiona si los romanos tenían una política unitaria de romanización y si las experiencias locales eran diferentes; cómo se explican las características comunes reconocibles de lo británico-romano, lo galo-romano y lo hispano-romano; cómo fluyó una cultura material similar y de una gran expansión del urbanismo en el Occidente bajo el dominio romano[121].

Figura 6. Parte de la maqueta de Roma en el período de Constantino (306-337 d. C.), resaltando entre otros, el Coliseo, Acueducto, Foro, Palatino y el Circo Máximo. (Roma, Museo de la Civilización Romana).

[120] Le Roux, *L'impero romano* (cit.), p. 89. En torno al debate actual del proceso romanizador, cfr. E. Lo Cascio, "I valori romani tradizionali e le culture delle periferie dell'impero" en *Athenaeum*, 95 (2007), pp. 75-96.
[121] Woolf, "The Unity and Diversity" (cit.), pp. 352-354.

Nos surgen una serie de interrogantes que subyacen en el concepto e idea de la romanización. Como toda nomenclatura histórica, está constantemente en un proceso de "revisión", "reinvención", "reconstrucción" y "construcción". ¿Ha habido entre los siglos XIX, XX y comienzos del XXI un avance sustancial y progresivo relativo a estos estudios? En consideración a las circunstancias históricas del siglo decimonónico ¿es legítimo, continuar aún con tal vocablo? ¿No será mejor, hoy en día, referirnos a 'asimilación' y 'aculturación' u otros términos operativos? Lo concreto es que mientras no se conciba o se invente otra "palabra"[122] para caracterizar el desarrollo multidireccional de relaciones entre Roma y las provincias, debemos continuar con tal palabra. La romanización es y seguirá siendo, como concepto y modalidad histórica, un proceso, matriz y estructura de "larga duración" que atraviesa la historia romana, con una mayor impronta en el alto imperio.

2. Diferentes teorías acerca de la Romanización

A continuación presentaremos una pluralidad de enfoques y posturas –con polarizaciones, matices y variaciones– que han intentado, inclusive hasta nuestros días, definir y caracterizar la romanización. Por cierto, la hemos realizado con el riesgo de caer en una generalización que excede el marco de los historiadores y de las provincias estudiadas. No obstante, creemos que esta clasificación puede ser un aporte para aclarar el estudio y la comprensión del proceso romanizador.

2.1. ROMA CIVILIZADORA: LA INTERPRETACIÓN CLÁSICA

Fue consolidada por historiadores y geógrafos antiguos en el paso de la república al imperio y en cuyo contexto visualizaron la misión civilizadora de Roma. El destino y deber final de la *Urbs*, fuera de conquistar el *orbis terrarum*, era difundir la civilización (*humanitas*) en los pueblos[123], proyectando una paz generalizada,

---

[122] Aunque Ronald Syme, describa a la romanización -en forma exagerada a nuestro parecer- como un término "feo y vulgar", todavía peor que eso "anacrónico y confuso". Cfr. R. Syme, "Rome and the Nations", en *Diogenes*, 124 (1983), pp. 33-46 (= ahora en E. Birley (ed.) *Roman papers*, IV, Clarendon press, Oxford, 1988, pp. 62-73, esp. p. 64). Además, Keay, "Romanization and the Hispaniae" (cit.), p. 122, Le Roux, "La Romanisation" (cit.), p. 295; Hingley, *Globalizing Roman Culture* (cit.), p. 15. Por su parte, S. E. Alcock, "Vulgar Romanization and the domination of the élites", en S. Keay y N. Terrenato (eds.), *Italy and the West* (cit.), pp. 227- 230, critica el término romanización y lo considera "detestable".

[123] En el fondo, la *humanitas* viene a significar una cultura literaria, una virtud humana y un estado de civilización. Véase P. Veyne, "Humanistas: los romanos y los demás", en A. Giardina (ed.), *El hombre romano*, Alianza, Madrid, 1991, pp. 395-422.

templando el carácter de los bárbaros y entregándoles, al mismo tiempo, una cultura superior y seductora[124]. La historiografía moderna tuvo como paladines de este enfoque de carácter civilizante a las insignes figuras de Theodor Mommsen, Francis Haverfield y, en menor medida, a Henry Pelham y Camille Jullian[125].

Theodor Mommsen[126] ha sido calificado como el *"meister* de la historia romana, sin rival en su día ni en la actualidad"[127], vinculado con la tesis del "im-

[124] Una actualizada visión de Roma como propagador de la *humanitas* en G. Woolf, *Becoming Roman. The origins of provincial civilization in Gaul*, Cambridge University, Cambridge, 1998, esp. pp. 54-76. El texto ofrece un excelente detalle y modelo de las diversas facetas del cambio cultural emulado por las provincias romanas, en especial con la Galia. Otro tratamiento de la idea universal de *humanitas* en R. A. Bauman, *Human Rights in Ancient Rome*, Routledge, London-New York, 2000, esp. pp. 96-111. En una posición crítica de la "misión civilizadora" en Hingley, *Globalizing Roman Culture* (cit.), pp. 62-69.

[125] En general, sobre el valor historiográfico de los cuatro estudiosos mencionados, véase Freeman, *Mommsen to Haverfield* (cit.), pp. 27-47; H. Mouritsen, *Italian Unification: A Study in Ancient and Modern Historiography*, Institute of Classical Studies, London, 1998.

[126] T. Mommsen nació en la pequeña localidad de Garding (región limítrofe entre Alemania y Dinamarca), el 30 de noviembre de 1817; de familia protestante (su padre fue pastor) y de filólogos. Tempranamente se destacó en una rica, exigente y formadora educación y estudió derecho, titulándose en Kiel el 8 de noviembre de 1843. Con ocasión de una beca en Italia comienza a recopilar y a estudiar epígrafes, uno de sus tantos logros científicos que legará a la posteridad. En sus primeros años se dedicó y enseñó derecho romano, particularmente pandectas en Leipzig, Zürich y Breslavia. A los 44 años en 1861 hasta 1887 su centro universitario por excelencia fue Berlín, enseñando y cultivando la historia antigua romana. Desde 1874 fue secretario permanente de la sección de filosofía e historia de la Academia Prusiana de Ciencias. Dentro de su campo científico y de interés sobresale su dedicación a las inscripciones, la numismática e investigaciones monográficas de los samnitas y oscos, derecho político romano, fuentes del derecho romano y la propia historia de Roma. Sobresalen, sin duda, su *Römische Geschichte* (*Historia de Roma*), publicada por primera vez, en tres volúmenes, entre los años 1854-1856. Obra que llegó a un vasto público de cultura general, escrita en forma amena, haciendo comparaciones entre la política romana y la actual es, además, un repertorio pormenorizado y bien informado, de los grandes hechos y procesos históricos del período republicano. Monumental fue su esfuerzo por recopilar, organizar y sintetizar el *Corpus Inscriptionum Latinarum*. En 1847, presentó su innovador plan a la Academia de Berlín y en 1854, oficialmente, comenzó a dirigir el *Corpus*, preparando cuatro tomos en seis volúmenes, tarea que le ocupó prácticamente toda su vida: recoger inscripciones, instrumento indispensable para el conocimiento del mundo romano imperial. De sus obras jurídicas, predomina el *Römisches Staatsrecht, Derecho público romano*, su obra científica-jurídica por excelencia, el notable tratado de derecho constitucional y administrativo romano publicada entre 1871 y 1888 en tres volúmenes. Asimismo, confeccionó una edición del *Digesto*, un gran trabajo sobre el *Derecho civil romano* y otro del *Derecho penal romano* en 1899. También fue responsable de la organización e iniciación del *Thesaurus Linguae Latinae* y en los estudios de prosopografía del imperio romano. Finalmente, murió el 1 de noviembre de 1903, a la edad de 86 años. Sin duda, el más grande especialista de la historia, derecho y epigrafía romana del siglo decimonónico: infatigable, prolífico, perseverante, apasionado y realista. Actualizadas y agudas biografías de Mommsen en: L. Wickert, *Theodor Mommsen. Eine Biographie I-IV*, Klostermann, Frankfurt am Main 1959-1980; S. Rebenich, *Theodor Mommsen. Eine Biographie*, Beck, München, 2002; M. Buonocore, *Theodor Mommsen e gli studi sul mondo antico: dalle sue lettere conservate nella Biblioteca Apostolica Vaticana*, Jovene, Napoli, 2003. Un cuadro de resumen en: F. P. Casavola, "Teodoro Mommsen", en *Labeo*, 48 (2002), pp. 331-338; J. Delgado, "La obra de Theodor Mommsen en España: la traducción española de la *Römische Geschichte*", en *Gerión* 21/2 (2003), pp. 45-58.

[127] Finley, *Historia Antigua* (cit.), p. 15.

perialismo defensivo"[128]. La expansión y conquista romana no se gestó como resultado de un plan preconcebido y maestro para el dominio del mundo, sino más bien, Roma se vio obligada a hacerlo por las circunstancias[129]. Desde el surgimiento, con Mommsen, de la teoría del imperialismo defensivo o también llamado "renuente"[130], ésta fue la gran explicación e interpretación del imperio romano en su conjunto, por lo menos hasta la década de 1950. La estructura conceptual, agudeza y penetración de los escritos de Mommsen[131], fueron asumidas y adaptadas por historiadores y por arqueólogos posteriores. Tuvo la virtud de ser el único historiador en obtener el premio Nobel[132], de escribir más de 1500 obras y de ser el primero en concebir la importancia de las provincias romanas dentro una concepción total e integral del imperio.

Estamos, por cierto, convencidos de que fue pionero, a su vez, en los estudios de los cotérminos y procesos del imperialismo y romanización, creando una línea de investigación e interpretación en la cual combinaba la tradición literaria con la epigrafía y la numismática. Freeman considera que Mommsen tuvo el mérito y la agudeza de enfatizar ciertos aspectos comunes como la colonización, la extensión de la ciudadanía, la lengua y la acuñación de monedas, ayudado por la epigrafía. Estas similitudes en cada una de las provincias, eran los estándares por los cuales se podía medir la penetración y los logros de la civilización romana[133]. De esta forma, el impacto de una de sus obras: *El mundo de los Césares*[134], fue

---

[128] Es indiscutible que a partir de los estudios de Mommsen, sobre la tesis "defensiva", se articula toda una coherente explicación sobre ella. Roma debió actuar en autodefensa, víctima de feroces incursiones y ataques de sus vecinos. De ahí que una guerra justa debía necesariamente, comenzar sólo con propósitos defensivos o por compensación de algún acto de agresión contra Roma o sus aliados. Para una explicación del imperialismo defensivo, con ciertas variante y comentarios P. Veyne, "Y a-t-il eu un impérialisme romain?", en *MEFRA*, 87 (1975), pp. 793-855; Frézoulz, *Sur l'historiographie* (cit.), pp. 143-145; J. Lindersky, "*Si vis pacem para bellum*: concepts of defensive imperialism", en W. Harris (ed.), *The Imperialism of mid-Republican Rome*, (MAAR 29), Rome, 1984, pp. 133-164.

[129] Los sostenedores del imperialismo defensivo argumentaban que Roma se vio envuelta en hacer la guerra por las diversas presiones de los pueblos y ciudades limítrofes como respuesta a un mecanismo de autodefensa, más que a un verdadero e interesado "impulso expansionista". Véase, Harris, *Guerra* (cit.), pp. 160-172.

[130] Freeman, "Mommsen to Haverfield " (cit.), p. 31.

[131] Mommsen fue un gigante, erudito, intuitivo y con una visión holística de la cultura romana en la que unió la historia y la jurisprudencia, la filosofía y la arqueología en un todo, era también un ciudadano y político interesado en la vida pública. Mommsen, en su obra histórica, logró construir y sintetizar una "Historia total" abarcando y combinando diferentes disciplinas, que para aquella época eran todavía independientes. Él unificó la historia, la arqueología, la filología, la epigrafía, la numismática y la jurisprudencia en un gran todo científico.

[132] C. Lanza, "Il nobel a Mommsen", en *SDHI*, 68 (2002), pp. 501-517.

[133] Freeman, "Mommsen to Haverfield" (cit.), pp. 31-32.

[134] En 1885, treinta años después de su *Historia de Roma*, publicó lo que a la postre sería la continuación de esta obra, equivalente al tomo V, titulada: *Las provincias de César a Diocleciano*, traducida al español como *El mundo de los Césares*, F.C.E., México, 1983, texto central y visionario para entender no sólo la relevancia de las provincias romanas, sino también, el fenómeno de la romanización.

altamente influyente, marcó un hito y un cambio en los posteriores estudios sobre las provincias romanas.

Mommsen concebía en el alto imperio, un mundo caracterizado por una participación consolidada, una prosperidad sostenida, un gobierno ordenado y una eficiente interconexión y administración romana en las provincias. A partir de estos postulados, la romanización fue la consecuencia directa y principal de esta amplia aceptación y visión positiva[135] del *imperium Romanum*. En el fondo, con Mommsen se abre el espacio para estudiar el significado profundo de la historia del imperio romano como proceso civilizador, es decir, interpretar la romanización como la historia de las provincias romanas[136]. En cierta medida, creemos que se adelantó en una centuria al concebir, en un esfuerzo teórico, válido y comparativo, al *orbis Romanus* como una globalización, sin que se hubiera formulado todavía tal neologismo. Mommsen fue un visionario que se adelantó a su tiempo[137]. En sus sesenta años de productividad sostenida, jamás abandonó el estudio[138] que incluía la trilogía: historia, epigrafía y derecho.

Con una postura similar y fuertemente influenciado por Mommsen, el historiador inglés Francis Haverfield[139] es otro de los estudiosos modernos que concibe la romanización como sinónimo de civilización, centrado en las "provincias". Haverfield en forma regular hizo referencia a Mommsen, en relación con la contribución que significó para la historiografía y para él, y al hecho de haber convertido a la arqueología en una disciplina reconocida y haber logrado que la epigrafía fuera la base para el estudio de las provincias romanas[140]. El historiador y arqueólogo británico

---

[135] Obviamente, Mommsen tuvo una serie de críticas en el mismo momento de publicar sus textos y posteriores, por ejemplo, en Gran Bretaña. Cfr. Freeman, "Mommsen to Haverfield" (cit.), p. 33.

[136] Mazzarino, *L'impero* romano (cit.), pp. 9-11; Luzzatto, *Roma e le province* (cit.), p. 21.

[137] En particular, sobre las proyecciones del historiador alemán, véase A. Bancalari, "Theodor Mommsen, el mundo romano y sus proyecciones: a propósito del centenario de su muerte", en *Atenea*, 492 (2005), pp. 135-146.

[138] En una carta inédita, recién publicada, Mommsen le escribe de su residencia en Berlín-Charlottenburg, el 19 de diciembre de 1899 a su colega y amigo Francesco Buonamici, profesor de Derecho romano de la Universidad de Pisa para comunicarle, entre otras materias, que continuaba estudiando y preparando una nueva edición crítica y científica del *Codex Theodosianus*. Mommsen tenía 83 años y persistía con sus investigaciones, viviría tres productivos años más, hasta que un derrame cerebral terminó con su vida. Véase, S. Borsacchi, "In margine ad un inedito di Th. Mommsen", en *Societas-Ius. Munuscula di allievi a Feliciano Serrao*, Jovene, Napoli, 1999, pp. 17-24.

[139] Francis Haverfield nació en 1860, graduado en 1884 en New College, Oxford, fue discípulo de Henry Pelham. Sus trabajos se centraron en el estudio de las provincias y en forma preferente en la historia y arqueología de Britania romana, continuando siempre con sus investigaciones en terreno sobre la muralla de Adriano. Haverfield fue invitado por Mommsen para ser el editor de los *Additamenta quarta ad Corpus* (vol II, CIL). Fue además, uno de los pioneros en la creación de la *British School at Rome*; murió a los 58 años en 1919.

[140] F. Haverfield, "Theodor Mommsen", en *EHR* 19 (1904), pp. 80-89, en relación con el quinto volumen de la historia romana de Mommsen señaló: "Es una obra estupenda, aquí él resume con suprema maestría

estaba profundamente interesado en la "continuidad de la historia europea", teniendo como punto de partida al imperio romano como una "entidad homogénea". Propuso que Roma mantuvo su imperio, sobre todo, organizando un sistema de defensas fronterizas y propiciando el desarrollo de la civilización interna dentro de las provincias[141]. Sin duda, una de sus máximas favoritas era: "de nada sirve saber acerca de Britania romana, en particular, si primero no existe un conocimiento general del imperio romano"[142]. Para Haverfield, al igual que para Mommsen, lo medular en el estudio y comprensión del mundo romano, se concentró en la forma y en el fondo de cómo la *Urbs* fue capaz de romanizar a los pueblos del imperio –especialmente a los occidentales[143]– en clave romano-céntrica, borrando la distinción entre lo romano y lo provincial[144]. Una de las impugnaciones que se le ha hecho a Haverfield, es que nunca escribió una crítica sobre la naturaleza del imperialismo romano[145].

Los libros de Mommsen y de Haverfield fueron pioneros y medulares para acrecentar el estudio del fenómeno de la romanización. Sin el impacto de los anteriores, tanto Henry Pelham[146] como Camille Jullian[147], conciben este proce-

---

el vasto y variado conocimiento, concerniente a las provincias romanas que se había acumulado cuando él escribió. Miles de inscripciones otorgaron o cedieron sus secretos, textos remotos y oscuros fueron utilizados, los descubrimientos arqueológicos encontraron reconocimiento y las vastas y difusas áreas de las provincias, tomaron una forma y un color definitivo. Nadie más que el editor del *Corpus* pudo haberlo escrito. Ahora en extenso, se hizo fácil apreciar el verdadero carácter del imperio romano. Nuestro horizonte se amplió, más allá del patio trasero del Palatino a las amplias tierras al norte, al oeste y al sur del Mediterráneo y empezamos a darnos cuenta de la gran administración de dominio que extendió en tres continentes sus dones de civilización, ciudadanía y lenguaje a casi todos sus súbditos, su establecimiento de un orden estable y coherente, del cual surgió la Europa Occidental de hoy en día".

[141] Webster, "Creolizing" (cit.), p. 210, explica la noción de romanización de Haverfield en una postura crítica y pasada de moda, al considerar a ésta como un proceso que moldeaba a diversos pueblos a la imagen de Roma metropolitana creando simple y uniformemente nuevos romanos.

[142] Freeman, "Mommsen to Haverfield" (cit.), p. 43.

[143] F. Haverfield, *The Romanization of Roman Britain*, Clarendon press, Oxford, 1923⁴, esp. pp. 10-11. El arqueólogo e historiador inglés estaba convencido, y así lo fundamentó en su libro, de que al civilizar Roma a las provincias albergan los valores del mundo occidental moderno. Una visión positiva y progresiva de la misión romanizadora y civilizadora de la *Urbs* como inevitable.

[144] Una postura crítica en Hingley, *Globalizing Roman Culture* (cit.), pp. 33-35.

[145] Freeman, "Mommsen to Haverfield" (cit.), p. 46. Uno de los primeros en criticar la postura civilizadora de Haverfield, sobre todo por aceverar tajantemente que la Britania fue romanizada, fue R. G. Collingwood, *Roman Britain*, Clarendon press, Oxford, 1932, esp. p 92.

[146] H. Pelham (1846-1907), historiador británico y profesor de historia antigua en Oxford, se preocupó preferentemente de la historia del imperio romano, influyendo en su discípulo Haverfield. Para un mayor análisis, cfr. Freeman, "Mommsen to Haverfield" (cit.), p. 35-37.

[147] C. Jullian (1859-1930), sus primeras investigaciones las realizó en la École Française de Rome (1880-1892). En 1883, viajó a Berlín para perfeccionarse en la escuela de Mommsen, siendo muy bien acogido por éste. Jullian supo apreciar el valor formativo y metodológico del sistema germánico. Entre otros estudios, se preocupó de las inscripciones de Burdeos donde, para el erudito francés, comienza la historia de la Galia romana. Creía fehacientemente que los galos, gracias a Roma, habían quedado protegidos de los germanos. Su obra central fue, *Histoire de la Gaule, vol. VI, La Civilasation gallo-romaine: état moral*, Hachette, Paris, 1929.

Figura 7. Acueducto de Nîmes o puente que atraviesa el Gardon. Tiene 300 mts. de largo, con tres niveles de arcadas que alcanzan los 50 mts. y fue construido en el 19 a. C.

so resaltando los beneficios propios y positivos de la civilización romana[148]. El legado de estos cuatro estudiosos consiste en que a partir de ellos se continúa reflexionando, con más pruebas documentales y arqueológicas, con criterios actuales y nuevos modelos revisionistas[149], acerca de la integración de Roma con sus provincias. El núcleo de la mayoría de las investigaciones sobre el tema lo constituyeron estos autores y de ahí su enorme valor historiográfico.

[148] En el fondo, la tesis de Julian consistió en que la dominación romana fue beneficiosa para la Galia. Cfr. A. Rouselle, "Camille Jullian", en A. Buguière (ed.), *Diccionario de Ciencias Históricas*, Akal, Madrid, 1991, pp. 427-429.

[149] Diversos enfoques revisionistas de los últimos años han criticado la visión civilizadora y romanizante de Mommsen, Haverfield y otros, en los cuales subyacen nacionalismos, uniendo términos propios del siglo XIX como "nación" e "imperio". Entre otros, Hingley, *Globalizing Roman Culture* (cit.), pp. 14-48, sostiene cómo los conceptos de "civilización", "barbarismo" y "guerra justa" siguen siendo populares y son redefinidos en la actualidad, una vez más, a objeto de justificar "acciones internacionales" de los países occidentales.

2.2. Modalidades de resistencia

Un paradigma opuesto que explica el proceso de romanización, ya no en calidad de difusor de la cultura, sino como la resistencia que los pueblos sometidos le opusieron[150], está presente en la tesis doctoral del historiador argelino Marcel Bénabou: *La résistance africaine à la romanisation*, publicada en 1976[151]. Allí establece como argumento central que los romanos no lograron romanizar el África del norte, debido a una fuerte resistencia en las esferas militar y cultural. El texto de Bénabou puede ser convincente, sin embargo, parte de una premisa y un objetivo un tanto confuso: "el de escribir sobre todo una historia africana más que una historia romana"[152]. De hecho, en la obra del argelino se insiste sobre la "africanización" de la cultura romana[153], y se demuestra que el contacto entre Roma y el norte de África, no se puede definir como un proceso armonioso de trasplante cultural.

Por su parte Thébert, a propósito del estudio de Bénabou, ha hecho notar el problema de la utilización de un concepto errado: "resistencia", que semántica e ideológicamente no es neutro, como "romanización"[154]. Esta posición de resistir contra el dominio exterior, tiene la debilidad de considerar a los bárbaros como héroes o "supernativos", enfatizando la pureza de sus tradiciones culturales en la era de la postconquista. Existe un sesgo étnico y nacionalista al presentar a los africanos, en este caso, como un pueblo unido, coherente y opuesto a toda potencia extranjera e invasora[155].

La tesis central de Bénabou ha sido objeto de estudios revisionistas más amplios, los cuales abarcan otras áreas del imperio relacionadas con la problemática del control y la resistencia respecto de la interacción entre Roma y sus súbditos.

---

[150] En general, la visión de los enemigos de Roma ha sido trabajada por R. MacMullen, *Enemies of the Roman order: treason, unrest and alienation in the Empire*, Oxford University, Cambridge Mass, 1967.

[151] M. Bénabou, *La résistance africaine à la Romanisation*, Maspero, Paris, 1976, esp. p. 19; cfr. L. Polverini, "Reseña a Bénabou, *La résistance* (cit.)", en *Athenaeum* 57 (1978), pp. 185-190.

[152] Ibid., pp. 15-17.

[153] Woolf, "Beyond Romans" (cit.), p. 340.

[154] Y. Thebert, "Romanisation et déromanisation en Afrique: Histoire décolonisée ou histoire inversée", en *Annales (ESC)* 33 (1978), pp. 64-82. Cfr., además, E. Fentress, "La vendetta del Moro: recenti ricerche sull' Africa romana", en *DArch* 4 (1982), pp. 107-113.

[155] Sheldon, "Romanizzazione" (cit.), pp. 103-104, considera que no existe la documentación suficiente ni está fundamentado en el texto de Bénabou cómo los africanos lograron la ansiada unidad y cohesión para enfrentar al dominio romano. Desde el punto de vista metodológico y dada en atención a la gran variedad de las condiciones geográficas del norte de África, de la composición cultural de la población, del mosaico político de pequeñas comunidades y de los distintos niveles de desarrollo, es imposible e inviable lograr una generalización. Ésta es imprecisa, superficial y no explica el fenómeno en su totalidad. Véase, también, C. R. Whittaker, "Reseña a Bénabou, *La résistance* (cit.)", en *JRS* 68 (1978), pp. 190-192.

La Britania, del mismo modo, es una zona donde se han desarrollado una serie de 'laboratorios históricos' e investigaciones sobre las causas del rechazo a la romanización, destacándose una escuela "nativista" en la cual se afirma que la integración romano-celta fue superficial. Más aún, se postula que los símbolos de la *Romanitas* tuvieron lugar en público, pero al ingresar los británicos a sus casas (en su vida privada), rechazaban convertirse en romanos[156]. Así, para la escuela nativista británica, el estilo romano más que ser resistido, era profundamente "ignorado"[157] e insustancial: no logró romanizar el todo. De ahí que en el debate sobre poder y hegemonía romana, este poder imperial dominante presupone la existencia de una oposición en las provincias, sea directa o pasiva[158].

Greg Woolf critica el argumento de la resistencia y, basándose en la arqueología, propone que la vida cultural de África romana era mantenida y modificada por un grupo de élite que se consideraba "romano" propiamente tal[159]. De ahí que se puede inferir que un estilo de vida similar al de la aristocracia romano-africana, era compartido por las mismas élites locales en otros sectores del imperio. Las polémicas continuarán, pues estudios recientes, acerca de África septentrional[160] en edad romana, tienden a mostrar crecientes sentimientos antirromanos y de resistencia nacionalista. La historia de la conquista, colonización y romanización de las provincias africanas y, en general en todo el imperio, puede ser entendida como un intento de trasplantar su civilización a un terreno estéril y de querer transformar a los pueblos sometidos a la imagen del dominador[161].

Como examinaremos, no se trata de una oposición total de los enemigos de Roma a este dominio ni de una prolongación idílica de la civilización de la *Urbs*. Debemos redimensionar el fenómeno e intentar explicarlo en una dimensión integradora y global. Si bien la romanización varía de región a región, existen algunos sectores donde había una resistencia a ella. En muchas partes del imperio, las relaciones entre Roma y los habitantes de las provincias, no fueron para nada

---

[156] R. Reece, *My Roman Britain*, Cotswold, Cirencester, 1988, esp. p. 74.

[157] Webster, "Creolizing" (cit.), pp. 212-213.

[158] Mattingly, "Introduction" (cit.), p. 18.

[159] Woolf, "Beyond Romans" (cit.), pp. 340-341.

[160] Particularmente, en torno a la resistencia y a la romanización de África, véase W. Kuhoff, "La politica militare degli imperatori romani in Africa (I-IV sec. d. C.)", en *L'Africa Romana. Ai confini del Impero: contatti, scambi, conflitti*, vol. III, (Atti del XV convegno di studio di Tozeur, 11-15 dicembre 2002), Carocci, Roma, 2004, pp. 1643-1662, esp. p. 1643 n.1; V. Bentivogli, "Ai confini dell'impero: mausolei e romanizzazione del nord Africa", en *L'Africa Romana* (cit.), vol. I, pp. 421-437. E. Fentress, "Romanizing the Berbers", en P&P, 190 (2006), pp. 3-33. Con otra visión, M. E. Pareti de Canessa, "África del norte en la perspectiva política de Augusto. Su proyección", en *Revista de Historia Universal*, 6 (1994), pp. 19-41.

[161] Fentress, "Vendetta del moro" (cit.), p. 107.

amistosas o paradisíacas, ya que ésta desarrolló una brutal política imperialista[162], sobre todo hacia el final del período republicano. No obstante esto, el *orbis Romanus* no conoció rebeliones 'nacionalistas', propias de los imperialismos del siglo XIX[163]. Hubo, ciertamente, disidencias y sublevaciones locales[164] que no alteraron en su conjunto la política integradora y romanizadora. En el caso de los judíos[165], como sociedad toda, nunca se asimiló a Roma, salvo grupos e individuos. También sectores del norte de España (vascos, cántabros y otros), mantuvieron una oposición armada y cultural ante la presencia romana[166].

Asimismo en Britania, existió por parte de los habitantes locales, un cierto rechazo y desafío a la hegemonía romana[167]. El jefe local Carátaco, la revuelta de Boadicea o Boudicca y la invectiva de Calgaco, reflejan esta problemática. La dominación de Roma encontró a menudo resistencia, incluso después de que estuviera asentada, muchas provincias realizaron alzamientos. Entre el 60-61 d. C. se produjo la revuelta de los Brigantes, guiados por la reina Boadicea[168] (generado por las torpezas romanas hacia los icenios). A menudo las exigencias de los representantes del Estado, el peso y rigor de las contribuciones, lo arbitrario de los reclutamientos para el servicio militar y la voluntad de controlar estrechamente la manera de vivir de las poblaciones, provocaban oposición[169].

La crítica mayor a la dominación romana, fue la forma de explotación de los recursos y de los territorios vencidos. Casos de sometimiento a servidumbre

[162] Un texto actualizado con una serie de fuentes seleccionadas que estudia el rumbo despiadado de la conquista romana es L. Canali, *Contro storia di Roma*, Ponte alle Grazie, Milano, 2004².

[163] Miles, "Roman and Modern" (cit.), pp. 630-631.

[164] Algunas sublevaciones locales bajo los Julio-Claudios: el númida Tacfarinas entre el 17-24 d. C. organizó un ejército de musulmanes contra Roma y extendiéndose desde Mauritania hasta Sirte. También hubo insurrecciones en la Galia con Floro y Sacrovir (21), en Tracia (21-25), Capadocia (36), Mauritania (40-45) y la revuelta de Vindice (68).

[165] Para el caso judío, se produjeron desórdenes en el 52, la gran sublevación del año 66, la guerra de Tito, la destrucción de Jerusalén y el recordado asedio y mortandad de Masada. En el siglo II d. C. tenemos la rebelión de los judíos en Oriente (115-118) y la revuelta de Barkokhba (133-135).

[166] L. Curchin, *España romana*, Gredos, Madrid, 1996, esp. pp. 231-246.

[167] V. Boch de Boldrini, "Britania: un nuevo reto a la romanización", en *Revista de Historia Universal*, 6 (1994), pp. 9-18.

[168] Sobre la reina Boadicea y la revuelta, véase G. Webster, *Boudica. The British Revolt against Rome, A.D. 60*, Bastford, London, 1978; P. R. Sealey, *The Boudican revolt against Rome*, Princes Risborough, Shire Publ., 1997. Asimismo en P. Southern, "La Bretagne", en C. Lepelley (ed.), *Rome et l'intégration de l'Empire 44 av J.C.-260 apo. J.C., tome 2, Approches régionales du Haut-Empire romain*, Nouvelle Clio Presses Universitaires de France, Paris, 1998, pp. 197-229, esp. pp. 208-210; J. Rodríguez González, "Petilio Cerial, un general con suerte", en S. Perea Yébenes (ed), *Res gestae. Grandes generales romanos (I)*, Signifer Libros, Madrid, 2004, pp. 97-129, esp. 101-104; P. Matyszak, *I grandi nemici di Roma Antica*, Newton Compton, Roma, 2005, esp. pp. 170-181.

[169] M. Christol, "La dominación de Roma y la administración de las provincias", en M. Kaplan y N. Richer (eds.), *El mundo romano*, Universidad de Granada, Granada, 2003, pp. 155-192, esp. p. 171.

de las poblaciones, levas y traslados de soldados de provincias, las obligaciones tributarias y las demandas de la metrópoli, formaban parte de los grandes intereses económicos-fiscales del poderío romano.

Los diversos actos de pillaje y la práctica del bandidaje, presentes en partes del imperio, no debemos entenderlos como movimientos separatistas o nacionalistas de las provincias en contra de Roma, son protestas por diversos factores políticos y socio-económicos y no se interpretan como acciones emancipadoras del control y poder romano o como el intento de crear un nuevo Estado[170]. En el fondo, los bandidos o los saqueadores (*praedores*), son concebidos como una forma de violencia personal –a pequeña escala– que más que combatir contra el Estado romano legítimo realizaban raptos, asaltos con violencia, crímenes, robo de ganado y todo tipo de actos de pillaje. Eran normalmente grupos que seguían a un jefe o líder[171] y si eran capturados sufrían la pena de muerte (*summa supplicia*)[172]. En el *orbis Romanus*, los bandidos llevaban a cabo incursiones locales que afectaban a las ciudades, aldeas, granjas aisladas y a las vías terrestres y marítimas, acciones todas que, de acuerdo con la mentalidad popular moderna, estaban "fuera de la ley" y por esto se convertían en seres "proscritos"[173].

2.3. UNA POLÍTICA DELIBERADA

Existe consenso al interior de la historiografía en sostener que Roma desarrolló una política imperialista ofensiva. Por ello, intentar justificar que la urbe adquirió un imperio a través de la vía accidental o defensiva o negando la existencia, por parte del Estado romano, de cualquier política deliberada de expansión o intento

---

[170] El Bandolerismo (*Latro, Latrones, Latrocinium*), es una forma de poder personal, un tipo de "protesta individual", un hecho aislado que no transforma su liderazgo en formas más institucionalizadas de poder, como el Estado, o buscar la secesión de éste. MacMullen, *Enemies of the Roman* (cit.), pp. 255-268; B. Shaw, "El bandido", en Giardina (ed.), *El hombre* (cit.), pp. 351-394. Para un detalle actualizado de la problemática, véase; C. Wolff, *Les Brigands en Orient sous le Haut-Empire Romain*, École Française de Rome (308), Roma, 2003; Th. Grünewald, *Bandits in the Roman Empire. Myth and Reality*, Routledge, London-New York, 2004.

[171] Por ejemplo, una acertada descripción transmite Apuleyo, *Metamorfosis*, 7, 5: "Fui en tiempos el jefe de una banda poderosa que saqueó toda Macedonia. Soy nada menos que el célebre bandido Hemo el Tracio. Ante la simple mención de mi nombre provincias enteras temblaban. Soy el hijo de Teron, quien también fue bandido. Fui amamantado con sangre humana. Me eduqué entre los luchadores de la banda de mi padre. Soy heredero y rival de la bravura de mi padre."

[172] En general, los bandidos conocidos en una localidad eran ejecutados y sus cuerpos empalados como también otros eran arrojados a las fieras en los anfiteatros. Véase, Shaw, "El Bandido" (cit.), pp. 374-375.

[173] Ibid, p. 353 y p. 372. Es necesario clarificar que Roma no conoció una policía civil centralizada, y para controlar estallidos, actos de pillaje y de bandolerismo dependía, por una parte de la autodefensa local y, por otra, del poder militar del ejército. Ahora bien, estos bandidos son considerados, además un "tipo humano marginal". Cfr. M. Cubillos, "Para una historia social del mundo clásico: sociedad, pobreza y marginalidad en Roma entre los siglos I y II d.C.", en *Revista de Humanidades*, 5 (1999), pp. 69-95, esp. pp. 87-88.

colectivo de construir un imperio, no tiene asidero. La *Urbs*, sin duda, utilizó un procedimiento imperialista.

Para algunos especialistas, entre ellos W. Hanson, las conquistas del imperio romano y la posterior asimilación de sus ocupantes, fueron "actos deliberados y relacionados". Argumenta que Roma ejerció un control directo en sus territorios sobre la base de dos agentes estables y centrales: el rol del ejército en la expansión victoriosa y los reyes clientes como medios políticos y administrativos en el imperio[174]. A partir de estos principios, Hanson deduce que la urbe desarrolló una política de romanización que promovió en forma deliberada y directa, utilizando entre otros medios la ciudadanía romana, el culto imperial, la arquitectura monumental y la élite provincial. Desde esta perspectiva, el imperio romano fue un "sistema proactivo"[175].

Pues bien, una política de romanización consciente e instrumental, de carácter selectivo y dirigida a las élites locales, tiene como propósito central controlar y gobernar a los pueblos sometidos con el mínimo esfuerzo posible y sin una mayor voluntad de romanizarlos[176]. Se niega entonces la misión civilizadora de Roma en relación con los estratos bajos provinciales. Si se acepta esta interpretación, la acción política de la urbe no habría tenido el valor fundacional y cultural que se le reconoce, ya que el objetivo concreto habría sido impositivo: dominarlos y pacificarlos. En el fondo, con esta postura se acepta la premisa de que los cambios observados en la cultura material de las sociedades provinciales, reflejan una transformación –como resultado de de su sometimiento– de "menos nativas" a "mayormente romanas", a medida de que eran absorbidas por el imperio. Por tal motivo, la cultura material, es en esencia un "subproducto" impuesto por el poder central[177].

Esta forma deliberada y desenfrenada de accionar, ha sido también definida y caracterizada como "romanización imperialista"[178], centrada en la violencia, la fuerza, los controles, las sanciones y el uso del poder. Se advierte una consolidación del control político de Roma sobre los pueblos autóctonos y un cambio sustancial en el sector económico de la sociedades regionales que, por cierto, se

---

[174] W. S. Hanson, "Forces of change and methods of control", en Mattingly (ed.) *Dialogues* (cit.), pp. 67-80, esp. pp. 68-70; también, con similar postura, Millett, "Romanization: historical issues" (cit.), p. 38.

[175] Ibid, p. 78.

[176] Tesis sostenida con más fuerza por estudiosos británicos, entre otros, P. Garnsey, "Romans and African Empire under the Principate", en P. Garnsey y C. R. Whittaker, *Imperialism in the Ancient World*, Cambridge University, Cambridge, 1978, pp. 223-254. Una síntesis en Savino, *Città di frontiera* (cit.), pp. 30-31.

[177] Keay, "Romanization and the Hispaniae" (cit.), p. 122.

[178] B. Bartel, "Colonialism and cultural responses: problems related to Roman provincial analysis", en WA 12 (1980), pp. 11-26.

integran en el sistema imperial. Particularmente, se compromete a las élites locales en la promoción de una economía decididamente orientada hacia el mercado[179]. En esta modalidad, un reducido número de emprendedores y comerciantes negocian sus bienes del centro a la periferia ocupada, la que paulatinamente, va sufriendo el aprovechamiento y la explotación de sus recursos en beneficio de los intereses del imperio.

2.4. Una política de autorromanización y emulación

Otro enfoque, bastante aceptado y estudiado, dice relación con la forma en que la sociedad originaria asimila y elige voluntariamente los elementos de una cultura superior. En este caso, la postura generalizada que adoptó la aristocracia local, fue de adhesión e incorporación a los valores tradicionales de Roma, a la obtención de la *civitas Romana* y a la mantención de sus privilegios. Esto ha hecho que los historiadores califiquen este proceso como romanización espontánea y natural o "autorromanización"[180]. Por ello, el verdadero secreto de la continuidad y permanencia del imperio romano, consistió en la capacidad de romanizar a las clases dirigentes de los pueblos conquistados, es decir, hacerlas partícipes del mundo, de los beneficios y de la *pax Romana*. La urbe, Italia y las provincias, constituyeron una fuerte cohesión social interna, clave para el mantenimiento del imperio.

Existe un cierto consenso entre los estudiosos en aceptar el sentido profundo y la capacidad de la *civitas Romana* para realizar la unidad política del imperio[181]. La manera en que estas élites adoptaban los símbolos romanos para reforzar su identificación con la metrópoli y adoptaban la cultura material romana, ha sido reestudiado en la última década por Martin Millett[182]. Lo relevante de esta postura, es que se va produciendo una imitación progresiva de los símbolos e identidad de la *Romanitas* por parte de los estratos sociales medios y más bajos. De este modo, quienes no pertenecían a las élites eran romanizados de segunda mano, emulando la cultura material de sus superiores sociales quienes, a su vez, se habían

---

[179] Savino, *Città di frontiera* (cit.), pp. 40-46 y pp. 240-243, ha estudiado la forma imperialista (como a su vez la colonial) de las ciudades de Palmira y Lepcis Magna concluyendo que en ambas se verifica, netamente, la gradual mutación de la estructura económica, principal manifestación de la forma de romanización imperialista.

[180] Interpretación particularmente estudiada por A.N. Sherwin-White, *The Roman Citizenship*, Oxford University, Oxford, 1939 (1973²), esp. pp. 222-224 y Brunt, "The Romanization of the local" (cit.), pp. 161-174. Cfr. además, Mazzarino, *L'impero romano* (cit.), p. 344. Con un matiz un tanto diverso y crítico, pero siempre con el mismo enfoque autorromanizador Woolf, "Beyond Romans" (cit.), p. 340, considera que ésta, igualmente, era una estrategia empleada por las élites locales para ganar una parte de los "réditos" del imperio.

[181] G. Poma, *Le istituzioni politiche del mondo romano*, Il Mulino, Bologna, 2002, p. 134.

[182] Millett, *Romanization of Britain* (cit.), pp. 1-3.

apartado de los estratos más bajos por medio de la adquisición de indicadores de estatus romano[183].

La romanización o asimilación voluntaria de las poblaciones sometidas, fue basada sobre la riqueza y el poder aristocrático para mantener y consolidar sus posiciones de privilegios en la sociedad de origen[184]. Sin duda, en el caso de Roma surge con mayor fuerza la aculturación voluntaria y espontánea; en efecto, los romanos –a menudo– no obligaron a los pueblos originarios a cambiar su sistema de vida.

Roma fue creando un "simbolismo cultural propio" que ayudaba a definir lo que iba a ser romano, tanto en la *Urbs* como en las provincias, dando origen como lo ha investigado particularmente Woolf para la Galia, a una "gramática de representación simbólica"[185]. Ésta era asimilada y comprendida, en un primer momento, por aquellas élites que compartían con Roma la misma visión de mundo. En forma gradual, este simbolismo se iba difundiendo a medida que el proceso de romanización penetraba con mayor fuerza en el resto de la población. Por otra parte, suponer que Roma no había demostrado interés en expandir su cultura y forma de vida a las categorías sociales bajas y a los pobres[186], no está fundamentado ni apoyado en los testimonios.

Ciertamente, el primer gran impulso se realizó con la aristocracia local y de ahí, en forma simultánea, con los grupos inferiores (los sectores medios y pobres); cada uno en su dimensión imitaba a la élite romanizada. Este paradigma de la "autorromanización", adoptado primero por los notables y después por los restantes grupos, ha sido calificado también como un proceso desde "abajo" hacia "arriba"[187]. En síntesis, la 'emulación' evidencia un proceso de romanización autogenerante y espontáneo de los diversos estratos de las sociedades nativas.

2.5. Romanización como destrucción de la sociedad nativa

Una interpretación más radical, sostenida por un sector amplio de arqueólogos e historiadores británicos, considera al proceso imperialista y romanizador como el causante de una inmensa destrucción de pueblos originarios. Entre los que

---

[183] Webster, "Creolizing" (cit.), pp. 214-216.

[184] Savino, *Città di Frontiera* (cit.), p. 31.

[185] Woolf, *Becoming Rome* (cit.), pp. 238-249. También, ahora último el mismo autor Id., "Provincial Perspectives", en Galinsky (ed.), *The Age of the Augustus* (cit.), pp. 106-129, subraya el papel que le correspondió al emperador Augusto en los cambios culturales y, por cierto, en la política integracionista con las provincias.

[186] En una postura crítica, Webster, "Creolizing" (cit.), p. 216.

[187] Keay, "Romanization and the Hispaniae" (cit.), p. 122.

sostienen esta posición, R. Hingley critica y reprueba, a su vez, la postura de un imperialismo defensivo y de una tolerancia religiosa que lleva consigo un modelo inventado de "humanidad y civilización"[188], pretendiendo demostrar que existió una aniquilación de los pueblos locales. Hombres, mujeres y niños fueron asesinados, animales descuartizados y asentamientos desmantelados. Se presenta una imagen desoladora y apocalíptica del sistema y modo de vida de cada pueblo.

Se basan, particularmente, en el ejemplo de Britania, cuya ocupación y dominio significó la devastación y crisis de sus pueblos[189]. ¿Cómo las sociedades autóctonas pudieron responder a estos cambios profundos? ¿Por qué se mantiene una ardua y aguerrida resistencia contra los conquistadores? Son algunas de las interrogantes que se formulan los estudiosos de esta postura. Se exploran aspectos de resistencia directa y pasiva a los diferentes mecanismos de romanización y, en especial, se debate la extensión de la cultura material en las provincias. Asimismo, se observa la persistencia de estructuras tradicionales y formas que, por mucho tiempo, han sido desechadas o minimizadas por los arqueólogos[190].

2.6. ROMANIZACIÓN COMO COLONIALISMO

Desde la segunda mitad del siglo XIX, cuando las potencias europeas desarrollan un fuerte proceso de imperialismo-colonialismo en vastos sectores de África y Asia, se concibe en el momento y en las siguientes décadas, la fundamentación clásica de 'civilizar' a los pueblos o, por el contrario, la de una 'explotación' de sus recursos y materias primas. Desde esta segunda perspectiva, se identifica el impulso europeo para llegar a los dos continentes con la finalidad de usufructuar de sus materias primas y explotar lo mejor posible los recursos naturales de estos pueblos 'atrasados' y 'subdesarrollados'. Existe un claro interés económico y, entonces, a partir de estudios de historia comparada, se vinculó este fenómeno colonialista con la romanización.

Por ello, tal vez en una visión parcial, se presenta a la romanización no como una meta consciente, sino como consecuencia de un proceso que se expresa

---

[188] R. Hingley, "Britannia, origin myths and the British empire", en S. Cottam, D. Dungworth, S. Scott y J. Taylor (eds.), *Proceedings of the fourth Theoretical Roman Archaeology Conference Durhanm 1994*, Oxbow Book, Oxford, 1995, pp. 11-23; Id., "The legacy of Rome: the rise, decline and fall of the theory of romanization", en J. Webster y N. Cooper (eds.), *Roman Imperialism: post-colonial perspectives*, School of archaeological studies (Monograph 3), Leicester, 1995, pp. 35-48.

[189] R. Hingley, "Resistance and domination: social change in Roman Britain", en Mattingly (ed.) *Dialogues* (cit.), pp. 81-100.

[190] Mattingly, *Introduction* (cit.), p. 18.

exclusivamente en la explotación de los medios y los recursos naturales de las provincias: llámese en algunos casos colonialismo y no colonización[191]. No obstante lo anterior, Roma se caracterizó –lo prueba su impronta urbana– por ser un imperio eminentemente colonizador en vez de colonialista, como fueron en gran parte los imperios modernos. Las provincias romanas, en calidad de prolongación de la *Urbs,* se integraron y se desarrollaron en el sistema imperial.

En la política colonial de fines del siglo XIX y comienzos del XX, se percibe que no existió una relación fluida entre las colonias y el centro; no se produjo el desarrollo esperado. En el caso romano, los funcionarios y magistrados locales del imperio, no experimentaron una doble exclusión: de la población nativa y de la metrópoli, como les sucedió a los profesionales y administrativos occidentales en los territorios imperiales modernos[192].

Desde la misma perspectiva, pero con un matiz diferente, la romanización colonial –sobre todo en zonas fronterizas– se ha caracterizado por el mayor gasto de energía que utilizó para la protección de los numerosos colonos que coexistían con los nativos. Se garantizaba el dominio político de Roma sobre una realidad socio-económica poco desarrollada, confinada al autoconsumo, escasamente urbanizada, de rápida y fácil ocupación y control por parte del ejército romano y de su posterior integración con el centro[193].

2.7. ROMANIZACIÓN COMO CRIOLLIZACIÓN

El análisis de la historia de Norteamérica colonial (especialmente inglesa), da ciertas luces –a través de un estudio comparativo– sobre el fenómeno de la integración y asimilación de dos o más sociedades interactuantes. Jane Webster en un agudo e incisivo artículo –aunque también polémico– plantea la necesidad de substituir el vocablo romanización por el de "criollización"[194]. Esta noción surge en el ambiente lingüístico para explicar la fusión, la contaminación y la mezcla entre dos lenguas, dando origen a una nueva. Así, denota los procesos de ajuste

[191] Véase, entre otros, J. J. Hatt, *Histoire de la Gaule Romaine (120 avant J. C. -451 après J.C) Colonisation ou colonialisme?*, Payot, Paris, 1966, esp. pp. 101-211; M. Roldán, "El ejército romano y la romanización de la península ibérica", en *HAnt* 6 (1976), pp. 125-145; Bartel, "Colonialism" (cit.), pp. 11-26; Hingley, "Resistance and domination" (cit.), pp. 82-86.

[192] Miles, "Roman and Modern" (cit.), p. 642.

[193] Savino, *Città di frontiera* (cit.), pp. 42-45 y pp. 243-246, considera que tanto Colonia como Carnuntum presentan significativos puntos de contactos al caracterizar la forma de romanización colonial, por la rapidez y el nivel logrado en la integración económica del imperio.

[194] Webster, "Creolizing" (cit.), pp. 209-225. La autora, en forma categórica plantea en reemplazo de la romanización, una nueva estructura para el análisis de contacto y cambio cultural al interior de las provincias romanas: la criollización.

multicultural, lingüístico, incluyendo cambios artísticos y religiosos por los cuales las sociedades afroamericanas y afrocaribeñas fueron creadas y desarrolladas en el continente americano[195].

A partir de una disquisición y análisis de historia comparada, es factible argumentar que el modelo de la criollización puede, en forma fructífera, adaptarse teóricamente al proceso de romanización y, en forma particular, sobre la cultura material de las provincias romanas. Se pretende además, con este concepto, estudiar el fenómeno romanizador, es decir, criollizador a partir de una mirada mestiza y desde abajo y no desde una visión de las élites provinciales.

La criollización aplicada a la historia romana imperial, busca desentrañar aspectos de la cultura material de las provincias, tales como: su vida doméstica, creencias, tradiciones, lenguaje, arte local[196], prácticas prerromanas o cómo se

Figura 8. Restos del collegium (conocido también como casa de la Exedra) en Itálica (Santiponce, Sevilla). Posiblemente, en su juventud el emperador Adriano visitó y estudió en esta asociación.

---

[195] Ibid, p. 209, particularmente se trata de sociedades africanas y americanas bajo la dominación inglesa, véase, además, Le Roux, "La Romanisation" (cit.), pp. 300-301.

[196] R. Brilliant, "L'arte locale e non locale dal 600 a. C. al 500 d. C.", en J. Guilaine y S. Settis (eds.), *Storia d'Europa*, II, Preistoria e Antichità, Einaudi, Torino, 1994, pp. 1069-1093, esp. 1088, considera que tanto los dialectos y lenguas locales como asimismo el arte local, constituyen ejemplos concretos de la forma como se operacionalizaba el proceso -a veces desigual- de la criollización en el interior del imperio.

produce la mezcla[197] y el sincretismo entre conquistadores y conquistados. Va más allá de la aristocracia local como símbolo de poder y de las familias de notables romanas o italianas que emigraron y se establecieron por diversos motivos en las provincias. Para algunos estudiosos, el principal argumento a favor de la criollización –aplicado como modelo mayormente en la parte occidental del imperio– consiste en que ésta implica una "síntesis de culturas"[198].

Todo paradigma presenta algunas interrogantes y adolece de ciertas ambigüedades, como puede ser lo anacrónico del concepto, los espacios geográficos diversos, los componentes y realidades disímiles. Por ejemplo, ¿podría suponerse que las familias de los emperadores Trajano y Adriano –originarios de Itálica–, como descendientes de romanos asentados algunas décadas en Hispania, son criollas? Del mismo modo, para la dinastía de los Severos –oriundos de África– y otros casos. Estamos ciertos de que por extensión del término, "criollo" (en lengua española y aplicado a la historia romana), incluiría a aquellos romanos nacidos y desarrollados en las provincias que intentaron mantener las tradiciones e identidad con la metrópoli. Al correr del tiempo, las familias de sectores medios y bajos se mezclan con mayor fuerza con los pueblos nativos, produciéndose una integración y amalgamación romano-provincial. De los dos grupos resulta uno nuevo que, en el fondo, no corresponde al sustrato y componente romano ni al nativo. Para el caso de las Américas, como sostiene M. Ferro, el "criollo" se diferencia poco a poco del "metropolitano", tanto por los rasgos físicos, como por imitación consciente o no, de la "civilización de los vencidos"[199].

La diversidad regional, realidad incuestionable del *orbis Romanus*, va conformando una "sociedad criolla" que tendría como modelo a sus "primos" mayores en Roma, pero que también presenta elementos disímiles. Los habitantes de las provincias participan activamente en los Concejos Políticos, adquieren la *civitas Romana*, desarrollan actividades económicas, conforman el ejército, aprenden latín y adoptan las costumbres alimenticias y la vestimenta de los romanos; o sea, se reconocen en ellos y, por lo tanto, se romanizan o mejor dicho, se criollizan.

Por otra parte, el concepto de criollización describe las interacciones culturales dejando atrás la historia confrontacional entre romanos y nativos. Su origen y estudio es muy reciente, a pesar de algunos esbozos ya planteados por

---

[197] La criollización concebida socialmente se identifica con el proceso de mestización (aplicado en la historia de América colonial). Para tal efecto, cfr. S. Gruzinski, *La pensée métisse*, Foyard, Paris, 1999.

[198] Webster, *Creolizing* (cit.), p. 219. Ahora último R. J. Sweetman, "Roman Knossos: The Nature of a Globalized City", en *AJA*, 111 (2007), pp. 61-81, esp. pp. 66-67.

[199] M. Ferro, *La Colonización. Una historia global*, Siglo veintiuno, Madrid, 2000, esp. pp. 155-156 y p. 373.

Collingwood, en el sentido de cómo la cultura romano-británica es "sincretista" o "híbrida"[200] asemejándose –en forma tangencial– a la criollización sostenida por Webster[201]. Responde, en cierta medida, a los infinitos trabajos sobre la problemática de la romanización de Britania –preferentemente realizados por arqueólogos– que, a juicio de los investigadores, no ofrecen una acertada y convincente solución interpretativa. De esta forma, la criollización presenta un proceso doble y mixto, de resistencia y de adaptación.

J. Webster plantea e insiste en lo inadecuado del término "romanización" como arquetipo y proceso para el contacto y cambio cultural en las provincias romanas. Propone a los romanistas el nuevo paradigma de la "criollización" –desarrollado por los arqueólogos del nuevo mundo– con otra mirada, dejando al margen a las élites locales y enfocando ahora aquellos aspectos de la cultura material en otras categorías sociales menos visibles como la pobreza urbana y rural, los marginales y los esclavos[202]. La interpretación adoptada por la arqueóloga de Leicester, por cierto válida, tal vez ayuda a comprender mejor el fenómeno de intercambio cultural romano-británico como cultura híbrida. Cada provincia tiene realidades y particularidades diversas de las otras.

Lo importante, sin embargo, consiste en estudiar el proceso de aculturación en el imperio, considerando por igual todas sus manifestaciones y componentes, visto tanto desde la élite como desde abajo. De esta manera, los romanos y sus familiares –nacidos, desarrollados y mezclados en los territorios conquistados– a través de la criollización, constituyen el objeto *per se* de un nuevo modelo en el enmarañado proceso de transculturación romano-provincial. Por lo mismo, la romanización en su calidad de concepto y proceso está vigente y su estudio, en lo posible, debe tener una perspectiva integral y holística. Todos los nuevos paradigmas –no definitivos– ayudan a potenciar y clarificar las estructuras transversales de la romanización en cuanto proceso de larga duración.

[200] Collingwood, *Roman Britain* (cit.), p. 92.

[201] Según Webster, "Creolizing" (cit.), p. 211, considera que Collingwood ha dejado un legado importante en los estudios romano-británicos, aunque no se encuentra en el trabajo de éste y en el de sus herederos, una sensación de que los procesos de fusión no se pueden estudiar aislados de la consideración del poder; vale decir, reconocimiento de las inigualidades fundamentales de la relación entre el colonizador y el colonizado. Esta consideración sustenta los trabajos recientes sobre la criollización de las Américas, donde la fusión cultural entre las no élites, en particular, es estudiada en el deseo de mantener creencias locales, tradiciones y lenguajes, a la vez que simultáneamente y a menudo en forma táctica, adaptan aspectos de una cultura material dominante. Para estos especialistas, el sincretismo desarrollado por las comunidades criollas modernas, son un acto de equilibrio en el cual la relación compleja entre el poder y la identidad siempre está adelante.

[202] Ibid, p. 223, sugiere que las provincias romanas deben ser estudiadas y consideradas como sociedades criollizadas en lugar de romanizadas.

2.8. ENFOQUE BIDIRECCIONAL Y/O MULTIDIRECCIONAL COMO SINÓNIMO DE ACULTURACIÓN

En las últimas dos décadas, el estudio de la romanización ha tenido múltiples concepciones que han llevado a nuevas interpretaciones y valiosos aportes. De partida, debemos concebirlo como un proceso más amplio de interacción entre dos culturas –diversas en un primer momento y medianamente comunes después– donde participan en forma activa los romanos y los nativos. Los recientes enfoques más integrales y con diferencias de matices, nos otorgan nuevas luces sobre el fenómeno romanizador. Así lo apreciamos en P. Garnsey y R. Saller[203], K. Hopkins[204], P. Desideri[205] y, ahora último, en David J. Mattingly[206], Greg Woolf[207], Janet Huskinson[208], Ramsey MacMullen[209], Simon Keay[210] y Patrick Le Roux[211], quienes critican y a la vez proponen otras perspectivas sobre el fenómeno romanizador.

G. Woolf, por su parte, considera que la mejor fórmula que describe a las sociedades anteriores a la presencia romana es un "vocabulario cultural común"[212]. Apoyado por prehistoriadores y arqueólogos, argumenta que la cultura europea de la edad del hierro tuvo elementos comunes en tecnología, metalurgia, arquitectura, arte militar y un conjunto análogo de prácticas agrícolas; por cierto, en otros aspec-

[203] P. Garnsey y R. Saller, *El imperio romano. Economía, Sociedad y Cultura*, Crítica, Barcelona, 1991, esp. p. 237, señala: "que la romanización es mejor describirla como la fusión de instituciones y culturas imperiales y locales, fue el fruto conjunto de la actuación de los gobiernos centrales y de las iniciativas locales".

[204] Hopkins, "La Romanización" (cit.), p. 22, considera "la romanización como parte integrante de un proceso más amplio de adaptación recíproca entre conquistadores y conquistados".

[205] Desideri, "La Romanizzazione" (cit.), pp. 585-587, define "la romanización como un proceso de asimilación de las poblaciones del imperio con Roma".

[206] Mattingly, *Dialogues* (cit.); Id., "Vulgar and weak romanization or time a paradigm shift?", en *JRA*, 15 (2002), pp. 536-540.

[207] Woolf, "Beyond Romans" (cit.), pp. 339-350; Id., *Becoming Roman* (cit.), estudia en forma incisiva el caso de Galia y resalta tanto la unidad como la diversidad de los pueblos prerromanos con antelación y posterioridad a la conquista romana. Su tesis de fondo es el modelo de "convertirse en romanos", noción dinámica y transversal que aseguró la longevidad del imperio.

[208] Huskinson, "Looking for culture" (cit.), pp. 3-27, plantea que las grandes dificultades del estudio de la romanización, consisten, por una parte en la "diversidad de definiciones " y, por otra, más sustancial e implícita, en saber si existió una "cultura romana homogénea".

[209] MacMullen, *Romanization* (cit.), esp. pp. XI-XII, en el prefacio de su libro considera, que la romanización "no debe centrarse desde el punto de vista metodológico tanto en Roma ni en los textos literarios, sino más bien, en las "fuentes arqueológicas y en los cambios culturales en las provincias".

[210] Keay y Terrenato (eds.), *Italy and the West* (cit.), texto dividido en dos partes, donde se estudia, en la primera, la romanización de Italia y, en la segunda, las provincias en un cuadro comparativo. Keay, "Romanization and the Hispaniae" (cit.), p. 123, en forma crítica, concibe a la romanización en calidad de la cultura material como proceso "simbiótico", aunque "desigual de intercambio cultural". Esto dependía de las relaciones dispares entre un poder imperial dominante y sus comunidades subyugadas, las cuales desarrollaron un dinamismo y un surgimiento de culturas provinciales regionales.

[211] Le Roux, "La Romanisation" (cit.), pp. 287-311.

[212] Woolf, "Beyond Romans" (cit.), pp. 343-344.

tos eran diversos. Metodológicamente, asimismo, es útil y clarificador comparar los "patrones de consumo" antes de la conquista y después de ella. Woolf estima que grupos de la edad del hierro importaban productos del Mediterráneo, aunque la gama seleccionada y el uso que daban a estas mercaderías era muy limitado, incluso el consumo de vino variaba de una localidad a otra. Con posterioridad a la conquista, la gama de productos importados se incrementó enormemente y su uso se hizo más estandarizado.

En un ámbito global, era real y creciente la unidad del imperio, pero esto no significaba uniformidad y tras ella se encontraba una diversidad infinita[213], por los cientos de pueblos y territorios distintos y vastos que conformaban el *orbis Romanus*. Si tomamos por ejemplo el caso de Galia, es posible advertir que hacia mediados del siglo II d. C., empezamos a encontrar uniformidades: las monedas eran acuñadas en un solo lugar (Lión); las grandes ciudades y capitales de unidades administrativas utilizaban un modelo urbanístico similar y estaban equipadas, en gran parte, con los mismos tipos de monumentos. Se muestra, de este modo, una cultura material similar en toda la Galia y más allá de ella con estilos y variantes regionales[214].

De todas las acepciones presentadas en torno al concepto de romanización, creemos que el estudio que enfoca el proceso de aculturación al interior de las provincias, como bidireccional y/o multidireccional, hace posible una investigación más profunda y válida de las diversas realidades regionales[215]. Un área donde se ha analizado profusamente el fenómeno de la romanización, entendido como una "transformación de estructuras", es la Península Ibérica y particularmente en la Bética[216]. Más aún, como ha remarcado Webster, uno de los problemas centrales

---

[213] Le Gall y Le Glay, *El imperio romano* (cit.), p. 225. A su vez, Woolf, *Becoming Roman* (cit.), p. 15, considera que una tendencia generalizada en las investigaciones provinciales es enfocarse en la "homogenización cultural" que, a veces, es vista como inevitable en lugar de la creación de una "diferencia cultural".

[214] Woolf, "Beyond Romans" (cit.), p. 343.

[215] Además de los autores mencionados quienes plantean esta interpretación amplia, encontramos a Millett, "Romanization: historical issues" (cit.), p. 37; Savino, *Città di frontiera* (cit.), pp. 31-32.

[216] Al interior de la historiografía española, encontramos una gama de especialistas que conciben el proceso romanizador en calidad de cambios estructurales, obviamente con una pluralidad de matices, entre ellos destacamos a: M. Vigil, "Romanización y permanencia de estructuras sociales indígenas en la España septentrional", en *Boletín de la Real Academia de la Historia*, 152 (1963), pp. 225-234 (= ahora en A. Prieto (ed.), *Conflictos y estructuras sociales en la Hispania antigua*, Akal, Madrid, 1977, pp. 129-137); M. Roldán, "El elemento indígena en las guerras civiles en Hispania: aspectos sociales", en *HAnt*, 2 (1972), pp. 77-123; Id., *Hispania y el ejército romano. Contribución a la historia social de la España Antigua*, Universidad de Salamanca, Salamanca, 1974; A. Tovar y J. Blázquez, *Historia de la Hispania Romana*, Alianza, Madrid, 1975; C. González Román, *Imperialismo y Romanización en la provincia de Hispania ulterior*, Universidad de Granada, Granada, 1981; Id. (ed.), *La sociedad de la Bética. Contribuciones para su estudio*, Universidad de Granada, Granada, 1994; S. Keay, "La Romanización en el sur y el levante de España hasta la época de Augusto", en Blázquez y Alvar (eds.)

del concepto de romanización, es que implica una "transferencia unilateral" de cultura[217]. Sin embargo, entendemos este proceso principalmente como un intercambio cultural bilateral entre romanos y las poblaciones locales.

Si queremos concebir la romanización en su expresión más amplia y global, es necesario recurrir a la documentación epigráfica y arqueológica de las provincias romanas, para así llevar a cabo un análisis más profundo de los procesos de cambios políticos, sociales-económicos y culturales en cada una de las diversas regiones del imperio. Quienes proponen enfoques revisionistas de la romanización dejan de lado –ya que están en desacuerdo con los estudiosos anteriores– el problema de si los romanos obligaron a los habitantes de las provincias a romanizarse o si éstos se romanizaron a sí mismos en forma voluntaria y prudente, adoptando la cultura de sus conquistadores. Para Woolf esta añeja dicotomía es intrascendente y considera que el proceso de romanización debe ser interpretado como la expansión de una cultura nacional o étnica a expensas de otros, como una nueva formación social fuertemente diferenciada que incluye otra lógica cultural y una configuración diferente del poder[218]. También la romanización se ha concebido como un proceso de "ósmosis"[219].

De esta forma, con una visión holística, los historiadores centran sus esfuerzos, discusiones y nuevos aportes –más que en la percepción de un conflicto entre cultura romana y pueblos conquistados o de una férrea resistencia nacionalista o de la postura total y civilizadora unidireccional de Roma sobre los pueblos bárbaros– en una problemática mayor y de conjunto. Es legítimo, entonces, concebir la romanización como un sinónimo de "aculturación"[220] –que como aquélla presenta diversas acepciones– entendido como un continuo proceso de integración entre dos o más sistemas culturales autónomos con sus consiguientes modificaciones[221].

La Romanización (cit.), pp. 147-177; A. Prieto, "La aportación de Marcelo Vigil al concepto de romanización de la Península Ibérica", en M. J. Hidalgo, D. Pérez y M. Gervás (eds.), *Romanización y reconquista en la Península Ibérica: Nuevas perspectivas*, Universidad de Salamanca, Salamanca, 1998, pp. 141-152; G. Bravo, *Hispania y el Imperio*, Síntesis, Madrid, 2001, esp. pp. 53-90. Historiadores extranjeros que han estudiado la problemática, entre otros E. W. Haley, *Baetica Felix. People and prosperity in southern Spain from Caesar to Septimius Severus*, University of Texas, Austin, 2003 con una actualizada y enorme bibliografía. Un cuadro completo de los últimos trabajos arqueológicos en S. Keay, "Recent archaeological work in Roman iberia (1990-2002)", en *JRS*, 93 (2003), pp. 146-211, esp. pp. 201-203.

[217] J. Webster, "Roman Imperialism and the post-imperial age", en Webster y Cooper (eds.) *Roman Imperialism* (cit.), pp. 1-17, esp. p. 11, señala que al concebir a la romanización como "multidireccional", genera otra problemática, pues la palabra incentiva a la "generalización".

[218] Woolf, "Beyond Romans" (cit.), p. 347, precisa cómo este proceso crece "desde adentro" y de ahí se extendió atrayendo en forma progresiva a más grupos, individuos y recursos. Lo compara con el crecimiento de un "organismo que metabolisa otras materias y es en sí mismo transformado por aquello que se alimenta".

[219] Entre otros, MacMullen, *Romanization* (cit.), p. 137; Hingley, *Globalizing Roman Culture* (cit.), p. 43.

[220] Le Glay, *Grandeza y caída* (cit.), pp. 143-217. Últimamente, Lo Cascio, *I valori romani* (cit.), p. 83.

[221] Savino, *Città di frontiera* (cit.), p. 41, n. 127.

Se produce una transformación total o de un amplio sector de los dos grupos en cuestión, resultando un cambio cultural. El término "aculturación" tradicionalmente ha sido utilizado por la antropología norteamericana a partir de 1930, para indicar todos los fenómenos de interacción e integración recíproca que resulten del contacto entre dos o más culturas. Al concebir la romanización como sinónimo de aculturación, ella no se reduce a un movimiento en un sentido único, con el simple paso de la cultura nativa a la romana. Existe al mismo tiempo, señala Nathan Wachtel, un proceso inverso por el que la cultura local integra los elementos de la metrópoli sin perder su propio carácter original[222]. Llamaremos, entonces, a esta dualidad una verdadera asimilación[223]–integración que no se da en forma aislada, sino a través de un fenómeno global que involucra a toda la sociedad. Es así como por ejemplo Rostovzeff, Pflaum, Broughton y Blázquez[224], se inclinan por el vocablo asimilación o aculturación en vez de romanización.

En estricto rigor, no existe una cultura únicamente 'dadora' (Roma), ni sociedades solamente 'receptoras' (pueblos conquistados). De ahí que la relevancia del proceso de romanización-aculturación nunca se produce en un sólo sentido: es bidireccional y, más aún, multidireccional y de transculturación. Esto es, un intercambio cultural mutuo entre pueblos en contacto, o mejor dicho, una ósmosis entre el centro y la periferia del *orbis Romanus*.

2.9. ROMANIZACIÓN COMO GLOBALIZACIÓN

Después de haber examinado más arriba ocho formas posibles de estudiar e interpretar el proceso de romanización por cerca de 150 años, deseamos, a través de un esfuerzo teórico, hacer una nueva propuesta y asimilarla con el proceso que hoy en día se conoce como globalización[225].

---

[222] N. Watchel, "L' acculturazione", en J. Le Goff y P. Nora (eds.), *Fare Storia: Temi e metodi della nuova Storiografia*, Einaudi, Torino, 1981, pp. 93-116.

[223] Entre los múltiples usos del concepto "asimilación", por ejemplo, para el caso americano cfr. T. Todorov, *La conquista de América. El problema del otro*, Siglo XXI, México, 2000. Un análisis particular del problema en la conquista y colonización de América, en L. Rojas, *España y Portugal ante los otros*, Universidad del Bío-Bío, Talcahuano, 2002, esp. p. 55, n. 37. Asimismo, el proceso de "otomanización" se ha comparado con la romanización, cfr. J. Andreau, "Reflections on a one day conference. Italy and the west: Comparative Issues in Romanization", en Keay y Terrenato, *Italy and the West* (cit.), pp. 231-233.

[224] Estos autores plantean que el concepto de romanización es "impropio", ya que aplica criterios de la colonización europea del siglo XIX y comienzos del XX a la conquista romana. Véase Blázquez, *Nuevos estudios* (cit.), pp. 99-102.

[225] En torno a consideraciones teóricas del concepto de globalización, utilizado mayormente por las ciencias sociales y de uso común a partir de la década de los noventa, véase M. Featherstone (ed.), *Global Culture: Nationalism, Globalization and Modernity*, Sage, London, 1990; R. Robertson, *Globalization: Social Theory and Global Culture*, Sage, London, 1992; M. Castells, *La era de la Información:*

No es nuestro objetivo definir ni caracterizar totalmente este concepto polémico u otros afines[226], puesto que en diversos contextos se han dado muy variadas acepciones y significados del término. Mucho más allá del sentido restringido y habitual que tiene: una homogenización económica (capitalismo); una unidad política (democracia); una comunicación instantánea (internet); la declinación, crisis y fin de los Estados nacionales y un establecimiento de redes y espacios de interacción, nosotros lo hemos concebido, como un macro proceso y un conjunto de acciones concretas que tienden a una asimilación, a una cierta identidad y a principios comunes de diversos pueblos que componen un mundo interconectado. En síntesis, entendemos la globalización como una integración y unidad –a escala planetaria– dentro de una diversidad.

Al intentar postular el proceso de romanización como ejercicio intelectual y teórico –en calidad de antecedente de la globalización[227]–, lo hacemos desde esta premisa: que tanto la primera como la segunda, con sus diferencias y semejanzas, en sus respectivos momentos históricos, constituyen el destino imparable e ineluctable de cada una de las épocas. Esta vinculación, necesariamente, debemos concebirla de modo que se pueda estudiar en su totalidad, es decir, a partir de una

---

economía, sociedad, cultura, Alianza, Madrid, 1997, quien describe a la globalización en términos de una "sociedad en redes"; U. Beck, *¿Qué es la globalización?. Falacias del globalismo, respuestas a la globalización*, Paidós, Barcelona, 1998, esp. pp. 29-30, quien caracteriza a ésta como un proceso que "crea vínculos y espacios sociales transnacionales, revaloriza culturas locales y trae a un primer plano terceras culturas"; A. Giddens, *Consecuencias de la modernidad*, Alianza, Madrid, 1990, esp. p. 68, la define como una "intensificación de las relaciones sociales en todo el mundo". Por su parte, B. Guillochon, *La globalización, ¿un futuro para todos?*, Spes, Barcelona, 2003, esp. p. 10, señala: "el término globalización hace referencia al conjunto de fenómenos mediante los cuales la vida de los habitantes del planeta está vinculada, al menos en parte, a decisiones tomadas fuera de su propio país y sobre las que no ejerce ninguna influencia" o a su vez, como sostiene I. Wallerstein, *Conocer el mundo, saber el mundo: el fin de lo aprendido. Una ciencia social para el siglo XXI*, Siglo XXI, México, 2001, esp. p. 222, "donde los Estados ya no son las unidades primarias en la toma de decisiones, sino se encuentran ubicados en una estructura mayor". En una postura crítica, R. Falk, *La globalización depredadora. Una crítica*, Siglo XXI, Madrid, 2002; D. Zolo, *Globalizzazione. Una mappa dei problemi*, Laterza, Bari, 2004. En un plano netamente de historia de las ideas, cfr. A. Megill, "Globalization and the History of Ideas", en *Journal of the History of Ideas*, 66 (2005), pp. 179-187.

[226] No pretendemos entrar en los detalles particulares y controversias lingüísticas sobre los diversos léxicos empleados en los últimos años como sinónimos o elementos caracterizantes de la globalización. Es así como también se ha utilizado por distintos autores, especialistas y contextos: "mundialización", "época global", "globalismo", "globalidad", "historia global", "segunda modernidad", "postmodernismo", "sociedad en redes" y "sociedad postindustrial". En menor grado, se le ha asociado a "occidentalización", "americanización", "urbanización", "democratización", "capitalismo", "imperialismo", "neoliberalismo", "industrialización" y "homogenización". En general, una buena síntesis y evolución histórica de la globalización y su problemática semántica, en J. Osterhammel y N. P. Petersson, *Storia della globalizzazione. Dimensioni, processi, epoche*, il Mulino, Bologna, 2005, esp. pp. 7-15.

[227] Últimamente se ha hecho un esfuerzo teórico por aplicar la noción actual de globalización y de la internalización al campo de la historia antigua, particularmente, al *orbis Romanus*. Entre otros, J. Malitz, "Globalisierung? Einheitlichkeit und Vielfalt des Imperium Romanum", en Schreiber (ed.), *Vom Imperium Romanum* (cit.), pp. 37-52; M. J. Hidalgo de la Vega, "Algunas reflexiones sobre los límites del oikouméne en el Imperio Romano", en *Gerión*, 23 (2005), pp. 271-285. En un actualizado e incisivo trabajo de D. Favro, "Making Rome a World City", en Galinsky (ed.), *The Age of the Augustus* (cit.), pp. 234-263, describe la transformación de Roma como ciudad mundial que unificó el Mediterráneo. Si bien estaba circunscrito a esa región, su poder y mentalidad tuvieron efectos "globales".

visión "panóptica"[228] de la romanización, incluyendo, en lo posible, la mayor parte de categorías y factores de análisis, desde una perspectiva que considere su larga duración y la noción actual de la historia global [229]. La teoría de la globalización es una alternativa atractiva y, más bien, una realidad en diversos enfoques y estudios histórico–arqueológicos tendientes a explicar el desarrollo y mantención del imperio de Roma. Esto lo demuestran, entre otros, los interesantes y sugerentes trabajos del presente año 2007, de Rebecca J. Sweetman[230] y R. Bruce Hitchner[231].

[228] Z. Bauman, *La globalización. Consecuencias humanas*, F.C.E., México, 2001, pp. 66-73.

[229] El concepto de "historia global" se desprende del vocablo globalización, de su auge y nuevos enfoques interculturales y transversales. En 1963 el historiador norteamericano William H. Mc Neill publicó un revolucionario estudio llamado: *The Rise of the West. A History of the Human Community*, University of Chicago, Chicago, 1963 (1991²); Id., "The Rise of the West. After Twenty-Five Years", en *JWH*, I (1990), pp. 1-21. Su nueva perspectiva (*El ascenso de Occidente*) se centra no en el enfoque de sociedades únicas o de concebir a las civilizaciones como entidades separadas a la manera de Spengler y Toynbee, sino más bien, en las diversas relaciones en el tiempo y en el espacio en las cuales ellas se desarrollan. Así, Mc Neill llamó a esta forma de interconexión entre sociedades, "procesos ecuménicos", generando y planteando la "historia global". Con una perspectiva evolucionista y comparada de encuentros en una pluralidad de civilizaciones, delinea un cuadro general de la historia en tres grandes épocas: primero, la de la génesis de las civilizaciones en el medio Oriente antiguo y sus vinculaciones hacia India, China y la Hélade, dando origen a una serie de sociedades periféricas; segundo, la del equilibrio cultural euroasiático, gestado con la difusión del helenismo y del imperio romano que concluye hacia mediados del segundo milenio con un mundo policéntrico, caracterizado por la consolidación de civilizaciones con base religiosa, la expansión del Islam y el relativo aislamiento de China, y tercero, el ascenso de Occidente y la gradual "occidentalización del globo". Crítico y polémico, Mc Neill subraya la importancia de los vínculos entre civilizaciones, sobre todo, en el continente euro-asiático. Dimensiona y genera, en el fondo, un nuevo tipo de historia estableciendo un "modelo" y un cuadro complejo de entrelazamiento con pueblos y culturas al interior de aquélla que él definiera como la "ecúmene euroasiática". Mc Neill, implantó en los años sucesivos, sobre todo en la década de los 80 y 90, la "Historia Global", asociada, en cierta medida, a una crítica del eurocentrismo y a una redefinición de las relaciones entre Europa y Asia. La historia global, hoy en día, está caracterizada por tres grandes lineamientos que explican de una u otra forma su accionar y análisis: a) los procesos migratorios y de mestizaje; b) un comercio intercultural y c) los factores biológicos, enfermedades y plagas, todos en conjunto intentan explicar metodológicamente un mundo que guste o no, cada vez más está interconectado y globalizado. Por cierto, la historia global -que pretende terminar con la creciente atomización de la historiografía- como otras variadas formas nuevas de hacer y escribir historia, es hija de su tiempo. Sin embargo, no es la panacea ni la última versión definitiva y verdadera de explicarse la historia. Véase A. Iriye, "The internationalization of history", en *AHR*, 94 (1989), pp. 1-10; un excelente tratamiento en P. Rossi, "Verso una storia globale", en *RSI*, 113 (2001), pp. 798-816. Por otra parte, al historiador global W. Mc Neill se le pidió que explicara su método para escribir la historia a un grupo de científicos (historiadores, sociólogos, economistas, físicos, biólogos y otros), él se resistió, pues señalaba que no tenía ningún método original; finalmente lo describió así: "Un problema despierta mi curiosidad y comienzo a leer acerca de él. Lo que leo me lleva a redefinir el problema. Redefinir el problema me lleva a un cambio de dirección en mis lecturas. Esto a su vez vuelve a remodelar el problema que nuevamente reorienta la lectura. De esta manera retrocedo y avanzo hasta que tengo la sensación de que todo encaja correctamente. Entonces lo escribo y lo envío al editor". Citado en Gaddis, *El paisaje* (cit.), pp. 74-76, donde en particular explica afirmativamente el método -deductivo y/o inductivo- de Mc Neill para escribir la historia.

[230] Sweetman, "Roman Knossos" (cit.), pp. 61–81, aplica los parámetros de la globalización para comprender la realidad de Cnossos romano entre los siglos I a. C. y IV d. C. Argumenta, además, que el término es más apropiado que el de "romanización" y "criollización" en la explicación de la generación de "identidades culturales".

[231] R. B. Hitchner, *The First Globalization: The Roman Empire and Its Legacy in the 21st Century*, Oxford University, Oxford, 2007 (en prensa). Texto que lamentablemente sólo citamos como referencia vinculado con nuestra propuesta, pues al momento de escribir este libro, todavía estaba en prensa y no hemos tenido acceso a él.

Por otra parte, R. Hingley, profesor de arqueología romana en la Universidad de Durham y estudioso del imperialismo romano, con interpretaciones diversas y opuestas a las nuestras, propone comprender la sociedad y cultura romana como "globalizante". Le otorga importancia a la "variante regional" dentro del imperio y al "agente nativo". Por estas razones, sostiene que los investigadores que se ocupan de una parte del imperio, a veces, parecen no estar concientes de los acontecimientos en otros lugares del mismo[232]. El argumento de fondo de Hingley, es una visión crítica y negativa de la naturaleza del imperialismo romano y de su consecuente proceso de romanización. En su obra señala tajantemente desmitificar la unidad de la cultura grecorromana, insistiendo en que existió una variabilidad regional e identitaria[233].

Hingley afirma, además, que los estudios de M. Hardt y A. Negri[234] sobre el "imperio", entendido como el actual orden mundial, ofrecen una interesante interpretación que se puede aplicar también al imperio romano. Explicación, por cierto, cuestionable a partir de la misma definición que tienen los dos autores acerca de lo que es un imperio[235]. Los postulados que el arqueólogo sostiene, se enmarcan en una serie de estudios de casos, donde incluye ejemplos de una imposición violenta del nuevo orden, explotación de las sociedades autóctonas, deportaciones, esclavitud, reclutamiento militar forzado y genocidios[236]. Aunque Hingley intenta un cierto equilibrio y trata de no dar interpretaciones extremas, tiene una posición contraria respecto de la conformación del imperio de Roma y a su integrador proceso romanizador. De hecho insiste en que los actuales especialistas deben abandonar la expresión "romanización", para evitar su sesgo romano-centrista.

Ahora bien, si Roma fue la ciudad que organizó y guió el proceso de conquista de territorios y posteriormente su integración con las provincias –por medio de diferentes mecanismos romanizadores como una transculturación romano-provincial y viceversa–, no existe otro término apropiado que no sea "romanización" para explicar este proceso en una dimensión global y transversal. Nuestra propuesta, justamente, parte insistiendo sin recelo en la vigencia y utilidad del vocablo romanización.

---

[232] Hingley, *Globalizing Roman Culture* (cit.), p. 16.

[233] Ibid, pp. 117-120.

[234] Véase nota 27.

[235] La tesis de fondo de la obra consiste en intentar explicar cómo la soberanía ha adoptado una "nueva forma", compuesta por una serie de organismos nacionales y supranacionales unidos por una "única lógica de poder", denominado imperio. En otras palabras, el argumento de los dos autores neomarxistas es que el Estado-nación ha perdido poder frente a los nuevos mercados y redes interconectadas, como son el Banco Mundial y el Fondo Monetario Internacional. Cfr. Hardt y Negri, *Impero* (cit.), pp. 13-18.

[236] Hingley, *Globalizing Roman Culture* (cit.), p. 120. Véase además, el punto 2.5.

El *orbis Romanus*, a través del proceso de amalgamación de Roma con las sociedades nativas y a partir de una visión mediterránea o romanocéntrica, constituyó un espacio común globalizado. La equivalencia romanización = globalización, la fundamentaremos a partir de once categorías de análisis, variables y factores que muestran una integración, asimilación e identidad común entre los romanos y las provincias. El "modelo de sociedad" imperante en el mundo romano, al comienzo fue fruto de un proceso imperialista y más tarde, sobre todo, de la romanización. Podría estar constituido por las siguientes categorías o factores: la integración de la aristocracia local; el sistema político imperial; una economía de libre mercado; el derecho romano y local; una cultura y educación común; el culto imperial; la vida urbana; las vías de comunicación; la nueva tecnología; el ejército y la ciudadanía romana. Sin duda existen otros factores, no obstante, hemos querido tomar los once mencionados, porque consideramos que son los más representativos, influyentes y penetrantes en la aculturación romano-provincial.

Es necesario analizarlos e intentar probar si existe o no una vinculación entre el proceso de romanización y la globalización. Desde esta perspectiva, entendemos por romanización la acción y el efecto del proceso gradual que tiende a la irradiación de las costumbres y modos de vida romanos y a la recepción e integración de éstos por parte de los naturales de una región. De ello se desprende que en la romanización, al interior de dicho proceso, interactúan necesariamente dos componentes esenciales: el pueblo conquistador que domina e irradia (Roma) y el pueblo autóctono que recibe y se transforma (los provinciales). La interacción de estos dos componentes genera una nueva realidad política, social y cultural romana-provincial; expresiones tales como "romanismo" e "indigenismo" suelen utilizarse en esta dualidad.

Sobre la base de esta premisa central, observamos en la romanización tres etapas que en su totalidad podrían definir y caracterizar el proceso global en referencia[237].

a) Inicio del proceso: representado por la conquista y los primeros contactos entre Roma y los naturales a través de un *foedus* y de la presencia del ejército romano en dichos territorios. Normalmente estos contactos, fuera de Italia, son precedidos por intercambios comerciales llevados a cabo por *negotiatores* privados. Hay que partir de la base de que la constitución de un imperio presupone una serie de victorias militares sobre otros pueblos y lleva consigo la conquista de los territorios por parte de los vencedores.

---

[237] Parte de estos planteamientos, los hemos desarrollado en A. Bancalari, "El proceso de romanización en Occidente. Factores y consideraciones teóricas", *Ateneu*, 477, (1998), pp. 63-81.

b) El proceso en sí: corresponde en sentido estricto a la romanización progresiva y efectiva concretada por la integración y la asimilación a través de diversos instrumentos, como veremos más adelante. Ahora bien, la romanización de un territorio no equivale al simple resultado de un control político ejercido sobre una región; esto correspondería solamente a la etapa inicial de la conquista[238]. Por el contrario, aquélla es un proceso mayor y abarcador que involucra todos los elementos de una sociedad. Dentro de esta segunda etapa, asemejaremos este término con el vocablo; aculturación.

c) Final del proceso: no lo entendemos como la simple expansión de la cultura, costumbres y modos romanos, sino formando un conjunto con las sociedades nativas en las que se crea y se materializa la nueva realidad concreta y civilizadora romano-provincial. La consecuencia mayor de la *Romanitas*, ha sido ejercer una acción pacificadora, unificadora y difundir la civilización por el *orbis Romanus*. Reconocemos así el legado y la vigencia de Roma[239] en la civilización cristiano-occidental.

La romanización plena[240] se logra, entonces, con la integración e interrelación de estas once variables o factores, concretando una relación, una asimilación y una cierta igualdad entre romanos y las sociedades nativas. Se podría discutir y se seguirá haciendo, si finalmente todos los miembros del orbe –con excepción

---

[238] Acertada es la diferencia entre "hispania romana e hispania romanizada" que plantea M. Tuñon de Lara y J. Mangas, *Historia de España I*, Labor, Barcelona, 1983, esp. p. 203, la romanización de un territorio no es el simple resultado del control político ejercido por ella.

[239] La historia de Roma y de su imperio -en su conjunto- cristalizó la más larga continuidad política, histórica y cultural que el mundo occidental haya jamás experimentado. Fueron trece siglos, cerca de mil trescientos años de una historia conocida, revisada y, por sobre todo, con una impronta profunda en la sociedad cristiano-occidental. Razón tenía Adam Ferguson cuando expresaba: "conocer la historia de Roma significa conocer la historia del mundo". En la época de la ilustración, la historia romana era estudiada y concebida como modelo y arquetipo a seguir; de ahí que la célebre frase de Ferguson en su *Historia de la República Romana* confirme la visión ejemplificadora de Roma hacia el mundo. Citado en E. Cantarella, *El peso de Roma en la cultura europea*, Akal, Madrid, 1996, esp. p. 11.

[240] Es justamente el proceso de romanización el logro más fecundo en un sentido global del legado romano. Así, las ciudades, las obras públicas monumentales, los circos, las termas, los acueductos, las vías y muchas otras evidencias testimonian de manera concreta y perenne, la ampliación y divulgación del espíritu de romanidad y otorgan una prueba tangible de la difusión de modelos constructivos y la existencia de una amplia homogenización en un imperio diverso y extenso. Es precisamente la difusión de la civilización romana -en toda su magnitud- en el *orbis terrarum*, el aspecto más sobresaliente del proceso de romanización. En general, sobre el amplio tema del legado de Roma, tanto material como espiritual y de su proyección en la civilización cristiano-occidental, entre otros, G. Highet, *La tradición clásica. Influencias griegas y romanas en la literatura occidental*, 2 vols., F.C.E., México-Buenos Aires, 1954; C. Bailey (ed.), *El legado de Roma*, Pegaso, Madrid, 1956; T. Cornell y J. Mattheus, *Roma, legado de un Imperio*, Folio, Barcelona, 1989; R. Brague, *Europa, la vía romana*, Gredos, Madrid, 1995. Últimamente en R. Jenkyns (ed.), *El legado de Roma. Una nueva valoración*, Crítica, Barcelona, 1995, que estudia la influencia de la civilización romana a lo largo de los siglos para explicar el carácter de la herencia romana y el modo como pasó a la posteridad.

de los esclavos– se sentían verdaderamente romanos, en el sentido holístico de la noción de *Romanitas* expresada por Tertuliano. No obstante, la asimilación romano-provincial no significa un rompimiento o un quiebre radical con la cultura e identidad de estas sociedades. Siguen existiendo espacios que las mantienen. Lo medular en la nueva realidad generada por la romanización, es un proceso doble: por una parte, sentirse colectivamente romano o, mejor dicho, romano-provincial y, por otra, crear una nueva entidad e identidad común a los dos pueblos.

La romanización no consiste en la superposición de una cultura o civilización sobre otra, más bien, es unidad e igualdad dentro de la diversidad. Fenómeno y proceso, como fundamentaremos, que se logra por vía de los once agentes seleccionados (pueden ser más) y que, en un trabajo teórico y comparativo, podrían vincularse hoy con el recurrente y polémico tema de la globalización. La expansión del dominio romano, su estabilización e integración –entendida en un sentido indirecto como una "globalización" del mundo mediterráneo– según J. Malitz, debe convertirse en lo sucesivo en una serie de interrogantes por clarificar, entre las cuales destaca cómo se comportan las "tendencias de la romanización; la estandarización política y cultural hacia la tolerancia de los deseos locales dirigidos a la autonomía y conservación de su propia identidad"[241].

La amalgamación del *imperium Romanum* tuvo elementos avanzados de mancomunión y fue una realidad concreta. Actualmente, el proceso de globalización que está todavía vigente y debatiéndose –en permanente movimiento–, tiene la necesidad imperiosa de asentarse cada vez más y con mayor profundidad. La integración bajo la diversidad; la aceptación del otro; el otorgar privilegios; la ciudadanía universal y la idea de justicia; el acceso a amplios beneficios; el ocupar cargos de gobierno; un respeto a la democracia y a los derechos humanos; la pacificación; el desarrollo y el bienestar económico; los principios y valores de la tolerancia, la solidaridad y la libertad de palabra; el valor del mestizaje; los problemas migratorios, la posición reestivo a las minorías y la xenofobia, en fin, la idea de consenso y la igualdad con respecto a la diversidad, son algunos de los muchos ejemplos de un 'modelo de sociedad' que nos parece que el *orbis Romanus* tuvo y vivió, particularmente, entre Augusto y Caracalla.

En el imperio romano, gran parte de estos principios y privilegios eran reales y efectivos; existía una tendencia a la "inclusión" y hacia una movilidad social ascendente; las minorías no eran excluidas y no sólo la élite local podía lograr beneficios concretos, sino también los ciudadanos medios y las clases bajas. La sociedad romana, fuertemente basada en el honor y el prestigio de las personas (*dignitas*), tuvo en el orden senatorial un patrón de autorrepresentación. C. Letta

<hr>

[241] Malitz, "Globalioierung?" (cit.), pp. 40-41.

Figura 9. Gemma Augustea de Viena (en torno al 10 d. C.) Es un camafeo de ónice que, en su parte superior y al centro, representa el mensaje ideológico de Augusto como dominador del mundo, junto a la dea Roma. Constituye una de las obras de arte más célebres de la glíptica romana. (Viena, Museo de Historia del Arte).

ha señalado que como en un "juego de espejos", el modelo del *cursus honorum* senatorial empujaba a las clases más bajas a crear su propio *cursus* para exhibirlo con el mismo espíritu y con la misma minuciosidad en sus inscripciones[242]. Así como en nuestra actualidad, la sociedad romana se caracterizó por una fuerte movilidad y promoción social y tuvo modelos de imitación.

Gracias a la *pax Romana,* fue indiscutible el grado de desarrollo y bienestar que poseían los habitantes del imperio en forma transversal. Como bien sostiene Ramsay MacMullen, a partir de Augusto, nunca hubo un mayor avance hacia un estilo o modo de vida único, el cual con justicia se denomina "la civilización romana del imperio"[243]. Ésta, con sus altos y bajos, sobre todo con los avanzados sistemas de comunicación y el progreso científico, está muy presente en la globalización. Tal vez,

---

[242] C. Letta, "Prestigio social y política de la imagen en Roma: el orden senatorial como modelo de autorrepresentación", en *Revista de Historia*, 9-10 (1999-2000), pp. 13-20, esp. p. 18, resalta que este esquema elaborado para la clase más alta de la sociedad romana, fue adoptado después espontáneamente como modelo por las clases más bajas: un fenómeno que puede recordar la emulación que impulsaba en el siglo diecinueve a la burguesía europea a imitar las modas, las costumbres, el estilo de vida de la nobleza, o bien, la emulación que estimula a la masa de hoy a imitar toscamente al "jet-set" de los industriales, de los actores, de los cantantes y de los campeones deportivos.

[243] MacMullen, *Romanization* (cit.), p. X.

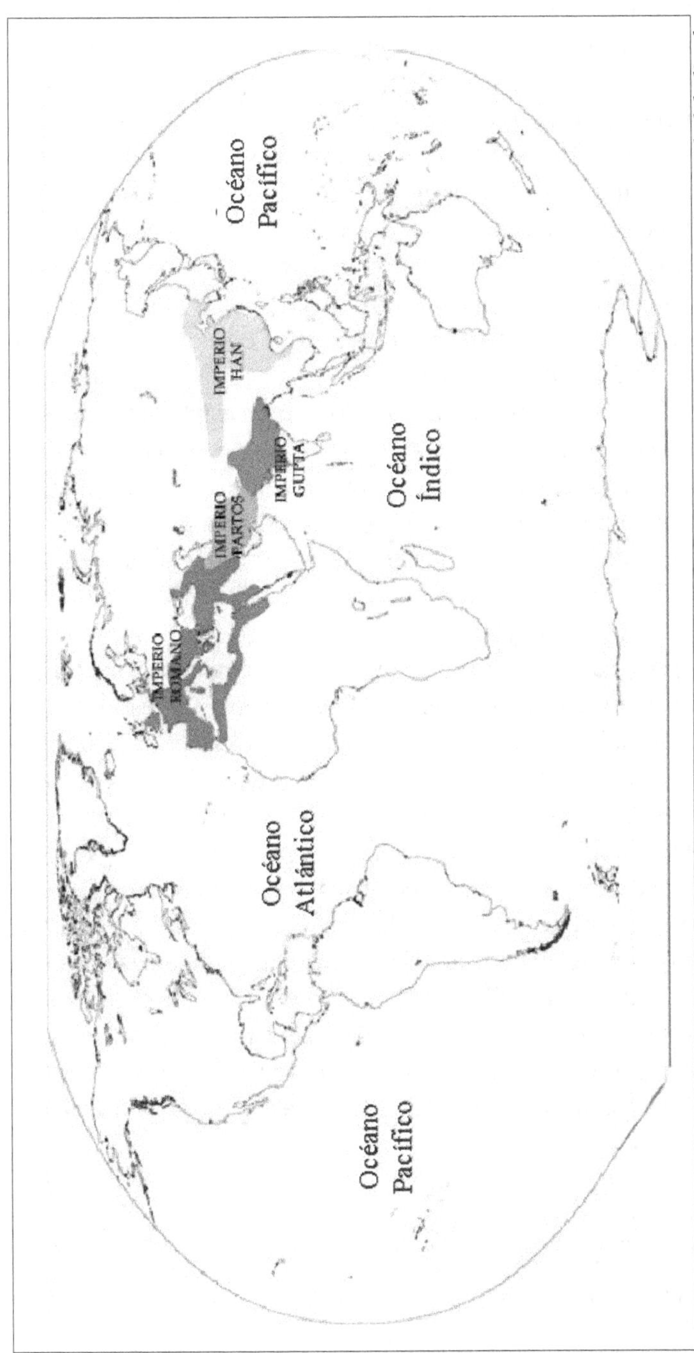

Figura 10. Los antiguos imperios mundiales en la ecúmene euroasiática (siglos I-III d. C.) comparados con el mundo actual globalizado.

algunos de los aspectos señalados todavía no se materializan; las intenciones no faltan y como todo proceso en curso presenta un fuerte dinamismo, flexibilidad y cambios.

Por su parte, con un matiz diverso, pero dentro de la misma perspectiva, G. Woolf[244] al explicar el proceso de romanización y a partir de estudios revisionistas, considera que ella podría compararse con la "occidentalización" o "modernización", entendidas como conceptos que denotan un movimiento progresivo a través del cual las comunidades y los individuos avanzan hacia un nivel más alto de civilización o desarrollo, dejando de lado las características menos deseables de la sociedad tradicional.

Roma y su imperio fueron pioneros en llevar a la *praxis* ese modelo que obviamente, con matices diferentes y con otras variables, se puede observar hoy en día con la globalización. La romanización a través de los once factores ya mencionados, logró concretar un estilo de vida, una identidad propia y un sentimiento participativo al interior de los límites del imperio. No sólo los habitantes de la *Urbs* poseían el *ethos* romano, sino que también –a través de un proceso bidireccional de transculturación– lo fueron adquiriendo escalonadamente los latinos, itálicos, provinciales y súbditos asimilados más adelante, convertidos en romanos.

Al analizar cada uno de los agentes romanizadores, se podría argumentar que tal vez algunos de ellos no se presentan en todas sus dimensiones en la globalización contemporánea. Hoy no tenemos un ejército supranacional, a excepción de los contingentes de la ONU. Tampoco existe un culto imperial común o una religión universal, no obstante, están vigentes el cristianismo, el islamismo, el confucionismo, el budismo, el hinduismo, el judaísmo y otras. Todavía no se ha regulado la idea de una ciudadanía única y global[245] como la romana[246]; el caso más cercano es la ciudadanía europea a partir del Tratado de Maastricht en 1992. De igual modo, en el plano político no existe un solo gran Estado supranacional o un imperio que dirija todo, pero al fin y al cabo, hay un sistema democrático imperante que, tal como lo fue la figura del emperador en Roma, representa a todo su pueblo. Que la tecnología antigua sea inferior y diferente a la actual, no constituye un argumento para descalificar una posible relación entre los procesos de romanización y globalización. Más aún, con sutilezas o sin ellas, es legítimo intentar demostrar cómo un modelo de sociedad y estilo de vida –el romano-provincial caracterizado por una unidad en la diversidad– puede ayudarnos a entender con mayor fuerza e impronta el complicado proceso actual de la globalización.

[244] Woolf, "Beyond Romans" (cit.), p. 339.

[245] El imperio de Roma, en forma progresiva por vía de la concesión de la *civitas Romana*, alcanzó una "ciudadanía global". Cfr. Pagden, *Pueblos* (cit.), p. 54 y p. 206.

[246] Cuando el emperador Caracalla en el 212 d. C. extendió y amplió la ciudadanía romana a todos los miembros del *orbis Romanus*, a nuestro entender, produjo la primera unión europea con una especie de 'pasaporte común europeo': una *civitas Romana* que era universal. Así, Roma y el imperio, originaron la primera constitución europea como la que actualmente está en proceso de discusión y consolidación.

Capítulo III

Grandes variables y factores del proceso de Romanización

A través de un estudio sincrónico, hemos considerado once agentes o fenómenos romanizadores esenciales –por cierto existen otros– que desarrollaron una activa integración entre los romanos y los habitantes de las provincias. Estos factores nos sirven igualmente como categorías de análisis y como precedentes para compararlos con el proceso de globalización.

1. Integración de la aristocracia local y provincial

Uno de los fenómenos más recurrentes y exitosos de la política exterior romana, era restablecer vínculos amistosos con soberanos locales y desarrollar facciones en favor de la presencia romana en el interior de cada ciudad. Esto significa conseguir el apoyo de la aristocracia local que encontraba en Roma el modelo para cautelar y garantizar los privilegios de orden social, económico y político que había adquirido con anterioridad en los centros originarios.

Roma, al llevar a cabo su proceso imperialista, en el momento de conquistar y someter a las diversas ciudades o pueblos, generalmente no sustituía nada del poder político preexistente. La urbe aplicaba su fórmula *divide et impera* y aceptaba que las personas y familias que ocupaban cargos y detentaban el poder con antelación al dominio romano, se mantuviesen y fuesen gobernadas por las mismas. Obviamente, eliminaban a grupos separatistas rebeldes y a la realeza cuando existía, como por ejemplo, los Seleucidas en Siria, la dinastía Macedónica y los Ptolomeos en Egipto. Desarticulaban el vértice máximo de un Estado, sin embargo, bajo la ausencia del rey, todo quedaba y se mantenía como antes: la nobleza permanecía con sus prerrogativas locales y su influencia era respetada[247].

La relevancia de la política romana como forma de control, de dominio y de integración, tuvo el mérito y el éxito suficiente para lograr que la aristocracia local, no sólo conservara la supremacía, autoridad e influencia de las que gozaba antes de la conquista romana, sino que, más bien, recibió una oportunidad de crecimiento. Por cierto, se trataba de la posibilidad de multiplicar su propio poder,

---

[247] Roda, *Profilo* (cit.), p. 81.

áreas de influencia y relaciones para insertarse en un complicado, pero auspicioso juego político mucho más amplio, con múltiples alternativas y ventajas que las que tenía hasta ese momento. La promoción de los provinciales era una realidad concreta que llegaba hasta su integración en la aristocracia imperial. De este modo, se establecían una serie de redes de relaciones personales entre Roma y la mayor parte de los habitantes de las provincias, donde estos últimos ingresaban al orden ecuestre y senatorial, lográndose una integración imperial basada en una participación en el gobierno y en una igualdad de intereses y oportunidades[248].

Se podría suponer que se producía una pérdida de independencia, sin embargo, la clase dirigente de los territorios conquistados no perdía la supremacía que ejercía con antelación. Así, cuando la aristocracia local obtenía la ciudadanía romana que era *conditio sine qua non*, tenía la posibilidad de emerger y pasar políticamente de una dimensión local a una imperial[249], insertándose e integrándose en el vértice máximo del poder central.

Desde el inicio, Roma utilizó los elementos más adecuados y exitosos del punto de vista político y empresarial-comercial, sobre todo en la zona oriental del imperio, donde se había acumulado una gran experiencia respecto de la gestión y de la actividad política, administrativa, productiva y financiera; experiencia que Roma no poseía todavía y que le era necesaria. Los lazos familiares y el factor económico, eran claves para lograr los propósitos que se pretendían; además ayudaban a este fin las prácticas de herencias, donaciones y obsequios, como sucedió por ejemplo en la Bética[250]. La progresiva incorporación, promoción e integración de las élites locales y sus descendientes al modelo romano, es el aspecto central en la unión y cohesión imperial, clave en el éxito del desarrollo y en la política de mantención y equilibrio del *imperium Romanum*. He ahí la importancia que tuvo el otorgamiento de la *civitas Romana* y del fenómeno de la aculturación progresiva de las élites originarias. Éstas adoptaban para sí mismas, parte de los hábitos romanos, teniendo como patrón común su imitación.

---

[248] W. Eck, "La riforma dei gruppi dirigenti. L'ordine senatorio e l'ordine equestre", en *Storia di Roma*, 2, II (cit.), pp. 73-118

[249] Las élites locales ya romanizadas conformaron una categoría social aristocrática y "minoría selecta", formando parte del orden senatorial, ecuestre y más adelante del decurional. Fueron, en palabras de Cicerón, los *electissimi viri civitatis*, es decir, los mejores, los más dignos y los que ocupan el primer rango, en fin, la clase dirigente de las provincias y los magistrados municipales. Plinio, *Historia Natural*, 3, 4, 31; al referirse a los miembros de la provincia Narbonense, habla de la "dignidad de sus gentes y estilo de vida". En general, cfr. M. Navarro Caballero y S. Demougin (eds.), *Élites Hispaniques*, (Études 6), Ausonius, Bordeaux, 2001.

[250] D. Nony, "Les provinces hispaniques", en Lepelley (ed.), *Rome et l'intégration* (cit.), pp. 113-141, esp. pp. 135-138; A. Caballos Rufino, "Los recursos económicos de los notables de la Bética", en Navarro Caballero y Demougin (eds.), *Élites Hispaniques* (cit.), pp. 69-87.

La aristocracia local se transforma y se va modelando paulatinamente en el ámbito político, social y económico romano. El caso concreto de la Hispania, es uno de los más conocidos y estudiados, sirviendo de "laboratorio histórico". Como señala J. M. Roddaz, en el "valle del Ebro" se produjo la transición de la conquista a la pacificación e integración entre Roma y las sociedades nativas[251], logrando finalmente una plena romanización. No hubo, entonces, una imposición por parte de los vencedores para difundir su estilo de vida. Muchos líderes locales guiaron, contribuyeron y fueron un factor decisivo en la asimilación y aculturación entre Roma y la aristocracia provincial. Fue un proceso de experimentación real con variedades regionales donde, por cierto, se logró una "identidad común"[252] que los retrataba y los representaba como miembros de un todo diverso.

Es así como la propuesta romana consistía en que la aristocracia local renunciaba a la independencia, no pudiendo decidir más sobre la guerra, la paz o los grandes procesos que interesaban al imperio. No obstante, respecto de la gestión local, continuaban ejerciendo el poder y la influencia anterior, sin renunciar a nada desde un punto de vista económico. Sobre esta base, se efectuó el proceso de elección de las clases dirigentes, las que en forma mayoritaria, aceptaban la oferta de coparticipación en el gobierno de la *Urbs* y del imperio[253]. Un elemento relevante fue la forma en que las élites provinciales se autorrepresentaron: imágenes y retratos que tuvieron como paradigmas a los notables romanos. Sin duda que estos ejemplos de efigies fabricadas en los talleres provinciales, fueron garantes de la romanidad, como fue el caso de los emeritenses[254].

En el proceso de integración, se difundió a su vez la práctica de sustituir jefes locales por personas de confianza del Estado romano. Este hecho trae como consecuencia el establecimiento de fuertes lazos clientelares y de amistad. Se crean relaciones con los *reges socii*[255], evitando dejar tropas para el control de las nuevas zonas conquistadas. En consecuencia, estos reyes estaban conscientes de que su posición dependía completamente de Roma. Dentro de esta política, los mismos

---

[251] J. M. Roddaz, "De la conquête à la pacification: la mutation des sociétés indigènes", en C. Castillo, J. Rodríguez y F. Navarro (eds.), *Sociedad y economía en el Occidente romano*, Eunsa, Pamplona, 2003, pp. 15-26.

[252] Huskinson, "Looking for culture" (cit.), pp. 21-23.

[253] Roda, *Profilo* (cit.), pp. 81-82.

[254] T. Nogales, "Autorrepresentación de las élites provinciales: el ejemplo de Augusta Emerita", en Navarro Caballero y Demougin (eds.), *Élites Hispaniques* (cit.), pp. 121-139.

[255] Sobre los soberanos aliados: M. R. Cimma, *Reges socii et amici populi romani*, Giuffrè, Milano, 1976; D. C. Braund, *Rome and the Friendly Kings. The Character of Clients Kingship*, Croom Helm, London, 1984.

hijos de los soberanos –futuros pretendientes al trono– eran enviados a la *Urbs* para ser educados y orientados según los ideales del imperio. Paralelamente, la capital destinaba a las provincias a algunos emisarios (hombres leales) para dirigir la política y la sociedad local a favor de los romanos. Sandra Gozzoli destaca que los *reges socii* sentían la difusión de la romanidad como un empeño moral, hábilmente sugerido por el gobierno central, que se concretaba en la construcción de obras públicas monumentales[256]. La noción de utilizar a los reyes como instrumentos en la imposición de la presencia romana y en la divulgación de sus usos y costumbres, es reconocida por Tácito como una vieja tradición romana[257].

El mecanismo de incorporación de la élite provincial nueva, se desarrolló en un momento en que los diversos sectores de la clase dirigente romana, estaban distraídos por frecuentes choques internos, por luchas y rivalidades entre las diversas facciones con el objeto de alcanzar el poder. El proceso de asimilación de la nueva élite se realizaba y proyectaba ascendiendo a grados y esferas sociales preponderantes. En primer lugar, Roma garantizaba a los notables locales no apropiarse, sino de una mínima parte de su patrimonio. Debían pagar impuestos modestos, además del desembolso de una suma inmediatamente después de la anexión, o sea, el equivalente a las indemnizaciones y daños de guerra[258]. En segundo término, la aristocracia local entraba en el organigrama oficial del vértice romano: ingresa al orden decurional y ecuestre y, más adelante, se incorpora al Senado hasta poder ascender al ápice de la cadena política y social como *imperatores*.

Como hemos señalado, era *conditio sine qua non* para la élite local adquirir la *civitas Romana* para tener acceso a los grupos dirigentes del orden ecuestre y senatorial. De esta manera, la integración de las poblaciones locales en la gestión del imperio fue paralela a la difusión de la ciudadanía. Dión Casio informa cómo en el 29 a. C., Mecenas aconsejó a Octavio convertir en senadores a las personas más eminentes, "los mejores y más ricos de Italia y las provincias"[259]. Una política sabia que adoptó Augusto y los futuros emperadores en el sentido de que en las provincias no debían existir jefes o caudillos locales que pudiesen producir revueltas o movimientos separatistas. Con el otorgamiento de la ciudadanía romana y la real participación de ellos en el Senado y, en consecuencia en la administración imperial, se produjo una integración que desde el punto de vista político-social significó la estabilidad imperial[260].

---

[256] Gozzoli, "Fondamenti" (cit.), pp. 85-86.

[257] Véase, el capítulo III, 1.3.

[258] Roda, *Profilo* (cit.), p. 82.

[259] Dión Casio, *Historia Romana*, 52, 19, 3.

[260] Eck, "La riforma dei gruppi" (cit.), p. 118.

Roma y el imperio lograron esta amalgamación con las élites nativas que se transformaron progresiva y plenamente, en romanas. Esto fue un factor de cohesión imperial, además, cada miembro de la clase dirigente tenía una posición concreta y específica en la sociedad. La difusión de un modelo urbano relativamente homogéneo y de una cultura helenístico-romana, ayudó a potenciar la integración[261], si bien se presentan diferencias entre el Occidente y el Oriente del orbe romano. En general, las aristocracias locales fueron conformando "pautas ideológicas comunes" apoyadas con una red de propaganda y señaladas como patrones de comportamiento, hecho que las convirtió en eficaces instrumentos de unificación e integración en todo el imperio[262]. Por ejemplo, en la época de Claudio, el rey britano Cogidumno es un fiel reflejo de un leal "nativo romanizado" que exportó e irradió los valores y el sofisticado estilo de vida de la *Romanitas* a las tierras británicas[263].

Para la nobleza local, un signo de poder e identificación con Roma era el conocimiento de la lengua latina[264] y, particularmente, recordar sus cargos y logros para la posteridad con inscripciones latinas. Un caso es Cotio quien, convertido en *praefectus* por la gracia de Augusto, construyó un arco triunfal en los Alpes[265], promoviendo la romanidad y la autoidentificación con ella. Las inscripciones latinas fueron un poderoso medio para preservar la memoria de los individuos y de sus grupos familiares. La aristocracia autóctona en su calidad de sociedad urbana –estudiosa y conocedora del latín– a lo largo del principado manifestó así su interés por la *Romanitas* y *la humanitas*[266].

[261] M. Torelli, "Le forme dell' integrazione. Colonizzazione, integrazione economica e politica, stati etnici e stati interetnici", en Guilaine y Settis (eds.), *Storia d'Europa* (cit.), pp. 843-890.

[262] A. Caballos Rufino, "Las élites y el poder", en Navarro Caballero y Demougin (eds.), *Élites Hispaniques* (cit), pp. 187-189.

[263] Tácito, *Agrícola*, 14, 1. De hecho el rey, fue ciudadano romano y tomó el nombre de Tiberio Claudio Cogidumno, representando el carácter del período. Cfr. G. Webster, *Rome against Caratacus. The Roman campaigns in Britain Ad 48-58*, Batsford, London, 1981, esp. pp. 124-130.

[264] El interés por el latín se observa entre otros en Suetonio, *Calígula*, 20, explica cómo el emperador fomentó los juegos mixtos y, sobre todo, certámenes de elocuencia griega y latina en Lión. A su vez, Tácito, *Agrícola*, 21, informa sobre la forma que los hijos de la aristocracia local de Britania comienzan a instruirse en las artes liberales; esto es, su empeño por aprender la lengua latina que antes rechazaban.

[265] *M. Iulus regis Domni f. Cottius praefectus ceivitatium quae subscriptae sunt* (CIL, V 7231) [= "M. Julio Cotio, hijo del rey Dono, prefecto de las ciudades que están escritas más abajo"]. De ahí que los Alpes, tomaron el nombre de Alpes Cotios.

[266] R. Häussler, "Writing Lating-from resistance to assimilation: language, culture and society in N. Italy and S. Gaul", en A. E. Cooley, *Becoming Roman, writing latin?. Literacy and epigraphy in the Roman west*, Journal of Roman Archaeology, ser. num. 48, Portsmouth, Rhode Island, 2002, pp. 61-76, esp. p. 70.

La práctica del otorgamiento de la *civitas Romana* a la élite local, como fenómeno central en la integración romano-provincial, fue diferente en dos de las etapas fundamentales de la historia de Roma. En el período de la república tardía, la ciudadanía se otorgaba en forma individual, mientras que en el imperio se concedía de forma gradual a comunidades enteras, llegando a su fin con el edicto de Caracalla. Examinaremos también la promoción al Senado, sobre todo a fines de la república y a comienzos del principado, teniendo en consideración cuatro grandes áreas[267] representativas de un vasto imperio.

I) *Hispania*: constituye la provincia más romanizada, anexada definitivamente con Augusto en el 19 a. C. En el proceso de provincialización e integración de Roma con la península, destacamos tres agentes centrales para realizar dicho fenómeno. En primer lugar, un fuerte contingente de pequeños empresarios, comerciantes y *negotiatores* itálicos que se establecieron y explotaron los recursos de Hispania. En segundo término, esta política colonial que trae como consecuencia que los militares y administradores asentados por largo tiempo, frecuentemente contrajeran matrimonio con las mujeres locales. Y,

Figura 11. Estela funeraria de un matrimonio de la élite local hispánica del siglo II d. C. (Mérida, Museo Nacional de Arte romano).

---

[267] Parte de los ejemplos y de las zonas los hemos tomado de G. Salmeri, "Dalle province a Roma: il rinnovamento del senato", en *Storia di Roma* (cit.), 2, II, pp. 553-575.

por último, una marcada tendencia urbanizadora por medio de la creación y desarrollo de importantes ciudades en el extremo meridional de la península.

El primer miembro del Senado romano, no nacido en Italia, fue el hispano Quinto Vario Hybrida, originario de Sucro (sur de Valencia), fallecido en el 89 a. C. A su vez, el primer cónsul no italiano, en el 40 a. C., fue Lucio Cornelio Balbo, oriundo de Gades, perteneciente a familias nativas romanizadas que poseían alta dignidad[268]. El territorio de Hispania, particularmente la Bética, sirvió como laboratorio histórico y como campo de acción en el proceso de integración de las élites locales al imperio[269]. De Córdoba surge la familia del retor L. Anneo Séneca cuyos descendientes más famosos fueron su hijo, el filósofo Séneca y su sobrino, el poeta Lucano. Asimismo, ambos llegaron a ser senadores y personalidades medulares en la cultura del imperio en el siglo I d. C.[270]. Es así como al ejercer ciertos cargos, algunos notables sirvieron de elementos cohesionadores entre Roma y las provincias, por ejemplo, el título *praefectus fabrum* y *flamem* del culto provincial y de juez *ex quinque decuriis*, constituyeron el primer escalón para ser reconocidos, oficialmente en el orden ecuestre[271].

Otro factor determinante para concretar y profundizar la romanización de Hispania lo constituyó la concesión del *ius Latii* por Vespasiano[272], con el que se les otorgaba a los magistrados de las ciudades la posibilidad de obtener en forma automática la *civitas Romana*, una vez finalizado su cargo. El proceso romanizador tiene su culminación cuando acceden al trono imperial dos senadores de Itálica: Ulpio Trajano y Elio Adriano[273]. La Península Ibérica, preferentemente

---

[268] En la familia gaditana de los Balbos, se destacaron dos miembros ilustres, quienes a menudo fueron confundidos por tener el mismo nombre: Lucio Cornelio Balbo. Para distinguirlos, el tío fue llamado "mayor" y el sobrino "menor"; obtuvieron la *civitas Romana* gracias a Pompeyo en el 72 a. C. Así, Balbo el mayor es considerado el primer extranjero en obtener el consulado (40 a. C.) y Balbo el menor, el primero en obtener el triunfo y la gloria por sus destrezas militares en África (19 a. C.). Cfr. Veleyo, 2, 51, 3; Tácito, *Historias*, 3, 72, 1. En general, sobre las grandes familias, véase J. F. Rodríguez Neila, *Los Balbos de Cádiz*, Universidad de Sevilla, Sevilla, 1973; C. Castillo, "Los senadores béticos. Relaciones familiares y sociales", en *Epigrafia e ordine Senatorio*, Atti del Colloquio Internazionale AIEGL, (Roma, 14-20 maggio 1981), Roma, 2 (1982), pp. 465-519; Id., "Los senadores de la Bética: onomástica y parentesco", en *Gerión*, 2 (1984), pp. 239-250; S. Dardaine, "La naissance des élites hispano-romaines en Bétique", en Navarro Caballero y Demougin (eds.), *Élites Hispaniques* (cit.), pp. 23-44.

[269] G. Alföldy, "L'originalité des élites hispaniques", en Navarro Caballero y Demougin (eds.), *Élites Hispaniques* (cit.), pp. 11-12.

[270] Salmeri, "Dalle province a Roma" (cit.), p. 567; Castillo, "Los senadores" (cit.), pp. 489-490.

[271] P. A. Février, "Le province dell' Europa occidentale", en *Storia di Roma*, 2, II (cit.), pp. 443-467, esp. p. 465.

[272] Véase nota 364.

[273] Salmeri, "Dalle province a Roma" (cit.), p. 568.

la Bética, como ya mencionamos más arriba, fue un verdadero 'campo de experimentación' en el proceso de asimilación romano-provincial.

II) *Galia*: la región de la Narbonense fue la primera en convertirse en provincia hacia fines del siglo II a. C. Este proceso se llevó a cabo a través de una política de colonias de veteranos, fuertemente urbanizadas, las cuales se constituyeron en un territorio clave para la integración de los galos con Roma. El resto lo desarrolló Julio César entre el 60 y 44 a. C. con la conquista, pacificación y romanización de la Galia. Momento en que la concesión de la ciudadanía romana era esencial para el mantenimiento y unión de ambas partes[274]. De ahí que el famoso discurso de Claudio[275] que favorecía la entrada de los notables locales de la Galia comata al Senado, significó un cambio y una política concisa de mancomunión.

Entre las personalidades del ámbito político-militar y cultural de la Galia, se encuentra el natural de Aquitania, Julio Vindex, quien organizó la revuelta de las provincias occidentales contra Nerón. Últimamente, se ha sostenido que la insurrección de Vindex no fue un movimiento nacionalista antirromano, sino más bien una sublevación contra Nerón y, más aún, una tentativa de asumir el imperio, en el entendido de ser un ejemplo de asimilación a la romanización y no de rechazo[276].

Para Tácito, el narbonense Agrícola (su suegro), es visto como modelo en la integración romano-provincial que, sin duda, está representada con el reinado de Antonino Pío –descendiente de una familia narbonense de la actual Nîmes– y del emperador Caracalla quien selló el proceso de concesión de la *civitas Romana* a los provinciales.

III) *África*: numerosos grupos itálicos de Campania emigraron al norte del continente africano por motivos económicos, con lo cual favorecieron este proceso integrador y urbanizador. A su vez, el primer cónsul de origen africano que llega a Roma en el 80 d. C. es Q. Aurelio Pactumeio Frontón[277], natural de

---

[274] Para la región de la Galia transpadana, una síntesis actual -con diversos matices- del problema de la ciudadanía y de los extranjeros entre César y Caracalla, en G. Cresci Marrone, "Casi di emarginazione nella Traspadana romana: cittadini, stranieri o barbari?", en Angeli Bertinelli y Donati (eds.), *Il cittadino* (cit.), pp. 245-256.

[275] Tácito, *Annales*, 11.

[276] R. Urban, *Gallia rebellis. Erhebungen in Gallien im Spiegel antiker Zeugnisse* ("Historia" Einzelschriften, 129), Stuttgart, 1999.

[277] Salmeri, "Dalle province a Roma" (cit.), p. 568. Cfr. CIL, VIII, 7058=ILS, 1001, donde viene definido, *co(n)s(ul) ex Africa primus*.

Cirta en la región de Numidia. Será bajo los reinados de Adriano y Antonino Pío cuando importantes familias africanas son promovidas y acceden al Senado. Entre ellas, sobresale el retor M. Cornelio Frontón quien, bajo el gobierno de Adriano, ingresó a la curia y en el 143 d. C. fue cónsul suplente (*suffectus*) dándose el lujo de renunciar al proconsulado de África. Llegó a ser el maestro de Marco Aurelio y Lucio Vero.

El fuerte impulso urbanizador, centrado en la vida ciudadana, patrocinado por los Flavios y los Antoninos, ayudó efectivamente al proceso romanizador[278]. Los ilustres más destacados de África proconsular fueron los Severos: Septimio, el emperador, descendía de una familia de origen púnico-itálica[279].

IV) *Grecia y Asia menor*: entre inicios y mediados del siglo II a. C., la política exterior romana es fuertemente expansionista y se desplaza, en cierta medida, del Occidente al Oriente. Roma choca y luego toma contacto con la Hélade,

Figura 12. Vista parcial de Lepcis Magna (Tripolitania, Libia), ciudad natal del emperador Septimio Severo (193-211 d. C.), quien la amplió y modernizó.

[278] En general, C. Lepelley, "L'Afrique", en Id (ed.), *Rome et l'intégration* (cit.), pp. 71-112, esp. pp. 81-95.
[279] C. Letta, "La famiglia di Settimio Severo", en *L'Africa romana*, IV, (Sassari, 12-14 dicembre 1986), Gallizzi, Sassari, 1987, vol. 2, pp. 531-545.

donde se encuentra con ciudadanos acostumbrados a una vida en las *poleis*, a usar el *logos,* a practicar la política, a vivir en un mundo civilizado.

La presencia romana en el Mediterráneo oriental, está caracterizada por las guerras macedónicas. Después de la segunda guerra (200-196 a. C.), Roma derrota a Filipo V en Cinoscéfalos y el cónsul Flaminio proclama la "libertad" de las ciudades griegas, como asimismo, su protección. La victoria de Emilio Paulo sobre Perseo en Pidna (168 a. C.), estableció que el reino de Macedonia fuese dividido en cuatro repúblicas, las que finalmente entre el 148-146 a. C. se convierten en la provincia de Macedonia y, con posterioridad a la guerra de Acaya, se vincularon a *poleis* griegas. En fin, el rey Atalo III de Pérgamo, interesado en perpetuar su reino, lo legó a Roma, convirtiéndose en la provincia de Asia, entre el 133-129 a. C. En conjunto, eran mundos diversos, como resultado de vicisitudes históricas disímiles en un territorio oriental helenizado.

Suele plantearse, en términos generales, que el proceso civilizador de la *Romanitas* en las provincias orientales helenizadas[280] fue pequeño y superficial, en comparación con el Occidente bárbaro; que tuvo distinto grado de penetración e intensidad; que las áreas mencionadas eran disímiles en cuanto al grado de desarrollo de sus habitantes originarios; que el latín nunca pudo imponerse al griego y que las élites locales tuvieron diversas formas de comportamiento y adaptación[281].

Se podría seguir enumerando un sinfín de aspectos variables y dicotómicos. Lo concreto es que la realidad histórica prueba que tanto la Hélade como el Asia menor, asumieron conscientemente la romanización en grados y perspectivas diversas[282]. Roma tuvo otra predisposición con el Oriente helénico. Desde el siglo II a. C., poderosas familias de la *nobilitas* y *negotiatores* itálicos, visualizando la relevancia económica de la zona, se interesaron en desarrollar un flujo y una red comercial muy activos entre Roma y las provincias orientales[283].

Al mismo tiempo, la urbe en una política sagaz, prudente y respetuosa, mantuvo intacto el ordenamiento citadino griego. Las *poleis* conservaron sus estructuras políticas y, sobre todo, su sistema de vida. No se produjo una alteración o cambio

---

[280] Una visión de cómo el Oriente griego se integra en el dominio romano en M. D. Campanile, "Il mondo greco verso l'integrazione politica nell'impero", en Settis (ed.), *I Greci, 2, III*, pp. 839-867.

[281] E. Lewartowski, "Les membres des *Koina* sous le principat (1er-IIIe siècles): Quelques exemples d'intégration dans la vie locale", en M. Cébeillac-Gervasoni y L. Lamoine (eds.), *Les Élites et leurs facettes. Les élites locales dans le monde hellénistique et romani*, École Française de Rome, Rome, 2003, pp. 209-221.

[282] P. Cabanes, "Le monde grec européen et la Cyrénaïque", en Lepelley (ed.), *Rome et l'intégration* (cit.), pp. 299-331; Cortés, "Polis Romana" (cit.), pp. 421-422.

[283] J. Devreker, "Les Orientaux au Sénat Romain d'Auguste à Trajan", en *Latomus*, 41 (1982), pp. 492-516.

Figura 13. Teatro de Afrodisias (Asia menor, Turquía) construido por el benefactor local C. Julio Zoilo, donde se conserva la inscripción con su dedicatoria (mediados del siglo I a. C.)

dramático en su proceder socializado y civilizado. Comienza a formarse una clase diferente local, preocupada por el orden interno y por el respeto a Roma. De esta forma, la habilidad de la urbe consistió en mantener una política "continuista" dentro de los reinos helenísticos, esto es, mantener las *poleis* insertas en una macro estructura administrativa y unitaria y desde el punto de vista político: admiración, tolerancia y respeto por lo establecido.

Si bien la presencia directa de ciudadanos romanos en los territorios de la Hélade no fue tan numerosa, no es menos cierto que para la élite local era requisito imprescindible poseer la *civitas Romana* para así poder optar a los cargos de figuración pública, relaciones sociales, poder e influencia en sus ciudades de origen. Por ejemplo, la helenizada ciudad de Nicea, en el alto imperio, tuvo una fuerte influencia romanizadora expresada a través de la epigrafía, de *nomina* latino-romanos y, en general, de la cultura jurídica y escrita[284]. Ahora bien, según

[284] P. Guinea, "Ciudadanos romanos en una ciudad del Asia menor griega: Nicea", en Falque y Gascó (eds.), *Graecia capta* (cit.), pp. 241-257.

Salmeri, hacia fines del siglo I d. C. aparecen los primeros senadores griegos que entran a formar parte de la *curia*[285]. Con el emperador filoheleno Adriano, se produce una afluencia mayor de aristócratas locales para ingresar al Senado, política que continúa con los emperadores siguientes.

Una diferencia notoria de la romanización del Occidente y el Oriente se observa entre las élites locales. Ya que en las ciudades griegas y asiáticas los notables prefieren no formar parte del Senado y, en consecuencia, no viajar a establecerse en Roma. Ellos anteponen su interés y su energía para permanecer en sus ciudades de origen ("pequeña patria") y dedicarse a la administración[286], en fin, prefieren conservar su sistema de vida. Entre estos aristócratas, además de políticos y evergetas, se cuentan algunos intelectuales. Es el caso de Dión de Prusa[287], de Elio Arístides[288] y el maestro de retórica Antonio Polemón[289]. Uno de los grandes historiadores de Alejandro Magno, el bitinio Flavio Arriano[290] –un hombre de armas, comandante provincial– elige terminar con su carrera política, senatorial y militar a cambio de una vida más tranquila como arconte y preocupado de los asuntos ciudadanos en Atenas[291]. En un escalafón menor se encuentra Luciano de Samosata[292].

A su vez, el evergeta más grandioso, Herodes Atico[293], influyente y rico, cónsul ordinario en el 143 d. C., no demuestra mayor interés por Roma y por la administración del imperio. Su preocupación era el mundo griego y utilizó gran parte de su fortuna familiar para embellecer y ayudar a su ciudad natal Atenas y a otras *poleis*[294]. De hecho, en Olimpia construyó una gran fuente decorada con retratos de la familia imperial, como asimismo, de la suya[295]. Herodes crea a su

---

[285] Salmeri, "Dalle province a Roma" (cit.), p. 571, considera que el senador más destacado fue Q. Pompeyo Macro.

[286] Ibid, p. 572.

[287] S. Swain (ed.), *Dio Chrysostom - Politics, letters and Philosofhy*, Oxford University, Oxford, 2000; P. Volpe y F. Ferrari (eds.), *Ricerche su Dione di Prusa*, Luciano, Napoli, 2001.

[288] P. Volpe, "Harmonia e taxis nell' Encomio a Roma di Elio Aristide", en F. Giordano (ed.), *L'idea di Roma nella cultura Antica*, Scientifiche Italiane, Napoli, 2001, pp. 305-312.

[289] M. D. Campanile, "La costruzione del sofista. Note sul "bíos" di Polemone", en B. Virgilio (ed.), *Studi Ellenistici*, 12, Giardini, Pisa, 1999, pp. 269-315.

[290] A. B. Bosworth, "Arrian and Rome: the Minor Works", en *ANRW*, II, 34, 1 (1993), pp. 226-275.

[291] P. Vidal-Naquet, "Flavio Arriano entre dos mundos", en Id., *Ensayos de historiografía bajo el imperio romano: Flavio Arriano y Flavio Josefo*, Alianza, Madrid, 1990, pp. 11-92, esp. 22-30.

[292] Ibid, p. 25; M. D. Mac Leod, "Lucianic Studies since 1930", en *ANRW*, II, 34, 2 (1994), pp. 1362-1421.

[293] W. Ameling, *Herodes Atticus*, I-II, G. Olms, Hildesheim, 1983; J. Tobin, *Herodes Atticus and the city of Athens. Patronage and social conflict under the Antonines*, Gieben, Amsterdam, 1997. En general, sobre el evergetismo en el Oriente, véase M. Sartre, *El Oriente romano. Provincias y sociedades provinciales del mediterráneo oriental, de Augusto a los Severos (31 a. C.-235 d. C.)*, Akal, Madrid, 1994, esp. pp. 155-175.

[294] Filostrato, *Vidas de los Sofistas*, 2, 1. Cfr. además, Cabanes, "Le monde grec" (cit.), p. 315.

[295] Huskinson, "Looking for culture" (cit.), p. 22.

alrededor una doble imagen: por una parte, la del héroe benefactor y evergeta de carácter universal, que prosigue la política de munificencia de emperadores como Adriano; por otra, la del héroe local descendiente de Milcíades y Cimón, vinculado a la batalla de Maratón, como aparece en la inscripción de su tumba[296].

Del mismo modo que Atico, sus colegas sofistas de Asia menor centraron su atención sobre el pasado de la Hélade. Es así como historiadores y rétores griegos del siglo II d. C., evocaron nostálgicamente los tiempos gloriosos de Atenas y Esparta. Estos intelectuales pertenecían a la clase dirigente ciudadana que había constituido la base del poder de Roma en el Oriente helenizado[297]. Otro caso digno de mencionar, es el del magnate Licio, Opramoas[298], a mediados del siglo II d. C., que ni siquiera fue *civis Romanus* y, sin embargo, sus gestos en beneficio y ayuda a las ciudades orientales del imperio sólo se pueden parangonar a los efectuados por los emperadores[299]. Todos estos intelectuales griegos mencionados anteriormente, con algunas diferencias y sutilezas, legitiman la ideología y el dominio romano[300] al que adhieren y enaltecen, siendo ellos mismos a su vez, funcionarios de la administración imperial.

1.2. RENOVACIÓN DEL SENADO

Los emperadores Flavios y los Antoninos, consecuentes con esta política progresiva de extensión de la *civitas Romana*, persistieron en este mecanismo integrador articulando un proceso de renovación del Senado sobre la base de los notables e ilustres de las provincias. Hacia mediados y finales del siglo II d. C., más de la mitad de la composición social y jurídica de los senadores, era de origen provincial. Según los cálculos aceptados en trabajos de Hammond[301] y Salmeri[302],

[296] D. Placido, "Emperadores y sofistas: Herodes Atico y Roma", en Falque y Gascó (eds.), *Graecia capta* (cit.), pp. 193-200.

[297] Salmeri, "Dalle province a Roma" (cit.), p. 574, sostiene que los discursos programáticos de Dión de Prusa y Elio Aristides contienen y declaran un incondicional apoyo al imperio, que a través de la *pax Romana* y la seguridad de ella beneficiaba a los notables locales y al renacimiento de las ciudades griegas.

[298] E. Frézouls, "Les ressources de l' évergétisme. Le cas d' Opramoas de Rhodiapolis", en Ph. Leveau (ed), *L'origine des richesses défensées dans la ville antique*, Actes du Colloque (Aix-en-Provence, 1984), Université de Provence, Aix-en-Provence, 1988, pp. 249-254.

[299] Opramoas prometió a los habitantes de Mira una cifra de 100.000 denarios para la reconstrucción de la ciudad, sin embargo, ésta al no tener más fondos y considerar insuficiente la cantidad, el aristocrático licio tuvo que hacerse cargo personalmente de todos los gastos de la obra. Cfr. F. Gascó, "Aristócratas, evérgetas y colaboradores del imperio", en Falque y Gascó (eds.), *Graecia capta* (cit.), pp. 171-191, esp. p. 179.

[300] P. Desideri, "Intellettuali Greci e impero romano: una vicenda attuale", en Pani (ed.), *Storia romana* (cit.), pp. 41-58; Hidalgo de la Vega, "Algunas reflexiones" (cit.), pp. 282-284.

[301] M. Hammond, "Composition of the Senate, A.D. 68-235", en *JRS*, 47 (1957), pp. 74-81; también en W. Eck, *Senatoun von Vespasian bis Hadrian*, C. H. Beck, München, 1970; G. Alföldy, *Konsulat und Senatorenstand unter den Antoninen*, Habelt, Bonn, 1977.

[302] Salmeri, "Dalle province a Roma" (cit.), pp. 561.

senadores originarios de provincias, sean éstas occidentales u orientales, pasaron del 17% del total (alrededor de 600) en época de Vespasiano, al 23% con Domiciano, al 34% con Trajano, al 44% con Adriano, para permanecer más o menos igual con Antonino Pío, Marco Aurelio y Cómodo, llegando finalmente al 57% del total de senadores con Septimio Severo y Caracalla. La estadística muestra un proceso desarrollado en un siglo y medio, de un modo progresivo y regular, sin que ninguno de los emperadores del período haya tenido un rol central, con la excepción de Caracalla. Concretamente, cada vez más y con mayor notoriedad, los miembros nuevos del Senado provenían de las provincias, en reemplazo de los integrantes tradicionales de la Península Itálica.

En torno a la renovación y a la llegada de los representantes de las provincias al Senado, otros historiadores señalan que se debe a la incapacidad, al propio desgaste biológico y al desinterés del grupo senatorial por mantener sus posiciones de estatus y privilegio en la curia[303]. En virtud de que los hijos de las familias senatoriales eran incapaces de mantener sus puestos, a los notables e ilustres provinciales se les presentó una oportunidad para ingresar al Senado, consiguiendo con ello una movilidad social y una renovación. Salmeri considera que este argumento, de una nobleza que goza de privilegios en función solamente del nacimiento y no de los deberes hacia el Estado, es del todo extraño a la sociedad romana[304].

Los estudios actuales, han reconfirmado a las fuentes tradicionales que postulan que la entrada al Senado de los notables provinciales se gestó y estructuró en aquellas áreas de antigua y fuerte romanización. Primero, desde Hispania (Bética), luego de la Galia Narbonense[305] y así progresivamente, desde la Grecia oriental (Asia menor) y del África.

1.3. EL EJEMPLO DE AGRÍCOLA

A partir del discurso de Claudio instando a la aristocracia de la Galia comata a formar parte de la curia senatorial, comienza a producirse con mayor fuerza y regularidad la entrada de los notables locales al Senado y, en consecuencia, su renovación. Eran tiempos de cambios y de una consciente política de integración

---

[303] Garnsey y Saller, *El imperio romano* (cit.), pp. 148-149, sostiene que entre los patricios, que eran un círculo reducido de familias aristocráticas al interior del Senado, 39 de ellas, que se conocen entre los gobiernos de Vespasiano y Adriano, 22 familias no dejaron ningún rastro en este reinado y las restantes 17 desaparecieron entre fines del siglo I y comienzos del II d. C.

[304] Salmeri, "Dalle province a Roma" (cit.), pp. 562-563, no cree, además, que la renovación del Senado se haya realizado en forma tan rápida, fundamentado en indagaciones prosopográficas y cálculos estadísticos parciales. Cfr. igualmente, F. Jacques, "L'éthique et la statistique. A propos du renouvellement du sénat romain (I-III siècles de l'empire)", en *Annales (ESC)*, 42 (1987), pp. 1287-1295.

[305] Tácito, *Annales*, 11, 24, 3.

y cierta asimilación de los provinciales con Roma. Por lo mismo, la obra *Agrícola* de Tácito viene a reflejar esta época y quiere llamar la atención a sus colegas senadores respecto de este modelo a imitar en los nuevos tiempos.

Tácito, yerno de Agrícola, publica en el 98 d. C.[306] la vida de éste, siendo un óptimo ejemplo que demuestra la veloz promoción e integración de una familia de galos romanos. Gneo Julio Agrícola[307], nacido el 40 d. C., era originario de la colonia de *Forum Iulii* (=Fréjus) en la Galia narbonense, fundada en el 46 a. C. por Julio César. Agrícola descendía de una distinguida familia. Sus abuelos fueron procuradores imperiales, los primeros en desempeñar una carrera ecuestre. Su padre era el senador Julio Grecino y su madre Julia Procila. Educado bajo el "cultivo de todas las nobles artes", tuvo como residencia Marsella donde pudo combinar la "elegancia griega y la sobriedad provinciana"[308].

Su carrera política-militar[309] comenzó a los 20 años, que era lo normal para las familias del orden senatorial, y desempeñó su primer cargo como tribuno purpurado (*laticlavius*) en Britania, donde aprendió los rudimentos de la vida militar. Posteriormente, se trasladó a Roma con el objetivo de lograr una magistratura, allí contrajo matrimonio con Domicia Decidiana, de familia ilustre. En el 64 d. C., fue nominado (por sorteo) cuestor de la provincia de Asia menor; dos años después llegó a ser tribuno de la plebe; en el 68 revistió el cargo de pretor y luego fue elegido por Galba para inventariar los tesoros de los templos de Roma. Con la llegada de Vespasiano al poder, Agrícola regresa a Britania para asumir el mando de la XX legión y entre el 74 y 77 d. C., fue legado imperial en Aquitania, cónsul sufecto y, finalmente, entre el 78 y 85 como legado, se convirtió en gobernador de Britania (con una duración excepcional de 6 años).

Tácito describe a Agrícola como un hombre con "mesura, virtuoso, honrado e íntegro"[310]. Como gobernador alcanzó grandes triunfos en la isla: prosiguió con

---

[306] En el mismo año publica, además, su otra monografía de carácter geográfico y etnográfico, la *Germania*.

[307] Sobre Agrícola, véase W. S. Hanson, *Agricola and the conquest of The North*, Bastford, London, 1987; M. Th. Raepsaet-Charlier, "Cn. Julius Agricola: mise au point prosopographique", en *ANRW*, II, 33, 3 (1991), pp. 1807-1857; F. Kolb, "Bemerkungen zur urbanen Ausstattung von Städten im Westen und im Osten des römischen Reiches anhand von Tacitus, Agricola 21 und her Konstantimischen Inschrifs von Orkistos", en *Klio*, 75 (1993), pp. 321-341.

[308] Tácito, *Agrícola*, 4, 1-3.

[309] Una cuadro resumido de la vida de Agrícola en Salmeri, "Dalle province a Roma" (cit.), p. 554; A. Bourgeois, "El Occidente romano desde la conquista hasta el siglo V d.C.", en Kaplan y Richer (eds.), *El mundo romano* (cit.), pp. 233-268, esp. p. 247. Cfr. además, Tácito, *Agrícola*, 4-8.

[310] Ibid, 9, 2-4, señala: "mucha gente cree que a los genios militares les falta sagacidad, porque la jurisdicción castrense, expeditiva, algo tosca y actuando ordinariamente de forma sumarial, no practica las astucias del foro. Agrícola, de prudencia innata, obrada con eficacia y justicia, aun entre civiles. Sabía repartir bien los momentos de trabajo y de distracción. Cuando las audiencias judiciales lo requerían, se mostraba grave, preocupado, severo y, con mayor frecuencia, misericordioso. Cuando había terminado con sus deberes, disponía la máscara de autoridad; abandonaba el aire serio, la arrogancia y la avaricia. Ni su afabilidad le quitó prestigio ni, cosa bastante rara, su

la conquista hasta el sur de Escocia y recorrió explorando las costas de Britania. Entregó a su sucesor una provincia pacificada y segura. Tuvo una activa política de urbanización, estimulando la fundación de ciudades y fomentando los principios de la romanidad. Favoreció también la difusión de las costumbres y de la lengua latina. Agrícola, en su calidad de provincial, era un activo promotor y agente del proceso civilizador de la romanización. Una vez de regreso a Roma, Agrícola obtiene de Domiciano los *ornamenta triumphalia* y el honor de que le fuera erigida una estatua[311]. En sus últimos 9 años no tuvo mayores actividades ni cargos, falleciendo el 93 d. C. Mientras fue cuestor en Asia, tuvo dos hijos, un varón muerto prematuramente y una hija que más tarde, se convierte en la esposa del senador e historiador Tácito[312].

En fin, la carrera política militar y las obras del narbonense Agrícola, en el pensamiento histórico de Tácito, son interpretadas como modelo para los futuros senadores provinciales y administradores al servicio de Roma y del imperio[313]. Agrícola representa a un hombre exitoso en el ámbito de la dirección del Estado, un provincial que ocupó altos cargos y honores, un factor esencial en la difusión de la civilización romana y en la integración de ésta con las provincias.

2. La ciudadanía romana

2.1. ANTECEDENTES EN EL PERÍODO DE LA REPÚBLICA TARDÍA

Si bien en época republicana el otorgamiento de la ciudadanía romana era un privilegio para los no romanos[314], con el tiempo, durante el alto imperio este derecho se convirtió en una constante de la política exterior de la *Urbs* y en un mecanismo central en el proceso de romanización. Era llamada: *civitas Romana optimo iure* por la cual los ciudadanos romanos llegaban a obtener todos los derechos y deberes. Al recibirla, ascendían y se integraban a un estatus jurídico y social superior, iban ampliando su patrimonio insertándose, de este modo, en el grupo dirigente. En el aspecto socio-político se sentían identificados con Roma y el imperio, al formar parte de una misma comunidad.

---

severidad las simpatías. Insistir en la honradez y en la integridad de un hombre tan extraordinario, sería ofender al conjunto de sus virtudes. Ni siquiera se valió de la ostentación de sus cualidades o de la astucia para obtener la fama, a la que incluso los buenos rinden pleitesía con frecuencia. Lejos de rivalizar con sus colegas, lejos de mantener litigios con los procuradores imperiales, estimaba insignificante vencer y vergonzoso ser vencido".

[311] Ibid, 40, 1.

[312] Ibid, 9, 6, dice: "siendo él ya cónsul y yo todavía joven [22 años] me concedió la mano de su hija, de espléndido porvenir, y tras su consulado se celebró el matrimonio".

[313] Salmeri, "Dalle province a Roma" (cit.), pp. 555-556.

[314] Canali, *Contro storia* (cit.), pp. 63-74.

La concesión de la *civitas Romana* fue un proceso de "larga duración". Inicialmente, era otorgada por el Estado romano a diversas familias en forma individual y después se entregó de manera colectiva a comunidades, hasta llegar a ampliarla a todo el imperio. Fue, sin duda, lo que permitió en gran parte mantener la unidad del *orbis Romanus*, puesto que era un proceso no exento de problemas y posturas disímiles. Sin embargo, en el tránsito de la república al imperio se transformó y se constituyó, paulatinamente, en el gran mecanismo de consenso y éxito de la dominación romana.

De hecho, Plinio Fraccaro, en una conferencia pronunciada en 1931 en Milán, concluyó que "la extensión de la ciudadanía romana desde el limitado territorio de la antigua urbe hacia toda Italia, es el más importante hecho en la historia de la antigüedad, pues hizo posible el imperio y la *pax Romana*"[315]. Esta aseveración –quizás algo exagerada– representa, con todo, una de las proyecciones evolutivas de la historia romana. A su vez, Arnaldo Momigliano, diez años después de las palabras de Fraccaro, sostuvo que el estudio de la ciudadanía romana es la "*royal road*" para la comprensión de toda la historia romana[316].

Para gran parte de los investigadores, este tema[317] simboliza las coordenadas y directrices generales que explican el desarrollo y la progresión 'lineal' de la historia republicana e imperial. Desde el momento mismo de la fundación de Roma –pasando por las concesiones moderadas de la época expansionista, el interés de los latinos e itálicos, la oración de Claudio y el edicto de Caracalla–, la *civitas Romana* estuvo en el centro de la dinámica política del Estado. Ha sido considerada, en general, como el mecanismo central y motor irradiador de la dominación y posterior romanización del imperio. Roma tuvo la virtud, tolerancia,

[315] P. Fraccaro, *Arcana Imperii*, en "Opuscula", 1 Pavia (1956), pp. 61-80. Cfr., además, G. Luraschi, "La questione della cittadinanza nell'ultimo secolo della repubblica", en F. Milazzo (ed.) *Res publica e princeps. Vicende politiche, mutamenti istituzionali e ordinamento giuridico da Cesare ad Adriano*, Atti del convegno internazionale di diritto romano, (Copanello, 25-27 Maggio, 1994), Scientifiche Italiane, Napoli, 1996, pp. 35-99.

[316] A. Momigliano, "Reseña a Sherwin-White, *The Roman Citizenship* (cit.)", en *JRS*, 31 (1941), pp. 158-165 (= ahora en *Secondo contributo alla storia degli studi classici*, Edizioni di Storia e Letteratura, Roma, 1960 (1984), pp. 389-400.

[317] Entre otros estudiosos del argumento de la *civitas Romana*, en una visión amplia y general, encontramos a: Sherwin-White, *The Roman Citizenship* (cit.); E. Gabba, "Le origini della guerra sociale e la vita politica romana dopo l'89ª. C.", en *Athenaeum*, 32 (1954), pp. 41-114 y 295-345 (= ahora en *Esercito e Società nella tarda repubblica* romana, La nuova Italia, Firenze, 1973, pp. 193-345); W. Seston, "La Citoyenneté Romaine", en *XIII Congrès International des Sciences historiques (Moscou, 16-23 octobre 1970)*, 1973, pp. 31-52; H. Galsterer, *Herrschaft und Verwaltung im republikanischen Italien: die Beziehungen Roms zu den italischen Gemeinden vom Latinerfrieden 338 v. Chz. bis zum Bundesgenossenkrieg 91 v. Chz.*, C. H. Beck, München, 1976; C. Nicolet, *Le métier de citoyen dans la Rome républicaine*, Gallimard, Paris, 1976; Luraschi, "La questione della cittadinanza" (cit.), pp. 35-99. Un sugerente y detallado estudio del tema de la ciudadanía con su proyección en la actualidad, en G. Crifò, *Civis: la Cittadinanza tra antico e moderno*, Laterza, Roma-Bari, 2000.

fuerza y clarividencia de generar una amplia política de la *propagatio civitatis*. De acuerdo a lo señalado por Tácito[318], a partir de Rómulo, en su calidad de fundador de la estirpe romana y desde los orígenes de la urbe, la práctica de conceder la ciudadanía fue el elemento medular y continuador en toda su historia.

Existe consenso en que a partir de mediados del siglo II a. C., los aliados latinos e itálicos comienzan a manifestar un interés creciente por la *civitas Romana*. Para ellos, formar parte del cuerpo jurídico de los ciudadanos romanos, representaba una igualdad de tratamiento y una oportunidad de participación en la vida política, económica y social de Roma y del imperio. En otros términos, va germinando la denominada "cuestión itálica"[319], problema concreto y de largo alcance que llegará a su punto culminante en los convulsionados meses que se extienden entre la primavera y el otoño del 91 a. C. Año decisivo en la historia tardo-republicana, correspondiente al tribunado de Marco Livio Druso, quien fracasó con su propuesta legislativa –*rogatio de sociis*– puesto que fue asesinado, hecho que hace estallar la guerra social (*bellum sociale*) entre los años 91-88 a. C. La solución definitiva, se logra con la dictación de la *lex Iulia* (90 a. C.) que otorga la ciudadanía a todos aquellos *socii populi Romani* que no participaron en el conflicto y que depusieron sus armas. Otras dos leyes sucesivas, la *Plautia Papiria* y la *Calpurnia* (89 a. C.), completaron este proceso. El resultado fue que todos los habitantes libres de Italia (con la excepción de la Galia Cisalpina), se convirtieron en ciudadanos romanos y la península se unificó jurídicamente en torno al *ius Romanum*[320].

Dentro de la romanización de la Península Itálica y siguiendo la interpretación de Veleyo Patérculo en torno a la historia de Roma republicana, encontramos que son dos los ejes que mueven al historiador para explicarse el período. Por una parte, la expansión colonial romana y, por otra, la concesión de la *civitas Romana*

---

[318] Tácito, *Annales*, 11, 24, 4-5.

[319] Apiano, *Guerras civiles*, 1, 34, 152, precisa la ambición aliada a la ciudadanía romana para una reintegración completa como partícipes del imperio en vez de simples súbditos, surgiendo un clima de rivalidades y de tensiones entre itálicos y romanos. Para este problema, véase Bancalari, "Gli interventi degli italici" (cit), pp. 407-437.

[320] Es aquí donde la guerra social, al otorgar la *civitas* a los *socii populi Romani*, representa el término de la llamada confederación romano-latina-itálica y significa, al mismo tiempo, el nacimiento del nuevo Estado romano, fundado sobre los municipios. Cfr. Sherwin-White, *The Roman citizenship* (cit.), pp. 150-155; U. Laffi, "Il sistema di alleanze italico", en *Storia di Roma*, II, 1 (cit.), pp. 285-304 (=ahora en *Sociedad y política en la Roma republicana (siglos III-I a. de C.)*, Pacini, Pisa, 2000, pp. 41-59), (=*Studi di storia romana e di diritto*, Raccolta di studi e testi (206), ediz. di storia e letteratura, Roma, 2001, pp. 17-44). En general, sobre la romanización de la península, véase J. M. David, *La Romanisation de l'Italie*, Aubier, Paris, 1994, esp. pp. 153-196.

en Italia[321]. Ambas son agentes primordiales en la integración y asimilación directa e indirecta de los latinos e itálicos con Roma[322].

Debemos destacar que, con antelación a la guerra social, el proceso de otorgamiento de la ciudadanía no fue violento ni traumático. Los municipios creados en el período mantienen su lengua y estructuras propias, sólo en forma progresiva se van adecuando al modelo romano y lo hacen de modo espontáneo. No fue Roma la que los obligó a hacerlo[323]. Hay diversos factores que posibilitaron la integración y asimilación natural de estos aliados con la *Urbs*. Entre ellos podemos destacar: la colonización; el reclutamiento militar; la adopción de leyes, magistraturas y costumbres romanas; la integración de la élite aristocrática; la creación de nuevas vías de comunicación; la adopción de la moneda romana como símbolo de la potencia económica mediterránea; la tolerancia religiosa respecto de los cultos y divinidades locales; la divulgación de la lengua latina como requisito indispensable para ser admitidos en la realidad romana y la no intervención de las constituciones internas de los Estados aliados[324]. El objetivo era pues lograr una romanización integral[325]. Roma planificaba y esperaba esta integración en el plano político, militar, económico y cultural.

Al considerar, por ejemplo, dos autores, uno antiguo, Veleyo, y otro contemporáneo, Fraccaro, constatamos como, a través del tiempo, la política de otor-

---

[321] Veleyo Paterculo, 2, 7,7. Cfr. E. Gabba, "Italia e Roma nella storia di Velleio Patercolo", en *Esercito e Società* (cit), pp. 347-360.

[322] Roma desde el siglo V hasta principios del I a. C., al momento de iniciar su política expansionista peninsular y luego mediterránea, estructura y organiza el territorio itálico a través de la implantación de colonias romanas y latinas. Éstas son consideradas la verdadera columna vertebral del dominio romano sobre la península. Ahora bien, el objetivo de las colonias, como tradicionalmente se ha sostenido, era de índole político-militar, estratégico y económico, pero sobre todo, tuvieron el propósito de asegurar la lealtad a Roma de los naturales de cada región, recién conquistada o derivada de un *foedus*. De ahí que los romanos debían asumir su postura de verdaderos instructores de las sociedades nativas, inculcándoles los principios de la civilización. Las colonias -en suma- son auténticos instrumentos de penetración, de urbanización y de romanización y se constituyen en el medio a través del cual las características propias de la formación social romana se extienden y se desarrollan desde el centro hacia la periferia y, más adelante, desde Roma hasta las provincias. Véase, U. Laffi, "Reseña a Galsterer, Roma e l'Italia prima della guerra sociale", en *Athenaeum*, 58 (1980), pp. 174-186; E. Gabba, "Aspetti dell' assimilazione delle popolazione italiche nel II secolo", en *Storia di Roma*, 2, I (cit.), pp. 267-283.

[323] E. Campanile y C. Letta, *Studi sulle magistrature indigene e municipali in area italica*, Giardini, Pisa, 1979, esp. pp. 85-86.

[324] Laffi, *El sitema de alianzas* (cit), p. 55.

[325] E. Campanile, "L'assimilazione culturale del mondo italico", en *Storia di Roma*, 2, 1 (cit.), pp. 305-312. Durante el siglo II a. C. se verificó una progresiva amalgamación espontánea de las comunidades aliadas al Estado romano, especialmente del centro-meridional y a la nueva realidad romana en su dimensión de potencia imperial. Esta integración se generaba esencialmente a través de la asimilación cultural y lingüística perseguida por los estratos elevados en actividades comerciales en las provincias, a su vez el prestigioso político de Roma y la atracción de toda índole que ejercitaba el modelo romano, impulsaba a las comunidades a adoptar títulos de magistrados romanos y adecuarlos al esquema colegial romano.

gamiento de la *civitas Romana* ha representado el eje central, el mantenimiento y el éxito del imperio. Esto impulsaba a que los provinciales anhelaran formar parte de este orbe.

Por su parte, con el advenimiento de Julio César y Octavio Augusto –los creadores del sistema imperial– comienza a formalizarse un proceso gestado en las décadas anteriores, en el sentido de otorgar la ciudadanía de Roma a la élite local y a ciertos grupos de provinciales. Desde Claudio, con su oración en el 48 d. C. para la incorporación de los senadores galos, hasta Caracalla, con su edicto generalizador en el 212 d. C., la concesión de la *civitas Romana* se hizo de manera más colectiva que individual, es decir, se otorgaba a comunidades enteras, formándose de manera gradual un compromiso, una mancomunión e identidad entre los nuevos *cives* del imperio. De esta forma, la ciudadanía se constituye en una clara expresión de la "libertad y de la capacidad jurídica"[326], aspecto recurrente tanto en el mundo romano como en la actualidad.

2.2. EL DISCURSO DE CLAUDIO

El emperador Claudio, en el 48 d. C., pronunció una alocución realista[327] ante un Senado reticente, estableciendo que los notables de *Augustodunum*, actual Autun (Galia), cumplían los requisitos para ser considerados "senadores romanos" y, asimismo, para desempeñar magistraturas, imponiendo su punto de vista innovador, progresista y práctico. La *oratio principis* defendía el derecho de los eduos y confirmaba la *adlectio* de los galos para integrar el Senado y proyectar entonces una línea política de promoción para los provinciales, considerando no sólo a la ciudadanía romana, sino también la participación activa de estos últimos en los órganos de gobierno.

De acuerdo con Giardina[328] –que toma como base los estudios de Momigliano–, el discurso de Claudio presenta una paradojal contradicción entre el sistema republicano y el de la *cosmopolis* imperial, es decir, la política de apertura y concesión de

---

[326] G. Crifò, "Cittadinanza e potere nel mondo romano e nell'età moderna", en *Popolo e potere nel mondo antico*, Atti del convegno internz. Cividale del Friuli (23-25 settembre 2004), ETS, Pisa, 2004, pp. 271-277, esp. p. 276 (edición electrónica: www.fondazionecanussio.org).

[327] Tácito, *Anales*, 11, 23-25. Gran parte de este discurso se conserva en la célebre inscripción (CIL, XIII, 1668) de bronce de Lión (lugar de nacimiento del emperador), descubierta en 1528 y ha sido definida por J. Carcopino como "la joya de la epigrafía romana en la Galia". Citado con un amplio análisis en A. Giardina, *L'Italia romana. Storie di un'identità incompiuta*, Laterza, Roma-Bari, 1997, esp. pp. 3-21. Una explicación de la oración en A. Jahn, "Il discorso di Claudio in Tac. Ann. XI 24 a confronto con la tavola di Lione", en G. Reggi (ed.), *Storici latini e greci di età imperiale*, Atti del corso d' aggiornamento per docenti di Latino e Greco del Canton Ticino (Lugano, 17-19 ottobre 1990), EUSI, Lugano, 1993, pp. 73-101 y pp. 240-245.

[328] Ibid, pp. 89-90, n. 72

Figura 14. Inscripción de Lión que contiene una parte del discurso de Claudio (48 d. C.) en el Senado. (Lión, Museo de la Civilización Galo-Romana).

la ciudadanía, probablemente, se inspiraba en una "nueva ética imperial naciente", fundada a partir de un ideal de "justicia humana para todos los súbditos". Esta versión se contrapone a la ética de la república, donde "la libertad de unos pocos significaba la opresión de muchos". Claudio favoreció, a título personal, una fuerte promoción y romanización de los hombres libres de Occidente[329]. Es así como algunos adoptan el gentilicio y la tribu del emperador; en Galia y en Britania son numerosos los *Claudii*[330]. Con posterioridad a la muerte de Claudio, algunos escritores atacaron y ridiculizaron esta política de extensión de la *civitas Romana*[331].

[329] Dión Casio, *Historia Romana*, 60, 17, 5.

[330] Para la difusión de los *Claudii* en Galia, véase Y. Burnand, "Le gentilice Claudius en Narbonnaise et dans les Trois Gaules", en Y. Burnand, Y. Le Bohec y J. P. Martin (eds.), *Claude de Lyon. Empereur romain*, Actes du Colloque (Paris-Nancy-Lyon, Novembre 1992), Université de Paris-Sorbonne, Paris, 1998, pp. 105-127.

[331] Por ejemplo, en un panfleto burlesco, Seneca, *Apocolocintosis de Claudio*, 3, 3, señala: "Quería ver a todos los hombres con toga, a los griegos, a los galos, a los íberos, a los britanos". Véase Giardina, *L'Italia romana* (cit.), p. 11; C. Letta, "Seneca di fronte a Claudio e Nerone: data e significato politico dell' Apocolocyntosis", en *Semanas de Estudios Romanos*, 7-8 (1996), pp. 239-258.

Figura 15. Panorama general de la Villa Oplontis (cercano a Pompeya) atribuida a Popea, la esposa de Claudio (mediados del siglo I d. C.).

Otra forma de reinterpretar las palabras de Claudio, consiste en reflexionar sobre el valor de esta política que concedía la ciudadanía. Acción que tuvo un mayor apoyo en la clase dirigente romana la cual, sin duda, había adoptado una perspectiva unitaria respecto del crecimiento de Roma y de la extensión de su ciudadanía[332].

Tácito, en el fondo, se pregunta y analiza la diferencia clara y tajante entre la política imperialista de Atenas y Esparta con la de Roma, política esta última que hace de los enemigos y conquistados *cives Romani*: "¿Cuál fue la otra causa de la perdición de lacedemonios y atenienses, a pesar de que estaban en la plenitud de su poder guerrero, sino el hecho de que a los vencidos los apartaban como extranjeros? En cambio, nuestro fundador Rómulo fue tan sabio que a muchos pueblos en un mismo día los tuvo como enemigos y, luego, como conciudadanos. Sobre nosotros han reinado hombres venidos de fuera; el que se encomienden magistraturas a hijos de libertos no es, como piensan muchos sin razón, algo nuevo, sino que fue práctica de nuestro viejo pueblo"[333]. Para el historiador y senador Tácito, el éxito del mantenimiento y de la duración secular del imperio se explica porque la urbe, regularmente, asimiló a los enemigos y otorgó a los súbditos la *civitas Romana*, convirtiéndolos en "iguales".

[332] Salmeri, "Dalle province a Roma" (cit.), p. 557.
[333] Tácito, *Annales*, 11, 24, 4-5.

He ahí uno de los grandes fundamentos y prácticas realizadas[334] para la consolidación del *orbis Romanus* integrado. Tal vez no fue sólo casualidad, sino una coyuntura histórica –reflejo de los nuevos tiempos–, el hecho de que mientras Tácito en el 98 d. C. escribía su obra *Agrícola* y proponía la posibilidad de un provincial como integrante del Senado. Es así como por primera vez un oriundo de Hispania, Trajano, se convirtió en emperador[335]. Con todo, los grupos dirigentes y la sociedad romana a lo largo de su historia –preferentemente en el alto imperio–, estuvo abierta a los extranjeros haciéndolos partícipes de su propia experiencia y realidad, de su cultura y de sus beneficios.

2.3. LA CONSTITUCIÓN DE CARACALLA

El emperador Caracalla[336] (211-217 d. C.) –conocido comúnmente por la grandiosidad y permanencia de sus termas–, es identificado, sobre todo, por haber promulgado la *constitutio Antoniniana de civitate*[337] que concedía y ampliaba la

---

[334] No olvidemos que Roma en la época republicana, particularmente con la confederación romano-latina-itálica, utilizó la misma política de siempre de integración de la población a partir de las élites. Por ejemplo, el prestigio de recibir la *civitas per magistratum* concedida a todos aquellos magistrados de las ciudades latinas. De este modo, la *Urbs* en forma progresiva vinculó a las clases dirigentes locales con ella.

[335] Salmeri, "Dalle province a Roma" (cit.), p. 558.

[336] El emperador fue llamado por el pueblo y por el ejército, Caracalla, porque se vestía con una túnica de origen galo con ese nombre (*Historia Augusta, Caracalla*, 9, 7). Nació en Lión, el 4 de abril del 188, era hijo de Septimio Severo (193-211) originario de Lepcis Magna y de Julia Domna que provenía del Oriente (Siria). Su nombre verdadero era Septimio Basiano y su padre se lo cambió por el de Marco Aurelio Antonino, como forma de mantención de una línea continua y directa de legitimidad con la dinastía de los Antoninos, proclamándose hijo de Marco Aurelio y hermano de Cómodo. Sobre la figura del emperador Caracalla, un actualizado y sintético estudio en C. Letta, "La dinastia dei Severi", en *Storia di Roma*, 2, 2 (cit.), pp. 639-700.

[337] Sobre el edicto de Caracalla, los estudios son impresionantes y sólo citamos los mayormente utilizados. A. D'ors, "Estudios sobre la Constitutio Antoniniana", en *Emerita*, 11 (1943), pp. 297-337 y 24 (1956), pp. 1-26; Id., "Nuevos estudios sobre la Constitutio Antoniniana", en Atti dell' XI Congr. int. di Papirologia (Milano, 2-8 settember 1965), Milano, 1966, pp. 408-432; E.M. Condurachi, "La costituzione antoniniana e la sua applicazione nell' impero romano", en *Dacia*, 2 (1958), pp. 1-36; F. Millar, "The date of the Constitutio Antoniniana", en *JEA*, 43 (1962), pp. 124-180; J. F. Gilliam, "Dura Rosters and the Constitutio Antoniniana", en *Historia*, 14 (1965), pp. 74-92; G. De Sensi, "Problemi della Constitutio Antoniniana", en *Helikon*, 9-10 (1969-70), pp. 243-264; Sherwin-White, *The Roman citizenship* (cit.), pp. 380-394; F. De Martino, *Storia della Costituzione Romana*, IV, 2, Jovene, Napoli, 1975, esp. pp. 771-799; H. Wolff, *Die Constitutio Antoniniana und Papyrus Gissensis 40 I*, Köln, 1976; W. Williams, "Caracalla and the authorship of imperial edict and epistles", en *Latomus*, 38 (1979), pp. 67-89; P. A. Kuhlmann, *Die Giessener literarischen Papyri und die Caracalla Erlasse. Edition, Übersetzung und Kommentar*, Giessen, Universitätsbibliothek, 1994; T. Spagnuolo Vigorita, "Cittadini e sudditi tra II e III secolo", en A. Schiavone (ed.), *Storia di Roma 3. L'età tardoantica. I. Crisi e trasformazioni*, Einaudi, Torino, 1993, pp. 5-50; P. P. Parpaglia, *Sacra peregrina, civitas Romanorum, dediticii nel Papiro Giessen n. 40.*, Tipografia Moderna, Sassari, 1995; E. Dal Covolo, "La Constitutio Antoniniana e lo sviluppo dell'impero e della Chiesa nell' età dei Severi", en *Augustinianum*, 37/2 (1997), pp. 303-309; S. Gasparri, *Prima delle nazioni. Popoli, etnie e regni fra Antichità e Medioevo*, La Nuova Italia Scientifica, Roma, 1997, esp. pp. 23-41; G. Zecchini, "La constitutio Antoniniana e l'universalismo politico di Roma", en L. Foresti, A. Barzanò, C. Bearzot, L. Prandi, G. Zecchini (eds.), *L'ecumenismo politico nella coscienza dell' occidente, vol. II. Alle radici della casa comune europea*, (Bergamo, 18-21 settembre 1995), L'Erma di Bretschneider, Roma, 1998, pp. 349-358.

ciudadanía romana a todos los hombres libres del imperio con la excepción de los dediticios[338]. Caracalla, no sólo se preocupó personalmente de la redacción del edicto, sino además de su promulgación y difusión con el propósito de recuperar la confianza y el apoyo de sus súbditos, después de los sucesos acaecidos como consecuencia del fratricidio de Geta. Las motivaciones que impulsaron al emperador para difundir dicho edicto fueron, entre otras, razones económicas para recaudar mayores impuestos y su constante imitación a la obra de Alejandro Magno. Igualmente, este escrito le permitió incluir una acción de gracias universal (*supplicatio*) y una dedicación a los dioses (*dedicatio dis deabusque*)[339].

La *Constitutio* de Caracalla no fue un acto revolucionario[340], puesto que un número considerable de súbditos del imperio ya no anhelaban la *civitas* con todas sus fuerzas[341], debido a que con anterioridad se había consolidado gran parte del proceso de integración y asimilación romano-provincial, como efecto de la concesión de ésta a la élite, a grupos y a miembros del orbe. Por ello, desde Augusto en adelante, la ciudadanía ya no significaba derechos políticos, es decir, el derecho de votar y de participar democráticamente en la elección de los magistrados. Sólo quedaba reducida a algunas garantías jurídicas tales como la exención de penas ignominiosas y el derecho de apelar al emperador en contra de la sentencia de un gobernador provincial. Aún más, con posterioridad al 212 d. C., al desaparecer la distinción entre vencedores y vencidos, las diferencias jurídicas dentro de la población, tendieron a quedar eclipsadas por divisiones sociales basadas en el sistema de valores de la élite. El resultado fue la aparición, antes del reinado de

[338] Los *dediticii* o rendidos fueron bárbaros en las zonas limítrofes recién derrotados e incorporados al mundo romano. Según M. Talamanca, *Istituzioni di Diritto Romano*, Giuffrè, Milano, 1990, esp. pp. 110-117, explica que con anterioridad a la publicación del papiro Giessen 40 I, la autoridad de T. Mommsen había hecho prevalecer la opinión, que en la concesión de la *civitas Romana*, estaban excluidos los *peregrini nullius civitatis*, como equivalentes a los *dediticii*. No obstante, actualmente el problema está resuelto y ha sido superado en el sentido de que los *peregrini nullius civitatis* también, obtuvieron la ciudadanía romana. Por otra parte, además de los dediticios, fueron excluidos los *Latini Iuniani*. En general, J. Oliver, *Greek constitutions of early Roman Emperors from Inscriptions and papyri.*Transactions of the American Philosophical Society 178, Philadelphia, 1989, esp. pp. 495-505.

[339] Sobre las siete inscripciones de agradecimiento correspondientes a las dedicas *dis deabusque* en la divulgación de la *constitutio*, véase C. Letta, "Le dediche dis deabusque secundum interpretationem oraculi clarii Apollinis e la Constitutio Antoniniana", en *SCO*, 39 (1989) pp. 265-280. Otros ejemplos de inscripciones en S. Montero Herrero, "Un oráculo del Apolo de Claros en Galicia", en *Estudios sobre la antigüedad en homenaje al profesor Santiago Montero Díaz*, en *Gerión*, Anejos n°2 (1989), pp. 357- 365.

[340] En contra, Le Glay, *Grandeza y caída* (cit.), pp. 261-264, sostiene que si bien la romanización fue gradual, era "incompleta", no beneficiando a todos y por ello, la constitución de Caracalla fue "revolucionaria".

[341] En el fondo, el edicto no significó una transformación extraordinaria; no evitó ni produjo revueltas y guerras. No fue un asunto de vital relevancia para el funcionamiento y orden del imperio. En general, sobre las consecuencias de éste, véase A. Bancalari, "Sobre los efectos del Edicto de Caracalla: consideraciones histórico-jurídicas", en *SCO* 47 (2001) pp. 167-182.

Adriano, de una segmentación oficial entre la élite y las masas humildes: *honestiores* y *humiliores*[342]. Estos últimos –pese a que poseían la *civitas Romana*–, tenían algunas limitaciones. Una de ellas consistía en que la posibilidad de apelar al emperador era sólo teórica, debido a la imposibilidad de financiar los gastos de un viaje de las provincias a Roma para costear la larga permanencia en la urbe y poder comparecer ante el tribunal imperial.

Como señalamos, para las clases dirigentes del imperio, la constitución no significó un cambio, porque prácticamente todos los miembros tenían a título personal la ciudadanía romana, aunque todo nuevo *civis* se diferenciaba por el uso del *gentilicium Aurelius*[343]. Se puede llegar a una conclusión análoga, examinando las modificaciones que el edicto propuso respecto del derecho de propiedad. Los bienes de los *cives Romani* estaban garantizados y reconocidos como pertenencias plenas y exclusivas; también, de hecho, los de los provinciales, carentes todavía de la ciudadanía. La disposición imperial a su vez, no produjo modificaciones en el ámbito de la autonomía citadina ni en la administración directa por parte del gobernador provincial. Respecto del pago de los impuestos, tampoco la situación cambió después de Caracalla, ya que siguió siendo la misma de los dos primeros siglos. Si bien todas las ciudades eran comunidades de ciudadanos romanos, la mayor parte de ellos, continuaba pagando el *tributum* como antes. La única transformación fue la noticia, enunciada malignamente por Dión Casio[344], que a partir de ese momento todos los súbditos del imperio eran ciudadanos romanos y se les redoblaba la *vicesima hereditatium* y la *libertatis*[345].

Desde Augusto pasando por Adriano, Antonino Pío y los emperadores de la dinastía de los Severos hasta Caracalla, Roma utilizó la práctica política de otor-

[342] Una buena descripción sobre la antinomia entre *honestiores* (las tres órdenes aristocráticas y los ex soldados) y *humiliores* (el resto de la población libre) en Garnsey y Saller, *El imperio romano* (cit.), p. 139.

[343] Todavía a comienzos del siglo III d. C. el nombre del *civis Romanus* estaba determinado en base al sistema de los *tria nomina* (*praenomen, nomen, cognomen*). Así, los *novi cives* a partir de la *constitutio Antoniniana* asumen el gentilicio de Aurelio, que era el del emperador Antonino Caracalla. Cfr. M. Talamanca (ed.), *Lineamenti di Storia del Diritto Romano*, Giuffrè, Milano, 1989², esp. pp. 521-522. Según Malitz, "Globalisierung?" (cit.), p. 45, para la provincia de Asia menor, aproximadamente el 30% de todos los romanos son ciudadanos *Aurelii* y, en especial, en la población rural.

[344] La explicación que presenta del edicto la visualiza en un ámbito material-económico y fiscal. Cfr. Dión Casio, *Historia Romana*, 77, 9, 2-5, quien señala que "Caracalla dictó la constitución porque deseaba acrecentar las entradas-impuestos a los ciudadanos para así enriquecer y congraciarse con sus soldados". Aumentó el gravamen del 5 al 10%. Esta interpretación -de hacerlos ciudadanos no para honrarlos jurídica, social y políticamente, sino para mejorar sus entradas- es inexacta, sediciosa y maliciosa; donde se observa la aversión de Dión Casio por Caracalla. Cfr. C. Letta, "Caracalla e Iulia Domna. Tradizioni storiografiche come echi di propaganda politica", en *Scritti off. a E. Paratore =Abruzzo*, 23-28 (1985-90), Chieti, 1990, pp. 521-529; Id., *Severi*, pp. 639-641.

[345] De Martino, *Storia della Costituzione* (cit.), pp. 792-794, Luzzatto, *Roma e le province* (cit.), pp. 415-420.

gar la ciudadanía e igualdad jurídica a los miembros del imperio, para que, los súbditos se transformen en ciudadanos iguales. Roma y su imperio se constituyen en una unidad política, jurídica[346] y administrativa con cerca de 80 millones de habitantes. Estamos frente a un mundo que es, en esencia, una *communitas* de *cives* romanizado, en especial en el Occidente.

Es evidente que desde los emperadores Antoninos comienza a producirse la unidad y cohesión general del orbe romano. Ello se traduce en una concentración más o menos absoluta del poder imperial; en un sistema de información y comunicación muy eficaz; en una mayor difusión de la cultura y lengua latina; en el avance del estoicismo; en la uniformidad de los ordenamientos administrativos; en una exigencia de nivelación de la condición política, social y jurídica solicitada por los súbditos. Estos elementos y otros, constituyen una integración-asimilación de los provinciales con Roma y viceversa[347]. En el momento de la promulgación del edicto imperial, estaban dadas todas las condiciones posibles para una concesión general de la ciudadanía. De ahí que el proceso de romanización de los provinciales, llegó a su culminación con la *constitutio Antoniniana de civitate peregrinis danda*, emanada por Caracalla en el 212 d. C. Si ésta fue recibida por los habitantes como una más de las innumerables disposiciones y con una mínima publicidad, se debió a que no afectó orgánicamente la estructura y las bases internas del imperio. En opinión de Malitz, la globalización del derecho civil de Caracalla es poco tratada en sus detalles y es vista sólo como un ejemplo de "libro escolar"[348]. En la teoría, es un cambio político, social y jurídico; en la *praxis,* sin embargo, por la dinámica imperial, el hecho es contemplado como una metamorfosis que se desarrollaba, como resultado del grandioso e inédito proceso de romanización[349]. En efecto, la nueva disposición imperial, además de universalizar la ciudadanía romana, difundió los valores culturales y los modos de vida de la *humanitas*[350].

[346] En contra, Spagnuolo Vigorita, "Cittadini e sudditi" (cit.), pp. 45-46; Id., *Città e impero. Un seminario sul pluralismo cittadino nell' impero romano*, Jovene, Napoli, 1996, esp. pp. 138-139, quien señala que la extensión de la ciudadanía romana a todos los habitantes del imperio, no significó la afirmación de su igualdad, ni siquiera en el plano jurídico formal, ni a una tendencia a la nivelación, sobre todo sancionó definitivamente el agotamiento de su valor distintivo.

[347] Desideri, "La Romanizzazione" (cit.), p. 585.

[348] Malitz, "Globalisierung?" (cit.), p. 45.

[349] El edicto de Caracalla debemos concebirlo y estudiarlo, en consecuencia, como un proceso lineal, irreversible, lógico, natural y en calidad de un punto de llegada de una integración o aculturación que se iba configurando con antelación entre provinciales y romanos para la conformación de un solo cuerpo político y jurídico. Véase A. Bancalari, "La Constitutio Antoniniana: aproximaciones, significado y características", en *Semanas de Estudios Romanos*, 9 (1998), pp. 57-67, esp. pp. 66-67.

[350] Le Roux, *L'impero romano* (cit.), p. 57.

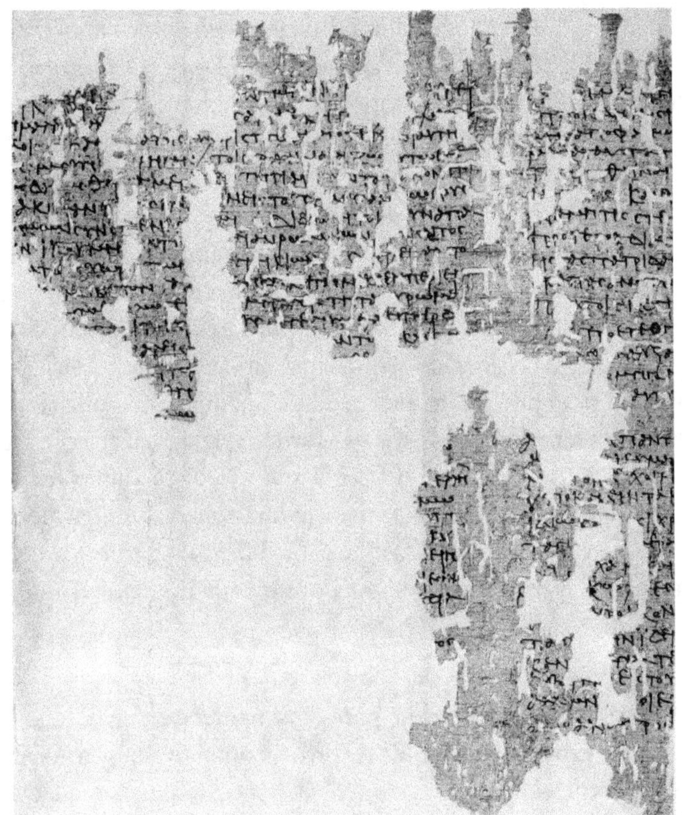

Figura 16. Papiro Giessen 40, 1, que contiene la traducción griega del edicto de Caracalla (212 d. C.), otorgándoles a los peregrinos la ciudadanía romana. (Giessen, Alta Hesse, Museo Comunal).

3. Derecho romano y derecho local

Un mecanismo paradigmático en el fenómeno de mantención e integración imperial, tolerancia y romanización, lo constituyó la convergencia entre el *ius Romanum* y el derecho local de las provincias. No obstante, el debate entre los especialistas, persiste sobre todo respecto de la concesión generalizada de la *civitas Romana*, emanada en el 212 d. C. por Caracalla, que conformó, sin duda, el eje transversal entre un antes y un después de la promulgación del edicto. Éste consiguió la igualdad jurídica de los miembros libres del imperio con la excepción de los *dediticii* y se produjo la transformación del organismo político cívico en otro unitario y universal, con lo que desaparecieron las diferencias entre ciudadanos y extranjeros (*peregrini*). De acuerdo con una de las interpretaciones dadas a la disposición imperial, con ella se habría perseguido la unificación política de todos los habitantes del orbe[351], dando origen a la *communis patria Roma*[352].

En tales circunstancias, es necesario abordar el tema de una supuesta homogenización jurídica del *imperium Romanum* entre la época de los Antoninos y los Severos. En forma particular, debemos examinar las posturas contrapuestas de los juristas e historiadores. El debate presenta dos tesis antagónicas que comenzaron a exponerse en forma sistemática con los trabajos de Theodor Mommsen y Ludwig Mitteis[353]. Una tesis plantea la persistencia de un derecho local paralelo al *ius Romanum*, a partir de la constitución de Caracalla, al punto de producirse un fenómeno de coexistencia que puede expresarse bajo la forma de "pluralismo jurídico". La otra tesis postula que el derecho romano se impuso como único, válido, obligatorio y oficial para todos los *cives* del imperio, a pesar de la fuerte resistencia que le opusieron el derecho y las tradiciones locales. La naturaleza del problema y la dicotomía entre derecho local y romano, son difíciles de abordar de manera uniforme y absoluta, debido a la gran variedad de ordenamientos jurídicos[354] en los inmensos territorios del orbe. Estas dos posiciones divergentes son demasiado esquemáticas en sus interpretaciones.

3.1. COEXISTENCIA JURÍDICA

La vigencia de dos tipos de derecho paralelos, aparece en un pasaje de Cicerón[355] en el cual se muestra, por una parte, el correspondiente a la patria natural por nacimiento y, por otra, el derecho por vía de la concesión de la ciudadanía romana. Se presenta entonces el conflicto entre el derecho de origen y el romano[356].

---

[351] Ulpiano, *Digesto*, 1, 5, 17, expresa: *In orbe Romano qui sunt ex constitutione Imperatoris Antonini, cives Romani effecti sunt*, [= "Quienes son en el mundo romano se volvieron ciudadanos romanos, por causa de la constitución del emperador Antonino"]. Véase, V. Marotta, *Ulpiano e l'impero, I*, Loffredo, Napoli, 2000, esp. pp. 165-168. Por otra parte, la figura de Ulpiano ha sido interpretada actualmente en calidad de un jurista cosmopolita, humanista e igualitario, basado en los valores de la igualdad, libertad y dignidad, siendo "pionero en los derechos humanos". Véase, T. Honoré, *Ulpian. Pioneer of human right*, Oxford University, Oxford, 2002, esp. pp. 76-85; R. W. Mathinsen, Reseña a Honoré, en *JRS* 94 (2004), pp. 279-280.

[352] Id., *Pro Balbo*, 11, 28, afirma: *Duarum civitatum civis noster esse iure civili nemo potest* [= "por derecho civil, nadie puede ser ciudadano nuestro de dos ciudades"]. Véase Talamanca (ed.), *Lineamenti* (cit.), p. 517; Id., *Istituzioni* (cit.), pp. 113-116.

[353] La problemática general contrapone el *"Reichsrecht"*, o sea, el derecho romano único y diseminado por todo el imperio contra el *"Volksrecht"*, las prerrogativas locales de los pueblos naturales u originarios al momento de la conquista romana. Una síntesis del tema jurídico en J. Mélèze Modrzejewski, "Diritto romano e diritti locali", en *Storia di Roma* (cit.), 3, II, pp. 985-1009; A. Bancalari, "Coexistencia o enfrentamiento entre el derecho romano y los derechos locales de las provincias", en REHJ, 26 (2004), pp. 25-39.

[354] De Martino, *Storia della Costituzione* (cit.), p. 773. Cfr. M. Bretone, *Storia del diritto romano*, Laterza, Roma-Bari, 2004[10], esp. pp. 459-461.

[355] Cicerón, *De legibus*, 2, 2, 5; Cfr. *De leg. Agrar.*, 2, 32, 86.

[356] Un aspecto particular del espacio de integración del ciudadano en E. Todisco, "L'immigrato e la comunità cittadina: una riflessione sulle dinamiche di integrazione", en Pani (ed.), *Storia romana* (cit.), pp. 133-153.

De ahí que uno de los puntos centrales consiste en aclarar si las *nomoi* locales o provinciales[357], habrían sido opuestas a las romanas que constituían el único derecho oficial y obligatorio para todos los ciudadanos del imperio, anexados con posterioridad al edicto de Caracalla. Algunos sostienen que persisten los derechos locales después de la *constitutio Antoniniana*, a través de un conjunto de costumbres locales, admitidas de hecho por la autoridad romana. De esta forma, la aparente contradicción entre la fuerza obligatoria del derecho romano y el mantenimiento de las prerrogativas locales, se justificaría con la pertenencia a dos colectividades: a la ciudad de Roma, al imperio, y a la ciudad de origen. Esto hizo suponer a algunos investigadores que el edicto tenía una cláusula que habría permitido a los *novi cives* conservar inalterados sus derechos originarios, lo que se traduciría en el principio de la doble ciudadanía para los nuevos integrantes.

Uno de los especialistas más representativos de esta postura, es Francesco de Martino quien sostiene que las dos ciudadanías, la romana y la local, coexisten a partir de la época de Augusto y es más, se mantienen con la disposición imperial del 212 d. C.[358]. Ahora bien, como hemos dicho, la promoción a la *civitas* era ya un fenómeno gradual y permanente en el período de los Antoninos, por lo mismo, los *cives Romani* por nacimiento o por adopción se encontraban en todos los sectores del imperio con antelación al edicto de Caracalla.

En 1957, una inscripción descubierta cerca de las termas de la colonia de Banasa al norte de Rabat en Marruecos, nos informa de un expediente único en su género, compuesto por documentos oficiales[359]. La llamada *Tabula Banasitana*,

[357] Si bien, el derecho local que no es necesariamente derecho nativo, producto de los procesos colonizadores, mestizajes y de los constantes desplazamientos de los pueblos, adopta elementos de otras culturas y sobrevive paralelamente al derecho romano. Para esta problemática, véase G. Lanata, "Diritti locali-non locali (400 a.C.-600 d. C.)", en Guilaine y Settis (eds.), *Storia d'Europa* (cit.), pp. 1037-1068.

[358] De Martino, *Storia della Costituzione* (cit.), pp. 774-777, presenta como ejemplos al apóstol Pablo quien poseía la ciudadanía romana y la de Tarso, o como Herodes Atico que tenía la romana y la griega. Plinio, *Epístola* 10, 5-7, es elocuente al solicitar a Trajano que se le conceda al médico Harpokras la *civitas Romana* y la alejandrina. Entre algunos estudiosos que postulan el principio de la doble ciudadanía y de la coexistencia entre derecho local y romano, encontramos a: A. Segrè, "La costituzione Antoniniana e il diritto dei 'novi cives'", en *Iura*, 17 (1966), pp. 1-26; W. Seston y M. Euzennat, "La Citoyenneté romaine au temps de Marc-Aurèle et de Commode d'après la Tabula Banasitana", en *CRAI* (1961), pp. 317-323; Lanata, *Diritti locali* (cit.), pp. 1037-1068; Spagnuolo Vigorita, *Città e impero* (cit.), pp. 97-146. En contra, de la doble ciudadanía a partir de la constitución de Caracalla, entre otros, véase V. Arangio-Ruiz, "Sul problema della doppia cittadinanza nella repubblica e nell'impero romano", en *Scritti giuridici in onore di F. Carnelutti*, IV, Cedam, Padova, 1950, pp. 53-72; G. Luzzatto, "La cittadinanza dei provinciali dopo la 'constitutio Antoniniana'", en *RISG*, (1953), pp. 233-257.

[359] Sobre las inscripciones de Banasa y el texto cfr. E. Volterra, "La Tabula Banasitana. A proposito di una recente pubblicazione", en *BIDR*, 77 (1974), pp. 407-441; M. Euzennat y J. Marion, *Inscriptions antiques du Maroc 2: inscriptions Latines*, Centre National de la Recherche Scientifique, Paris, 1982, esp. pp. 69-157; M. le Glay, "L'épigraphie juridique d'Afrique romaine", en C. Castillo (ed.), *Novedades de Epigrafía jurídica romana en el último decenio*, Actas del Coloquio Internacional AIEGL, Universidad de Navarra, Pamplona,

de bronce y compuesta de 53 líneas, contiene tres disposiciones imperiales emanadas conjuntamente entre los años 168 y 177 d. C. por los emperadores Marco Aurelio, Lucio Vero y Cómodo. En ella se concede la ciudadanía a Juliano, jefe de la tribu africana de los Zegrenses, y a algunos miembros de su familia: a su mujer (Zidina), a sus hijos (Juliano, Máximo, Maximino y Diogeniano) entre otros. De algunos de los textos de la *Tabula,* se puede colegir que se otorga la *civitas Romana* "sin que ellos [los miembros de la *gens Zegrensium*] deban renunciar al derecho local"; en la tabla también se consigna: "concedemos la ciudadanía romana, salvaguardándose el derecho local"[360].

En el fondo, la relevancia hoy en día de los epígrafes de Banasa es triple: por un lado, reconfirma la política constante de apertura y concesión de la *civitas*; por otro, es un excelente ejemplo de la acción integradora y pacificadora romana en la Mauritania Tingitana y, además, esclarece el complicado problema de la relación y coexistencia entre el *ius Romanum* y el derecho de una comunidad local, con la cláusula estipulatoria[361] *"salvo iure gentis"*. La tabla de Banasa atestigua que existió la pluralidad jurídica en la historia de la romanización del alto imperio. La concesión del derecho romano de ciudadanía, no modificaba los vínculos del beneficiario con su comunidad de origen (en este caso, conforme al derecho berberisco). El derecho local privado no era abolido y permanecía vigente y útil en la medida en que los nuevos *cives* lo deseasen[362].

La *lex Irnitana* es otra famosa inscripción hallada fortuitamente en 1981 en el *municipium Flavium Irnitanum*, ciudad desconocida hasta entonces, en un cerro ubicado a 5 kilómetros de la pequeña localidad de El Saucejo, cerca de Osuna (la antigua Urso en la Bética) y se publicó en 1986[363]. Dicha ley da testimonio de qué forma eran los estatutos municipales de aquella provincia organizada por

---

1989, pp. 179-208; E. Migliario, "Nota in margine alla Tabula Banasitana", en A. Degl' Innocenti y G. Moretti (eds.), *Miscillo flamine. Studi in onore di C. Rapisarda*, Dipartimento di Science Filologiche e Storiche, Trento, 1997, pp. 221-229; Id., "Gentes foederatae. Per una riconsiderazione dei rapporti romano-berberi in Mauretania Tingitana", en *RAL*, ser. 9°, 10 (1999), pp. 427-471 (con el texto y traducción en pp. 454-456).

[360] Una compendio de los textos e inscripciones en Poma, *Le istituzioni politiche* (cit.), pp. 167-169.

[361] La cláusula que establece la permanencia de los vínculos jurídicos de Juliano y de su familia con la tribu de origen, puede haber sido formulada con una atención específica a la situación local. Cfr. A. N. Sherwin White, "The Tabula of Banasa and the constitutio Antoniniana", en *JRS*, 63 (1973), pp. 86-98; Spagnuolo Vigorita, "Cittadini e sudditi" (cit.), p. 9 y p. 17; Lanata, "Diritti locali" (cit.), p. 1055.

[362] F. Jacques y J. Scheid, *Roma e il suo impero. Istituzioni, economia, religione*, Laterza, Roma-Bari, 1999, esp. pp. 363-365.

[363] J. González, "The lex Irnitana: a new copy of the Flavian municipal law", en *JRS* 76 (1986) pp. 147-243; Id., "El ius Latii y la lex Irnitana", en *Athenaeum*, 65 (1987), 3-4, pp. 317-333; A. D'ors y X. D'ors., *"Lex Irnitana"*, (*Cuadernos compostelanos de Derecho Romano 1*), Universidad de Santiago de Compostela, Santiago de Compostela, 1988.

Domiciano, después de que su padre, Vespasiano, entre el 73 y 74 d. C., le otorgara el *ius Latii*[364] a la comunidad de Hispania. La datación de la *lex* es discutida, sin embargo, la mayor parte de los estudiosos la ubica con posterioridad al 91 d. C. y antes de la muerte de Domiciano, acaecida en el año 96. De esta disposición municipal, lo que nos interesa por ahora es el capítulo 93 "sobre el derecho de los habitantes"[365] y, particularmente, lo referente a la validez y sobrevivencia de prerrogativas locales que, en caso de conflicto, se resuelve por la superioridad del derecho romano.

En síntesis, la *lex Irnitana* coincide en gran medida con los textos de las constituciones anteriores: la *Tabula* de *Salpensa* (81 d. C.) y la de *Malaca* (84 d. C.)[366]. Hispania ha sido considerada el más antiguo laboratorio de romanización desde el 218 a. C. hasta la dictación completa del *ius Latii* por Vespasiano. Por ello, este territorio –por la permanente presencia romana, por una constante urbanización, una integración de la élite local y, en general, una romanización progresiva[367]– hace pensar que hacia fines de la primera centuria d. C., el derecho latino era prácticamente equivalente al romano.

3.2. Ciudad libre: el caso de Afrodisias

Al interior de la organización imperial, existe también la categoría de ciudad libre. De éstas, uno de los ejemplos más recordados por las fuentes y estudiados en la actualidad, corresponde a la localidad de Afrodisias[368], en Caria (Asia menor). Su nombre, probablemente adoptado en honor de la diosa Afrodita (Venus romana)[369],

---

[364] Plinio, *Historia Natural*, 3, 3, 30. Sobre el *ius latii*, véase; G. Mancini, "Ius Latii e ius adipiscendi civitatem per magistratum nella lex Irnitana", en *Index*, 18 (1990), pp. 367-388; A. Chastagnol, *La Gaule romaine et le droit Latin*, De Boccard, Lyon, 1995; P. Le Roux, "L' histoire du droit latin des origines à Caracalla", en *RD*, 76 (1988), pp. 315-341; J. Richardson, *Hispania y los Romanos*, Crítica, Barcelona, 1998, esp. pp. 161-205. Una actualización de la problemática en J. Andreu Pintado, *Edictum, Municipium y Lex: Hispania en época Flavia (69-96 d. C.)*, BAR (S. 1293), Oxford, 2004, esp. pp. 49-60.

[365] En general, F. Lamberti, *"Tabulae Irnitanae": municipalità e "ius Romanorum"*, Jovene, Napoli, 1993.

[366] Las tablas de bronce de *Malaca* (Málaga) descubiertas en 1851, demuestran los privilegios concedidos a los municipios de derecho latino, al igual que la *lex Salpensana* (zona inferior del valle del Betis). Éstas dos disposiciones jurídicas, se encuentran expuestas en el Museo Arqueológico de Madrid; la *lex Irnitana* se halla en el Museo Arqueológico de Sevilla.

[367] Lamberti, *Tabulae* (cit.), p. 244, sostiene, abiertamente, cómo las leyes municipales se constituyeron en importantes agentes de romanización. En contra, A. D'ors, "Sobre legislación municipal", en *Labeo* 40 (1994), pp. 89-102.

[368] Entre otros, J. Reynolds, *Aphrodisias and Rome*, Society for the promotion of Roman studies, Monograph I, London 1982; M. Le Glay, "Les leçons d'Aphrodisias de Carie", en JRA, 4 (1991), pp. 356-368. K. Erim, *Afrodisias*, Net Books, Izmir, 2006.

[369] De hecho, Julio César, que pretendía ser descendiente de Venus, estableció una serie de prerrogativas, posteriormente confirmadas por Octavio Augusto. Por ello, no es casualidad que los afrodisienses –al igual que en el resto de la provincia de Asia–, le rindieran un culto a este emperador asociado al de Afrodita-Venus.

tuvo una amplia consolidación a partir del siglo I a. C. Ciudad y santuario con 'privilegios especiales': autonomía, extensión del derecho de asilo en el santuario, exención de impuestos y del servicio militar[370]. Una serie de inscripciones que corresponden a más de 25 documentos son halladas en ese sitio, en ellas se destacan las libertades ciudadanas. Jurídicamente, poseía un estatus excepcional a partir de un *senatusconsultum* del 39 ó 35 a. C., el que sancionaba su categoría de ciudad libre. Esta fórmula se mantuvo en el período imperial y fue ratificada por Trajano y Adriano[371], a pesar de la gradual extensión de la *civitas Romana* y de una cierta integración y homogenización del imperio.

Las relaciones entre Roma y Afrodisias fueron amistosas, potenciándose en forma creciente. Octavio Augusto hace referencia a la ciudad en términos positivos, como asimismo a algunos miembros locales, dentro de los cuales resalta C. Julio Zoilo[372], quien fue magistrado y benefactor de la ciudad desde mediados del siglo I a. C. En el alto imperio, Afrodisias tuvo gran prosperidad, siendo un reputado centro y escuela del arte escultórico: estatuas, bajorrelieves, retratos, sarcófagos, elementos decorativos y arquitectónicos fueron exportados a Roma y a toda la cuenca del Mediterráneo[373].

Entre las inscripciones de Afrodisias[374], que oscilan entre el siglo I a. C. al III d. C., algunas datadas en torno al 243 d. C., resalta la de un procónsul que manifiesta su preocupación respecto de que ciertas disposiciones del Senado o del príncipe, puedan interferir con alguna "ley de vuestra ciudad", fijando las normas locales en el mismo plano que las romanas.

A su vez, durante el reinado de Gordiano, un decreto emanado por el *koinón* de Asia, manifestaba que los habitantes de Afrodisias debían obedecer sus propias leyes, pues "nadie podía dar órdenes a quienes gozan de un grado

---

Más aún, Afrodita se transformó en la divinidad protectora de todos los Julio-Claudios. Véase, S. Rinaldi Tufi, *Archeologia delle province romane*, Carocci, Roma, 2004, esp. pp. 279-281

[370] Poma, *Le istituzioni politiche* (cit.), p. 159.

[371] Reynolds, *Aphrodisias and Rome* (cit.), pp. 113-115; Sartre, *El Oriente romano* (cit.), p. 321. Campanile, *Il mondo greco* (cit.), p. 848.

[372] Zoilo, oriundo de Afrodisias, fue esclavo (probablemente de Julio César) y permaneció por varios años lejos de su tierra. Liberado por Octavio, puesto que se ganó su confianza. Retornó a Afrodisias en el año 40 a. C., enriqueciéndose enormemente y transformándose en el personaje más relevante de la localidad, a fines de la república. Fue sacerdote, evergeta y magistrado de la ciudad, falleció el 28 a. C. Con su fortuna personal construyó el teatro -muy bien conservado- en el cual se puede ver todavía una inscripción con su dedicatoria: "a Afrodita, a los emperadores divinizados y al pueblo (de la ciudad)". Cfr. Rinaldi Tufi, *Archeologia delle province* (cit.), p. 281 y p. 288; Sartre, *El Oriente romano* (cit.), p. 134 n. 36; Le Glay, *Grandeza y caída* (cit.), pp. 93-97. Erim, *Afrodisias* (cit.), p. 32.

[373] Ibid, pp. 10-15. Cfr. también, Le Gall y Le Glay, *El imperio romano* (cit.), p. 271.

[374] Sobre el particular, cfr. Reynolds, *Aphrodisias and Rome* (cit.), pp. 131-139; Spagnuolo Vigorita, "Cittadini e sudditi" (cit.), pp. 48-49.

Figura 17. Friso que representa a C. Julio Zoilo y divinidades, y que decoraba un monumento honorífico conmemorando la ayuda de éste a la ciudad de Afrodisias (finales del siglo I a. C.).

alto de libertad". En la respuesta de Gordiano a Aurelius Epaphras, el mismo príncipe rinde homenaje a la autonomía de la ciudad: "tu patria", respecto de Roma, "mi patria" y confirma que sus ciudadanos son libres de usar las propias leyes y los propios tribunales. En sus inscripciones, Afrodisias reafirma la tesis de la coexistencia del derecho local en forma paralela al romano por su calidad de ciudad libre. Por cierto, los *cives Romani* que residían temporalmente en ciudades como Afrodisias u otras debían, en principio, adecuarse y someterse a las leyes locales debido a sus vínculos administrativos, de acuerdo con el estatus privilegiado de ellas[375].

3.3. EL DERECHO ROMANO COMO ÚNICO Y CIVILIZADOR

Existe un cierto consenso respecto de que la coexistencia y aplicación de los dos derechos (local y romano) era una realidad dentro del imperio con antelación al

[375] Lanata, "Diritti locali" (cit.), pp. 1051-1052.

edicto de Caracalla. Sin embargo, con el otorgamiento de la *civitas Romana*, muchos sostienen que el derecho oficialmente obligatorio para todos los ciudadanos del *orbis* llegó a ser el *ius Romanum*[376].

Entre las fuentes y testimonios donde se expresa implícita y explícitamente la universalidad, superioridad y aplicabilidad del derecho romano, encontramos las siguientes. El obispo Gregorio el Taumaturgo de Neocesarea (en la región del Ponto), en torno al 238-239 d. C., pronunció una oración en homenaje a su maestro Orígenes, en el cual elogiaba las leyes romanas. Enfatiza las "admirables leyes que actualmente dirigen los asuntos de todos los hombres, bajo el dominio de los romanos; leyes precisas, cautas y maravillosas"[377]. Ahora bien, el testimonio de Gregorio es categórico, no obstante, no tiene la intención de dar indicaciones jurídicas precisas sobre un asunto técnico. Afirmar que "todo el mundo está sometido a las leyes romanas" puede significar, simplemente, que los romanos gobiernan el mundo y que gracias a ellos existe paz, justicia y bienestar. El autor no explica ni menos afirma que en todo el imperio el *ius Romanum* haya sustituido a las prerrogativas locales. Tampoco Gregorio sostiene que la generalización de la ciudadanía, ha condenado a la ilegalidad las tradiciones y las *nomoi* locales[378].

Otro testimonio lo aporta el retor Menandro de Laodicea (Asia menor), en el 275 d. C., quien escribió sobre las leyes en sus discursos epidícticos; elogió a las ciudades de su tiempo que "están regidas por leyes comunes a todos, leyes romanas. No existen diversas leyes ni constituciones para las distintas ciudades, pues están todas gobernadas por una sola constitución: la romana"[379].

Si consideramos la afirmación de Menandro con el mismo criterio interpretativo que la de Gregorio, es decir, en sentido jerárquico y no absoluto, podemos suponer que las leyes y jurisprudencias locales no son abolidas o exterminadas, sino más bien, subordinadas a aquellas romanas que constituyen la referencia general. De esta forma, el derecho local puede permanecer, funcionar y aplicarse

---

[376] Uno de los grandes sostenedores de esta tesis es V. Arangio-Ruiz, "L'application du droit romain en Égipte après la constitution antoninienne", en *BIE*, 29 (1946-47), pp. 83-130; Id., "Sul problema" (cit.), pp. 53-72; Id., *Historia del derecho romano*, Reus, Madrid, 1963, esp. pp. 407-415, afirma que con posterioridad al edicto de Caracalla, el *ius Romanum* es considerado, en forma gradual, el único derecho oficialmente adoptado y universal en todas las regiones del *orbis Romanus*.

[377] Gregorio, *Paneg. ad Orig.*, 1, 7.

[378] J. Mélèze Modrzejewski, "Grégoire le Thaumaturge et le droit romain. A propos d'une édition récente", en *RHD*, 49 (1971), pp. 312-324.

[379] Menandro, *Tratado*, 3, 360, 12; 363, 12; 364, 14 y 365, 12. Sobre el particular, cfr. M. Talamanca, "Su alcuni passi di Menandro di Laodicea relativi agli efetti della 'Constitutio Antoniniana'", en *Studi in onore di E. Volterra*, V, Giuffrè, Milano, 1971, pp. 433-560.

siempre y cuando no esté en contraposición o viole el marco superior y general establecido por el *ius Romanum*. Tanto Gregorio como Menandro, intelectuales de origen griego, elogian en sus discursos el papel rector y la obra civilizadora de Roma, exaltando la superioridad de sus instituciones, de su derecho y, en el fondo, de su exitoso sistema de vida. Estos autores, en ningún momento proclaman el "monopolio del derecho romano"[380], por el contrario, admiran la grandeza de la civilización en la que están insertos.

Los dichos de Gregorio y Menandro, siguen el hilo conductor del sofista Elio Arístides y del escritor Tertuliano, que postula la equivalencia entre romanos y provinciales. Por ello, no es de extrañar que a las puertas de la *Constitutio* de Caracalla, exista de hecho entre los miembros del *orbis,* la convicción de una igualdad entre ellos. Los testimonios seleccionados, en un sentido amplio, admiran el papel civilizador de la *Urbs*. Estaban convencidos de las bondades de la política integradora entre el centro y la periferia, de la relevancia de la generalización de la ciudadanía y del valor incuestionable del derecho romano; en sus escritos no aparecen aseveraciones denostando las *nomoi* locales.

3.4. DIVERSIDAD JURÍDICA Y ROMANIZACIÓN

El desarrollo de la progresiva implantación del derecho romano sobre el local, es una realidad incuestionable en el período del alto imperio; paralelamente, las leyes locales se asocian y van subordinándose en forma gradual con el *ius Romanum*. Los estudiosos concuerdan en que ello se realizó con mayor fluidez en la *pars occidentis*, donde la romanización se había logrado de manera plena y casi todas las regiones conformaban un sector aunado con la *civitas Romana* y con la lengua latina.

Diverso es el caso de la *pars orientis*, donde este proceso fue más lento y superficial –sobre todo en aquellas zonas en las cuales el derecho y la tradición helenística tuvieron mayor presencia– y las leyes originarias se mantuvieron por un período más prolongado; inclusive en algunas zonas convivieron con el *ius Romanum*, particularmente en Egipto[381]. Allí la ciudadanía fue sin duda menos difundida que en otros lugares[382]. En el fondo, existe una mezcla de leyes romanas, de leyes

---

[380] Mélèze Modrzejewski, "Diritto romano" (cit.), pp. 1001-1002.

[381] Según Arangio-Ruiz, *L'application* (cit.), pp. 83-130; Id., *Sul problema*, pp. 53-72, los derechos locales resistieron en forma paralela al romano en determinadas zonas del imperio, como en Egipto, en condiciones ilegales. J. Mélèze Modrzejewski, "La règle de droit dans l'Égypte romain. État des questions et perspectives de recherches", en *Proc. of the XIIth. Intern. Congress of Papyrology (Ann Arbor, Mich., agosto 1968)*, New-Haven, Toronto, 1970, pp. 317-378; Id., "Diritto romano" (cit.), p. 994, afirma la permanencia de normas nativas, es decir, un complejo de costumbres locales admitidas de hecho por autoridades romanas.

[382] Jacques y Scheid, *Roma e il suo impero* (cit.), p. 363.

romanas helenizadas y de leyes helenísticas en aquellas provincias orientales donde se mantenía en rigor el derecho griego–helenístico. Parece factible hablar de una romanización del derecho griego –iniciado con antelación al edicto de Caracalla e intensificado bajo su reinado–, el cual debió ser paulatino y coherente. En consecuencia, es erróneo sostener que debido a la implantación del *ius Romanum*, se llevó a cabo una sustitución radical e inmediata de las prerrogativas locales[383].

La acentuada presencia de la jurisprudencia romana no significa "uniformidad"[384]. Con Trajano y Adriano se observa un pluralismo jurídico, sin embargo, las leyes de las ciudades siguen interesando a los juristas después de Caracalla. Es por ello relevante reiterar que los derechos locales, en ciertos sectores del imperio, podían sobrevivir mientras no violaran las normas inderogables del derecho romano, técnicamente más elaborado y superior.

De igual forma, la fuerza expansiva y conquistadora de los romanos, no significó una anulación radical de las tradiciones y de la cultura de los provinciales. Roma fue tolerante con aquellos pueblos que con mayor fuerza comenzaban a identificarse con ella, por lo que va surgiendo una dinámica natural de *aemulatio* o *imitatio* de los habitantes de las provincias hacia la urbe. En el Occidente, entonces, la cultura jurídica se desarrolló bajo la directa influencia romana; a su vez, la extensa aplicación del *ius Latii*, en los siglos precedentes, había permitido una naturalización y homogenización de la élite local, más amplia y regular que en la *pars orientis*. El edicto del emperador Caracalla, al sancionar la generalización de la ciudadanía romana, permite desarrollar en los *novi cives* un proceso lineal y globalizante que M. Talamanca ha denominado "romanización jurídica"[385]. Fenómeno de integración y asimilación en el cual la unidad se intensifica y se cohesiona por la igualdad jurídica.

En el siglo II y en las primeras décadas del III d. C., a través del proceso romanizador y homogenizador, el orbe va conformándose como un todo coherente: el derecho romano se universaliza. Esta extensión del *ius* significó una especie de "nacionalización del imperio"[386]. De ahí que, como sostiene Pagden, los romanos, en su afán imperial, crearon la categoría legal de la "ley de las naciones", que

---

[383] De Sensi, "Problemi" (cit.), pp. 261-262.

[384] Spagnuolo Vigorita, "Cittadini e sudditi" (cit.), pp. 33-34.

[385] Talamanca, *Lineamenti* (cit.), pp. 520-528; Id., *Istituzioni* (cit.), pp. 110-117. Esta idea surge originalmente por los estudios de F. De Visscher, "Le statut juridique des nouveaux citoyens romains et l'inscription de Rhosos", en *AC*, 13 (1944), pp. 11-35; Id., 14 (1945), pp. 29-59; Id., "La constitution Antonine et le dynastie africaine des Sévères", en *RIDA*, 18 (1961), pp. 226-248, quien postula un proceso de romanización espontánea y voluntaria debido a la superioridad técnica del derecho romano. Cfr., además, Mélezè Modrzejewski, "Diritto romano" (cit.), esp. p. 997.

[386] Petit, *La paz* (cit.), pp. 167-169; E. Barker, "El concepto del imperio", en Bailey, *El legado* (cit.), pp. 61-124, esp. pp. 91-92.

formaba parte del derecho civil romano y que estaba abierto tanto a ellos como a los extranjeros[387]. Acierto por el cual la *Urbs* expandió, integró y globalizó su mundo. Como ya hemos señalado, el edicto de Caracalla no modificó las relaciones administrativas y sociales de los ciudadanos al mantener vigente el derecho local privado y al consolidar por tres siglos una política integradora[388]. En el fondo, fue la idea de asociar a Roma con el imperio; objetivo que se consolidó teniendo una base común con el *ius* y la *civitas Romana.*

Mélèze Modrzejewski explica que la clave de la problemática no consiste en saber si las prerrogativas locales fueron eclipsadas por el monopolio del derecho romano o pudieron subsistir paralelamente en un sistema de "coexistencia igualitaria", sino, por el contrario, en preguntarse cómo los derechos locales han sido incorporados en el orden jurídico del imperio a partir del siglo III d. C.[389]. La dicotomía derecho romano y ordenamiento local puede, a su vez, diferenciarse en dos fases de evolución histórica. En un primer momento, entre los siglos I y II d. C., las tradiciones, leyes y prerrogativas locales sobrevivieron en la práctica –en cuanto costumbres extranjeras– en forma paralela con el derecho romano. En una segunda etapa, a partir del 212 con la expansión de la *civitas,* se modifica tal situación, al conformar Roma y el imperio una "patria común". Sin embargo, la existencia y aplicación de un derecho romano general y superior, no impedía en diversas zonas del imperio, especialmente en Oriente, la sobrevivencia de los derechos locales y, en consecuencia, de una cierta pluralidad jurídica controlada[390].

En el mundo romano se permitió el principio de la doble ciudadanía: romana y local[391]; ello implicó la posibilidad del ejercicio de actividades administrativas y civiles en la ciudad de origen y el goce de las prerrogativas y beneficios de la *civitas Romana*[392]. No existió entonces un "monismo jurídico" que habría regido el imperio

<hr>

[387] Pagden, *Pueblos* (cit.), pp. 54-55, es enfático en explicar cómo la categoría legal de "ley de las naciones", tuvo un profundo impacto en todo el pensamiento jurídico europeo posterior y sigue vigente con algunas ideas actuales en el derecho público internacional.

[388] Jacques y Scheid, *Roma e il suo impero* (cit.), p. 368.

[389] Mélèze Modrzejewski, "Diritto romano" (cit.), pp. 999-1000, afirma que la imagen surgida en el imperio después de Caracalla, hace aparecer un esfuerzo de conciliación entre el derecho romano oficial y las tradiciones locales de origen peregrina.

[390] T. Spagnuolo Vigorita, "Diritto locale e modello romano nel principato", en C. González Román (ed.), *Roma y las provincias. Realidad administrativa e ideología imperial*, Clásicas, Madrid, 1994, pp. 209-224; Id., *Città e impero* (cit.), pp. 97-146; es categórico al sostener la noción de un "pluralismo normativo y juridiscional" que permanece con el tiempo, incluso con posterioridad al edicto de Caracalla. Asimismo, Y. Thomas, *"Origine et commune Patrie". Étude de droit public romain (89 av. J-C 212 ap. J-C)*, École Française de Rome, Rome, 1996, esp. pp. 97-102 y 181-193.

[391] Le Roux, *L'impero romano* (cit.), p. 86, resalta el *amor patriae* en estrecho vínculo con la patria local.

[392] Roda, *Profilo* (cit.), pp. 128-129.

a comienzos del siglo III, idea que sólo es fruto de un entusiasmo panegirístico. Hubo, en cambio, una cierta "autonomía jurídica" que garantizó continuidad con las tradiciones locales. Contra la opinión difundida, la *varietas iuris* se conservó por algunos siglos en todo el *imperium*, tanto en el Oriente como en el Occidente[393]. No obstante, la polémica y las diversas interpretaciones entre el *ius Romanum* y las *nomoi* locales, continuarán por largo tiempo entre historiadores y juristas. Pero lo que realmente importa, es resaltar la sobrevivencia de los derechos locales y su amalgamación con el romano, que fue la forma en que se desenvolvió el proceso de provincialización, vulgarización y germanización del aparato jurisdiccional del imperio. La diversidad en el ámbito jurídico, fue otro de los elementos que posibilitaron un buen entendimiento y mezcla entre romanos y pueblos originarios.

4. Sistema político: el Imperio

A partir de Octavio Augusto[394], Roma creó y consolidó un sistema de gobierno que fue paradigmático incluso para el mismo imperio en los tres primeros siglos. El nuevo régimen constitucional de Augusto fue fruto de un consciente, racional, ambicioso y práctico accionar del triunviro. Desarrolló en forma exacta y con una habilidad extrema, un "laboratorio histórico-jurídico" y una "mecánica perfecta" con el *consensus universorum*[395] y con su fortuna personal[396]. Este original régimen imperial[397], fue llamado simplemente: "principado augusteo" (imposible de traducir exactamente o equipararlo con otros sistemas político-gubernativos). La genialidad y la supervivencia –a lo menos en los dos primeros siglos– del principado, de todas sus connotaciones y proyecciones histórico-políticas y jurídico-constitucionales

[393] Lanata, "Diritti locali" (cit.), pp. 1060-1063.

[394] Octavio nació en Roma el 23 de septiembre del 63 a. C. en un año dramático y tumultuoso para la república -el año del consulado de Cicerón y de la conjura de Catilina- y murió en Nola (Campania), el 14 d. C. Sobre Augusto, su vida, obra y época, la bibliografía general y especializada es impresionante. Solamente nos limitamos a señalar aquellos artículos y libros que consideramos relevantes para el desarrollo de nuestra temática; entre otros, E. Gabba, "L'impero di Augusto", en *Storia di Roma*, 2 (cit.), pp. 9-28; A. Fraschetti, *Roma e il principe*, Laterza, Roma-Bari, 1990; Id., *Augusto*, Laterza, Roma-Bari, 1998; W. Eck, *Augusto e il suo tempo*, Il Mulino, Bologna, 2000; D. Shotter, *Augustus Caesar*, Routledge, London-New York, 2005². Ahora último, una obra de conjunto en Galinsky (ed.), *The Age of Augustus* (cit).

[395] Una óptima síntesis sobre el consenso y la controversia de una *res publica restituta* o la creación de un nuevo orden, véase N. Cruz, "Restauración republicana y consenso en el gobierno de Augusto", en *Semanas de Estudios Romanos*, 3-4 (1986), pp. 155-165.

[396] Del mismo modo Julio César, Octavio Augusto debió utilizar su fortuna personal para ayudar al Estado y beneficiar a los ciudadanos pobres, con el objeto de aplacar los desencantos de la plebe. Así el *princeps* comienza a ser visto como un *patronus* y benefactor, puesto que gastó su patrimonio en construcciones, auxilios y otros. Cfr. *Res gestae divi Augusti*, 17, 1, dice: "ayudé cuatro veces al erario con mi propio dinero, entregando ciento cincuenta millones de sestercios a aquellos que estaban encargados de éste".

[397] Nicolet, "Il modello dell'impero" (cit.), pp. 459-486.

ameritan que haya sido considerado "*unicum* en la historia antigua y moderna"[398] y un referente de la "historia de Occidente y universal"[399]. Octavio Augusto, con su inteligencia y astucia, instituyó el modelo imperial, gobernó por 44 años –el período más largo de todos los emperadores– restableció el orden, fomentó la *pax* en el orbe y fue capaz de disponer y profundizar los mecanismos necesarios para mantener el imperio, proyectándolo a través del proceso civilizador de la romanización.

La organización territorial del imperio está caracterizada por una variedad de formas, de hegemonía y control: las provincias bajo el poder directo de un legado-gobernador; las ciudades libres con estatutos propios; los territorios gobernados por reyes clientes y jefes tribales y por las innumerables colonias romanas y municipios. Compleja construcción territorial que, desde la perspectiva administrativa y política, está dividida y gobernada por dos ámbitos: la del *populus Romanus* y la del *princeps*[400]. Esta idea de la bipartición del imperio o de la "doble titularidad"[401] del príncipe y del pueblo romano, se encuentra explícita en el jurista Gayo[402] y, en forma tangencial, en otras fuentes anteriores[403].

Lo concreto radica en que el *imperium*, tanto del pueblo como del emperador, está constituido por una unidad territorial y política. Esta duplicidad absorbida, en teoría, por los poderes personales del *princeps* hace del *orbis Romanus*, finalmente, una entidad política definida y unificada en torno a la figura del *imperator*. Sin lugar a dudas, las principales funciones de los emperadores eran: preservar y mantener el imperio; protegerlo a través de un ejército profesional y permanente; resguardar las fronteras; hacer cumplir la ley; respetar el orden; velar por la recaudación de los impuestos y nombrar a los diversos funcionarios imperiales[404]. El emperador era, en esencia, el máximo responsable de la gestión del imperio y protector de los ciudadanos[405], de los territorios y el jefe político, militar, civil y religioso.

---

[398] F. Serrao, "Il modello di costituzione. Forme giuridiche, caratteri politici, aspetti economico-sociali", en *Storia di Roma*, 2, II (cit.), pp. 29-71, esp. p. 52 y p. 54. Este autor expresa que "la constitución augustea es el fruto de un fino y paciente trabajo constructivo, desarrollado en medio siglo de dialéctica política-constitucional y de dinámica económica-social". Exprime un régimen transitorio de aparente equilibrio, en que todavía existen estructuras republicanas donde la fuerza dinámica está constituida por el *princeps*. Sus poderes son hegemónicos con fisonomía monárquica.

[399] F. Fabbrini, *L'impero di Augusto come ordinamento sovrannazionale*, Giuffrè, Milano, 1974, esp. pp. 7-37.

[400] E. Lo Cascio, "Le tecniche dell'amministrazione", en *Storia di Roma* 2, II (cit.), pp. 119-191, esp. p. 120, precisa cómo el imperio romano es una entidad territorial bipartita, que pertenece al pueblo y al emperador.

[401] En torno a la compleja situación de la titulatura del príncipe, antecedentes y acepciones en C. Ames, "El título imperial romano y la problemática del principado", en EClás, 116 (1999), pp. 49-64.

[402] Gayo, *Instituciones*, 2, 21.

[403] Cfr. Estrabón, *Geografía*, 17, c 839-40; Suetonio, *Augusto*, 47; Dión Casio, *Historia Romana*, 53, 12, 2-4. Un análisis, sobre todo, entre los siglos II y III d. C. del imperio como síntesis política en Marotta, *Ulpiano* (cit.), pp. 9-65.

[404] Garnsey y Saller, *El imperio romano* (cit.), pp. 32-37.

[405] Como por ejemplo, en Plinio el joven, *Panegírico a Trajano*, 2, 21 se alaba más que la ideología del emperador, cómo éste era protector y benefactor. Para una explicación, P. Fedeli, "Il Panegirico di Plinio nella

Figura 18. Estatua de Octavio Augusto (27 a. C. – 14 d. C.) de Prima Porta (encontrada en la Villa de Livia). Aparece como imperator triunfante, descalzo, sin casco y en su coraza se representan sus éxitos militares: pacificación de la Galia e Hispania. Es la nueva imagen que se proyecta al Orbe Romano. (Roma, Museo de las Termas).

Quien mayormente ha estudiado la figura de los emperadores y toda su significación, ha sido Fergus Millar, explicando que actuaban de acuerdo al modelo de "petición y respuesta"[406]. Según éste, los diversos *imperatores* adoptaban una actitud pasiva, circunscribiéndose por lo general a recibir las peticiones, sugerencias y comentarios de sus súbditos. La respuesta era dada de acuerdo al parecer de los príncipes. Así, la propuesta elaborada por Millar, obviamente ayuda a comprender, en una visión de conjunto, la figura de los emperadores como administradores; no obstante, ésta cambia de uno a otro. Hubo monarcas responsables en sus cargos (Claudio, Adriano, Antonino Pío), con iniciativas de ayuda a la comunidad y reformistas; y otros menos sensibles y poco creativos (Calígula, Domiciano, Cómodo).

Dos de las principales fuentes antiguas, donde se informa sobre la función política de los emperadores, son el *De Clementia*[407] y el *De Beneficiis* de Séneca[408] y los discursos *De la Realeza* del retor Dión de Prusa, hacia fines del siglo I d. C. y las primeras décadas del siglo II d. C.

Si tomamos el caso de Dión, de sus cuatro discursos; el primero, el segundo y el cuarto (fechados entre los años 99 y 103 d. C.), al parecer fueron pronunciados ante el emperador Trajano, mientras que del tercero no hay certeza[409]. El argumento central de éstos, es reconocer al monarca como ideal y virtuoso, obediente a los dioses, observante de la religión, protector de sus súbditos y de todo el género humano: "El buen rey, en primer lugar, es obediente a los dioses, tributando honor al culto divino. Porque no es posible que un hombre justo y bueno preste obediencia a ningún otro hombre antes que a los dioses, absolutamente justos y buenos. Pero es perverso quien cree que agrada siempre a los dioses. Siendo perverso en esto mismo, para empezar, no es religioso, pues está pensando que la divinidad es ignorante o impía. Después de los dioses ha de tener cuidado de los hombres, honrando y prefiriendo a los buenos, pero ocupándose de todos"[410].

Dión es enfático al señalar cómo el imperio posee una unidad gubernativa y política, con una naturaleza común, donde el emperador debe gobernar en sintonía

---

critica moderna", en *ANRW*, II, 33, 1 (1989), pp. 387-514; G. Seelentag, *Taten und Tugenden Traians. Herrschaftsdarstellung im Prinzipat*, ("Hermes" Einzelschriften, 91), Steiner, Stuttgart, 2004.

[406] En un estudio global por cada emperador como administrador en Millar, *The Emperor* (cit.). Un resumen de la problemática en P. López Barja y F. J. Lomas, *Historia de Roma*, Akal, Madrid, 2004, esp. pp. 280-287.

[407] Séneca, *De Clementia*, 1, 13, 5.

[408] Un prolijo análisis en C. Letta, "Allusioni politiche e riflessioni sul principato nel *De Beneficiis* de Seneca", en *Limes*, 9-10 (1997-1998), pp. 227-243.

[409] P. Desideri, *Dione di Prusa. Un intellettuale greco nell' impero romano*, G. D'Anna, Messina-Firenze, 1978, esp. p. 263, sostiene que el discurso *De la realeza III* fue pronunciado ante Nerva.

[410] Dión de Prusa, *De la Realeza*, 1, 16-17.

con la ley y el cosmos, haciendo "partícipes de la misma forma de gobierno" a todos los súbditos[411]. De alguna forma Dión, parafraseando a Sócrates, describe las virtudes del rey ideal, con amplia humanidad y es evidente que lo ejemplifica en un emperador concreto: Nerva o Trajano. "Si, en efecto, es un rey moderado y humano; si, respetando la ley, se preocupa de la salvación y provecho de sus súbditos y si, siendo él en primer lugar dichoso y sabio, como he dicho, comparte también con otros su propia felicidad, sin establecer diferencias entre su propio interés y el de sus súbditos, sino que en ese momento se regocija más y piensa que está obrando mejor cuando ve que sus súbditos están en situación de prosperidad. Este tal es el rey verdadero y el más grande por su poder"[412].

En una posición relativamente similar a la de Dión, está Plinio el Joven, cuando pronuncia su panegírico en elogio a Trajano el 100 d. C. Presenta un prototipo ideal de *optimus princeps*[413], que sea virtuoso, benefactor, que posea humanidad y sometido a las leyes. Cuando Arístides realiza a mediados del siglo II d. C., su elogio a Roma y al imperio, desde el ámbito político, lo describe como

Figura 19. La puerta del emperador Domiciano (81-96 d. C.), entrada a la ciudad sagrada de Hierápolis (Asia menor).

[411] Ibid, 1, 42; cfr. M. J. Hidalgo de la Vega, *El intelectual, la realeza y el poder político en el imperio romano*, Universidad de Salamanca, Salamanca, 1995, esp. p. 69.

[412] Dión de Prusa, *De la Realeza*, 3, 39-40.

[413] H. Herrera, "Príncipe e imperio en el panegírico de Trajano de Plinio el Joven", en *Semanas de Estudios Romanos*, 7-8 (1996), pp. 277-285.

una "democracia" en la que todos participan activamente e integrados y no es sólo un discurso retórico. En esta oración se distingue con claridad que bajo el dominio de la urbe se estructura una unidad política. "Todo está abierto para todos. Nadie que sea digno de una magistratura o de confianza es extranjero, sino que se ha establecido una democracia común a la tierra bajo el dominio de un solo hombre, el mejor gobernante y regidor; todos se reúnen aquí como si fuera en el ágora común, cada uno para procurarse lo debido. Lo que una ciudad es para sus propias fronteras y territorios, eso es esta ciudad, es para sus propias fronteras y territorios, eso es esta ciudad para toda la ecúmene, como si se presentase como el núcleo urbano común a todo el territorio"[414]. El emperador encarna una óptima y comprometida forma de gobierno, por derecho propio debía proteger a sus conciudadanos[415], encargándose de todos los asuntos del imperio. Así, la función de los monarcas es conducir un imperio globalizado.

4.1. LA IMAGEN DEL EMPERADOR

Con el advenimiento de los emperadores surge una nueva era, caracterizada porque los *imperatores* poseen, entre otras cualidades, la *virtus*, *clementia*, *iustitia* y *pietas* que fueron atributos propios de los grandes y nobles romanos. Esto va conformando una ideología imperial y un marco de representación e imagen de los gobernantes.

Es indudable que, junto al nuevo orden político, comienza a configurarse una aureola y a construirse una "imagen" sobre la figura del *princeps*, que es el resultado de su sello y estilo personal, de su modo de aparecer en público, del cuidado de su vestimenta y compostura, de sus relaciones con el Senado, con el pueblo y con aquellos edificios que representen los programas figurativos[416] de los diversos gobernantes. Desde esta perspectiva, la idea que proyectan los emperadores, debemos concebirla como un medio de romanización. Esta figura fuerte e irradiadora se presenta, en la Roma misma, en el Senado, en el foro o en algún espectáculo público, es decir, cuando el *princeps* se muestra a su pueblo.

---

[414] Arístides, *A Roma*, 26, 60-61.

[415] Algunos aspectos teóricos de la imagen del *imperator* y de su relación con los ciudadanos en P. Veyne, "L'empereur, ses concitoyens et ses sujets", en Inglebert (ed.), *Idéologies* (cit.), pp. 49-74.

[416] P. Zanker, *Augusto e il potere delle immagini*, Einaudi, Torino, 1989; Id., "Immagini e valori collettivi", en *Storia di Roma*, 2, II (cit.), pp. 193-220., esp. 205. El autor explica cómo Augusto concentró en sí mismo la totalidad del poder y cómo utilizó los diversos símbolos e imágenes del gobierno para su afianzamiento; véase H. Bauza, "El otro rostro de la paz Augustal", en *Semanas de Estudios Romanos*, 9 (1998), pp. 69-79, esp. p. 71, quien explica que la pacificación fue "cruenta y falsa".

Por otra parte, cuando viaja por el *orbis Romanus,* en compañía de todo su séquito y corte imperial, traslada con él la noción e imagen de la *Urbs.* El emperador desarrolla un "poder nómade"[417] y, en el fondo, irradia la romanidad. Por ejemplo, Adriano en su calidad de *restitutor orbis terrarum*[418] al desplazarse durante la mitad de su período, indirectamente, muestra a la ciudad de Roma, proyecta una prolongación de ésta, la va perfilando y, poco a poco, entre los provinciales comienza a producirse un deseo de conocer y descubrir qué hay detrás de los viajes y atuendos del emperador y su comitiva. Los provinciales, al observar la imagen del *imperator* y hacerla suya e identificable, necesariamente, comienzan a manifestar el deseo de conocer Roma y proyectan una cierta identidad colectiva que va unificando a los diversos pueblos que componen el imperio.

P. Zanker postula que si un romano del período de los Antoninos viajaba a través de las provincias, tal vez no encontraba a cada paso retratos de los emperadores y copias de las obras maestras clásicas; pero en las plazas, en los santuarios, en los teatros y donde quisiera, casualmente se topaba con las "imágenes mitificadas y el encomio imperial"[419]. Cada retrato, estatua o representación de los diversos emperadores, fue un medio importante para asimilar a una población diversa. Lo concreto y provechoso consistía en que la propagación de las variadas estatuas imperiales, contribuyó en gran medida a consolidar al emperador como testimonio de la cohesión del imperio y a afirmar su presencia en los territorios del mismo. El *optimus princeps* con su persona, su alta investidura y sus efigies, ayudó al proceso de integración romano-provincial.

La imagen y la persona del gobernante se convierten en garantes de la integridad y la calidad de ciudadano, siendo el depositario de la tradición y de los éxitos y asumiendo la continuidad del Estado[420]. Más aún, la óptima gestión del emperador, se identifica con una administración responsable, generosa y victoriosa.

5. Una economía global

La paulatina romanización del imperio, caracterizada por la pacificación y amalgamación provincial con un buen sistema de rutas terrestres y marítimas, produjo un desarrollo activo del comercio. A lo largo del alto imperio, Roma desarrolló una actividad comercial de carácter mundial.

---

[417] Nicolet, "Il modello dell'impero" (cit.), p. 479.

[418] Adriano como restaurador del mundo, en Birley, *Hadrian* (cit.), p. 113.

[419] Zanker, "Immagini e valori" (cit.), p. 219.

[420] J. M. Roddaz, "Hispania Pacata: L'Empereur et les Espagnes aux deux premiers siècles de l'empire", en G. Urso (ed.), *'Hispania Terris omnibus felicior. Premesse ed esiti di un processo di integrazione'*. Atti del convegno internz. Cividale del Friuli (27-29 settembre 2001), ETS, Pisa, 2002, pp. 201-223, esp. pp. 209-214.

Figura 20. Busto del emperador Adriano (117-138 d. C.), proviene de su villa en Tívoli (Roma). (Londres, Museo Británico).

5.1. La teoría del *WORLD-SYSTEM*

El mundo romano desde Augusto a los Severos produjo un intercambio interprovincial de productos, mercancías, esclavos y una masiva circulación monetaria que, en cierta medida, creó un comercio donde existió la semilla del capitalismo o, mejor dicho, precapitalista y de libre mercado. Estas perspectivas capitalistas y de globalización emergente y, a la vez, potente comienzan a generar importantes y decisivas influencias en la forma y en el fondo de cómo concebir la economía romana Imperial.

143

De ahí que los estudios de F. Braudel[421] y, sobre todo, de Inmanuel Wallerstein[422], sirven de base y de parámetro para un análisis y un debate mayor[423] de las fuerzas dinámicas de la economía romana, concebida ésta en calidad de un "sistema mundial"[424]. Entre los romanistas influenciados por la teoría moderna del "*world-system*" encontramos, entre otros, a R. Hingley[425], A. Carandini[426], G. Woolf[427] y A. Schiavone[428].

Existe un modelo historiográfico que concibe y explica –desde un análisis de los sistemas mundiales hasta el imperio romano–, una "gran organización comercial", caracterizada por un crecimiento económico y por una innovación tecnológica que se asemeja o que surge como antecedente de una "economía mundo", del ideal de "*world-system*" de Wallerstein, visualizándolo como un todo. De partida, no resulta sorprendente el acercamiento que realiza este autor hacia el mundo romano en calidad de "sistema mundial capitalista" o macro estructura, pues el sociólogo norteamericano estudió y extrajo valiosísimas ideas

[421] F. Braudel, *Civilisation matérielle, économie et capitalisme*, A. Colin, Paris, 1967-1979. El historiador francés en sus tres volúmenes, estructuró un cuadro en la edad moderna (siglos XV al XVIII) en función del surgimiento de una economía capitalista con epicentro en Europa, pero con un gran tráfico oceánico, comprendiendo la India y el extremo Oriente. Así, la teoría del "*world-system*" de I. Wallerstein tiene sus raíces en la clásica obra de F. Braudel.

[422] I. Wallerstein, *The Modern World System. 3 Vol*, Academic press, New York, 1974-1989, en un amplio estudio teórico e histórico-sociológico, por medio de modelos y parámetros actuales de la economía mundial, advirtió que el proceso de globalización o mundialización, comienza a desarrollarse desde el siglo XV, surgiendo una "economía-mundo", en progresiva expansión en la época moderna. Este autor neo-marxista postula su tesis de una economía mundial que tiene como elemento pionero a los mercaderes italianos en España y Portugal y como fuerza la incesante demanda de materias primas y metales preciosos, surgiendo un activo capitalismo. De la misma forma, la gestación y desarrollo de los imperios portugueses y españoles a partir de finales del siglo xv, fueron medulares en la construcción de un proceso de redes mundiales económicas irreversibles. Cfr. A. Ferrer, *Historia de la globalización*, *Vol. I, Origen del orden económico mundial*, F.C.E., México, 1990, esp. pp. 76-79; Beck, *Globalización* (cit.), pp. 41-43 y 57-60; Osterhammel y Petersson, *Storia della globalizzazione* (cit.), pp. 26-31.

[423] Una síntesis de la problemática en Savino, *Città di Frontiera* (cit.), p. 32, n. 87.

[424] Para una reflexión teórica del "*world-system*" en I. Wallerstein, "Análisis de los sistemas mundiales", en A. Giddens y J. Turner (eds.), *La teoría social hoy*, Alianza, Madrid, 1990, pp. 398-417, donde a partir de los sistemas mundiales propone la elaboración de una "ciencia social histórica".

[425] R. Hingley, "Roman-Britain: the structure of Roman Imperialism and the consequences of imperialism on the developement of a peripheral province", en D. Miles (ed.), *The Romano-British Countryside*, BAR (S. 103), Oxford, 1982, pp. 17-52.

[426] A. Carandini, "Il mondo della tarda antichità vista attraverso le merci", en A. Giardina (ed.), *Società romana e impero tardoantico, III. Le merci, gli insediamenti*, Laterza, Roma-Bari, 1986, pp. 3-19; Id., "L'ultima civiltà sepolta o del massimo oggetto desueto, secondo un archeologo", en *Storia di Roma* III, 2 (cit.), pp. 11-38.

[427] G. Woolf, "World-System analysis and the Roman empire", en *JRA* 3 (1990), pp. 44-58, trabajo central de la problemática en la vinculación de la economía imperial romana con la teoría del "*world-system*".

[428] A. Schiavone, *La storia spezzata. Roma antica e occidente moderno*, Laterza, Roma-Bari, 1996, esp. pp. 119-205, aunque crítico, considera que las clases dirigentes del imperio construyeron una red de alianzas comerciales, estableciendo con ello, la primera "economía-mundo" de la historia. Véase, además, Hidalgo de la Vega, "Algunas reflexiones" (cit.), p. 278.

del caso romano para su concepción del imperio y de la economía actual. Más aún, Woolf considera que, en la mayoría de los aspectos, el imperio romano corresponde fielmente al paradigma de Wallerstein de un imperio mundial[429].

Como ya afirmamos, es una realidad que en los últimos años algunos estudiosos de la globalización han llegado a concebir y comparar, con sus diferencias y semejanzas al *imperium Romanum* como sinónimo de un "poder universal y global" que todavía va más allá del plano estrictamente "económico"[430].

5.2. DESARROLLO DEL COMERCIO LIBERAL

La propagación de la *pax Romana* a lo largo del imperio, influyó decisivamente en el desarrollo de un comercio interprovincial. Si bien, en los dos primeros siglos del imperio la economía itálica declinó, son las provincias las que asumen un rol protagónico y activo. Así, nos encontramos con que la economía romana imperial tuvo como sustento un sistema basado sobre cuatro grandes parámetros comerciales: una activa producción agrícola –la tierra– base de la riqueza; la venta y compra de esclavos; una libre circulación de las mercancías con bajos costes en los traslados por mar y más caro por vía terrestre y, por último, un sistema fiscal –los impuestos– lo que en su conjunto representó un estímulo en la actividad económica-comercial[431].

[429] Ibid, pp. 48-50, estima que los imperios mundiales, en general, se han caracterizado como "centralizados, celulares, y medianamente concéntricos". De hecho, el imperio romano fue controlado desde el centro y la capital (Roma), donde los flujos de tributos e impuestos extraídos desde las provincias eran dirigidos allí y hacia los ejércitos de las fronteras. Aunque, el *orbis Romanus* no fue un imperio "circular", sino que tuvo una extensión de este a oeste, centrado en el Mediterráneo y explicada por barreras naturales impuestas por el desierto del Sahara en el sur y hacia el norte por el Rin y el Danubio; tuvo más bien una configuración rectangular. Por último, el imperio de Roma era "celular", con excepción de sus zonas limítrofes, originado en entidades mundiales anteriores como Egipto, los persas y el imperio de Alejandro Magno. Ahora bien, en el análisis de los sistemas mundiales, el caso romano -salvo algunos aspectos y matices- concuerda con la concepción y el paradigma de Wallerstein; asimismo es menester tener presente otra variable importante en el sentido que, simultáneamente en la época del alto imperio existieron y se desarrollaron con fuerza y autonomía otros tres imperios mundiales: el chino de la dinastía Han, el gupta o indio y el parto o sasanida. Véase el apéndice.

[430] Weber, "Das Imperium" (cit.), pp. 53-74, interesante y actualizado planteamiento donde se establecen paralelos concretos entre el *orbis Romanus* y el mundo global de hoy. Presenta una serie de elementos comparativos, también divergentes, sobre todo, en el plano económico-comercial y pretende responder a grandes interrogantes: ¿Hasta dónde llegaba el enlazamiento global en el ámbito económico? ¿Qué rol jugaban en esto las representaciones mentales y la infraestructura? ¿Qué ventajas y desventajas le trajo esta unificación a los ciudadanos del imperio? ¿Era posible superar las situaciones de crisis en una región por medio del excedente en otras? Por su parte, P. Erdkamp, *The Grain Market in the Roman Empire: A Social, Political and Economic Study*, Cambridge University, Cambridge, 2005, en su amplio estudio, precisa que el Mediterráneo en la época imperial, presentaba similares condiciones en el ámbito económico a los de Europa moderna, como consecuencia de una amplia red "global" de centros comerciales existentes en ambos períodos históricos.

[431] Schiavone, *La storia spezzata* (cit). pp. 69-74; Hopkins, "La Romanización" (cit.), pp. 34-39. Carandini, "Ultima civiltà" (cit.), pp. 17-21. En contra, Garnsey y Saller, *El imperio romano* (cit.), pp. 57-80 y 231-232, sostiene que la economía romana estaba "subdesarrollada" (dedicada a la agricultura), en el sentido que las masas vivían cercanas al nivel de subsistencia y era, además, una economía "estática".

Figura 21. Vista general de los mercados de Trajano en Roma, con su fachada semicircular, concebido como un gran 'supermercado' con todo tipo de productos.

El gobierno del alto imperio como una forma de estimular y fomentar el modelo económico centrado en las provincias y fuera del *limes* del *orbis Romanus*, desarrolló una política, muy "liberal", donde no existía el intervencionismo y ninguna tarifa o barrera proteccionista impedía el intercambio de mercaderías[432]. Más aún, este comercio interprovincial, con un inmenso y activo mercado de bienes y servicios y con un tráfico libre para sus productos, hizo posible una economía mundial caracterizada por el uso, la demanda y la circulación del dinero. Roma y el imperio generaron un sistema económico-comercial sin precedentes en el mundo antiguo, basado en un flujo masivo de mercaderías y en la utilización de la moneda[433] como medio de cambio y de pago, aceptado sin barreras en todas las partes del orbe, con lo que se incentiva la difusión del "dinero" y se produce la "monetarización" general[434].

El sistema monetario como un todo globalizado se transformó en un activo y decisivo agente romanizador. Producto de la pacificación imperial, se difundió y generalizó un sistema fiscal sobre las provincias, basado en la moneda y en

---

[432] J. Andreau, "Mercati e mercato", en *Storia di Roma*, 2, II (cit.), pp. 367-385.

[433] Es muy clarificador, a fines del período republicano, el pasaje de Cicerón al señalar: "el crédito de la moneda romana está estrechamente ligado a la prosperidad de Asia; no puede ocurrir allí un desastre sin que nuestro crédito se estremezca hacia sus cimientos", citado por G. H. Stevenson, "Comunicaciones y Comercio", en Bailey (ed.), *El legado* (cit.), pp. 195-239, esp. p. 200.

[434] Weber, "Das Imperium" (cit.), p. 58.

la consiguiente difusión de una gran circulación monetaria[435] en todo el mundo romano. Se distinguieron dos zonas: "*tax-producing regions*" (áreas productivas de impuestos), o sea, los territorios provinciales, y "*tax-consuming regions*" (áreas reservadas al gasto público)[436], es decir, Roma, Italia y las fronteras que concentraban las fuerzas militares y la urbe por excelencia[437] donde circulaba una mayor cantidad de moneda con precios más altos que en las zonas productivas, generando un cierto desequilibrio[438].

Por otra parte, es decisiva la constatación del declive económico de la Italia respecto de las provincias en los dos primeros siglos. Evidentemente, ellas con sus materias primas y riquezas constituyen un punto focal en el desarrollo económico del imperio, a pesar de que todavía la península itálica mantiene situaciones de superioridad y privilegios. No obstante esto, las provincias florecen e Italia decae. Su economía se sostiene sólo por la "alta calidad de sus vinos y de su aceite"[439].

Existe un debate abierto, con una postura más radical que postula que Roma promovió una explotación desmedida de las provincias a partir de un flujo unidireccional de recursos de la periferia que son aprovechados y utilizados por el centro depredador[440]. Sin embargo, este modelo tan extremo no constituyó el eje central de la economía ni del sistema imperial romano. Recordemos que si bien la *Urbs* anexó e incorporó a diversas provincias por motivos económicos, éste es sólo uno de los aspectos a considerar en un estudio a fondo y más amplio del expansionismo e imperialismo romano ofensivo que tuvo diversos propósitos. Roma, ciertamente, no explotó ni produjo un cambio estructural en los provinciales, sino que por el contrario, integró las distintas partes del *orbis Romanus* y para ello, la economía imperial de libre circulación fue relevante en la mantención del sistema.

Una economía, en cierta medida, globalizada entre el centro y la periferia y también en regiones más allá de las fronteras del imperio. Roma comerció con Germania, el mar Báltico, el interior de Africa, Sudán, la India, llegando

---

[435] Entre los autores que destacaron la difusión de la "economía monetaria", M. Crawford, "Money and exchange in the Roman world", en *JRS* 60 (1970), pp. 40-48; Id., "The monetary system of the Roman Empire", en Id., *L'impero romano e le strutture economiche e sociale delle province*, New press, Como, 1986, pp. 61-69; Hopkins, "La Romanización" (cit.), pp. 34-36.

[436] K. Hopkins, "Taxes and Trade in the Roman Empire (200 BC-Ad 400)", en *JRS*, 70 (1980), pp. 101-125; E. Lo Cascio, "Forme dell' economia imperiale", en *Storia di Roma*, 2, II (cit.), pp. 313-365, esp. pp. 351-358; Id., "Produzione monetaria, finanza pubblica ed economia nel Principato", en *RSI*, 109 (1997), pp. 650-677.

[437] Roma con un poco más de un millón de habitantes entre el siglo I y II d. C., era la sede de la corte imperial, de toda la infraestructura pública y de la aristocracia, la principal beneficiaria de los impuestos. Su gasto público era enorme, ciudad en esencia consumidora y no productora.

[438] Savino, *Città di frontiera* (cit.), pp. 34-35.

[439] Le Glay, *Grandeza y caída* (cit.), p. 147.

[440] Ibíd, p. 33.

incluso hasta la lejana China[441]. Elio Arístides nos transmite cómo hacia Roma "todo ha concurrido y todo allí coincide, mercancías, fletes, tierras de labor, limpieza de metales, artes, todas cuantas existen y cuantas han existido, todo cuanto ha sido engendrado o ha nacido de la tierra"[442]. El retor ilustra el flujo económico y cómo productos y especies exóticas y de todas partes de la ecúmene llegan a la urbe, el gran 'supermercado' del mundo, donde existía facilidad y libertad de comunicaciones, de desplazamiento y de transporte de personas y mercancías[443].

Se podría, entonces, desprender que el orbe romano, sobre todo con los Antoninos, constituyó una unidad "económica mundial" que nos puede servir de antecedente para comprender a mayor cabalidad el fenómeno de la globalización desde el ámbito comercial[444]. Existe un relativo consenso respecto de la política económica de índole "liberal"[445] que tuvo el imperio, sobre todo, en sus tres primeros siglos; ésta, junto a iniciativas particulares, hizo de Roma un inmenso y atrayente mercado global de bienes y servicios. Según Woolf, la dinámica del imperio romano es más fácil de analizar en la perspectiva de un sistema mundial, debido a que las actividades económico-comerciales estaban subordinadas y restringidas a los factores políticos y sociales[446].

---

[441] El comercio romano transcontinental y fuera de sus límites queda manifestado con las importaciones, entre otras, de ámbar proveniente de la costa del mar del norte y Báltico; animales salvajes y marfil de África; nardo, perfumes, especias, telas, piedras preciosas y muselina de India y seda de China. En particular, sobre el comercio con el extremo Oriente, véase Weber, "Das Imperium" (cit.), pp. 64-68; F. De Romanis, *Cassia, cinnamomo, ossidiana. Uomini e merci tra Oceano Indiano e Mediterraneo*, L'Erma di Bretschneider, Roma, 1996; De Romanis y A. Tcherna (eds.), *Crossings. Early Mediterranean Contacts with India*, Manohak, New Delhi, 1997; G. K. Young, *Rome's Eastern Trade. International Comerce and Imperial Policy, 31 BC - AD 305*, Routledge, London-New York, 2001; D. Foraboschi, "Vicino ed Estremo Oriente: forme dello scambio monetale", en *Moneta mercanti banchieri. I precedenti greci e romani dell' Euro*, Atti del convegno internz. (Cividale del Friuli, 26-28 settembre 2002), ETS, Pisa, 2003, pp. 137-146.

[442] Arístides, *A Roma*, 26, 13.

[443] Cuarenta y tres años antes de Arístides, Plinio el Joven, *Panegírico a Trajano*, 29, 2, exaltaba en cierta medida, un comercio global, señalando: "nuestro padre, con su autoridad, consejo y fe, construyó vías, abrió puertos, restituyó los caminos a las tierras, a los litorales y al mar, y así mezcló con el comercio a diversas naciones, de manera que, lo que había sido producido en alguna parte, parecía que se hubiese dado en todas ".

[444] Si bien, Schiavone, *La storia spezzata* (cit.), p. 205, habla de una "mundialización" de la economía romana imperial, ésta por una carencia de innovación tecnológica y sobre la base de la esclavitud, no pudo desarrollarse abierta y completamente. A su vez, Weber, "Das Imperium" (cit.), p. 70, sostiene que no se puede hablar de un "mercado mundial". También, en una visión contraria a la globalización D. Foraboschi, "L'uomo romano: il politico e l'economico", en Pani (ed.), *Storia romana* (cit.), pp. 59-67, esp. p. 62. Por su parte, E. lo Cascio, "La "New Institutional Economics" e l'economia imperiale romana", en Pani (ed.), *Storia romana* (cit.), pp. 69-83, plantea la necesidad de utilizar un nuevo modelo para el estudio de la economía romana, donde el emperador jugaba un rol preponderante en ella.

[445] Le Roux, *L'impero romano* (cit.), pp. 70-75.

[446] Woolf, "World-System" (cit.), p. 49, considera que el crecimiento económico, o bien, no existió o fue la respuesta a un establecimiento de modo tributario de producción; véase, Hopkins, "La Romanización" (cit.), p. 35, n. 33. Con diversas observaciones, Lo Cascio, "Forme dell' economia" (cit.), pp. 319-320, n. 13.

Finalmente, la economía fue uno de los canales a través del cual la cultura e identidad romana[447] se propagaron por las provincias, donde sus habitantes participaban como consumidores. En su obra, Hopkins es crítico con el sistema y con los impuestos[448], ya que afirma que con estos recursos no suministraron ciertos servicios a la población local, sino que los romanos los utilizaron para sí mismos. Sin embargo, significaron tanto un estímulo y un desarrollo para la actividad eco-

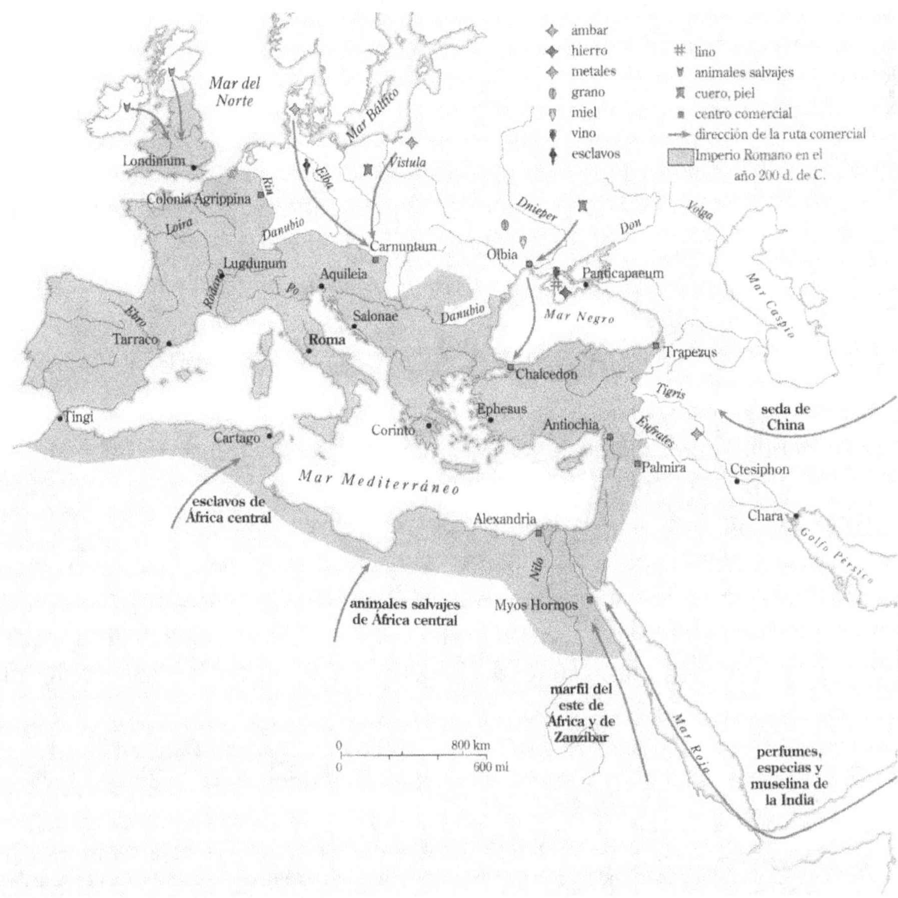

Figura 22. El comercio y la red mundial romana, con la diversidad de artículos y de zonas más allá de las fronteras del imperio (finales del siglo II d. C.). (Tomado de J.F. Drinkwater, A. Drummond y C. Freeman, El mundo de los romanos, Blume, Barcelona, 1994, esp. p. 135).

[447] P. Perkins, "Power, Culture and Identity in the Roman economy", en Huskinson, *Experiencing Rome* (cit.), pp. 183-221, esp. pp. 210-211.

[448] Según Hopkins, "La Romanización" (cit.), p. 37, el imperio romano surgió como un "sistema de explotación y exacción, y como tal se perpetuó".

nómica como un aumento de la prosperidad de los provinciales, convirtiéndose, por lo tanto, en un primordial agente de romanización[449].

Ahora bien, partiendo de una generalización y teniendo en cuenta que algunos aspectos son, obviamente, elementales e inadecuados desde el punto de vista financiero, el *orbis Romanus* entre Augusto y Caracalla desarrolló y fomentó una "sociedad capitalista"[450]. Se trabajaba no sólo por la subsistencia diaria, sino además para acumular riquezas, tener recursos y para invertir en nuevas actividades económicas y productivas.

6. Un mundo educativo

La cultura-educación romana en época imperial, se constituyó en un decisivo elemento cohesionador. Hay una cierta unidad respaldada a través de una cultura común greco-romana. Al mismo tiempo existe un bilingüismo[451], la difusión del latín en Occidente y el mantenimiento del griego en la parte oriental del imperio.

6.1. La educación estatal: intervención de los emperadores

La educación romana alcanzó su organización externa más firme y estructurada en el alto imperio. Si bien sus raíces se remontan a los últimos siglos de la república, a través del gran influjo del mundo helenístico, será sólo en el período imperial cuando alcance su validez y proyección universal. De este modo, la enseñanza comienza a especializarse y a consolidarse en sus diferentes formas: de una educación eminentemente privada durante la administración imperial, se convirtió, en forma paulatina, en un hecho social y en un sistema de instrucción "pública"[452]. En los primeros siglos del imperio, existe una tendencia general y un

---

[449] Ibid., p. 39, resalta cómo el pago de contribuciones y la difusión de la economía monetaria englobó a los habitantes del imperio en una economía única y mundial.

[450] Schiavone, *Storia spezzata* (cit.), pp. 121-133 y 194-198, plantea que las características propias del sistema económico imperial romano -sobre la base de la esclavitud- fue un factor que impidió una transmisión directa de la sociedad romana al mundo moderno, especificando además las diferencias estructurales entre ambas economías. Ahora último, cfr. sobre tal problemática, la óptima síntesis de U. Laffi, "Il passato interrotto", en *Excerptum ex SDHI*, 68 (2002), pp. 487-500.

[451] Le Gall y Le Glay, *El imperio romano* (cit.), pp. 220-221, sostiene que el "bilingüismo greco-latino" fue un gran factor de unidad, puesto que las lenguas locales apenas se escribían y sólo permanecieron como "lenguas populares habladas".

[452] C. Barbagallo, *Lo stato e l'istruzione pubblica nell'impero romano*, Battiato, Catania, 1911, aunque antiguo, sigue siendo un texto esencial en la comprensión del papel del Estado en la educación e ilustra detalladamente la diversa legislación imperial en materia escolar. Cfr., también, H. Marrou, *Historia de la educación en la antiguedad*, Akal, Madrid, 1985, esp. pp. 383-391; J. Bowen, *Historia de la educación occidental, I, El mundo antiguo*, Herder, Barcelona, 1976, esp. pp. 273-276; P. Fedeli, "Política y cultura en Roma", en *Limes*, 11 (1999), pp. 102-119, esp. p. 116. Esta cadena de emperadores en ayuda a la educación ha sido tradicionalmente la

singular interés, avalado por la sociedad y los emperadores, de llevar a cabo una política activa y decidida de fomento y patrocinio de la enseñanza. Ahora bien, en esta educación "pública", el *princeps* o el Estado imperial no establecía los planes y programas ni garantizaba su uniformidad. Financiaba algunas cátedras, profesores, becas a alumnos y concedía alguna facilidad fiscal con el propósito de establecer una "educación permanente"[453].

Desde Augusto, ya percibimos un creciente interés por la enseñanza y por la protección hacia los *praeceptores,* puesto que en el momento de la hambruna del año 6 d. C., según informa Suetonio, el emperador "expulsó de Roma a los esclavos en venta, a las tropas de gladiadores y a todos los extranjeros a excepción de los médicos y de los profesores"[454]. Tiberio distingue a los maestros, elevando al rango senatorial a un *litterator* y asiste con frecuencia a las escuelas para tomar parte en las discusiones gramaticales[455].

A este respecto, tanto las fuentes como los estudios contemporáneos son concordantes en expresar el gran papel, en relación con la enseñanza pública[456], que le correspondió a Vespasiano quien a través de un decreto del año 74 d. C., liberaba a todos los profesores, *grammatici* y *rhetores* de las obligaciones municipales (*munera municipalia*). Asimismo, este emperador es considerado el primero en fijar un salario regular de 100.000 sestercios para los profesores de retórica, pagados por el fisco imperial, estableciéndose cátedras oficiales de retórica latina y griega[457]. Podemos suponer que la iniciativa de Vespasiano, en el sentido de pagar sueldos a los retores e incentivar la enseñanza superior, pudo servir de ejemplo y de estímulo en los municipios. En éstos se contrataría a profesores o instructores pagados por la comunidad o por los grupos dirigentes para enseñar quizás en las asociaciones juveniles municipales. Si a partir del siglo II d. C. en la ciudad de Como[458] se encuentran relieves de una de estas entidades y Plinio el Joven, en una

---

interpretación más aceptada por los historiadores de la educación. Sin embargo, con una interpretación opuesta, W. Harris, *Lettura e istruzione nel mondo antico*, Laterza, Roma-Bari, 1991, esp. pp. 261-271, sostiene que debe reestudiarse en forma profunda esta situación y no está convencido de la política de favorecimiento de la educación por parte del Estado y de los emperadores romanos; interpretación que debe ser revisitada. Contra la posición "minimalista" de Harris, véase M. E. Raybould, *A Study of inscribed material from Roman Britain. An Inquiry into some aspect of literacy in Romano-British society*, BAR (S. 281), Oxford, 1999.

[453] R. Frasca, *Educazione e formazione a Roma. Storia, testi, imagini*, Dedalo, Bari, 1996, esp. pp. 20-21.

[454] Suetonio, *Augusto*, 20, antecedentes encontramos también en el mismo autor, *César*, 42.

[455] Tácito, *Annales*, 3, 66.

[456] M. A. Levi, "Gli studi superiori nella politica di Vespasiano", en *Studi Romani*, 1 (1937), pp. 361-367.

[457] Suetonio, *Vespasiano*, 18; Marrou, *Historia de la educación* (cit.), p. 386, considera que el Estado romano otorga al cuerpo docente determinados privilegios de orden fiscal y, en ciertos casos, asume él mismo la carga de sus remuneraciones. A Vespasiano le cabe el honor de haber integrado esta doble política. A. Levi, "Iscrizioni relative a collegia dell'età imperiale", en *Athenaeum*, 41 (1963), pp. 387-405.

[458] A. M. Reggiani, *Educazione e scuola: vita e costumi dei romani antichi*, Quasar, Roma, 1990, esp. pp. 96-98.

Figura 23. La imponente fachada de la Biblioteca de T. Julio Celso, gobernador de la provincia de Asia (mediados del siglo II d. C.), en Efesos. En el podio se observan cuatro nichos que contienen las estatuas simbolizando la sabiduría, la virtud, la ciencia y la fortuna.

célebre carta a Tácito, se refiere al pago que recibían los *praeceptores* en aquella ciudad por parte del municipio local, bien podríamos pensar que estos mismos maestros enseñaban, igualmente, en dichas asociaciones[459].

Uno de los primeros *rhetores* en ocupar este cargo, fue el famoso Quintiliano, hacia el año 90 d. C., durante el gobierno de Domiciano, quien también tuvo una política muy favorable. Su reinado se destacó, como sostiene Suetonio, porque "renovó los libros y textos de estudio, hizo buscar por todas partes copias de las obras desaparecidas y mandó escribas a Alejandría para que las consiguieran y las transcribieran"[460]. Este príncipe fomentó, de manera especial, la enseñanza superior. A su vez, en el siglo II, Adriano crea numerosas escuelas en todo el imperio, dotándolas adecuadamente, al tiempo que concede pensiones a los retóricos más célebres. Instaura el *Athenaeum*: edificio con grandes salas, destinado a los jóvenes para la enseñanza de la retórica latina y griega[461]. El emperador filósofo

---

[459] Plinio el Joven, *Epistola*, 4, 13. Cfr. S. Bonner, *La Educación en la Roma antigua: desde Catón el viejo a Plinio el Joven*, Herder, Barcelona, 1984, esp. pp. 150-151. En otra carta, Plinio, 2, 18 señala su interés por visitar las escuelas de retórica y poder encontrarse con maestros ideales.

[460] Suetonio, *Domiciano*, 20.

[461] J. Guillen, *Vrbs Roma. Vida y costumbre de los romanos. 1. La vida privada*, Sígueme, Salamanca, 1981, esp. p. 260, n. 526.

Marco Aurelio, en el año 167, instauró en Atenas con cargo al Estado imperial, 4 cátedras de filosofía, 2 de retórica y 1 de enseñanza poética[462]. En la época de la dinastía de los Severos, la escuela como tal se ramificó en todas las provincias del imperio, llegando a convertirse en una verdadera necesidad. Alejandro Severo estableció un sueldo fijo para los *grammatici, rhetores* y otros educadores, puso a disposición de ellos aulas para hacer de la enseñanza una actividad más formal y placentera y fomentó la educación por medio de subsidios que favorecían a los hijos de ciudadanos pobres.

Las diversas élites y subelites del imperio, quienes se integraron culturalmente por medio de una escritura y literatura común[463], fueron las más beneficiadas por esta difusión del sistema educativo. Los sectores aristocráticos leían, comentaban y criticaban a los autores clásicos más connotados, poseían una forma común de hablar y de expresarse. En efecto, las costumbres y las ideas romanas se extendían principalmente en las ciudades, donde los notables locales se sintieron muy estimulados por la cultura romana, en especial en los sectores occidentales[464]. Roma presenta una serie de *exempla*[465] que son tomados por los provinciales. De esta manera, el imperio romano, al estar formado por una variedad de pueblos, lenguas y tradiciones, constituye una diversidad cultural que, gracias al proceso romanizador, tiende hacia una cierta uniformidad.

6.2. Los *COLLEGIA IUVENUM*

En el mundo romano otro elemento tendiente hacia una cierta homogenización cultural-educativa está constituido por organizaciones juveniles llamadas *iuventus* o *collegia iuvenum*[466]. Su origen se remonta a la época republicana y fue sólo a partir de Augusto[467] y los emperadores de la dinastía Julio-Claudia, que la institución se difundió lentamente centrándose en desarrollar las capacidades militares, físicas, deportivas y

[462] Dión Casio, *Historia Romana*, 71, 31, 3.

[463] Hopkins, "La Romanización" (cit.), pp. 40-41 es enfático en sostener cómo la cultura literaria común contribuyó a reforzar la cohesión de la élite política a lo largo de todo el imperio.

[464] Garnsey y Saller, *El imperio romano* (cit.), p. 209. Véase ahora último, Häussler, "Writing Lating" (cit.), pp. 61-76.

[465] L. Canfora, "L'educazione", en *Storia di Roma* 4 (cit.), pp. 735-770, esp. p. 752.

[466] El término *collegia iuvenum* aparece registrado por primera vez en la localidad de Ocriculum en el año 202 d. C. (CIL XI, 4086); cfr. M. Jaczynowska, "Le caratteristiche delle associazioni della gioventù romana (collegia iuvenum)", en *AIV*, 124 (1975-6), pp. 359-381.

[467] La formación de óptimos ciudadanos y soldados corresponde a un proyecto ideal en Augusto y para ello el papel de la educación es vital, por lo que lleva adelante una política de fomento y construcción de escuelas y bibliotecas, con el fin de educar en la mentalidad romana a la juventud aristocrática. De esta forma, el emperador centró la atención en los *collegia iuvenum* como instituciones que posibilitan una formación física, militar e intelectual y que irradia los principios de la romanidad.

culturales de los jóvenes romanos. Estas asociaciones libres y amistosas –que cuentan con la protección de los emperadores–, están integradas por jóvenes de familias del orden senatorial y ecuestre en Roma y de la élite decurional en los municipios. La edad fluctuaba entre los 17 y 25 años, cuando comenzaba el *cursus honorum*.

Si bien estas agrupaciones han sido objeto de múltiples investigaciones e interpretaciones[468], ninguna ha presentado a los *collegia iuvenum* con un propósito marcadamente cultural-educativo. Pero para nosotros queda claro que, además de las funciones de adiestramiento premilitar-deportivo-atlético y religioso tuvieron un carácter cultural-educativo. Examinando su origen, su estructura, su organización interna y sus diversos objetivos deportivos, religiosos y militares, hemos encontrado que tenían una vinculación con la educación formal de los sectores dirigentes del imperio. Los propósitos se lograban mediante la aplicación de un sistema educativo holístico, teórico-práctico, enfatizando en el entrenamiento físico-militar, en el espiritual-mental y en la toma de conciencia de la *civitas Romana*. Para ello, se desarrolló un *curriculum iuvenum* destinado a la preparación de los futuros hombres de Estado, políticos y administradores de las ciudades imperiales. Estas instituciones se difundieron ampliamente entre Augusto y Caracalla y fueron importantes instrumentos de civilización y romanización donde los *iuvenes* se preparaban para la vida pública[469].

A partir del siglo II, los *collegia iuvenum* se propagaron y se extendieron hacia las provincias occidentales más romanizadas: en Galia; en los centros danubianos como *Carnuntum* y *Virunum*[470]; en África proconsular y en Numidia[471]. Durante este período vamos a encontrar asociaciones organizadas, con sus funcionarios, actividades y con sus patrones o mecenas que proporcionaban los

---

[468] Entre otros estudiosos, H. Pleket, "Collegium iuvenum nemesiorum. A note on ancient youth organizations", en *Mnemosyne*, 22 (1969), pp. 281-298; M. Jaczynowska, "Les organisations des iuvenes et l'aristocratie municipale au temps de l'empire romain", en *Recherches sur les structures sociales dans l'antiquité classique*, Paris, 1970, pp. 265-274; Ead, "Le caratteristhiche" (cit.), pp. 359-381; D. Ladage, "Collegia iuvenum-Ausbildung einer municipalen élite?", en *Chiron*, 9 (1979), pp. 319-346; G. Giuliano, *Giuventù e istituzioni della Roma antica, condizione giovanile e processi di socializzazione*, Artistica, Roma, 1979; J. Néraudau, *Le Jeunesse dans la littérature et les institutions de la Rome républicaine*, Les Belles Lettres, Paris, 1979; P. Ginestet, *Les organisations de la jeunesse dans l'occident romain*, Latomus, Bruxeles, 1991; A. Fraschetti, "El mundo romano", en G. Levi y J. Schmitt, *Historia de los jóvenes. 1. De la antigüedad a la edad moderna*, Taurus, Madrid, 1996, pp. 73-115; A. Balbo, "Chi è il giovane: ovvero quando comincia e quando finisce la gioventù", en I. Lana, *Seneca e i giovani*, Osanna, Venosa, 1997, pp. 11-28; S. Randazzo, "*Collegia iuvenum*. Osservazioni in margine A D. 48, 19, 28, 3", en *SDHI* 66, (2000), pp. 201-222.

[469] A. Bancalari, "La problemática de la juventud en la sociedad romana: propuesta de enfoques para su estudio", en *Flor.Il.*, 9 (1998), pp. 41-68.

[470] CIL, III, 4779.

[471] C. Lepelley, "*Iuvenes et Circoncellions*: les derniers sacrifices humains de l'Afrique Antique", en *AntAfr*, 15 (1980), pp. 261-271.

Figura 24. Reconstrucción del interior de la biblioteca del foro de Trajano en Roma, con dos niveles de pórticos corintios y grandes ventanales que permitían una óptima iluminación. (Tomado de H. Stierlin, El imperio romano. Desde los etruscos a la caída del imperio romano, Taschen, Colonia, 1997, esp. p. 133).

fondos necesarios para el buen funcionamiento de los programas. Es importante lo que manifiesta M. Jaczynowska, sobre el hecho de que podemos comprender fácilmente el florecimiento tardío de las organizaciones juveniles en aquellos territorios limítrofes y alejados de Roma[472]. En Germania, en sectores de las provincias danubianas y en Mauritania, su desarrollo se debe explicar por una tardía urbanización y romanización.

Indudablemente, los dos primeros siglos de la era cristiana son los de mayor atracción y trascendencia para el estudio y conocimiento de las entidades juveniles. La mayor parte de todas las inscripciones de Italia y las provincias, pertenecen a esa época dorada que coincide con la mayor extensión territorial del imperio. En ese mismo período, estas instituciones habían sufrido una evolución considerable que acentuó su fuerza e influencia, de modo particular, en el plano político. Comienza en el siglo II d. C., la idea de reunirse en agrupaciones reconocidas por el Estado, idea que pronto se generaliza. Este hecho va mucho más allá de una simple postura imitativa, puesto que representa una exigencia social, como resultado de las sustanciales modificaciones acaecidas en el mundo romano. Los *collegia* van a simbolizar una nueva forma de vida de la sociedad imperial. M. A. Levi ha destacado que el movimiento de difusión de las asociaciones y, en especial, de las juveniles significó la aparición de una "nueva clase social", la cual comenzaba a tener una relevancia política que correspondía a la creciente influencia económica[473]. Los diferentes emperadores deseaban asegurar la lealtad y la colaboración de este nuevo grupo, garantizando ventajas y beneficios a través de las entidades.

Asimismo, fueron grupos que podían ofrecer a los gobiernos largas posibilidades de control y de colaboración en el ejercicio del poder[474]. En el fondo, tanto los *imperatores* como los *collegia* se apoyaban mutuamente: los primeros obtenían de los segundos, lealtad y apoyo político. A su vez, estos últimos prestaban una significativa ayuda como medios de propaganda de la respectiva administración imperial y lograron ser reconocidos oficialmente por el Estado que les otorgó una cierta autonomía para desarrollar sus diversas actividades.

---

[472] Jaczynowska, "Les organisations des iuvenes" (cit.), p. 273.

[473] Levi, "Iscrizioni relative" (cit.), p. 403. Por su parte, S. L. Mohler, "The iuvenes and roman education", en *TAPhA*, 68 (1937), pp. 442-479 considera que las asociaciones, lejos de constituir privilegios exclusivos de la aristocracia, se transforman a lo largo del imperio en un medio de avance social con activa participación política en aquel período. Para una mayor profundización, cfr. L. Cracco Ruggini, "Le associazioni professionali del mondo romano-bizantino", en *XVIII Settimane di Studi sull'Alto Medioevo*, Spoleto, 1971, pp. 60-193.

[474] Entre otras actividades, a veces los *collegia iuvenum* se mezclaban en manifestaciones populares, sediciosas y violentas. Véase, V. Marotta, "Conflitti politici cittadini e governo provinciale", en F. Amarelli (ed.), *Politica e participazione nelle città dell'impero romano*, L'Erma di Bretschneider, Roma, 2005, pp. 121-201, esp. pp. 144-148.

Entre finales del siglo II y el inicio de la crisis y anarquía militar del III, durante la dinastía de los Severos, se fomenta por última vez a los *collegia iuvenum*. Estos emperadores tuvieron una política de apoyo a la juventud[475], retomando en parte las ideas de Augusto acentuaron el carácter militar de las asociaciones juveniles[476]. De todas formas, éstas mantuvieron un estrecho vínculo con la casa imperial. En el mencionado siglo III, el título de *princeps iuventutis*[477] era usado ya sea por el emperador en ejercicio o por el sucesor al trono. Una de las últimas autoridades de la *Urbs*, que tuvo una destacada participación en su proyección y difusión, fue Gordiano[478]; de ahí en adelante encontramos escasa documentación en las fuentes y se percibe un desinterés tanto en los gobernantes como en la aristocracia imperial[479].

6.3. LA EDUCACIÓN COMO FENÓMENO SOCIALIZADOR

La educación romana no fue privilegio sólo de las clases altas, también en los sectores medios y bajos existía una alfabetización que, sin duda, fue muy superior a todas las que se llevaron a cabo en imperios y civilizaciones anteriores. Roma en conjunto con los provinciales –sobre todo en el Occidente– fue conformando una comunidad de lengua y cultura más o menos con los mismos intereses[480] y propósitos. Las ciudades del *orbis Romanus* comienzan a imitar, de manera paulatina, las formas de vida, los rasgos culturales de la urbe y el placer por una "lectura libre"[481].

[475] Sobre este hecho, cfr. J. Gagé, "Les organisations des iuvenes en Italie et en Afrique du début du IIIe siècle au Bellum Aquileiense (238 ap. J.C.)", en *Historia*, 19 (1970), pp. 232-258, esp. pp. 238-242.

[476] No nos extrañemos del aspecto militar de los *collegia* -en el período de los Severos- puesto que la historiografía considera que con esta dinastía surge una monarquía estrictamente militar, donde el ejército tiene un puesto de honor.

[477] El empeño de Augusto por los *collegia iuvenum*, está dado también por el hecho de que el heredero designado al trono por toda la duración del imperio, se condecore con el título de *princeps iuventutis*. Los primeros en asumir esta nominación honorífica, equivalente a patrono y jefe honorario de los jóvenes organizados en las asociaciones, fueron los hijos adoptivos de Augusto, Cayo y Lucio César respectivamente en los años 6 y 3 a. C. y por la construcción bajo su gobierno del templo a la diosa *Iuventas*. El emperador centró su atención en la juventud otorgándoles una decisiva y activa participación en el accionar del Estado a través del fomento del entrenamiento físico-militar, los juegos públicos, la reorganización de las órdenes diversas y, en fin, en el recuperar e incentivar la moral y la tradición. Cfr. *Res gestae divi Augusti*, 14, 1; 19, 2.

[478] Herodiano, 8, 5-7. En el 238 d. C. Gordiano fue nombrado emperador a los 80 años en la insurrección de África proconsular a cargo de los jóvenes.

[479] El siglo IV y V está débilmente documentado sobre la presencia de los *collegia iuvenum*; es una época de abandono y declinación de estas instituciones, en especial por el desinterés del sector aristocrático. Sólo tenemos pequeños datos, donde el emperador Constantino está representado en un medallón de oro como *princeps iuventutis*.

[480] Hopkins, "La Romanización" (cit.), p. 41; Le Gall y Le Glay, *El imperio romano* (cit.), p. 221.

[481] G. Cavallo, "Entre el *volumen* y el *codex*. La lectura del mundo romano", en G. Cavallo y R. Chartier (eds.), *Historia de la lectura en el mundo occidental*, Taurus, Madrid, 1998, pp. 95-133, esp. p. 114. El autor resalta los "nuevos espacios" para una "lectura libre" en los dos primeros siglos d. C., sin necesidad práctica o instrumental y sólo por el hábito o el prestigio de ella.

Figura 25. Relieve con la iuventus de Como representando actividades lúdicas y ejercicios de la institución (siglo II d. C.) (Como, Museo Cívico).

Figura 26. Pintura mural de jóvenes romanos que muestra un conflicto entre pompeyanos y nucerianos (59 d. C.) en el anfiteatro de Pompeya, el cual fue clausurado por este incidente. (Nápoles, Museo Arqueológico).

Por ello, los foros, termas, teatros y circos se constituyen en importantes factores de socialización e instrucción informal.

Muchas veces el *populus* acudía a los diferentes foros con la finalidad de intercambiar ideas, enterarse de las noticias, conversar, en fin, constituían el punto de encuentro entre los ciudadanos. Si bien en los sectores rurales el elemento unificador de la cultura y educación fue menor que en las ciudades, es cierto que no hubo una carencia total de alfabetización. En los campos una minoría se instruyó: llegaron a leer y a escribir.

En general, el sistema educativo romano, ya fuera elitista o popular, fue un agente integrador y unificador de un imperio vasto y diferente. El orbe romano ha sido, asimismo, llamado como una "civilización de la escritura y del derecho"[482]. Por ello, el caso de los *collegia iuvenum* es un claro ejemplo que corresponde a la época de florecimiento y expansión de los municipios en Italia y en las provincias (siglo I al III d. C.), hecho que coincide con una educación permanente y liberal[483] de los jóvenes en un mundo romanizado.

7. La tecnología

Roma, en el alto imperio, logró desarrollar una serie de avances y adelantos tecnológicos y de construcción que constituyeron un factor de unidad e incluso de "uniformidad[484]. No obstante, utilizando las fuentes[485], consideramos esclarecedor un intento de explicación a las interrogantes siguientes: ¿Cuál fue la percepción y el grado de importancia que tuvieron las máquinas y la tecnología en la vida material de los miembros del *orbis Romanus*? ¿Ayudó, tal vez, a tener una mejor forma de vida civilizada? ¿Cómo se utilizaron en la práctica estos inventos y maquinarias para desarrollar un buen trabajo en la construcción, en la agricultura, en la minería y en la guerra? Son cuestionamientos válidos para entender el elevado nivel tecnológico[486]. Desarrollaron una infraestructura, o sea,

[482] Le Glay, *Grandeza y caída* (cit.), pp. 185-191, plantea que con el imperio se desarrolló una "civilización del escrito", representada bajo tres formas: "la historia, las inscripciones y el derecho".

[483] Frasca, *Educazione e formazione* (cit.), p. 20.

[484] Le Gall y Le Glay, *El imperio romano* (cit.), pp. 202-214, son categóricos al señalar cómo Roma conformó un "Estado tecnológico" idéntico en todo el imperio, si bien fue escaso el número de invenciones y lenta su difusión. Para esta problemática, una síntesis en L. Cracco Ruggini, "Progresso tecnico e manodopera in età imperiale romana", en *Tecnologia, economia e società nel mondo romano*, Atti del Convegno di Como, (27-29 settembre 1979), Banca Popolare Commercio e Industria, Como, 1980, pp. 46-66.

[485] Vitruvio, *De Arquitectura*, publica sus 10 libros en el 31 a. C. dedicado a Octavio. Por su parte, Frontino, *Los Acueductos de la Ciudad de Roma* y, el Anónimo, *Cosas de la Guerra*, del siglo IV, informan sobre el valor y la utilidad de las maquinarias y la tecnología romana. Cfr. F. F. Repellini, "Tecnologie e macchine", en *Storia di Roma* 4 (cit.), pp. 323-368, esp. pp. 362-367.

[486] A. Gara, *Tecnica e Tecnologia nelle società Antiche*, NIS, Roma, 1994.

una plataforma tecnológica que permitió –en el área del Mediterráneo– una cierta globalización. Sus progresos, proyectos, realidades, grandes construcciones de infraestructura pública (vías, puentes, acueductos, circos, edificios, templos) y privada (casas, villas y utensilios domésticos), llegaron a todos los sectores del imperio, uniformándolo en gran parte.

Examinemos algunos ejemplos: en la agricultura se usaron, de manera frecuente, los animales de tiro y carga para trillar el grano y utilizar el arado[487]. El molino de agua[488] –proveniente del reino de Mitrídates– se empleó, preferentemente, en la Europa mediterránea. En la navegación, se difundió la vela aúrica (similar a la oreja de un caballo), sin embargo, el pragmatismo de los romanos los obligó a combinar embarcaciones mixtas a vela y a remo. Así ocurrió con la marina de guerra y con las naves *actuariae* de comercio[489].

En las ciudades más grandes y en las termas, como lugar de socialización de los habitantes del imperio[490], el invento del hipocausto fue otro elemento de unidad y que evidencia la avanzada tecnología imperial. Este sistema de calefacción por el suelo y las paredes de las salas y habitaciones de las termas públicas o privadas demostró, entre otros recursos, el grado de desarrollo y evolución de la sociedad romana que ha sido considerada como una "civilización del agua"[491]. Los avances y la tecnología, aplicados a su captación, distribución y consumo fueron sorprendentes: ejes de rueda de desagüe, filtros, válvulas, bombas de Ctesibio y grifos de tubería[492], son algunos de los instrumentos en el campo de la ingeniería hidráulica.

En las actividades semi-industriales se utilizaban máquinas elevadoras, poleas, montacargas o grúas de tambor, otros para alzar el agua como el molino y la bomba de fuerza, igualmente conocían el aire comprimido[493]. En la construcción, un buen ejemplo fue la invención del *opus caementicium*, equivalente a nuestro hormigón[494], la gran novedad para la edificación. También fueron importantes para

---

[487] A. Marcone, *Storia dell'Agricoltura romana*, Carocci, Roma, 1997, esp. pp. 39-73.

[488] O. Wikander, "Water-mills in ancient Rome", en *ORom*, 12 (1979), pp.13-36; Id., "The use of water-power in classical antiquity", en *Orom*, 13 (1981), pp. 91-104.

[489] Le Gall y Le Glay, *El imperio romano* (cit.), p. 206.

[490] En general, sobre la temática, véase M. Pasquinucci, *Terme romane e vita quotidiana*, Panini, Modena, 1987, interesante estudio donde la autora explica cómo los complejos termales son considerados agentes de relación social, de cultura y, particularmente, en el ámbito provincial, constituyen importantes elementos de romanización.

[491] Sobre la "cultura del agua" en A. Malissard, *Los romanos y el agua*, Herder, Barcelona, 1996.

[492] Un excelente texto monográfico sobre el uso de las aguas, la técnica y los acueductos, véase I. Rodà de Llanza (ed.), *Aqua Romana. Técnica humana y fuerza divina*, Agbar, Lisboa, 2004, (Catálogo de la muestra en el museo arqueológico de Madrid, 15 de octubre al 18 de diciembre de 2005), esp. pp. 198-217.

[493] Le Gall y Le Glay, *El imperio romano* (cit.), p. 211.

[494] G. Giovanni, "Ingeniería y construcción", en Bailey (ed.), *El legado* (cit.), pp. 609-671, se destaca la labor constructiva de la civilización romana.

Figura 27. El imponente acueducto de Segovia de doble arcada, construido en un terreno árido. Hasta hace algunas décadas todavía transportaba el agua a la ciudad.

el transporte, los carros y las sillas portátiles[495]. En fin, los progresos y la técnica perfecta de trabajar la piedra y el mármol para los grandes foros y el ladrillo utilizado en la construcción de almacenes y edificios populares (*insulae*). Disponían de una amplia gama de materiales, demostrando cierta unidad tecnológica.

[495] Gara, *Tecnica* (cit.), pp. 85-87.

Figura 28. Termas romanas de Bath (Inglaterra) de la época de los Flavios (69-96 d. C.), cuyas dimensiones son de 24 x 12 metros y 1,8 de profundidad. Sus fuentes termales, célebres en la antigüedad, que demuestran en parte la romanización de la isla, todavía funcionan.

7.1. LA CERÁMICA, EL VIDRIO Y LA ALIMENTACIÓN

La cerámica, denominada técnicamente por los arqueólogos *terra sigillata*[496] –por el *sigillum* o sello con el nombre de los productores y decorada en su exterior con figuras en relieve– tenía un barniz rojo, más o menos brillante que cubría su superficie. Fue la de mayor éxito comercial en todo el imperio, alcanzando incluso zonas fuera de éste, como la India.

Su desarrollo se gestó a partir de mediados del siglo I a.C. hasta fines de la era Antonina, con diversos centros en Italia y en las provincias. La cerámica *terra sigillata* itálica del centro-norte de la península[497] sirvió de modelo e imitación

---

[496] Plinio, *Historia Natural*, 35, 160-161, tenía presente el fenómeno productivo y comercial de una forma de cerámica de barniz rojo; la que posteriormente fue llamada *terra sigillata* Cfr., S. Menchelli, "La terra sigillata - etrusca ai confini dell´ Impero", en *L'Africa Romana*, III (cit.), pp. 1091-1100.

[497] Mayormente conocida es la cerámica *sigillata* de Arezzo y Pisa, sus productos se difundieron y comercializaron en todo el *orbis Romanus*, llegando a sobrepasar las fronteras del imperio. Fueron primero los militares que llevaban diversos objetos de cerámica para su uso personal. Posteriormente, a través de un mercado civil: *coloniae* y *civitates* se amplió su masificación y se convirtió, sin duda, en un instrumento clave de homogenización del imperio. En general, para la temática véase M. Pasquinucci, "Pisa romana", en M. Tangheroni (ed.) *Pisa e il Mediterraneo. Uomini, merci, idee dêgli etruschi ai Medici*, Skira, Milano, 2003, pp. 81-85; S. Menchelli, "Pisa nelle rotte commerciali mediterranee dal III secolo a. C. all´ età tardoantica", en Tangheroni (ed), *Pisa e il Mediterraneo* (cit), pp. 99-103.

Figura 29. Grifo de tubería (epitonium) de bronce, 58 x 49 x 21 cm., destinado a regular la distribución del agua. (Lisboa, Museo Nacional de Arqueología).

para el surgimiento de nuevos centros y talleres provinciales. Así, en la zona de la Gaufresenque, en la Narbonense, se desarrolló la cerámica sigilata sudgálica, en el período entre Augusto y Trajano. Tuvo una enorme difusión en su zona particular y en el Occidente del imperio. Asimismo, la sigilata hispánica (desde fines del siglo I d.C. hasta comienzos del III d.C.); la africana en la misma época, pero ésta era de una tonalidad más clara. En general, era una cerámica utilizada, preferentemente, como vajilla de mesa, lucernas y una serie de múltiples utensilios. Su producción fue un importante elemento tecnológico que la economía romana comercializó transversalmente. En sus diversas formas tuvo un intenso intercambio y fue otro vivo agente romanizador. H. Comfort describe cómo la civilización augustea conquistó el mundo a través de su "producción de cerámica", como también por su fuerza "espiritual, militar y política"[498].

La *terra sigillata* itálica norte-etrusca, utilizando toda la potencialidad del derecho comercial romano, circuló en todo el imperio y más allá de sus confines. Poseyó un valor técnico y práctico notable, un significado ideológico y, sobre todo, en el período de la dinastía Julio-Claudia y Flavia se convirtió en un activo "elemento y

<hr>

[498] Citado en Menchelli, "La terra sigillata" (cit.), p. 1100.

163

símbolo de romanización". Todos los productos derivados de la cerámica (ánforas, vajillas, recipientes, vasos, materiales de construcción, tejas y ladrillos), tenían una cierta uniformidad en su fabricación dentro del imperio; obviamente, cada provincia poseía su estilo particular y singularidades, pero los materiales y artefactos como el torno del alfarero, el molde para ladrillos y las tejas, eran similares.

Uno de los objetos, estudiado en los últimos años, que tuvo un gran impacto y difusión en el imperio, fue el vidrio[499]. Éste se volvió versátil, maleable y adaptable, se transformó en un material para ser utilizado con fines diversos. Los romanos experimentaron las alternativas que ofrecía esta tecnología y llegaron a conocer todas las posibilidades de su uso. Fruto de la pacificación imperial y de la integración romano-provincial, el vidrio elaborado en sus talleres se difundió y se convirtió en un elemento común al alcance del habitante medio del imperio. En el siglo II d. C., se supera la producción de un millón de piezas de vidrio al año[500]; los precios bajaron y este material empezó a utilizarse en la mesa, reemplazando a la cerámica y a los metales. Tuvo, además, efectos culinarios de inestimable valor, por cuanto los alimentos elaborados y conservados en vidrio no sufrían alteraciones en su sabor y se mantenían puros y limpios. En el fondo, fue una de las grandes "revoluciones científicas" de los romanos.

La alimentación fue otro de los aspectos que, en gran medida, los globalizó. Particularmente el vino y el aceite de oliva, primero en los sectores aristocráticos y después en las clases medias y populares, se constituyeron en un relevante medio de homogenización y romanización. Los descubrimientos arqueológicos, apoyados por las fuentes literarias, han constatado cómo la producción del vino y del aceite en el área del Mediterráneo[501], se difundió en todo el *orbis Romanus*. Fueron productos que transformaron e igualaron la dieta alimenticia de los miembros del imperio, convirtiéndose en forma gradual en apreciados agentes civilizadores[502]; su difusión y comercialización está bien documentada.

[499] D. B. Harden (ed.), *Vetri dei Cesari. Catalogo della mostra di Roma*, Olivetti, Milano, 1989; E. Stern, *Roman mold - blown glass*, L'Erma di Bretschneider, Roma, 1995; M. Sternini, *La fenice di sabbia. Storia e tecnologia del vetro antico*, Edipuglia, Bari, 1995. Véase ahora último, el catálogo de M. Beretta y G. di Pasquale (eds.), *Vitrium: il vetro fra l'arte e scienza nel mondo romano*, (mostra, Palazzo Pitti, Firenze, 27 marzo - 31 ottobre 2004), Giunti, Prato, 2004.

[500] Id., p. 189.

[501] A. Tchernia, "Le vignoble italien du Ier siècle avant notre ère au III e siècle de notre ère: Répartition et èvolution", en M. C. Amouretti y J. P. Brun (eds.), *La production du vin et de l'huile en Méditerranée*, "École Française d'Athènes, Bulletin de correspondance Hellénique", (Suppl. XXI), Athèns, 1993, pp. 283-296.

[502] Una actualizada visión del vino en J. P. Brun, M. Poux y A. Tchernia (eds.), *Le Vin. Néctar des Dieux, génie des hommes*, Infolio, Rhône, 2004.

Figura 30. Variedad de objetos de vidrio para perfumes, hacia finales del siglo II d. C., provenientes de la necrópolis de Tomis (Constantza, Rumania). (Constantza, Museo Nacional de Historia y Arqueología).

Por lo mismo, los placeres de la mesa ocuparon su atención. El mejor cuadro que tenemos corresponde a la descripción de la cena de Trimalción[503]. La verdadera comida era la de la noche, ya que se convertía para ellos en un momento de interacción y esparcimiento con los amigos. Esta cena se organizaba como fiesta y representación teatral, con finas atenciones, delicadeza y refinamiento. Todo esto, junto a exquisitos y exóticos platos preparados con pescados, carnes, legumbres, caldos y diversos condimentos, llegaron a ser las comidas preferidas[504]. La universalización de Roma, como capital del mundo, emblemática y consumidora, la

---

[503] Petronio, *Satiricón*, presenta claros detalles y descripciones sobre las cenas romanas de fines del siglo I d. C. Cfr. además, P. Veyne, *La sociedad romana*, Mondadori, Madrid, 1991, esp. pp. 11-46, detalla aspectos de Trimalción (de esclavo a liberto).

[504] Apicio, *Arte culinario*, 8, 7, 14 detalla la receta de un cochinillo: "se deshuesa el cochinillo a la jardinera por el gaznate, a la manera de un odre. Se lo guarnece de pollo picado en forma de croquetas, de tordo, papafigo, de sus propios menudillos picados, de salchichas de Lucania, de dátiles sin huesos, de bulbos secos a la fragua, de caracoles sin sus conchas, de malvas, acelgas, puerros, apios, brócoles hervidos, cilantro, pimienta en granos y piñones. Se le añade a todo esto quince huevos y garo a la pimienta -los huevos, majados-; se cuece el cochinillo, se le rehoga al fuego y después se asa al horno. Entonces se raja por el dorso y se rocía con la salsa siguiente: se maja pimienta, ruda, garo, vino claro, miel y un poco de aceite. En el momento de la ebullición, se añade fécula".

Figura 31. Pisadores de uva. Célebre mosaico de la sala del Anfiteatro de Emerita Augusta (Mérida, Museo Nacional de Arte romano).

transforma en una ciudad donde la "glotonería convertida en manía" origina una verdadera carta geográfica por la proveniencia de los alimentos[505].

La cerámica, el vidrio y la alimentación, son tres ejemplos de esta uniformidad imperial, más o menos transversal, que se desarrollaba y expandía en forma restringida y selectiva la cual podría ser catalogada como una revolución tecnológica. En su conjunto –en los instrumentos, maquinarias, en la tecnología más refinada y lujosa–, hubo una gran complejidad constructiva, una inusitada capacidad para ejecutar proyectos, una investigación de precisión y una gran eficacia para lograr la estandarización y optimización. En cierta medida, los habitantes del imperio sobre todo la aristocracia, gracias a los avances técnicos[506], adquirieron un bienestar y un buen nivel de vida. Las fuentes científico-literarias y la arqueología, han testimoniado cómo los instrumentos, elementos tecnológicos de construcción y maquinarias, eran frecuentes y útiles en las ciudades y campos del imperio.

---

[505] Así lo explica J. N. Robert, *Los placeres en Roma*, Edaf, Madrid, 1992, esp. p. 141, quien señala: "el mejor pavo real venía de Samos; el faisán, de las orillas del Fase; era a Ambracia adonde se iba a buscar los cabritos, y a Calcedonia, los atunes jóvenes. Las mejores ostras provenían de Tarento, de Circei o del lago Lucrino; los rodaballos, de Rávena. La Galia era famosa por sus jamones y sus salchichones, al igual que Licia e Iberia. Los buenos caracoles sólo podían ser importados de África; las nueces, de la isla de Thasos, y los dátiles, de Egipto. Y la lista podría continuar durante páginas y páginas".

[506] Ciertos instrumentos o maquinarias para aquella época fueron sorprendentes como el mencionado hipocausto, productos de vidrio y en especial las armas de fundición: las *catapultae* y las *ballistae*, tal vez la obra maestra tecnológica de la antigüedad. Cfr. Repellini, "Tecnologie" (cit.), pp. 354-358. Para el tema del armamento romano, véase E. Gabba, "Tecnologia militare antica", en *Tecnologia, economia e società* (cit.), pp. 219-234, esp. pp. 225-232.

Figura 32. Fábrica y almacén de aceite de oliva en Brisgane en la zona de Tébeesa (Argelia, cerca de la frontera de Túnez), fechado en el siglo II y III d. C. Actualmente, la agricultura ha desaparecido, convirtiéndose en un sitio árido; sin embargo, 1.800 años atrás, la zona estaba cubierta de grandes olivares.

7.2. EL PROBLEMA DE LA CONTAMINACIÓN

Si nos detenemos en el caso de la ciudad de Roma, sus adelantos tecnológicos y actividades semi-industriales y de esparcimiento –como cualquier megametrópoli actual–, producían daños ecológicos. Existió, sin embargo, una fuerte preocupación de los romanos por mejorar y paliar los problemas que se producían en el medio ambiente, es decir, contaminación acústica[507] y daño atmosférico[508].

[507] Las fuentes describen los daños acústicos, por ejemplo, Marcial, 12, 57, explica que durante el día había un ruido constante e intenso, un bullicio extremo, era una ciudad animada, con serios problemas de contaminación acústica y alboroto. "No te dejan vivir; de noche los panaderos, de día los maestros de escuela, y a todas horas los caldereros que golpean con sus martillos; aquí es el banquero que, no teniendo otra cosa que hacer, revuelve sus monedas en sus sórdidas mesas; allí un dorador que da con el bastoncito en una piedra reluciente". A su vez, los complejos termales se constituyeron en otro de los lugares molestos y ruidosos, por ello, Séneca, *Cartas a Lucilo*, 56, 1-2, alojado encima de un establecimiento de baño, critica el verdadero estruendo que se produce en ellas. "Fuera de las termas, los ruidos en las calles eran enormes y el tránsito infernal, el murmullo continuado de voces y griteríos que condenan a los romanos a un insomnio seguro". Según Juvenal, *Satira* 3, 232-238, en Roma "no se puede dormir, debido a los incesantes ruidos". Por otra parte, para armonizar el ruido, en las calles de la urbe no se permitía el tránsito de carros -existiendo la restricción- salvo en ocasiones extraordinarias como en fiestas, ceremonias, conmemoraciones de victorias y juegos públicos. Marcial, 4, 64, señala cómo durante "la noche los carros estremecen los edificios con el traqueteo de sus ruedas". Una buena descripción de esta problemática acústica, en J. Carcopino, *La vida cotidiana en Roma en el apogeo del imperio*, Temas de Hoy, Madrid, 1989, esp. pp. 74-77.

[508] Paralelamente a la contaminación acústica, encontramos una atmosférica. No sólo cientos de chimeneas, calderas y cocinas originaban olores dañinos para el aire, sino también las construcciones y talleres producían polvos desagradables que contribuían a generar la atmósfera malsana de Roma. El testimonio de Séneca, *Carta a Lucilo*, 104, 6, es elocuente al "desear dejar la ciudad para trasladarse al campo por motivos expresos de

8. Una plataforma comunicacional

Uno de los fundamentos articuladores del orbe romano, lo constituyeron las comunicaciones. Éste se caracterizó por la interconexión entre Roma y las provincias, por los óptimos caminos para el desplazamiento del ejército y los viajes de la población y por un rapido sistema de correos para la transmisión de noticias.

8.1. Un articulado sistema vial

Las grandes vías[509] fueron requisito *sine qua non* para la expansión de los imperios orientales: el egipcio, persa y, sobre todo, el de Alejandro Magno. El general macedonio creó una red de carreteras que llegaron incluso hasta la India. ¿Pero por qué las vías romanas eran infinitamente más conocidas y –algunas– han perdurado hasta hoy? No sólo por sus novedosas técnicas y normativas particulares de construcción, sino que por sobre todo, los romanos fueron capaces de crear y gestionar un verdadero y práctico "sistema vial"[510]. Justamente, el éxito y la eficiencia de sus caminos fueron producto de una planificación racional[511],

---

salud". Otro aspecto dice relación con la contaminación de ríos y manantiales, sea ésta por diversos residuos, excrementos, la sangre de animales sacrificados, de soldados enemigos y delincuentes asesinados. Para Plinio, *Historia Natural*, 18, 2-5, era el "hombre quien contaminaba y envenenaba las aguas y producía la polución del aire". Otro foco de envenenamiento -que ha sido utilizado actualmente como una de las explicaciones del fin del imperio romano- consiste en la toxicidad que adquirían las aguas fluyendo a través de cañerías de plomo. Plinio, *Historia Natural*, 34, 167, advierte sobre los "males y los peligros tóxicos de las exhalaciones de las cañerías hídricas de plomo dañinas para el cuerpo humano". Por su parte, Vitruvio, *De Arquitectura*, 8, 6, 10-11, señalaba la necesidad imperiosa de "sustituir las cañerías de plomo por las de barro cocido, no sólo por su toxicidad, sino también por el desabrido color de la piel de los trabajadores derivados de los vapores dañinos y dedicados a su elaboración". Asimismo, las aguas en las termas utilizadas con diversos productos ensuciaban los ríos y campos y la tala irracional de bosques en la búsqueda de madera para calentar las aguas de las termas (*caldarium*) produjo una gran destrucción del paisaje y, a veces, una fuerte erosión. La tala en directa relación con la calefacción de las casas (*domus*), termas y otros edificios, además de la construcción de actividades edilicias y semi industriales, artesanales y agrícolas, significó una demanda indiscriminada de madera y sacrificó selvas y forestas. Por último, la política naval romana en la fabricación de trirremes llevó a la sobreexplotación de la madera. Un novedoso trabajo sobre el problema ecológico y atmosférico en P. Fedeli, "Ecología política y cultura en Roma", en *Semanas de Estudios Romanos*, 6 (1991), pp. 93-108; J. D. Hughes, *La ecología en las civilizaciones antiguas*, F.C.E., México, 1981, esp. pp. 153-158.

[509] L. Casson, *Viaggi e viaggiatori dell ´antichità*, Mursia, Milano, 1978; G. Camassa y S. Fasce (eds.), *Idea e realtà del viaggio: il viaggio nel mondo Antico*, Ecig, Genova, 1991.

[510] R. A. Staccioli, *Strade Romane*, L'Erma di Bretschneider, Roma, 2003, esp. pp. 5-7. En general, sobre las vías romanas, una obra de conjunto, todavía vigente, es R. Chevalier, *Les voies Romaines*, A. Colin, Paris 1972; Id., *Voyages et déplacements dans l'empire romain*, A. Colin, Paris, 1988; también C. Villa, *Le strade consolari di Roma*, Newton Compton, Roma, 1995; C. Adams y R. Laurence (eds.) *Travel and geography in the Roman Empire*, Routledge, London - New York, 2001. Una actualizada síntesis de las vías en A. Ferrari y Bravo (eds.), *Le strade dell'Italia romana*, Touring Club Italiano, Milano, 2004.

[511] De hecho, para el *ethos* romano, la apertura de una vía era considerada casi al mismo nivel de una victoria militar, una relevante iniciativa política o la construcción de una gran obra pública (acueducto, puente y arco).

orgánica y global. Las vías terrestres se integraron de manera admirable con las rutas fluviales y marítimas, con ciudades y puertos terminales, con arterias madres y calzadas menores o locales, creando una red articulada[512] sin parangón en la antigüedad y sólo comparable con las de nuestros tiempos.

La mejor forma para mantener un imperio integrado y comunicado, era a través de los magníficos caminos que lo interconectaban. De 19 originales, llegaron a contar con 372 en la época de Domiciano, equivalentes a 53.000 millas de comunicaciones[513]. La interrelación y conexión de la entera y compleja red viaria romana, representa en los tres continentes del orbe, alrededor de 85.000 km^2 de carreteras o 120.000, según otros cálculos[514]. Plinio el Viejo denuncia que las vías difunden "vicios" y transportan marfil, oro y piedras que llegan a ser "comunes a todos". No obstante, es categórico en afirmar, como algo positivo, que a través de estas rutas "la potencia de Roma ha otorgado unidad al mundo. Todos deben reconocer los servicios que ellas han dado a los hombres, facilitando sus relaciones y vínculos recíprocos, consintiéndoles usufructuar en común los beneficios de la paz"[515].

A diferencia de otros imperios donde las arterias eran esencialmente reservadas a los soberanos, al ejército y al comercio, las romanas fueron "abiertas" a todos los miembros del *orbis Romanus* sin privilegios ni exclusiones. Desde el emperador hasta el último esclavo, podían circular libremente por este sistema vial. Por cierto, los caminos tuvieron una cuádruple función: estratégico-militar para el desplazamiento del ejército y los servicios de inteligencia; comercial para el transporte de mercancías; comunicacional para el servicio de correos y los simples viajes de placer y turismo. El trazado de las rutas seguía el recorrido de los caminos comerciales que abastecían a los militares y, sobre todo, respondía a la exigencia política de conectar la *Urbs* con los territorios recién incorporados. Pero siempre fueron concebidos como los grandes espacios de comunicación entre las personas. A los romanos les gustaba salir, conocer y viajar; por eso, el movimiento de población y la política de inmigración sirvió de base para una integración imperial: las vías jugaron un papel central en este mundo comunicado y globalizado.

---

[512] Estrabón, *Geografía*, 4, 7, 8, se percató de que los romanos se preocuparon con especial diligencia y prolijidad de tres aspectos que los griegos en cambio descuidaron: "las vías, los acueductos y el alcantarillado".

[513] V. von Hagen, *Le grandi strade di Roma nel mondo. Una rete di formidabili arterie per la costruzione d'un impero*, Newton Compton, Roma, 1978, esp. p. 13.

[514] Staccioli, *Strade Romane* (cit.), p. 10.

[515] Plinio, *Historia Natural*, 14, 2.

El imperio no sólo estaba coligado por amplias y rectas carreteras terrestres por donde la gente viajaba mucho, incluso se recorrían largas distancias a pie, a caballo, en mula, en burro y en coches. De igual forma, existía una variedad de vías fluviales y marítimas que eran, mayoritariamente, utilizadas como medios para el transporte de carga pesada; el viaje era más largo, pero con menos dificultades. Así, en el Mediterráneo se fue estructurando un entramado de puertos o centros costeros a fin de poder zarpar desde Roma-Ostia hacia Alejandría, Antioquía, Cartago, Cesarea, Marsella, Narbona, Tarragona, Gades y muchas otras que sirvieron de enlace en las comunicaciones marítimas del orbe romano. La expresión tan comúnmente utilizada de que "todos los caminos conducen a Roma" tiene plena explicación, ya que no sólo se llegaba por las vías de comunicación terrestre, sino también por las marítimas[516]. Un caso paradigmático de intercambio comercial, utilizando el Mediterráneo, corresponde a un cierto Flavio Zeuxis de la ciudad sagrada de Hierápolis, quien realizó 72 viajes en barco desde la costa asiática a Roma[517].

Ya sea en época republicana como a partir del principado augusteo, las vías partían de Roma misma donde se ubicaba el *miliarium aureum* que indicaba

Figura 33. Vía sagrada que comunica el Asclepión y la acrópolis inferior de Pérgamo.

---

[516] P. Gianfrotta, "Le vie di comunicazione", en *Storia di Roma*, IV (cit.), pp. 301-322, esp. p. 319.
[517] Le Glay, *Grandeza y caída* (cit.), p. 155.

la distancia de la urbe a las principales ciudades de Italia y el imperio. La vía Appia, considerada "primogénita", ha sido definida por el poeta Estacio en el siglo I d. C. como *"regina viarum"*[518]. De hecho, la primera carretera fuera de Italia no fue otra cosa que la continuación de la Appia, más allá del Adriático: la vía *Egnatia* (130 a. C.) que atravesaba Grecia, Macedonia y Tracia hasta llegar a Bizancio. En la parte occidental del *orbis*, en el 120 a. C., construyeron la vía *Domitia* que unía con la Galia narbonense que luego fue ampliada con la *Iulia Augusta*. En Hispania, se hizo la vía *Maxima*, más conocida con el nombre de *Augusta*, desprendiéndose de ella una red articulada por toda la Península Ibérica. En la zona de las tres Galias, desde la época de Augusto, fue estructurándose claramente un nudo arterial, la llamada vía *Domitia* o del valle del Ródano[519] que integraba, además de las ciudades, a los puertos fluviales. En Britania, el eje principal tenía dirección sur-norte, comenzando en Londres (*Londinum*); de la misma forma, en el *limes* del Rin-Danubio, se establecieron arterias estratégico-militares, pero pasando por las ciudades más relevantes: Viena (*Vindobona*) fue un importantísimo núcleo carretero en el sector de la Panonia. Por su parte, en el Asia occidental y África, hicieron un gran camino costero desde Antioquía por el corredor sirio-palestino que, bajando hacia Gaza, unía la costa norte africana, pasando entre otras, por Alejandría, Lepcis Magna, Cartago, Cesarea hasta llegar a Mauritania (*Tingis* y *Banasa*). La lista de carreteras y conexiones es interminable[520].

8.3. LA TRANSMISIÓN DE LAS INFORMACIONES

La excelencia de las comunicaciones, entre las ciudades provinciales con Roma, fue una causa fundamental en la rápida difusión por todo el orbe de una civilización más o menos homogénea[521]. Constituyó una sustancial unidad al interior de un vastísimo imperio, no sólo de territorios, sino de hombres, leyes, ciudadanías, monedas, economías, culturas, artes, lenguas y religiones[522], en fin, de una circulación de ideas y principios propios de la *Romanitas*.

---

[518] Citado por Staccioli, *Strade Romane* (cit.), p. 83.

[519] Estrabón, *Geografía*, 4, 6,11, resalta el caso de la red viaria desarrollada por Agripa en el reinado de Augusto en torno a Lión. Esta ciudad fue el cruce de cuatro vías relevantes que conducían hacia el Occidente, a Burdeos y Aquitania, a Bélgica y el Rin, al canal de la Mancha, para pasar a Gran Bretaña, y por el Ródano hasta Marsella. Véase, Stevenson, "Comunicaciones" (cit.), p. 206.

[520] Una descripción de las vías imperiales en Staccioli, *Strade Romane* (cit.), pp. 86-99.

[521] Stevenson, "Comunicaciones" (cit.), p. 199.

[522] Recordemos que el Cristianismo se extendió, primordialmente, a través de las grandes vías del imperio que conducían a Roma y a regiones apartadas, cfr. Ibid, p. 197.

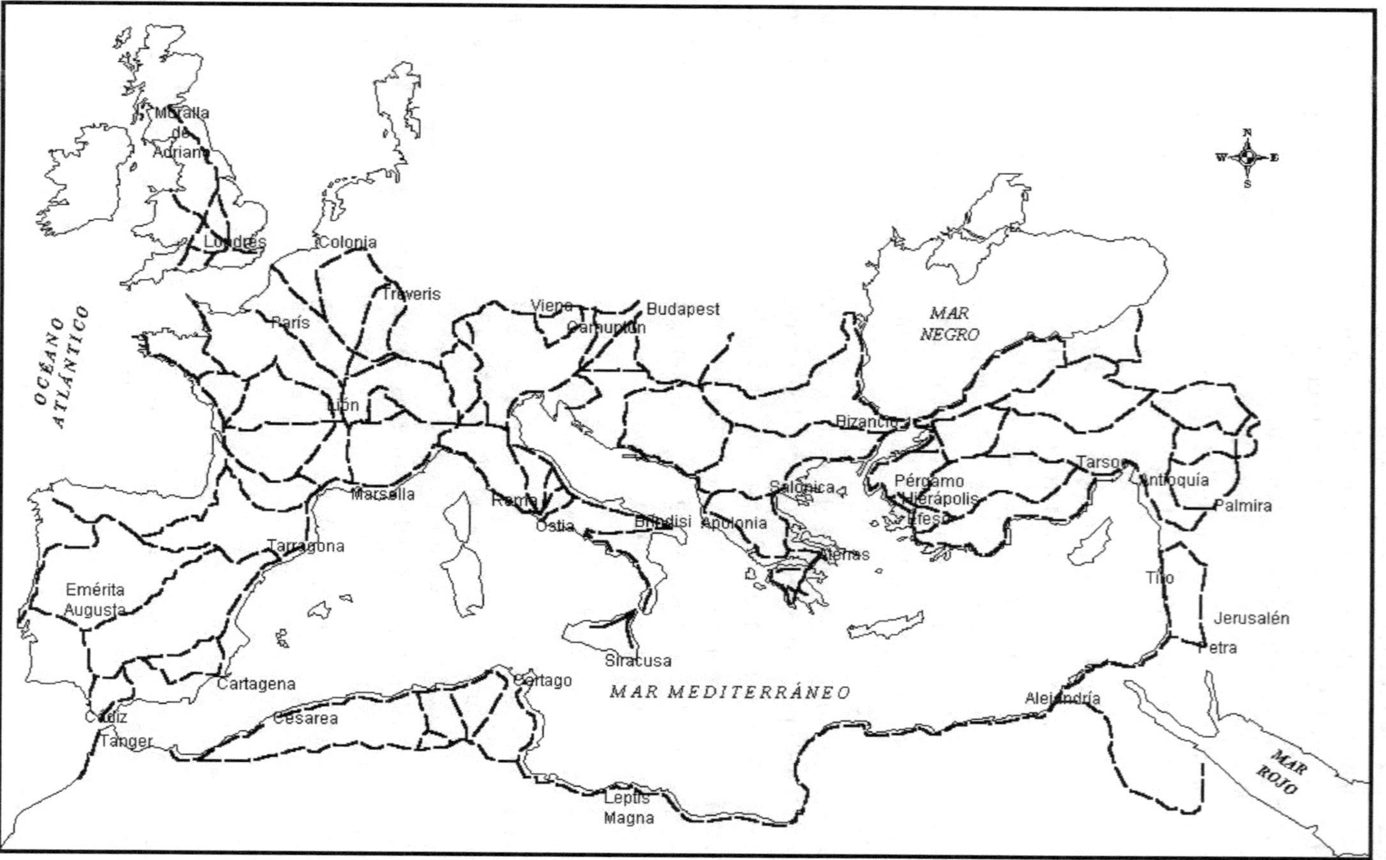

Figura 34. Las principales vías terrestres del orbe romano: las antiguas autopistas.

172

Figura 35. Restos de una calle pavimentada y con columnas en Petra (Jordania), un importante nudo comercial entre Oriente y Occidente.

El articulado e ingenioso "sistema vial", ampliamente documentado[523], tuvo la impronta de potenciar esta uniformidad. Sería, tal vez, una osadía afirmar que Roma estructuró y le dio forma –comparativamente– a las primeras 'autopistas

___

[523] Las fuentes literarias y arqueológicas, afortunadamente, han entregado variada información en torno a las vías romanas. Polibio, Estrabón y Plinio el Viejo iluminaron muchos puntos, como también Tácito, Juvenal y Elio Arístides. Descripciones más completas desde un ámbito topográfico y geográfico se encuentran en la *Corografía o mapa de Agripa*, hacia fines del siglo I a. C. que representa la ecúmene del momento. A partir del 217 d. C., bajo Caracalla se compiló el *Itinerario Antonino*, una guía de vías militares, lugares de descanso y las distancias de un sector a otro. En el siglo IV d. C. surge la *Tabula Peutingeriana* destinada de modo preferencial al servicio de correos imperiales con todas las vías y listas de *mansiones*, con las distancias entre ellas. Fue llamada así por el humanista alemán Konrad Peutinger, quien en 1507 la descubrió. Es una copia del siglo XIII de un mapa -una tira de pergamino de 6,76 metros de longitud por 34 centímetros de ancho, formado por 11 hojas (*segmenta*)- que cubre, completamente, el *orbis Romanus* e incluso más allá de sus fronteras, desde las islas británicas hasta la India. El contenido muestra carreteras, ciudades, postas, distancias, montañas y ríos; es una descripción esquemática del imperio y, en total, se mencionan 555 poblaciones. En la actualidad se conserva en la Biblioteca Nacional de Viena. Un último y detallado análisis de la *Tabula* con una reproducción a color de ésta, en F. Prontera (ed.), *Tabula Peutingeriana. Le antiche vie del* mondo, L. S. Olschki, Firenze, 2003. Una síntesis en G. Conta, "La cartografía romana", en *Semanas de Estudios Romanos*, 12 (2004), pp. 41-51. A su vez, en la Edad Media otro valioso testimonio cartográfico y de carreteras que ha sobrevivido, es la llamada *Cosmografía de Ravena* la que incluye información sobre los viajes, los valores

Figura 36. Diversas fases en los trabajos de construcción de una vía romana. (Tomado de R. A. Staccioli, Strade Romane, L'Erma di Bretschneider, Roma, 2003, esp. p. 108).

informáticas', propias de nuestra época contemporánea[524] globalizada. De hecho, un viajero común a pie –cuyos desplazamientos eran muy frecuentes–, recorría entre 20 a 25 millas al día. El correo normal a caballo viajaba a una media de 5 millas por hora, con un total de 50 millas al día[525]. Más aún, el sistema de correo rápido podía alcanzar una distancia de 300 kms. en un día.

Interesantes y útiles han sido los trabajos de R. Duncan-Jones sobre el tiempo que tardaba en llegar una noticia –por ejemplo la muerte de un emperador–, a las diversas y lejanas ciudades y provincias del imperio[526]. Así, una

---

del transporte, nombres de lugares, vías y detalles del paisaje. Por su parte, la arqueología, sobre todo en las provincias romanas, deja a la vista de neófitos y de expertos la magnificencia de sus carreteras en sus trazados deliberados y en sus técnicas de construcción; con una superficie pavimentada y con un surco central para que corriera el agua y para los mecanismos de frenado de los carros. Para muchos, las vías del *orbis Romanus* son una de las más notables contribuciones materiales de la ingeniería y la construcción romana al mundo moderno.

[524] De hecho, las primeras autopistas italianas construidas en la década de 1930 siguieron el trazado de los caminos romanos y en grandes sectores de Europa se utilizó, en cierta medida, el mismo diseño. Así, la red vial romana se constituyó en uno de los aspectos de la cultura material que le ha otorgado una identidad al continente europeo.

[525] S. Baietti, "Strade antiche e strade moderne", en Ferrari y Bravo (eds.), *Le Strade dell'Italia romana* (cit.), pp. 14-29, esp. pp. 20-21.

[526] R. Duncan-Jones, *Structure and scale in the Roman economy*, Cambridge University, Cambridge, 1990, esp. pp. 7-29 y 48-58. Si bien la mayoría de los casos que se presentan están referidos en la región de Egipto, éstos se pueden -con cautela- extrapolar a otros sectores del imperio.

Figura 37. Panorámica del decumano máximo de Ostia antigua.

carta desde Roma a África, en condiciones normales se demoraba 3 semanas; el anuncio de la ascensión al trono imperial de Adriano, llegó a Alejandría en 17 días[527]. En el Mediterráneo, los viajeros realizaban verdaderas travesías en plazos mínimos: 3 a 5 días entre Ostia y Cartago, 9 entre Ostia y Gades y 20 entre Roma y Cesarea.

[527] Ibid, pp. 25-26. Para una mayor profundización en la transmisión de las noticias en el *orbis Romanus*, véase W. Eck, "Il sistema di trasmissione delle informazioni ufficiali nell'Alto Impero", en M. Pani (ed.), *Epigrafia e territorio. Política e Società. Temi di antichità romane*, IV, Edipuglia, Bari, 1996, pp. 331-352; F. Kolb, *Transport und Nachrichlenaranfer im römischen Reich*, (Klio, Beihefte, Neme Folge, 2), Akademie Verlag, Berlin, 2000.

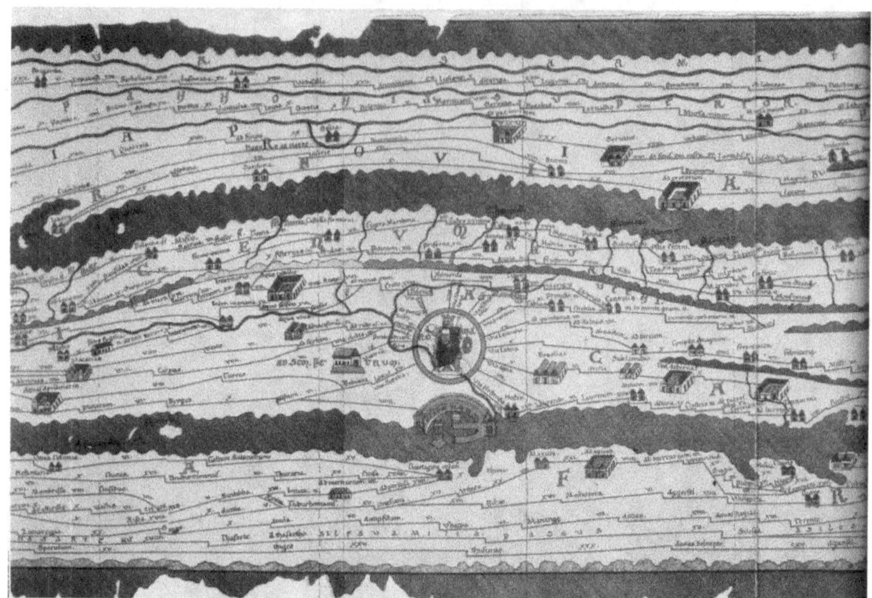

Figura 38. Parte de la Tabula Peutingeriana resaltando las principales vías y hosterías del imperio. (Viena, Biblioteca Nacional).

Figura 39. Estela funeraria de M. Viriatius Zosimus, representando un viaje a través del orbe romano. (Roma, Museo de la Civilización Romana).

No es menos cierto que el *orbis Romanus* tuvo su tipo de "internet" o "comunicación instantánea"[528]. Los viajeros, las tropas, las noticias, las leyes y los edictos emanados por los emperadores a los pocos días y semanas, llegaban a las diversas ciudades y a todos los lugares recónditos del imperio. Roma a través de su cadena de vías, integró, comunicó y pavimentó la ecúmene.

9. Un ejército permanente

Decisivo ha sido el rol del ejército en la expansión, control y estabilización del imperio. Éste fue "permanente", altamente sofisticado, entrenado, disciplinado, organizado y, por cierto, victorioso y reputado[529]. El ejército cívico conquistó el imperio, el profesional supo defenderlo y mantenerlo. De aquí que el *exercitus* del mundo romano permaneció, por siempre, como representante de todos los estamentos sociales; su comandante en jefe era su *imperator* e incluso las tropas auxiliares, de no ciudadanos, pertenecían a su comando. Los soldados le juraban obediencia sólo al emperador. Su retrato se sumaba a los emblemas imperiales y combatían bajo sus auspicios. Acataban su juramento con lealtad, a tal punto que ninguna tentativa de revuelta militar triunfó en los siglos I y II d. C.[530]. Era una institución "unitaria" con diversos cuadros y caracterizada por una notable movilidad. Con el tiempo mostró una tendencia a la "provincialización" y la leva de las tropas fue "regionalizadora"[531].

A partir de Augusto, el reclutamiento de militares en las provincias destinados a prestar servicio en las legiones de los diversos límites, constituyó un elemento de integración de las poblaciones y un factor de cohesión en el seno del imperio[532]. En sus fronteras, los soldados asumían funciones civiles: recolección de impuestos, control de aduanas, realización de catastros, censos y trabajos

---

[528] Si bien internet conecta directamente a personas individuales; los sistemas de correos antiguos como el romano, vinculaban, sobre todo, a las ciudades y a las sedes militares-administrativas.

[529] Sobre el ejército en la época del alto imperio, véase Y. Le Bohec, *L'Esercito romano. Le armi imperiali da Augusto a Caracalla*, La nuova Italia Scientifica, Roma, 1992; G. Forni, *Esercito e marina di Roma antica. Raccolta di contributi*, Steiner, Stuttgart, 1992; también, E. Gabba, *Per la storia dell'esercito romano in età imperiale*, Patron, Bologna, 1974; A. Liberati y F. Silverio, *Organizzazione militare: esercito*, Quasar, Roma 1988; M. Biancardi, *La cavalleria romana del principato nelle province occidentali dell'Impero*, Edipuglia, Bari, 2004.

[530] Le Gall y Le Glay, *El imperio romano* (cit.), p. 224.

[531] G. Forni, "Estrazione etnica e sociale dei soldati delle legioni nei primi tre secoli dell'impero", en *ANRW*, II, 1 (1974), pp. 339-391. (= ahora en Esercito e Marina (cit.), pp. 11-63). J. M. Carrié, "El soldado", en Giardina (ed.), *El hombre* (cit.), pp. 121-160, esp. pp. 130-132.

[532] Février, "Le province dell'Europa" (cit.), pp. 443-467. Una de las provincias donde el ejército cumplió mayormente su función romanizadora fue Dacia. Cfr. J. Fitz, "Le province danubiane", en *Storia di Roma*, II, 2 (cit.), pp. 491-503.

públicos, utilizando muchos técnicos y burócratas[533]. El ejército, establecido a lo largo de las extensas fronteras, preservó los límites del imperio. No intervino en la política del gobierno central, por lo menos en los dos primeros siglos de la era cristiana, con excepción de las sublevaciones de los años 68-69[534] y 193[535]. Fue bien pagado, disciplinado e impidió que las facciones rivales, tribus y pueblos periféricos, se destruyeran entre sí. Por lo mismo, el ejército –como uno de los fundamentos centrales del Estado– potenció el fenómeno de "ser romano" bajo la égida de Roma, lo que para la gran mayoría de los habitantes del *orbis*, significó vivir en paz, hecho que para ellos fue una "experiencia inusitada"[536].

Hacia mediados del siglo II d. C., estaba compuesto aproximadamente por 355.000 soldados[537], absorbiendo en tiempos de paz, nada menos que el 40% del erario imperial. Dado el alcance geográfico del imperio, el número de tropas armadas en los primeros tres siglos d. C., es sorprendentemente pequeño. Ciertamente, la disponibilidad de poderío militar adecuado fue siempre una fuente potencial de dificultades, ya que una fuerza utilizada en un lugar no podía ser aplicada, en forma simultánea en otro lugar.

Hanson menciona dos situaciones en Britania sobre tropas que fueron trasladadas de una frontera a otra para enfrentar una crisis en un sector del imperio y que luego tuvo efectos nocivos para el lugar desde el cual habían sido desplazadas. En primer lugar, la transferencia de contingentes del norte de Britania a la frontera del Danubio –a fines de los 80 d. C., para ayudar a enfrentar las incursiones de los dacios– fue nefasta para completar la conquista de Escocia. Y segundo, la remoción de tropas para apoyar la conquista de Dacia por Trajano a comienzos del siglo II, obligó al retiro de las fuerzas romanas detrás de la línea del Tyne y del Solway[538].

Uno de los testimonios más claros y descriptivos del ejército y de la situación militar del *orbis Romanus* hacia mediados del siglo II d. C., es el de Elio Arístides.

[533] Nicolet, "Il modello dell'impero" (cit.), p. 481.

[534] Después de la muerte de Nerón (junio del 68) se produce una crisis en el imperio; corresponde al levantamiento y a la guerra civil entre Galba, Vitelio, Otón y Vespasiano.

[535] Asimismo, desde el 193 hasta el 197 d. C., surgió un período de anarquía militar, golpes de Estado, entre los cuales participaron Helvio Pértinax y Didio Juliano (Roma), Pescenio Níger (Siria), Clodio Albino (Britania) y Septimio Severo (Panonia).

[536] Hopkins, "La Romanización" (cit.), p. 25.

[537] Correspondiente a 30 legiones, 165.000 hombres y 190.000 de tropas auxiliares. Cfr. J. B. Campbel, *The Emperor and the Roman army 31 BC-AD 235*, Clarendon press, Oxford, 1984 esp. pp. 161-198; Nicolet, "Il modello dell'impero" (cit.), pp. 481-482. En realidad, de acuerdo con los cálculos y probabilidades de otros estudiosos, las cifras de los efectivos del ejército en el siglo II, oscilan desde los 300.000 hasta incluso superando los 400.000, véase Hopkins, "La Romanización" (cit.), p. 24, n. 13.

[538] Hanson, "Forces" (cit.), pp. 68-69.

Según Emilio Gabba, la eulogía de Arístides es "el mejor comentario de la situación militar del imperio de mediados del siglo II"[539]. Hay una total integración de aspectos defensivos que involucra razas, ciudades, ejército y jefes; destacándose al soldado profesional que ya no es un civil. Los soldados forman parte de la "patria romana" (todo el imperio) y son así ciudadanos romanos, defensores de la *Urbs*. No distingue entre legionarios y tropas auxiliares, es un todo orgánico y es considerado un factor positivo de unificación. Arístides exalta el sistema de reclutamiento y la condición de ciudadanía[540].

Figura 40. Relieve de la columna Trajana (calco en yeso) de legionarios en posición de combate. (Roma, Museo de la Civilización Romana).

[539] E. Gabba, "Le strategie militari, le frontiere imperiali", en *Storia di Roma*, 4, (cit.), pp. 487-513, esp. p. 506.

[540] Arístides, *A Roma*, 26, 75-76, señala: "¿De qué tipo es la leva, y de qué manera se realiza? Recorriendo toda la tierra sometida, allí buscasteis a aquellos que habrían de prestar este servicio y una vez que los encontrasteis, a la vez que los liberasteis de las obligaciones de su patria les concedisteis vuestra propia ciudadanía, de manera que en el futuro ellos mismos sintieron vergüenza de proclamar de dónde eran originarios. Convertidos en ciudadanos, así también los convertisteis en soldados, de manera que los habitantes de la ciudad no prestan servicio militar y aquellos que lo prestan no dejan de ser menos ciudadanos, aunque al haberse alistado hubiesen sido privados de su primera ciudadanía; pero desde ese mismo día, son vuestros conciudadanos y defensores", cfr. Ibid, 67.

El ejército era considerado uno de los grandes medios en la amalgamación de los provinciales con Roma, colaboraba en la difusión de los modos de vida, del pensamiento y sus integrantes actuaban como verdaderos representantes del *populus Romanus*. Tuvo el mérito de ir generando una "identidad colectiva"[541], desempeñando una doble función que conllevó, a su vez, otros agentes de romanización[542] que están íntimamente relacionados.

En primer término, la lengua latina, el principal vehículo en la transmisión y propagación de los hábitos, ideas y costumbres romanas, tanto en Occidente como en Oriente. El latín –usado por los intelectuales y administradores– era, sobre todo, la lengua de los legionarios[543]. Con su difusión y la progresiva desaparición de los dialectos itálicos y provinciales, desde el siglo II a. C., la lengua del Lacio se constituyó tempranamente en el idioma oficial del imperio, junto al griego que se utilizaba en el sector oriental. Debemos entender que con ella se propagaba el espíritu y el pensamiento de la misma Roma, lo que implantaba la unidad imperial con más viva fuerza.

Un segundo aspecto dice relación con los campamentos (*castra*). La larga permanencia del ejército en las provincias, daba origen a los campamentos militares, en torno a los cuales se concentraban variadas actividades, destacándose las artesanales y el desarrollo de la agricultura, actividades con las que se fueron integrando globalmente a la población local[544]. Con el tiempo, se transformaban en núcleos de nuevas ciudades. Los casos de Itálica, Córdoba, León, Maguncia, Estrasburgo, Viena, Budapest y Timgad, son algunos de los muchos ejemplos. Prácticamente todos los campamentos tuvieron sus termas y sus anfiteatros, elementos centrales en la identidad común de la romanidad. Ahora bien, al lado de los *castra* surgían pequeños conglomerados de mercaderes llamados *canabae*, cuya función era seguir en forma habitual al ejército para el abastecimiento de provisiones. También éstos como los campamentos, podían constituirse en núcleos urbanos verdaderos y propios.

---

[541] Carrié, "El soldado" (cit.), p. 132.

[542] Le Bohec, *L'Esercito romano* (cit.), p. 22 y pp. 277-337.

[543] Diversas investigaciones han demostrado que en aquellas regiones donde la presencia del ejército romano fue menor o débil, la divulgación del latín se propagó con mayor dificultad, como en Sicilia, Britania, Cantabria y Asturias, zonas estas últimas que menos interesaban a Roma. Cfr. E. Campanile, "Le lingue dell'impero", en *Storia di Roma*, IV (cit.), pp. 679-691.

[544] Gozzoli, "Fondamenti" (cit.), pp. 88-91. La autora destaca que el establecimiento del ejército en una provincia creaba un "germen nuevo", entre la masa de las comunidades locales, como asimismo en la aristocracia, con una serie de garantías para una estabilidad social.

Figura 41. La Porta Nigra (Puerta Negra) de Tréveris, en Renania (Alemania), flanqueada por dos anchas torres, construida hacia mediados del siglo II d. C. Sus dimensiones son 36 mts. de largo, 21,5 mts. de ancho y 30 mts. de altura. Es una de las más célebres puertas monumentales de la arquitectura provincial y militar romana.

Dentro del ejército, gran actividad cumplieron las tropas auxiliares, enroladas localmente desde los primeros tiempos de la conquista; además de la difusión de la lengua latina, contribuían a la formación de una mentalidad romana entre las poblaciones locales[545]. Los *peregrini* al ser desmovilizados de los cuerpos auxiliares –después de 25 años de servicio–, recibían del emperador la *civitas Romana* para ellos y su familia[546]. Así, en calidad de exlegionarios o exauxiliares, los veteranos regresaban a sus tierras de origen y se establecían en las cercanías

[545] El papel de las tropas auxiliares (*auxilia*) ha sido muy valorado como elemento de integración nativo-romano y como difusor de la cultura de la urbe. Julio César utilizó muchas de ellas en su conquista y romanización de la Galia. Cfr. Hatt, *Gaule Romaine* (cit.), pp. 49-76; en general, G. Cheesman, *The Auxilia of the Roman Imperial Army*, L'Erma di Bretschneider, Roma, 1968.

[546] El soldado imperial soltero -hasta el gobierno de Septimio Severo- con ocasión de su incorporación al ejército, no tenía el derecho durante su servicio a contraer matrimonio. Esta situación generó el concubinato, sin embargo, al momento de licenciarse, la "compañera peregrina" y los hijos nacidos de esta unión, tuvieron acceso a la ciudadanía romana. Véase, Carrié, "El soldado" (cit.), p. 137. También en Arístides, *A Roma*, 26, 78.

de los antiguos campamentos. Con el tiempo, se convertían en notables locales y asumían el compromiso por la romanización de su entorno[547].

Con una forma de operación estratégica "global" y con una "organización y superioridad estructural"[548] –como ya dijimos: sofisticado y disciplinado– el ejército en el alto imperio se transformó en un garante de la paz[549] y fue un activo agente integrador entre provinciales y romanos y un importante factor de unidad imperial.

10. El culto imperial: una verdadera religión de Estado

Entre las múltiples reformas llevadas a cabo por Augusto, con el fin de reorganizar y restaurar el decadente Estado republicano, se destacan su preocupación por los valores tradicionales, por la recuperación del *mos maiorum*, las virtudes ancestrales, la familia y, particularmente, la religión. No vamos a entrar en el debate historiográfico acerca de las características del gobierno de Augusto en materia religiosa. Esto es, si fue una reestructuración de las antiguas creencias o si hubo innovación o reforma. Lo concreto es que con el *princeps* existe una renovación e interés asociado con la nueva ideología y política imperial. Como bien sostiene S. Price, la religión, la política y la diplomacia, en distintos ámbitos de acción, forman un "todo en el ejercicio del poder"[550].

Dentro de la política augustea surge el culto al emperador, el que con el tiempo se transforma en un decisivo mecanismo integrador entre las provincias y Roma. Si bien todavía persisten interrogantes y ambigüedades sobre su origen, naturaleza y organización, hoy en día, gracias a la documentación epigráfica, comienzan a develarse algunos tópicos acerca de éste. De partida, es medular diferenciar el culto oficial del imperio, con la forma de funcionamiento de la religión en el orbe romano[551].

---

[547] Le Gall y Le Glay, *El imperio romano* (cit.), p. 225. Para Carrié, "El soldado" (cit.), pp. 147-148, ha sido un "agente económico" de la romanización.

[548] Biancardi, *La cavalleria romana* (cit.), pp. 186-188.

[549] En el siglo II d. C., las escaramuzas militares fueron hechos aislados en un imperio cuya política exterior se caracterizó por buscar y preservar la paz. Roma y el imperio van estructurando y creando un sistema "científico" y "estratégico" de sus fronteras. Edward Luttwak, en un agudo estudio, nos presenta la existencia de tres sistemas estratégicos y limítrofes del imperio, donde cada uno de ellos representa la geopolítica del poderío romano. La primera, gran estrategia del control hegemónico, corresponde al período de la dinastía Julio-Claudia, la segunda, que se desarrolla a lo largo del siglo II, es un sistema que persigue, esencialmente, el mantenimiento y la seguridad del *orbis Romanus*. El tercero, representa el bajo imperio, reflejando un letargo y sobrevivencia del imperio. Véase, E. Luttwak, *The grand strategy of the Roman Empire. From the first century A. D. to the third*, Johns Hopkins University, Baltimore-London, 1976, esp. pp. 175-181, excelente obra monográfica que explica, detalladamente, la problemática fronteriza y estratégica del imperio.

[550] S.R.F. Price, *Rituals and Power. The Roman Imperial Cult in Asia Minor*, Cambridge University, Cambridge, 1984, esp. pp. 241-244.

[551] J. Rives, "Religion in the Roman Empire", en Huskinson, *Experiencing Rome* (cit.), pp. 245-275.

Los primeros, en honor a Augusto, se desarrollaron en el mundo griego asiático[552]. Ciudades libres tomaron la decisión de instituirlo, apoyadas por el régimen imperial. En forma espontánea, con posterioridad al triunfo de Accio, se levantaron diversos altares. Es así como el 29 a. C., Pérgamo y Nicomedia solicitaron a Octavio la autorización para dedicarle un culto junto a la diosa Roma. Obviamente, en el Oriente existía una larga tradición de proclamar como dioses a sus grandes monarcas y generales. Era eso lo que pretendían con Augusto. Asimismo, el culto a la *dea Roma* era ampliamente conocido en el Mediterráneo oriental, a partir de su instauración en el siglo II a. C.[553]. El *princeps* autorizó al *koinón* de Pérgamo, la construcción de su templo y otro en honor a Roma. En el 27 a. C., la localidad de Mitilene, en Lesbos, decidió erigir también un templo a Augusto. Otras ciudades del Oriente del imperio siguieron esta iniciativa, extendiéndose en pocos años al sector occidental del *orbis Romanus*.

En las provincias occidentales[554] más romanizadas, paulatina y espontáneamente, con modalidades diversas, comenzaron a desarrollarse una serie de manifestaciones en favor de la política religiosa instaurada por Augusto. Algunos ejemplos concretos se presentan en Hispania y Galia. Así, mientras el príncipe residió en la Península Ibérica (27-24 a. C.) y al dirigir la guerra contra los cántabros desde Terragona, suscita una amplia devoción entre sus habitantes, quienes erigen un altar municipal en su honor del cual se dice que brotó milagrosamente una palmera o laurel. En Mérida hacia el 15 a. C., se construye otro altar. En dicho tiempo en los territorios imperiales[555], se honra a su espíritu protector (*genius*)[556], al poder divino vinculado a su persona, la fuerza, voluntad (*numen*) y es venerado en su calidad de hijo de Julio César "divinizado" (*Divus Iulius*).

La muerte de Augusto provoca una mayor evolución del culto organizado en las provincias de Citerior y Lusitania; será solamente con Vespasiano cuando también

---

[552] M. Sartre, *El Oriente romano* (cit) p. 108, sostiene que el culto imperial es una "invención griega"; además G. W. Bowersock, "La Grecia e le province orientali", en *Storia di Roma* (cit.), 2, II, pp. 409–432, esp. p. 413.

[553] En el 189 a. C. se creó el primer culto a la diosa Roma en Esmirna; éste se difundió velozmente levantando santuarios e instituyendo en su honor, los juegos denominados: *Roómaia*. En general, véase C. Fayer, *Il culto della Dea Roma. Origine e diffusione nell' Impero*, Trimestre, Pescara, 1976; R. Mellor, "The Godden Roma", en *ANRW*, II, 17,2 (1981), pp. 950-1030.

[554] Para el Occidente es clave D. Fishwick, *The Imperial Cult in the Latin West*, I-III, Brill, Leiden-New York, 1987-2004.

[555] Sobre el culto en Hispania cfr. R. Etienne, *Le culte impérial dans la peninsule ibérique d'Auguste à Diocletien*, E. de Boccard, Paris, 1958; Bourgeois, "El Occidente romano" (cit.), p. 247; Le Gall y Le Glay, *El imperio romano* (cit.), pp. 71-72.

[556] El *genius* se puede evocar, necesariamente, sin divinizarlo.

se instaura en la Bética. Tácito nos informa que en el año15 d. C., "se accedió a la solicitud de los hispanos para erigirle un templo en la colonia de Tarragona y con ello se dio a todas las provincias un ejemplo"[557]. Sin duda, fue Hispania quien abrió el camino en el desarrollo del culto imperial, una vez fallecido el emperador, siendo entonces, el primero dedicado al divino Augusto[558]. Tarragona[559] tomó la iniciativa que contribuyó poderosamente a su difusión en la *pars occidentis* del imperio.

Por su parte, en las tres Galias (Aquitania, Lionesa y Bélgica), Druso, el hijastro de Augusto dedicó en el 12 a. C., un altar a la *dea Roma et Augustus* en Lión[560]. Dos años más tarde, el santuario era oficialmente reconocido, coincidiendo con el nacimiento del futuro emperador Claudio (10 a. C.). Al de Lión, le sucedieron otros altares con sacerdotes y habitantes consagrados. En el ara de la colonia romana de Narbona existen testimonios epigráficos que permiten comprender el culto imperial provincial de un sector romanizado y donde se puede seguir su evolución. Un altar fue erigido en el 11 d. C. al *numen* de Augusto y restaurado por Antonino Pío después de un incendio. Los dedicantes comprenden a los magistrados y al pueblo de la colonia, incluyendo a los ciudadanos de ella, a los peregrinos locales y a los extranjeros domiciliados[561].

Una importante inscripción[562] proveniente de Gytheion, ciudad peloponesa al sur de Laconia, muestra uno de los primeros casos de difusión del culto imperial bajo el reinado de Tiberio. De hecho, los magistrados de la ciudad de Gytheion le escribieron para obtener la aprobación de un culto para honrar a su persona, a otros miembros de la familia imperial y al fallecido Augusto. La respuesta de Tiberio fue que a su antecesor estaba bien venerarlo, no así a él que todavía era un mortal. Los promotores –magistrados de la élite local de la ciudad– fueron más allá de la iniciativa e hicieron una inscripción pública en un monumento, teniendo como objetivo el beneficio directo que les traería, al vincularse y tener así una estrecha relación, aunque simbólica, con el poder central reforzando su presencia y estatus[563].

[557] Tácito, *Annales*, 1, 78, 1.

[558] Etienne, *Le culte impérial* (cit.), 355-357.

[559] Roddaz, "Hispania pacata" (cit.), p. 213.

[560] Le Gall y Le Glay, *El imperio romano* (cit.), pp. 72-73.

[561] CIL, XII, 4333; cfr., además, S. Benoist, "Las Religiones del mundo romano", en Kaplan y Richer (eds.), *El mundo romano* (cit.), pp. 193-231, esp. p. 203.

[562] SEG, XI, n. 922-923; ésta asimismo, transmite información del contenido de las ceremonias y fiestas del *princeps* difunto y de los miembros de su familia y de la actitud de los habitantes de la ciudad de Gytheion. Cfr. Benoist, "Las Religiones" (cit.), p. 224.

[563] Véase, Rives, "Religion in the Roman Empire" (cit.), p. 268, precisa que el único contexto en que los emperadores tomaban la iniciativa de organizar el culto, era a nivel provincial, a objeto de mantener un cierto control sobre ellos, donde el *princeps* no podía permitir que las autoridades de una provincia se reuniesen a entera voluntad sin supervisión del gobierno central.

En la localidad de Afrodisias[564] en 1979, fue descubierto (debajo de las casas del poblado de Geyre, Turquía), un gran santuario consagrado al culto del emperador Augusto y sus sucesores Julio-Claudios. Ha sido conocido con el nombre de Sebasteión, cuyo nombre deriva del griego *Sebastos*, equivalente al latino *Augustus*. Resultó ser un valioso descubrimiento arqueológico en este importante centro cultural, no sólo de Asia menor, sino en todo el mundo romano.

Se entiende por culto imperial[565], aquel aprobado por un *senatusconsultum* y ofrecido en forma oficial a los emperadores y a sus familiares fallecidos y divinizados. Augusto lo favoreció e incluso él mismo, abiertamente, se dejó honrar al igual que un dios, tanto en Occidente como en Oriente. En forma paulatina, esto se convirtió en un culto a través de todo el imperio, a nivel provincial y munici-

Figura 42. Vista general del Sebasteión (finales del siglo I d. C.). Situado en la parte sur-oeste de Afrodisias, se encontó un gran número de relieves, retratos, estatuas, confirmando a la ciudad como una gran escuela de escultura.

[564] Erim, *Afrodisias* (cit.), pp. 52-64; Le Glay, *Grandeza y caída* (cit.), p. 94. Rinaldi Tufi, *Archeologia delle province* (cit.), pp. 279-282.

[565] M. Clauss, *Kaiser und Gott. Herrscherkult im römischen Reich*, Teubner, Stuttgart-Leipzig, 1999. Cfr. C. Letta, "Reseña a Clauss", en *Athenaeum* 90, (2002), pp. 625-632. Para una síntesis, S. Montero, "La religión romana del Imperio", en J.M. Blázquez, J. Martínez-Pinna, S. Montero (eds.), *Historia de las religiones antiguas. Oriente, Grecia y Roma*, Cátedra, Madrid, 1993, pp. 537-616, esp. pp. 553-566. En general, ahora último I. Gradel, *Emperor worship in Roman religion*, Clarendon press, Oxford, 2002.

pal. Este emperador no impuso a ninguno de sus conciudadanos el adorarlo en vida; si bien algunas ciudades italianas o provinciales lo hicieron, más bien fue producto de un fenómeno espontáneo de agradecimiento y lealtad. El *princeps* recibió muchos sacrificios y honores por su *genius*[566] y por ser considerado *pater patriae*, pasando de este modo de la esfera privada a la pública[567].

Era legítimo y todos le rendían homenaje, en especial por haber instaurado la *pax Augusta*. Ahora bien, los *commentarii* de los Arvales (del 21 a. C. al 304 d. C.) y el *Feriale Duranum* (época de Alejandro Severo), demuestran que desde Augusto al imperio tardío, jamás se introdujeron en el culto de Estado sacrificios en honor al emperador vivo. Incluso bajo Calígula y Heliogábalo, las ofrendas permanecieron siempre destinadas al *genius* del emperador como a una entidad diferente de él[568]. Los sucesores de Augusto tuvieron una política al menos más cautelosa y prudente en la propagación del culto imperial[569]. Por ejemplo, Tiberio prohibió que a Livia, su madre, le tributaran honores en vida. Con Calígula se renueva este impulso para favorecer su propia deificación en vida, en Roma y en las provincias[570]. Tanto Nerón como Domiciano y Cómodo siguieron esta política de sentirse dioses. Lo normal era seguir la costumbre de convertirse en *divus* (divino)[571] y recibir oficialmente el culto una vez fallecido el emperador y su familia.

La apoteosis del emperador era decidida por el Senado, siendo la única forma oficial de deificación pública. Para que los *imperatores* adquiriesen la naturaleza divina, era necesario que el Senado participara activamente en ella, a través de una fórmula jurídico-religiosa en dos momentos: la *probatio* y la *consecratio*[572]. Éstas eran otorgadas y decretadas en función de las obras y méritos del emperador o de los miembros de la familia imperial. Con el decreto senatorial que confería

---

[566] C. Letta, "Novità epigrafiche sul culto del Genius Augusti in Italia", en M. G. Angeli Bertinelli y A. Donati (eds.) *Usi e abusi epigrafici*, Atti del Colloquio internz. di Epigrafia Latina (Genova, 20-22 settembre 2001), L'Erma di Bretschneider, Roma, 2003, pp. 217-236, esp. p. 221, señala que el *Genius Augusti* está ya presente en el culto de Estado con ofrendas incruentas a partir del año 30 a. C. y, a su vez, con sacrificios sangrientos, por lo menos, desde el 12 a. C.

[567] En el fondo, con Augusto se constituye una religión oficial que incluía todos los sectores del imperio. Éste y los miembros de su familia ocupan los espacios públicos y privados y concibe relaciones familiares en una perspectiva dinástica, que simbólicamente, está presente en la referencia al dios Julio (su padre).

[568] Letta, "Reseña a Clauss" (cit.), p. 627.

[569] Garnsey y Saller, *El imperio romano* (cit.), pp. 194-195, consideran que entre los productos de exportación de la urbe al imperio, lo más importante fue el culto a los emperadores, abiertamente tolerado en el mundo griego.

[570] Suetonio, *Caligula*, 22, 2-3.

[571] G. W. Bowersock, "Greek Intellectuals and the Imperial Cult in the Second Century A. D.", en O. Reverdin (ed.), *Le culte des souverains dans l'empire romain*, (Entretiens sur l'Antiquité classique, 19) Fondation Hardt, Vandoeuvres-Génève, 1973, pp. 177-212, esp. pp. 198-199.

[572] G. Bonamente, "Il ruolo del Senato nella divinizzazione degli imperatori", en J.M. Carrié y R. Lizzi Testa (eds.), *Humana Sapit, Etudes d'Antiquité Tardive offertes à Lellia Cracco Ruggini*, Brepols, Turnhout (Belgium), 2002, pp. 359-381.

divinización al emperador difunto, se procedía a la liturgia de las exequias. De esta forma, se hacía del *funus imperatorum*[573], una especie de triunfo final en el que participaban el Senado, el pueblo y el ejército. Los detalles del ritual los conocemos a través de un pasaje de Herodiano[574].

La política religiosa iniciada y potenciada por Augusto va a encontrar grandes imitadores y propulsores con Trajano, Adriano y Antonino Pío. Con ellos se consolidó la institución de la divinización e incluso se extendió a exponentes de la familia imperial[575]. El proceso de divinización imperial hizo evidente la diferenciación entre los *optimi principes* de los *mali*[576]. Letta, en su incisiva reseña a Clauss, establece una línea de demarcación sutil, pero clara, entre el culto indirecto al emperador vivo, practicado a través de su *genius* y de su *numen* y el directo al emperador fallecido, permitido sólo una vez que fuese proclamado oficialmente *divus*[577]. Ahora bien, en Roma e Italia el culto al emperador se celebraba únicamente a partir del fallecimiento de éste; en cambio en las provincias, estaba admitido honrar al emperador vivo. Debido a esto, entre otros aspectos, los provinciales construyen en forma espontánea templos, altares y realizan ceremonias y honores a los diversos *imperatores*. No hubo una imposición.

[573] En general, J. Arce, *Funus imperatorum. Los funerales de los emperadores romanos*, Alianza, Madrid, 1988. En forma particular, en J. C. Richard, "Recherches sur certains aspects du culte impérial: Les funérailles des empereurs romains aux deux premiers siècles de notre ère", en *ANRW*, II, 16, 2 (1978), pp. 1121-1134; A. Fraschetti, *Roma e il principe*, Laterza, Roma-Bari, 1990, esp. pp. 42-120.

[574] Herodiano, 2, 1-4, señala: "es costumbre entre los romanos deificar a los emperadores que han muerto dejando a sus hijos como sucesores. Esta ceremonia recibe el nombre de apoteosis. Por toda la ciudad aparecen muestras de luto en combinación con fiestas y ceremonias religiosas. Entierran el cuerpo del emperador muerto al modo del resto de los hombres, aunque con un funeral fastuoso. Pero luego modelan una imagen de cera, enteramente igual al muerto, y la colocan sobre un enorme lecho de marfil cubierto con ropas doradas, que es expuesto en alto en el atrio de palacio. La imagen refleja la palidez de un hombre enfermo. El lecho está rodeado de gente la mayor parte del día. El senado en pleno se sitúa en el lado izquierdo, vestidos con mantos negros; en el derecho están todas las mujeres a quienes la dignidad de sus maridos o padres hace partícipes de este alto honor. Ninguna de ellas lleva oro ni luce collares, sino que, vestidas de blanco y sin adornos, ofrecen una imagen de dolor. Esta ceremonia se cumple cada siete días. Cada día los médicos acuden y se acercan al lecho simulando examinar al enfermo, y cada día anuncian que va peor. Luego, cuando ven que ha muerto, los miembros más jóvenes del orden senatorial levantan el lecho, lo llevan por la vía Sacra, y lo exponen en el foro antiguo, en el sitio donde los magistrados renuncian a sus cargos".

[575] Es así, como Plotina y Matidia (mujer y sobrina de Trajano), Marcina (hermana de éste) y Sabina (mujer de Adriano) alcanzaron, entre otras, la divinización. Cfr. Bonamente, "Il ruolo del Senato nella divinizzazione" (cit.), p. 373. Ahora último, M. J. Hidalgo de la Vega, "La importancia de las princesas imperiales en el culto imperial. Su imagen pública", en *Mediterraneo Antico (ESC)*, 6/1 (2003), pp. 393-407.

[576] Tradicionalmente a los *optimi imperatores* el Senado decretaba divinizarlos, a los *mali*, se les aplicaba la *damnatio memoriae*.

[577] C. Letta, "Il culto pubblico dei Lares Augusti e del Genius Augusti in una dedica metrica da Acerrae", en *RCCM*, 44 (2002), pp. 35-43, precisa que al menos en Italia, la presencia en santuarios dedicados al *Genius Augusti* y a los *Lares Augusti* debe, probablemente, explicarse no como un culto directo de los *Caesares* divinizados en vida, sino más bien, como un culto de su *Genii*; Id., "Reseña a Clauss" (cit.), p. 628.

Figura 43. Estatua de Augusto de la vía Labicana, representado como pontífice máximo (12 a. C.) con una amplia toga que envuelve la cabeza y con una postura sacra. (Roma, Museo Palacio Massimo junto a las Termas).

Figura 44. Relieve de la apoteosis de Antonino Pío y Faustina, conducidos al cielo por el genio alado de Aión (símbolo de la eternidad), además de la presencia de la dea Roma. Base de la columna de Antonino. (Roma, Museo Vaticano).

10.1 EL CULTO A LA DIOSA ROMA

El modelo de Augusto es seguido por Adriano, retomando con una perspectiva uniformadora las prácticas del culto imperial en la urbe y en las provincias. Augusto eligió a la *dea* Roma como compañera para su culto provincial; sin embargo, esta diosa no tendrá un verdadero culto en la *Urbs* antes de Adriano, el cual surge en el marco de las celebraciones del aniversario 800 de la fundación de la ciudad, el 21 de abril, en la fiesta de los parilia[578]. Desde la dinastía de los Antoninos, sobre todo con Adriano, comienza a difundirse la idea de la eternidad de Roma y del imperio. Este monarca, en torno al 128, instaura y oficializa el culto de *Roma aeterna* en la colina de Velia, simbolizando que la urbe rige los destinos del mundo por voluntad divina[579].

La divinización de Roma, desconocida en la religión romana antes de Adriano, es atribuida al mundo greco-helenístico. Tuvo su génesis en el Oriente, en época

[578] M. Bear, M. North y S. Price (eds.), *Religions of Rome, vol. I. A history*, Cambridge University, Cambridge, 2002, esp. pp. 257-259.

[579] F. Hubeñak, *Roma. El mito político*, Ciudad Argentina, Buenos Aires, 1997, esp. p. 179.

republicana, cuando las ciudades griegas deseaban agradecer a Roma, erigiendo templos y altares. El primero de estos edificios lo hace Adriano, construyendo un santuario en honor de Venus y Roma. Desde sus orígenes, el culto a la diosa Roma posee un significado no sólo religioso, sino también político. La edificación de templos, la institución de los colegios sacerdotales y las fiestas en honor a la divinidad son hechos concretos. En las provincias comienzan a construirse una serie de lugares consagrados a esta deidad que simboliza la abstracción y la potencia de la ciudad en expansión y a la persona del emperador vivo, representando el cargo y la figura imperial.

Permanecen todavía interrogantes difíciles de responder relativas a la naturaleza del culto imperial. Esto se debe, entre otras causas, a la "ambigüedad"[580] conscientemente mantenida por Augusto y sus sucesores. En las provincias, ciertas tradiciones regionales podían admitir el carácter de *divus* del *princeps* en vida; sin embargo, en la tradición y en la constitución romana no existía tal postura. El *imperator*, con un decreto del Senado, era divinizado una vez fallecido. Cabe preguntarse hasta dónde podían llegar las iniciativas autónomas y espontáneas de las comunidades en su interés por honrar a un emperador vivo o muerto y qué sucedía con los pequeños cultos locales ya establecidos en las provincias.

10.2. El fenómeno de la *interpretatio*

El proceso de romanización provincial fue logrando progresiva y naturalmente, con diferencias regionales y cronológicas, un fenómeno de "sincretismo" entre la religión oficial y las religiones locales. Los pueblos nativos adoptaban los cultos romanos y éstos, a su vez, reconocieron a algunas de las divinidades del lugar que eran asimilables a sus propios dioses. A este fenómeno se le denominó *interpretatio*[581] y se produjo en un doble sentido: la romanización de dioses locales que pasaron a integrar la órbita de las divinidades romanas y la aceptación de las

---

[580] Letta, "Reseña a Clauss" (cit.), p. 629, precisa que en la organización del culto provincial, a partir de Augusto, el emperador jugó un rol repulsor directo: no es casualidad que se eligiera la fórmula de un culto asociado de *Roma et Augustus* (con Augusto, formalmente, en segundo lugar). Esto atenuaba el carácter personal del culto, porque el príncipe figura como el máximo representante del poder de Roma: el único detentor del *imperium* pleno.

[581] En particular, sobre la *interpretatio*, véase M. Mayer, J. D'Encarnaçao y J. Cardim Ribeiro (eds.), *Divinidades indígenas e Interpretatio romana*, II Coloquio Internacional de epigrafía, culto e sociedade, Sintra, 1995; F. Marco, "Integración, *interpretatio* y resistencia religiosa en el Occidente del imperio", en Blázquez y Alvar (eds.) *La Romanización* (cit.), pp. 217-238; J. Webster, "Interpretatio: Roman word power and the Celtic gods", en *Britannia*, 26 (1995), pp. 153-161; D. B. Saddington, "Roman soldiers, local gods and interpretatio romana in Roman Germany", en *AC*, 42 (1999), pp. 155-199; C. Ando, "Interpretatio Romana", en *CPh* 100/1 (2005), pp. 41-51.

deidades romanas bajo una apariencia local[582]. Conceptos como los de "reciprocidad", "tendencia a la unificación", "enriquecimiento mutuo", "sincretismo", entre otros, caracterizan y definen el fenómeno de la *interpretatio*[583]. En cierta medida, este suceso religioso natural y progresivo salvaguardó los cultos y rituales de cada lugar. Roma fue abiertamente flexible con esas divinidades[584]. El sustrato nativo no desapareció, sino que convivió en conjunto con el romano.

Una de las zonas más estudiadas ha sido la Galia, en la cual se desarrolló una fuerte atracción por el modelo de vida romano que se caracterizó por el respeto y la tolerancia hacia los cultos locales[585]. No obstante, permanecen ciertas ambigüedades acerca del fenómeno de la *interpretatio,* puesto que su vinculación con el culto imperial era compleja. Un punto medular radica en el hecho de que, si bien las prácticas religiosas imperiales y otros rituales romanos menores se propagaron con mucha mayor vitalidad en el Occidente que en el Oriente, aquellos cultos no borraron del todo la veneración a las deidades lugareñas[586]. J. Rives ha observado que el mantenimiento de estas prácticas en las provincias, constituye un hecho propio de la idiosincrasia de las sociedades nativas, que llegó a ser una característica de la etnia local y de su identidad política. Esto no significa que los cultos originarios permanecieron incólumes sino que se fueron transformando, cada vez más, en romanos[587].

---

[582] Montero, "La religión romana" (cit.), pp. 550-553.

[583] Por ejemplo, la *interpretatio* romana en Galia atribuyó múltiples apelaciones a dioses como Mercurio, al que se le rindió culto como dios de las técnicas y el comercio; a Marte, como protector de enfermedades y de los demonios; a Júpiter, que mereció veneración en todas partes. En África se observa una situación similar como en general, en el sector occidental del imperio. Por su parte, en las "interpretaciones provinciales", los dioses llevaban un nombre romano, manteniendo sus características esenciales originales; véase, Marco, "Integración" (cit.), pp. 224-226. Una esquematización en O. Wahell, *Atlas histórico de la Roma clásica*, Acento, Madrid, 2002, esp. pp. 187-192.

[584] Clarificador a fines del siglo II d. C. es el pasaje de Minucio Felix, *Octavius*, 6, 2, al señalar: "de aquí viene que en la totalidad de los imperios, de las ciudades veamos a cada grupo humano poseer sus ritos nacionales (*ritus gentiles*) y honrar a dioses municipales (*deos municipes*): así los eleusinos adoran a Ceres, los frigios a la Madre de los dioses, los epidaurios a Esculapio, los caldeos a Bel, los sirios a Astarté, las gentes de la Táuride a Diana, los galos a Mercurio, los romanos a la totalidad de ellos".

[585] C. Letta, "Administración romana y cultos locales en la edad imperial: el caso de Galia", en *Semanas de Estudios Romanos*, 3-4 (1984), pp. 167-186 (= ahora en *RSI*, 96/2 (1984), pp. 1001-1024), es convincente al afirmar cómo la mayoría de la aristocracia gálica y de los druidas adhirió a Roma en la asamblea de Reius, destituyendo la hipótesis del presunto resurgimiento de druidas y de sus tradiciones en el siglo III d. C., del "renacimiento céltico" en sentido nacional y anti romano. También, Marco, "Integración" (cit.), p. 232.

[586] Tácito, *Germania*, 43, 4, señala que: "en el territorio de los naharvalos (un pueblo germánico independiente) es notorio un bosque perteneciente a una añeja religión. La preside un sacerdote con atavío femenino, pero, según una interpretación romana, recuerdan a los dioses Cástor y Pólux".

[587] Rives, "Religion in the Roman Empire" (cit.), pp. 269-275. Por otra parte, este autor se cuestiona el problema de las tradiciones religiosas locales y de la *interpretatio romana* en el sentido de cuál era el significado para algún miembro provincial del imperio, invocar una deidad local bajo la terminología romana. Por ejemplo, en la Galia al tomar el caso del dios Marte era común agregar el nombre de una divinidad local: *Mars Albiorix, Mars Belado, Mars Camulus* y cientos otros. Se procura no hundir las tradiciones autóctonas bajo la romana, sino más bien, se produce una mezcla y asimilación más compleja y de apropiación de nuevos cultos

10.3. LAS ASAMBLEAS PROVINCIALES: *CONCILIA* Y *KOINÁ*

Los diversos consejos organizados en torno al culto imperial tuvieron importantes funciones en la representación y defensa de la identidad y los intereses de cada provincia. Por ello, no solamente los sacerdotes (*sacerdos*) de los *concilia* y *koiná* se limitaban a las obligaciones propias del culto, sino también, en muchos casos, defendieron los intereses de la comunidad entera transformándose en sus portavoces, con una llegada casi directa al emperador.

Sin duda, son los notables locales que, elegidos como sacerdotes, comenzaron a desarrollar un activo y contagioso proceso de integración romano-provincial, culminando en una romanización de las élites provinciales, como ha sido estudiado exhaustivamente por M. D. Campanile respecto de la zona de Asia[588]. Este patrón se fue estructurando en forma espontánea y logró ir unificando el imperio[589]. Por ejemplo, en el Oriente, como resultado de su larga historia, tradición y urbanización, las asambleas existían con antelación al dominio romano. A partir de éste, sólo cambia su fisonomía y funciones al adaptarse a otra realidad. Por su parte, en el Occidente, los *concilia* surgen a partir de un fuerte impulso imperial, convirtiéndose en relevantes medios de romanización.

10.4. EL CULTO: UNA FORMA DE ROMANIZACIÓN

El culto al emperador fue un fenómeno social-religioso muy vigente en el alto imperio, donde se demostraba la lealtad al poder de Roma, pues los distintos *imperatores* simbolizaban y encarnaban el dominio y la fuerza de la *Urbs*[590]. Así, el *princeps* deificado era como un "faro"[591] que servía de referencia, apoyo y

---

que, simultáneamente, eran locales y romanos. Cfr. además, C. Letta, "Postille sulle iscrizioni della dinastia Cozia", en *Bimillenario dell'Arco*, Atti del convegno (2-3 ottobre 1992), Segusium, Società di ricerche e studi Valsusini, Susa 31 (1994), pp. 115-127, esp. p. 118.

[588] M. D. Campanille, *I sacerdoti del Koinón d´Asia (I sec. a. C. - III sec. d. C.) Contributo allo studio della romanizzazione delle élites provinciali nell´Oriente greco*, Giardini, Pisa, 1994; Ead, "I sommi sacerdoti del Koinón d´Asia: numero, rango e criteri di elezione", en *ZPE*, 100 (1994), pp. 422-426; Ead, "Note sullo studio delle élites locali nelle province orientali in età romana", en *RCCM*, 45 (2003), pp. 307-316.

[589] Si bien todavía permanecen algunas dudas sobre los consejos provinciales en cuanto al número que variaba de una provincia a otra, la forma de elección de los sacerdotes, sus funciones políticas y cívicas, además de la religiosa encargada del culto al emperador, los *concilia* en su conjunto se transformaron en activos agentes romanizadores.

[590] En una posición más crítica, Garnsey y Saller, *El imperio romano* (cit.), p. 196 y p. 236, advierten que el culto se instaura en las provincias recién conquistadas más que en las romanizadas, significando con ello que el culto provincial al emperador, fue utilizado en sus comienzos como instrumento a favor del poder militar y político romano. No obstante, creemos que la difusión masiva del culto y del interés de la aristocracia local por ello, acompañado por la población común, representaban un agente primordial de romanización.

[591] Montero, "La religión romana" (cit.), p. 566.

protección a la supremacía romana. A su vez, el culto era un elemento de unidad, consenso e identidad de las provincias. En todos los rincones del *orbis Romanus* se realizaban casi los mismos actos, homenajes y ceremonias, encarnados en el modelo del emperador. Por lo mismo, K. Hopkins ha destacado el carácter integrador de estas prácticas, particularmente en un imperio tan vasto, con pueblos y culturas diversas[592]. No debemos olvidar que Roma nunca lo impuso, sobre todo, en los primeros momentos y, por ello, las manifestaciones públicas libres de los ciudadanos fueron demostraciones de lealtad hacia el emperador[593]. Dentro de este marco, los juramentos de fidelidad en la entronización de los gobernantes o en el momento de la incorporación de una nueva provincia, reflejaban actos de la comunidad en honor al *princeps*.

Retrospectivamente, la relevancia de la política religiosa de Augusto, sumada a una masiva difusión del culto imperial, en especial en el Occidente, donde no existía esta tradición, fue un significativo factor de romanización. Los pueblos sometidos al dominio de la *Urbs,* eran propensos a demostrar su adhesión y lealtad a la presencia romana en el marco de este culto. Templos, altares, sacrificios y sacerdotes dedicados al emperador, son pruebas concretas de uniformidad en el imperio; estas celebraciones originan manifestaciones y fiestas comunes en honor de los *imperatores*[594]. Comienza a germinar una conciencia e identidad colectiva de los provinciales con un alto grado de devoción hacia la imagen del gobernante. Si bien los ritos varían en las diversas provincias[595] y ciudades, de hecho van produciendo un fenómeno de reconocimiento al monarca. La extensión de estas ceremonias a la persona del emperador, especialmente a los *optimi principes*, debemos concebirla como elemento esencial en la cohesión imperial.

En suma, el culto tuvo una triple misión, política, religiosa y social, puesto que expresaba la representación del poder y su legitimación; otorgaba una cohesión a la sociedad romana en torno a la figura del emperador y ejerció un control ideológico[596]. De la misma forma, ocupó un lugar destacado en el conjunto de agentes al servicio de la dominación romana, difundiendo la ideología imperial, siendo un instrumento facilitador de la *pax*, aunando la lealtad de los súbditos y

---

[592] K. Hopkins, *Conquistadores y Esclavos*, Península, Barcelona, 1981, esp. pp. 231-279.

[593] Sartre, *El Oriente romano* (cit.), p. 108.

[594] A medida que surgían las nuevas provincias, el culto imperial se instaló siguiendo el mismo "modelo" y, por cierto, los honores y fiestas ofrecidas a los emperadores, si bien poseían patrones comunes, podían variar entre las provincias. Particularmente, para la zona oriental del imperio, cfr. Ibid, pp. 114-118.

[595] M. Sartre, "Les manifestations du culte impérial dans les provinces syriennes et en Arabie", en Eversy y Tsingarida (eds.), *Rome et ses provinces* (cit.), pp. 167-186.

[596] Hidalgo de la Vega, "La importancia de las princesas" (cit.), p. 394.

estableciendo vínculos de fidelidad directa entre los emperadores y los miembros del *orbis Romanus*. Para la élite local –magistrados y funcionarios del culto– fue un motivo de acercamiento directo con el poder y la familia imperial conformándose un verdadero "clero"[597]. Por ello, este ritual concebido como religión oficial del Estado, a través de su masiva difusión, se constituyó en un poderoso factor integrador entre los súbditos del imperio y la figura y accionar de los diversos emperadores.

11. La vida urbana

Si para los griegos las *poleis* fueron concebidas como su hábitat natural, modelo de vida civilizada, socializada y la más útil y mejor, los romanos no fueron diferentes y siguieron esa modalidad. Uno de los aspectos medulares que caracterizaron a la cultura grecorromana en todo su desarrollo histórico, fue su vida desarrollada y comunitaria, agrupados en conglomerados urbanos. De esta manera, la ciudad, es decir, la "célula del imperio" era entendida en su conjunto como un centro jurídico-administrativo, económico-social, religioso-cultural y, paralelamente, como el símbolo mismo que propaga la imagen, el dominio y la presencia de Roma[598]. Tal vez por ello, el proceso de urbanización es considerado el procedimiento más íntegro y potente de la romanización[599], puesto que promueve a las provincias y ofrece el *ius Latii* y la *civitas Romana*. Los testimonios de la *Romanitas* repartidos por todo el imperio están presentes en las construcciones de edificios, en las inscripciones en latín, en el sincretismo religioso y en el sistema de centuriaciones del agro romano, entre otros casos.

Es en las ciudades donde se desarrolla la actividad política como sede privilegiada de los *cives*, fuera de ellas no existe representación política ni romanización. Así, la expresión más significativa de la vida en común de los habitantes del *orbis Romanus*, se lleva a cabo en las grandes asambleas políticas en las cuales se

[597] Sin duda, la introducción y difusión del culto imperial y de los sacerdocios correspondientes (*sacerdos, flamen, augustalis*) vinculados estrechamente a la adoración y servicios del *princeps*, generaron un clero religioso con fuertes lazos entre los emperadores y los notables locales. Muchos de ellos honrados con estos cargos, llegaron a constituirse en factores esenciales en cuanto a expresión de la progresiva integración de las ciudades en el imperio.

[598] Véase la interesante síntesis de L. Cracco Ruggini, "La città imperiale", en *Storia di Roma*, IV (cit.), pp. 201-266.

[599] M. Rostovtzeff, *Historia social y económica del imperio romano*, I, Espasa Calpe, Madrid (1927), 1981⁴, esp. pp. 261-282, señala que la urbanización del imperio fue, cuando menos, "el factor principal y la manifestación más evidente de este proceso. Hubo un rápido y sorprendente desarrollo, sin precedentes, del comercio, la industria y la agricultura; el incremento constante del capital acumulado en las ciudades otorgó un impulso vivo al florecimiento de la vida urbana en todo el imperio".

expresa la "identidad de los ciudadanos"[600]. Estas asambleas tuvieron funciones legislativas, electorales y judiciarias; la comunidad también participaba en la administración, teniendo, entonces, una vía directa con el poder central.

El período del alto imperio fue fundamental en el desarrollo e intensificación de la vida urbana. Los centros creados por Julio César y por Octavio Augusto, la fundación de nuevas colonias y la difusión del régimen municipal en las provincias occidentales y en los sectores recién anexados, contribuyeron enormemente a este proceso urbanizador[601]. En la franja costera del Mediterráneo, se logró un grado de urbanización sin precedentes[602]; no obstante, el masivo proceso colonizador griego (750-550 a. C), que tuvo como característica esencial establecerse en zonas costeras. Más aún, una de las grandes diferencias de la colonización romana con la helénica, fue que ésta sólo colonizó las costas del Mediterráneo, la mayoría de las veces sin incursionar al interior. En cambio, Roma con su modelo urbano, se difundió más allá de las zonas ribereñas, sobre todo en el Occidente y en el interior del continente europeo; territorios que a juicio de los griegos eran la "barbarie".

Las ciudades nuevas o renovadas –dotadas de una adecuada autonomía económica y administrativa, vinculadas entre ellas y con Roma–, tenían una eficiente red de comunicaciones y contribuían al desarrollo de la actividad agrícola, industrial y cultural de las provincias. En la ciudad, sus miembros perdían la connotación individual para uniformarse en los modos de vida y en la legislación, es decir, eran orientados hacia una mentalidad romana expresada en la civilización[603]. Sevilla, Tarragona, Lión, Nîmes, Timgad, Djemila, Bonn, Colonia y muchas otras, testimonian este proceso de urbanización.

La romanización va desarrollándose a través de una urbanización progresiva y, a partir de los dos primeros siglos, se incrementó de manera notable el número de ciudades consideradas como el mejor medio de la acción civilizadora de Roma. Una multitud de ellas estaban al servicio del imperio, en el sentido de que conformaban un todo y estaban interconectadas. Se gobernaban a sí mismas y poseían autonomía interna y obligaciones[604]. Entre algunas funciones imperiales estaba el reclutamiento de contingentes militares, la administración de la justicia,

---

[600] P. F. Porena, "Forme di partecipazione politica cittadina e contatti con el potere imperiale", en Amarelli (ed.), *Politica e participazione* (cit.), pp. 13-92.

[601] C. González Román, *Roma y la urbanización de Occidente*, Arco Libros, Madrid, 1997, esp. pp. 42-46.

[602] Hopkins, "La Romanización" (cit.), p. 27.

[603] En particular, para el caso de las ciudades privilegiadas en el Occidente y en Hispania, véase J. González, *Ciudades privilegiadas en el Occidente Romano*, Diputación y Universidad de Sevilla, Sevilla, 1999.

[604] P. Perkins y L. Nevett, "Urbanism and urbanization in the Romand world", en Huskinson, *Experiencing Rome* (cit.), pp. 213-244.

la realización de censos y la materialización de los valores culturales y religiosos (culto imperial) que permitían su cohesión[605].

La política humanitaria del evergetismo[606] estaba, asimismo, en el centro de interés de la vida municipal y por ello los emperadores, en particular Adriano y Antonino Pío, se preocuparon activamente de impulsar tal política[607].

Desde un ámbito urbanístico-monumental[608], las capitales de las unidades administrativas estaban equipadas, en gran parte, con el mismo tipo de monumentos romanos. Los planos cuadriculados organizaban una red de calles en dirección norte-sur (*cardines*) y este-oeste (*decumani*) que tenían en su centro un

Figura 45. Vía y parte de los restos de la ciudad romana de Timgad (Argelia), fundada en el 100 d. C. Se observa su buen empedrado que conduce al arco de Trajano.

[605] González Román, *Roma* (cit.), p. 77; cfr., a su vez, Hopkins, "La Romanización" (cit.), p. 33.

[606] En la cultura del evergetismo se entiende que "todo miembro de la aristocracia municipal está obligado, por una especie de moral de clase, a la munificencia con sus ciudadanos", cfr. P. Veyne, *Il pane e il circo. Sociologia storica e pluralismo politico*, Il Mulino, Bologna, 1984. También, Jacques, *Le privilège de liberté* (cit.), pp. 699-712; Jacques y Scheid, *Roma e il suo impero* (cit.), pp. 416-424.

[607] Si tomamos el ejemplo de Antonino Pío, éste, además de fomentar el evergetismo, se preocupó de: *congiarium, donativum, alimenta y opera*. En particular, S. Segenni, "Antonino Pio e le città dell'Italia (Riflessioni su HA., v. Pii, 8, 4)", en *Athenaeum*, 89 (2001), pp. 355-405, quien explica la atención que el emperador dedicó a los problemas de la vida municipal en Italia.

[608] El caso de Hispania ha sido uno de los más estudiados, véase S. Keay, "Innovation and adaptation. The contribution of Rome to urbanism in Iberia", en B. Cunliffe y S. Keay (eds.), *Social complexity and the development of towns in Iberia. From the cooper age to the second century AD.*, Proceedings of the British Academy-86, Oxford University, Oxford, 1995, pp. 291-337.

foro, normalmente flanqueado por una basílica, templos, anfiteatros y un teatro separado. Más allá de los límites de la ciudad, a lo largo de las vías principales, se encontraban algunos cementerios y mausoleos pertenecientes a los notables. La cultura material de los centros urbanos romanos, era similar dentro del imperio[609]. Con la *pax Augusta* se propagó un "gusto unitario", análogo en todas las grandes ciudades del *orbis*; en el ámbito de las artes decorativas, estatuas de bronce, retratos y construcciones funerarias[610].

Los ejemplos provenientes de Hispania, en el caso de los monumentos funerarios de las élites locales, están bien documentados. En la zona oriental de la Citerior y la Bética, se localiza el mayor número de sitios conservados; poca información existe en la Lusitania. En general, las construcciones funerarias a través de su monumentalidad y ornamentación pretenden dar una imagen de clase,

Figura 46. Mausoleo de Fabara (Zaragoza). Destacado monumento funerario de las élites locales (finales del siglo I d. C.), demostrando la fuerte romanización de la aristocracia en la Península Ibérica.

---

[609] Woolf, "Beyond Romans" (cit.), p. 343; Id., *Becoming Roman* (cit.), pp. 112-126; Cortés, *Polis Romana* (cit.), pp. 423-428.

[610] W. Trillmich, "Il modello della metropoli", en J. Arce, S. Ensoli y E. La Rocca (eds.), *Hispania Romana. Da terra di conquista a provincia dell' Impero*, Electa, Milano, 1997, pp. 131-141, esp. pp. 134-136.

de prestigio y de identidad[611]. Se perpetúa la memoria del difunto, se enaltece y engrandece su imagen como miembro de la élite, evidenciando su estatus social, prestigio y dignidad como notable.

11.1. LA CIUDAD DE ROMA: FOCO DE ROMANIZACIÓN

Si la atracción magnética de Roma era enorme y de incalculables dimensiones para sus habitantes[612] y toda clase de extranjeros y visitantes, más aún lo fue la fuerza del poder civilizador de la *Romanitas*. De este modo K. Hopkins considera a la *Urbs* como uno de los principales agentes de romanización: la ciudad tenía un ostentoso modo de vida entre las clases consumidoras del imperio y, en la imaginación popular, Roma era percibida como "centro de extravagancia y pecado"[613].

La irradiación que emanaba de Roma y la atracción que despertaba, la convirtió en cosmopolita y seductora. La *Urbs* vivió su *belle époque*, atrayendo una cantidad inmensa de inmigrantes, comerciantes, viajeros, campesinos, gente de todo tipo y de color (negros)[614], sin olvidar la enorme presencia de esclavos. En el imaginario[615] colectivo se fue construyendo una aureola dorada, cautivadora y mítica de la capital imperial. Sin embargo, la vida de muchos inmigrantes fue dura, difícil y penosa e incluso atraídos por la promesa que encerraba la ciudad, "encontraron allí la muerte"[616]. Así, también los pobres[617] –como en toda época histórica–, vivían en la periferia de la ciudad, en situaciones económicas desastrosas, con una deplorable calidad de vida, alimentación e higiene y pululaban por las calles.

¿Dónde residía la fuerte atracción que ejercía Roma sobre los habitantes de Italia y de las provincias? Por lo pronto, para los grupos aristocráticos era la sede del poder político, del emperador y de la corte donde podían lograr privilegios y

---

[611] M. L. Cancela Ramírez, "Los monumentos funerarios de las élites locales hispanas", en Navarro Caballero y Demougin (eds.), *Élites Hispaniques* (cit.), pp. 105-120. La autora concluye que todos los monumentos se integran en las corrientes generales que caracterizan la arquitectura romana del imperio, estando representados la mayor parte de los tipos funerarios que se repiten en Roma y en las provincias.

[612] Una actualizada visión en N. Purcell, "La ciudad de Roma", en Jenkyns (ed.), *Legado* (cit.), pp. 374-401.

[613] Hopkins, "La Romanización" (cit.), p. 28.

[614] A. Giardina, "Introduzione", en Id. (ed.), *Roma Antica. Storia di Roma dall'antichità a oggi*, Laterza, Roma-Bari, 2000, pp. V-XXXI, esp. p. VIII.

[615] C. Edwards, "Imaginaires de l'image de Rome ou comment (se) représenter Rome?", en C. Auvray-Assayas (ed.), *Images Romaines*, École Normale Supérieure, Paris, 1998, pp. 235-244.

[616] Hopkins, "La Romanización" (cit.), p. 28. Importante estudio en A. Scobie, "Slums, sanitation and mortality in the Roman world", en *Klio*, 68 (1986), pp. 399-433.

[617] C. R. Whittaker, "El pobre", en Giardina (ed.), *El hombre* (cit.), pp. 319-349.

beneficios. Estando cerca del *princeps* era más fácil obtener algún nombramiento o ciertos favores. Era el centro económico y la dueña del mundo, victoriosa y no una metrópolis aislada. Para su abastecimiento y disfrute, disponía de una red entrelazada de ciudades y puertos del Mediterráneo que la comunicaban con las diversas regiones del orbe, especialmente en el Occidente[618]. Roma aprovechó los recursos provenientes de todo el imperio[619] y estructuró una trama de ciudades costeras (Alejandría, Antioquía, Cartago) que beneficiaban con su comercio a la capital[620].

Desde el punto de vista económico, más que un centro de producción, Roma era, esencialmente, una ciudad "consumidora"[621]. Para algunos estudiosos del tema, este excesivo consumismo era visto como un mal para el potencial crecimiento de la economía romana que estaba dedicada sobre todo a la agricultura. La aristocracia terrateniente y urbana, consumían su riqueza en vez de invertirla[622]. De ahí surge, en cierta medida, la noción de los modernos inventores de la tesis de la "ciudad parásito"[623]. Según Lelia Cracco Ruggini, el mérito de la interpretación consiste en reconocer como peculiaridad central de la ciudad antigua su carácter económicamente homogéneo, respecto del espacio agrario que la circunda; además, de la compenetración y la sustancial afinidad de intereses entre los grupos urbanos y rurales[624].

Las construcciones, la obra de mano y el trabajo, en general, eran otros focos de interés para trasladarse a vivir en la metrópoli imperial. Grupos que se destacaban en la manufactura de materias primas, como las alimenticias; otros dedicados a productos de exportación, talleres de fabricación de ladrillos, artesanos y una

---

[618] J. Rougé, "Transports maritimes et transports fluviaux dans les provinces occidentales de l' Empire", en *Ktèma* 13 (1988), pp. 87-93.

[619] Garnsey y Saller, *El imperio romano* (cit.), p. 74.

[620] Hopkins, "La Romanización" (cit.), pp. 28-29.

[621] La idea de Roma como ciudad de "consumo" es totalmente moderna. Sus propios habitantes ni siquiera concebían una situación así y Roma podía abastecerse y sobrevivir por sí. Cfr. la descripción que hace Plinio el Joven, *Panegírico a Trajano*, 31, sobre la contingencia y el entredicho con Egipto; en el sentido de que Roma puede vivir o subsistir sin la ayuda de Egipto, pero no a la inversa. En general, sobre la ciudad de "consumo", véase, M. Finley, "La ciudad antigua: de Fustel de Coulanges a Max Weber y más allá", en Id., *La Grecia Antigua. Economía y Sociedad*, Crítica, Barcelona, 1984, pp. 35-59, esp. pp. 56-57.

[622] Garnsey y Saller, *El imperio romano* (cit.), p. 67.

[623] Asimismo, fue llamada ciudad de "consumo" y de "rentistas". A propósito de la relación ciudad-territorio, no debe ser entendida como aspectos separados y opuestos, sino más bien en calidad de entidades diferentes que pueden ser vinculadas y relacionadas como un todo. El elemento básico de la ciudad (sea griega o romana), es la unidad de la ciudad y el campo y, la ciudad sin el territorio, era un fenómeno "raro". Cfr. Finley, "La ciudad antigua" (cit.), p. 38; P. López, "La relación ciudad-campo: revisión", en *Veleia*, 6 (1989), pp. 111-133.

[624] Cracco Ruggini, "La città" (cit.), esp. p. 257, la autora, citando a Estrabón, *Geografía*, 4, 1, 5, 180c, considera que la ciudad fue un "coágulo de vida social" intrínseco al desarrollo de la vida agrícola en el umbral del Imperio.

masa trabajadora en el puerto de Ostia, hacían de una parte de los habitantes de Roma el proletariado urbano, un conglomerado no tan ocioso como se pensaba[625]. Obviamente, las importaciones eran muy superiores a las exportaciones; la producción de la *Urbs*, como señalamos, era reducida en comparación con la diversidad de bienes que llegaba a ella desde todo el mundo.

Asimismo, fue vista como un foco de socialización, un punto de encuentro con los amigos en el foro, bajo los pórticos de las plazas públicas, en las termas o en las respectivas casas[626]. Al romano le gustaba convivir con el otro, siempre y cuando perteneciera a su mismo orden o grupo social. El compartir con los amigos conversando, les provocaba un placer muy especial[627]. Marcial describe que los ciudadanos medios y pobres de Roma, iban incluso a las letrinas públicas donde "se citaban, charlaban o acudían para ver si alguien los invitaba a comer"[628]. La conversación entre amigos los cautivaba; el hecho de poder intercambiar ideas, preocuparse por los problemas políticos o a veces por las grandes reflexiones filosóficas, hacía que para estos ciudadanos fuera una urbe fascinante, llena de oportunidades y la disfrutaban al máximo. La fuerza, la irradiación y el modelo que proyectaba Roma, eran exuberantes y espectaculares: difunde e impone su modo de vida y cultura; ejerce un peso sobre el resto de las ciudades y pueblos, generando una suerte de homogenización[629].

Igualmente, la ciudad fue foco de críticas severas. En las *Satirae* de Juvenal –quien escribe entre los gobiernos de Trajano y la mitad de Adriano–, se muestra una determinada calidad de vida de los habitantes de la urbe. Sus escritos son una viva y continua censura a la sociedad y a las costumbres, donde polemiza e ironiza a base de argumentos moralísticos. Esta misma molestia impide al poeta referirse a lo placentero y beneficioso de poder vivir en Roma, a su fuerza y atracción. No obstante, a pesar de los reproches que hace a la ciudad, este escritor de origen humilde, paradógicamente nunca la abandonó[630]. El cuadro y el ambiente que

---

[625] F. Kolb, *La ciudad en la antigüedad*, Gredos, Madrid, 1992, esp. p. 163, destaca que la idea ampliamente extendida de un "proletariado urbano ocioso en su mayor parte es falsa".

[626] P. Grimal, *La civilización romana. Vida, costumbres, leyes, artes*, Paidos, Barcelona, 1999, esp. pp 251-253.

[627] Robert, *Los placeres* (cit), p. 73.

[628] Marcial, 11, 77, 1-3. Desde el punto de vista arquitectónico, no debemos despreciar estos baños públicos, pues gozaban de comodidades y estaban decorados con gran prodigiosidad; tenían asientos de mármol y esculturas, donde los ciudadanos encontraban un ambiente grato para la conversación. Cfr. Carcopino, *La vida cotidiana* (cit.), pp. 65-66.

[629] Trillmich, "Il modello della metropoli" (cit.), pp. 131-141.

[630] M. Cubillos, "Por una historia de la ciudad antigua. Barrios populares y morfología de la ciudad romana según Juvenal (I-II d. C.)", en *Anuario*, 5 (1999), pp. 9-32.

Figura 47. Termas de Adriano en Afrodisias. Vista general del conjunto simétrico, ejemplo del modelo romano que se extiende por el imperio.

nos presenta la fuente, corresponde a una crítica desmedida de lo que significa vivir en una urbe inmensa, poblada y llena de incomodidades. Por ejemplo, las dificultades y penurias de vivir en la capital en comparación con la vida placentera de los provinciales; el alto precio de habitar en ella; los peligros e incendios; la gente de malas costumbres y los objetos que caen desde las ventanas.

La multitud, la pobreza, los borrachos y pendencieros son parte de las descripciones de Juvenal[631]. Recomienda, entonces, por estos motivos y algunos otros, abandonar Roma y habitar en aldeas agrícolas y en municipios. Estas palabras debemos tomarlas con mucha cautela, ya que hay una exageración, una antipatía y una reacción molesta[632]. Su obra es una protesta airada por una serie de inconvenientes y peligros de la vida metropolitana que fue común en otros escritores satíricos de la época adrianea; en el fondo, es una oposición hacia el imperio y sus emperadores[633].

[631] Juvenal, *Sátira* III.

[632] Una explicación en M. A. Levi, *Adriano. Un ventennio di cambiamento*, Rusconi, Milano, 1994, esp. pp. 175-183. Sin duda, la poesía de Juvenal constituye un singular e importante documento para el conocimiento de diversos aspectos de la vida social romana en el siglo II. Cfr. también, Kolb, *La ciudad* (cit.), pp. 162-163.

[633] I. Ramelli, "L'opposizione all'impero in Giovenale", en M. Sordi (ed.), *L'opposizione nel mondo antico*, CISA, 26, Università Cattolica Sacro Cuore di Milano, Milano, 2000, pp. 195-214.

Justamente, las apreciaciones de los propios contemporáneos que muestran una parte de la realidad de la ciudad, incentivó la atracción cautivadora de la urbe. Agreguémosle a esto las excentricidades de todo tipo, espectáculos diversos, placeres sexuales, exquisiteces culinarias y en teoría un éxodo campo-ciudad que traería mejores condiciones de vida en el plano político y socio-económico. También el orgullo de ser el centro y símbolo del poder imperial, con sus monumentos espléndidos, hicieron que Roma tuviese un atractivo especial. Las apreciaciones de Juvenal no son un reflejo directo de la mayoría de los habitantes de Roma y de su propia vida cotidiana. Hoy en día, cuántas veces nos hemos encontrado con que escritores y ensayistas reprochan y reprueban, en sus aspectos de gran metrópoli, la calidad de vida en Nueva York, París, Londres o Roma por su alta inmigración, congestión, delincuencia y otros sinsabores de la vida urbana, moderna y agitada. Pero no por ello, los actuales parisinos o romanos aborrecen su ciudad. Las palabras de censura de Juvenal son reales y precisas, sin embargo, no representan la opinión común y el sentimiento de los propios ciudadanos y habitantes de la antigua urbe, respecto de esta megapolis cautivadora, atrayente y abierta al mundo.

Roma exalta y transmite, por excelencia, la *urbanitas* que en el amplio sentido del término hace posible la integración en el universo de la romanidad[634], esto es, los espacios públicos de los centros urbanos, los juegos, los monumentos funerarios y en general el arte. Es un modelo que fue seguido voluntariamente, produciendo un sorprendente interés y amalgamación en los habitantes de las provincias. La irradiación y la imagen urbana de Roma (*imago urbis*), a través de la romanización, conduce a una cierta uniformidad. Por antonomasia –como ya expresamos– era la sede del emperador, de la corte y de la élite, lo fue asimismo, de los intelectuales y de los artistas, de los que buscaban una 'mejor forma de vida', de los vagabundos y ociosos, en fin, de todos aquellos que veían en la *Urbs* una verdadera "*cosmopolis*".

La idea de que la ciudad fue creando a lo largo de su imperio, "pequeñas Romas", en los territorios que fueron en un principio *coloniae civium Romanorum* y después *municipia*, se desprende de lo que transmite Aulo Gelio[635]. Si bien esto se generó durante la república, va a ser en la época imperial cuando el arquetipo de la metrópoli se expande, sobre todo, en la *parx occidentis*. Las ciudades sur-

<hr>

[364] P. Gros, "La transmission des modèles romains", en Navarro Caballero y Demougin (eds.), *Élites Hispaniques* (cit.), pp. 101-104.

[635] Gelio, *Noches Aticas*, 16, 13. En una postura diferente y contraria, W. Harris, "Roma fuori di Roma", en Giardina, *Roma antica* (cit.), pp. 329-348, (= ahora en "Roma vista desde afuera" en *Semanas de Estudios Romanos*, 11 (2002), pp. 61-64)

gieron en forma paulatina en las provincias, anhelando e imitando naturalmente a Roma. Es aquí donde la élite local fue capaz de configurar una serie de "espacios urbanos" comunes[636]. Desde el inicio, los nuevos conglomerados tenían todas las estructuras y todos los edificios civiles y religiosos típicos de las ciudades romanas y de su *modus vivendi*: foros, templos, basílicas, teatros, anfiteatros, termas y otros arquitectónicos[637].

Roma, desde Augusto a los Severos, estaba de moda y era inspiradora de admiración, belleza y seducción, a la vez que evocaba un magnífico pasado y mostraba un presente glorioso. El visitante debía empaparse de esta *Roma aeterna*, recorrerla, admirarla y sentirla como la capital del mundo. Esta admiración de los provinciales por la urbe era una forma de educación que también se transmitía a los municipios del imperio. En algunas ocasiones las fuentes antiguas se refirieron a Roma como "*cosmotrofos*"[638], "nutriente del mundo"; no obstante, la terminología

Figura 48. Anfiteatro romano en Siracusa, probablemente construido en la época de Augusto.

[636] P. Zanker, "The city as symbol: Rome and the creation of an urban image", en E. Fentress (ed.), *Romanization and the City. Creation, transformations and failures*, Portsmouth, Rhode Island, 2000, pp. 25-41. Asimismo, Hingley, *Globalizing Roman Culture* (cit.), pp. 77-87.

[637] L. Zerbini, *La città romana. Storia e vita quotidiana*, Giunti, Firenze, 2005, esp. pp. 8-13.

[638] IG, XIV, 1108. Cfr. C. Edwards y G. Woolf, "Cosmopolis: Rome as World City", en C. Edwards y G. Woolf (eds.), *Rome the Cosmopolis*, Cambridge University, Cambridge, 2003, pp. 1-20.

Figura 49. Vista general de una calle muy bien conservada en Pompeya. Ciudad de más de 20.000 habitantes que fue sepultada bajo las cenizas del Vesubio, el 24 de agosto del 79 d. C.

Figura 50. Panorámica (desde el Capitolio) del foro romano: el centro político, comercial, social y cotidiano de la antigua Roma.

Figura 51. Vista parcial del foro romano: el templo de Vespasiano y de Tito, el arco de Septimio Severo y el templo de Saturno.

utilizada fue la de "*cosmopolis*". Una ciudad de un enorme tamaño, heterogénea, insaciable y políglota, de más de un millón de habitantes, muchos de los cuales llegaron desde las regiones más recónditas del imperio, atraídos por ella.

12. Síntesis conclusiva

Las once variables y los agentes romanizadores recién examinados constituyen, todos juntos, los mecanismos viables y concretos del cambio político, social y cultural entre romanos y provinciales. Si entre ellos se logró una integración y asimilación, esto fue fruto de un interés mutuo entre conquistadores y conquistados. Dinámica por cierto, que no estuvo exenta de problemas, de agresiones feroces o de utilizar otros agentes, fuera de los mencionados. Por ello, el secreto del éxito de la romanización y, en fin, de la naturaleza del imperio, residió en la posibilidad de amalgamar a múltiples individuos de pueblos dispersos y hacerlos partícipes de su forma de vida[639]. Proceso que no realizaron los imperios anteriores ni posteriores al romano.

[639] Lepelley (ed.) *Rome et l'intégration* (cit.), p. 496.

De esta forma, al examinar en conjunto la romanización –como desarrollo irreversible– con la globalización actual, encontramos que en gran medida los factores que hicieron posible este fenómeno, sirven de antecedente y además podríamos interconectarlos con los que han hecho factible la mundialización. Roma, a través de una forma de gobierno; un sistema jurídico; una economía; un culto universal; una plataforma educativa, tecnológica y comunicacional, todo esto asociado a una integración social, tuvo el mérito de concebir y desarrollar un 'modelo de sociedad' que fue exitoso y duradero. Ese estilo de vida, creencias e identidad –la *Romanitas*– que tiene casi 2000 años de diferencia con el fenómeno actual, nos ayuda y proporciona información y experiencias para comprender mejor y estudiar la existencia de un mundo o imperio global que tuvo como eje medular una unidad en la diversidad.

CAPÍTULO IV

Distintos testimonios sobre el mundo romano

1. Relatos favorables

1.1. EL DISCURSO DEL REY AGRIPA II

El sacerdote e historiador Flavio Josefo[640], oriundo de Jerusalén, a los 28 años de edad lideró la gran revuelta[641] contra Roma del 66 d. C. Sin embargo, más adelante, su situación cambia radicalmente y pasa a formar parte del círculo reducido de amigos de la dinastía Flavia, convirtiéndose en ciudadano romano (*Titus Flavius Iosephus*). Culto y políglota se dedica a escribir obras históricas, en especial, la guerra entre judíos y romanos, episodio en el cual participó. Josefo proporciona información fidedigna sobre la situación y percepción del *orbis Romanus* en las provincias hacia la segunda mitad del siglo I d. C.

Una valiosa alocución, en apoyo al fenómeno romanizador del imperio, es la que hizo el rey cliente Agripa II (51-93 d. C.), delante de la población de Jerusalén, el 66 d. C. con el fin de exhortar[642] a la calma y evitar el estallido de la revuelta. El motivo central de la insurrección se debió al malestar que provocó el intento de los romanos por imponer las creencias del imperio, hecho que los hebreos rechazaron y se produjo una fuerte tensión entre los dos pueblos. A esto se agrega que el procurador romano Gesio Floro, debido a su pésima administración e irresponsable comportamiento y abusos[643], avivó aún más el levantamiento judío[644].

[640] En general, una biografía del historiador y su visión del imperio en M. Hadas-Lebel, *Flavio Josefo. El judío de Roma*, Herder, Barcelona, 1994.

[641] Una síntesis en J. Price, "La grande rivolta", en A. Lewin (ed.), *Gli ebrei nell'impero romano*, Saggi vari, Giuntina, Firenze, 2001, pp. 113-124.

[642] Flavio Josefo, *Guerra judaica*, 2, 345-401. Sobre el discurso, véase E. Gabba, "L'impero romano di Agrippa II (Ioseph, B. I. II, 345-401)", en *Rivista Storica dell'Antichità (Scritti in memoria di Gianfranco Tibiletti)*, 6-7 (1976-1977), pp. 189-194.

[643] La crueldad y el funesto papel desempeñado por Floro (64-66 d. C.) fueron determinantes en el estallido del conflicto. Cfr. Flavio Josefo, *Antiguedades judaicas*, 2, 20, 257, afirmó: "nos obligó a iniciar la guerra contra los romanos, porque preferimos perecer en masa a hacerlo en singular".

[644] M. Sartre, *El Oriente Romano* (cit.), esp. pp. 65-66 y 404-407, considera que la insurrección judía de los años 66-70 d. C. va más allá de las insuficiencias de los príncipes clientes (caso de Agripa II), pues la sublevación se originó con posterioridad a su largo período de administración directa.

207

El discurso de Agripa II, en defensa del dominio romano y desalentando cualquier tentativa de movimiento insurreccional, debe interpretarse como una reflexión hipotética ante la posible caída y destrucción del imperio romano. Pues bien, el argumento de Agripa II es demostrar todo lo contrario. Es decir, que nada se obtendría por el mero anhelo de la libertad al combatir contra los romanos, ya que eran los amos del mundo y contaban con la ayuda divina y del destino[645]. Proponía que lo mejor era convivir y participar de esta estructura de poder y formar parte de un territorio invencible, donde solamente debían pagar tributo, recibiendo a cambio seguridad y pacificación. Argumentaba que si hubo gobernadores o procuradores negativos, ambiciosos e irresponsables, éstos actuaron en forma individual y, por lo tanto, no se podía culpar por ello a todos los romanos. "¿Acaso, los romanos se comportan como el asirio, se puede esperar de ellos venganzas similares? ¿No se conforman acaso con pedir el tributo acostumbrado que nuestros antepasados pagaban a los suyos? Y tras haberlo cobrado no saquean la ciudad ni tocan las cosas sagradas, sino que lo dejan todo intacto, la libertad de vuestros hijos y el disfrute de vuestros bienes y protegen las leyes sagradas"[646].

En la arenga de Agripa II, se percibe la influencia del historiador y político Flavio Josefo que, como hemos dicho, estaba vinculado al círculo de poder de los Flavios. De esta coincidencia de las palabras de Agripa con Josefo, se desprende que ambos compartían una opción concreta: la legitimación de la dominación romana[647].

Los romanos crearon un imperio universal, eran los dueños del mundo, aportaban la pacificación en todos sus territorios y creían que estaban destinados a conservarlo por voluntad divina. Si existió algo negativo fue accidental, lo positivo radica en que fueron capaces de preservar todo el mundo antiguo: "También los atenienses, que por la libertad de Grecia llegaron a entregar su ciudad a las llamas, y que hicieron huir como a un esclavo, sobre una sola nave, al soberbio Jerjes, que navegaba sobre la tierra y marchaba sobre el agua, y que no podía ser detenido ni por los mares, guiando al ejército más grande de Europa; esos atenienses que cerca de la pequeña Salamina, derrotaron a la gran Asia, ahora están

---

[645] Flavio Josefo, *Guerra judaica*, 5, 366-367, señala: "se debe despreciar a los señores de poca monta, pero no a los que dominan el mundo entero. ¿Qué país permanece fuera del imperio romano que no sea una estepa desolada por el excesivo frío o el excesivo calor. En todas partes la fortuna se había puesto de su lado, y Dios, que reparte en cada ocasión el poder entre las naciones, se ha parado ahora en Italia".

[646] Ibid, 404-406. Cfr. además, Hadas-Lebel, *Flavio Josefo* (cit.), p. 160.

[647] Desideri, "La Romanizzazione" (cit.), pp. 590-592. Cfr. además, P. Vidal-Naquet, *Flavio Josefo o sobre el buen uso de la traición*, en Id., *Ensayos de historiografía* (cit.), pp. 111-247.

sometidos a los romanos, y la ciudad en otro tiempo dueña de Grecia obedece las disposiciones emanadas de Italia"[648].

1.2. LAS ARENGAS DE AUSPICE Y CERIAL

Tácito, en forma escueta, transmite otra importante señal de la grandeza de Roma y del imperio –con el mismo tono y recurriendo a una argumentación similar a la que diez años antes había utilizado el rey Agripa II– a propósito de un discurso de Julio Auspice en la Galia el 70 d. C.[649]. La coyuntura histórica es significativa debido a que Auspice, en su calidad de notable local o *primoris* de varias ciudades de la Galia, pronunció unas sentidas y cálidas palabras con el objeto de rechazar en forma rotunda, la rebelión del bátavo Julio Civil. El argumento usado por Auspice se circunscribió, en cierta medida, al *ethos* y a la mentalidad de los romanos, o sea, a la *vis Romana*, como también a los *bona* que son los resultados de la paz que la urbe exporta y transmite a las provincias del imperio[650].

La alocución del notable local galo, tuvo sus efectos inmediatos en otras emotivas intervenciones, tal vez más amplias y profundas, que pronunció el general romano Petilio Cerial[651], enviado a combatir y detener el alzamiento de Julio Civil. Las palabras de Cerial tienen como propósito central, reafirmar que la llegada de los romanos a tierras galas debía ser considerada como una empresa exitosa, que había traído consigo la estabilidad y la prosperidad a la zona.

Los discursos de Auspice y Cerial tienen un hilo conductor que corresponde a la lógica de legitimizar el dominio romano, su innegable valor pacificador y la irradiación de su civilización. La Galia, por medio de la presencia romana, había alcanzado la paz que logró conservar el ejército gracias a los tributos exigidos para poder mantenerla[652]. La arenga del general tenía por objeto decirles que, si la *Urbs* y su vasto imperio fueran derrotados por sus enemigos, este hecho traería efectos apocalípticos, como consecuencia de las guerras que conducirían a la destrucción general.

En el fondo, la alocución testimoniada por Tácito, es un elogio al proceso de romanización y a la propagación de la paz y la civilización y de lo que sucedería

---

[648] Flavio Josefo, *Guerra Judaica*, 2, 358.

[649] Tácito, *Historia*, 4, 69-74.

[650] Brunt, "The Romanization of the local" (cit.), p. 166; Salmeri, "Dalle province a Roma" (cit.), p. 565.

[651] Una descripción y análisis de la vida de Petilio Cerial, sus campañas militares en Britania, Galia y Germania, y en general, sus características como general y gobernador en Rodríguez, "Petilio Cerial" (cit.), pp. 97-129.

[652] A. De Vivo, "L'idea di Roma e l'ideologia dell'imperialismo in Tacito", en Giordano (ed.), *Idea di Roma* (cit.), pp. 183 214, esp. pp. 208-210.

en caso de una imprevista desaparición del imperio[653]. Se observa entonces, tanto en un aristócrata local de la Galia como en un militar romano de alto rango, una coincidente valoración de la función y el sentido pacificador de Roma[654]. Más aún, Petilio Cerial simboliza al general romano virtuoso, leal a su emperador (Vespasiano) y a su patria[655], que fundamenta los beneficios y éxitos de la dominación. Cerial se convierte así, en un garante de la paz interna del imperio[656], donde la justificación del dominio romano está constituida en nombre de la pacificación[657].

1.3. EL ENCOMIO A ROMA DE ELIO ARÍSTIDES

El insigne sofista Publio Elio Arístides Teodoro[658], frente al emperador Antonino Pío, a mediados del siglo II d. C., pronuncia en el Ateneo un discurso basado en su obra más conocida y significativa: el *Elogio a Roma*[659]. En ella exalta con

---

[653] Tácito, *Historias*, 4, 73-74, informa del discurso emotivo pronunciado por Cerial en la ciudad de Tréveris, frente a los soldados y a los lugareños (galos), acerca del valor y de la importancia del pueblo romano: si repentinamente desapareciera "porque después de echados los romanos (no lo permitan los dioses), ¿habría otra cosa entre todas las acciones de guerra y más guerra? Ochocientos y más años ha ido en aumento esta inmensa máquina del pueblo romano sólo con su fortuna y disciplina, y no hay que pensar que puede dar en tierra sino con la destrucción y ruina total de los que presumieren derribarla. Mas en cualquier caso seréis vosotros los que corréis mayor peligro, poseyendo como poseéis oro y riquezas, principales causas y ocasiones de las guerras. Amad, pues, y reverenciad la paz y a la ciudad de Roma; a quien con igual autoridad poseemos los vencidos y los vencedores. Sírvaos de nobilísimo ejemplo la experiencia que entrambas fortunas, y muévaos a no querer antes la desobediencia con la ruina, que la obediencia con la seguridad".

[654] Salmeri, "Dalle province a Roma" (cit.), p. 566, indica que en la óptica de Tácito, el comportamiento de las clases dirigentes del imperio, sea a nivel central y periférico, están guiados por los mismos principios.

[655] Rodríguez, "Petilio Cerial" (cit.), p. 128.

[656] M. Sánchez Martínez, "Reseña a Perea Yébenes (ed), *Res gestae. Grandes generales* (cit.)", en *Gerión* 22, (2004), pp. 548-550.

[657] M. A. Giua, *Contesti ambientali e azione umana nella storiografia di Tacito*, Biblioteca di Athenaeum 8, New press, Como, 1988, esp. p. 67.

[658] Arístides nació en torno al año 117 d. C. en la localidad de Hadriani, región de la Misia oriental. De familia aristocrática y terrateniente tuvo una óptima educación; vinculado desde pequeño en su formación con la culta ciudad de Esmirna, nunca la abandonó espiritual e intelectualmente (a pesar de sus continuos viajes). Decisivo en su vida fue el encuentro que tuvo con el maestro de retórica Alejandro de Cotieo en Frigia. La relación de Arístides con el gramático fue esencial en su formación filosófica, literaria como sofista y humanista. Alrededor de los 26 años, después de muchos viajes por el Asia menor, preparó su partida a la capital del imperio para proyectar su obra. En su periplo a Roma, sufrió de un fuerte resfriado que lo tuvo al borde de la muerte, sin embargo, insistió en llegar e instalarse en la urbe. Arístides tuvo la fortuna de encontrarse en la *Urbs* con su antiguo maestro Alejandro de Cotieo que en ese momento educaba a los jóvenes príncipes Marco Aurelio y Lucio Vero. Ese encuentro con Alejandro fue el punto de partida para su vinculación con la corte del emperador. En general, sobre los datos biográficos del orador, entre otros, por su actualización F. Gascó y A. Ramírez de Verger, "Introducción general"; *Elio Arístides, Discursos I*, Gredos, Madrid, 1987, esp. pp. 7-88; C. Behr, "Studies on the biography of Aelius Aristides", en *ANRW* II, 34, 2, (1994), pp. 1140-1233; Cortés, *Elio Arístides* (cit.), pp. 1-36.

[659] Diversos estudios sobre el *Elogio a Roma*, entre otros, M. Pavan, "Sul significato storico dell'Encomio di Roma di Elio Aristide", en *Parola del Passato*, (1962), pp. 81-95; E. Ratti, "Impero romano e armonia dell'universo nella pratica retorica e nella concezione religiosa di Elio Aristide: una ricerca per l'Ei□□□μ□□, en *MIL*,

Figura 52. Patio central y galería con columnatas del Asclepión de Pérgamo. El sofista Elio Arístides (a mediados del siglo II d. C.) visitó el lugar para tratarse una serie de enfermedades psicosomáticas.

admiración el rol que le ha tocado desempeñar a la *Urbs*: unir e integrar a todos los miembros del imperio, extender la *pax Romana*, en fin, canta la gloria de una *Roma aeterna*. Son tantas las maravillas y obras de la ciudad que, a su juicio, a veces las palabras no permiten expresar con precisión lo que admiran. "Las palabras son un estorbo para muchas de sus maravillas... Pues ésta es la primera ciudad que ha mostrado que el poder de la palabra no alcanza a todas partes. No sólo es imposible hablar sobre ella con dignidad, sino que no se la puede contemplar de manera conveniente"[660].

---

31 (1971), pp. 283-361; C. P. Jones, "Aelius Aristides", en *JRS*, 62 (1972), pp. 134-152; F. Vannier, "Aelius Aristide et la domination romaine d'après le discours *À Rome*", en *DHA*, 2 (1976), pp. 497-506; R. Klein, "Zur Datierung der Romrede des Aelius Aristides", en *Historia*, 30 (1981), pp. 337-350; P. Gómez, "Elio Arístides, *a Roma*", en *Ítaca, Quaderns catalans de cultura clàssica*, 2 (1986), pp. 143-164; S. A. Stertz, "Aelius Aristides' Political Ideas", en *ANRW*, II, 34, 2 (1994), pp. 1248-1270; R. Buono Core V., "El significado histórico del Elogio a Roma de Elio Arístides: una discusión abierta", en *Semanas de Estudios Romanos*, 10 (2000), pp. 99-112. Un completo y actualizado análisis en L. Pernot, *Éloges grecs de Rome, Discours traduits et commentés*, Les Belles Lettres, Paris, 1997 (2004²).

[660] Arístides, *A Roma*, 26, 4-6.

El discurso de Arístides es el más elaborado, apasionado, lúcido y políticamente inteligente acerca de la potencia y de la dominación romana[661]. El orador resalta el hecho de que la urbe fue capaz de unificar a todos los pueblos, admira la política urbanizadora y civilizadora, la extensión gradual de la ciudadanía, la superioridad del ejército permanente y de la constitución política, la unidad cultural y la integración provincial con la urbe y el imperio, formando un todo orgánico.

Obviamente, debió impresionar a todo el auditorio con su encomio que tenía como hilo conductor "la misión universal de Roma", donde la palabra ecúmene adquiría el sentido de un mundo espiritual y materialmente civilizado por la presencia romana. Elogia asimismo la magnanimidad de Roma: "Grande en todos sus aspectos, nadie podría afirmar que no fue dotada de un poder concorde a su terreno. Cuando se dirige la mirada hacia la totalidad del imperio, es posible sentir admiración por la ciudad al pensar que una pequeña parte gobierna toda la tierra entera; pero cuando se mira a la propia ciudad y a sus límites, ya más no cabe admirarse de que toda la ecúmene sea mandada por tal ciudad"[662].

El *orbis terrarum* había obtenido su máxima plenitud y la civilización se había difundido en toda su dimensión, ya no se podía continuar más adelante[663]. El imperio había llegado al cenit como modelo de paz y estabilidad, había logrado un gran desarrollo en la vida de las provincias. Era la época más "próspera y feliz". Sin embargo, no hay que olvidar que la visión que transmite Elio Arístides corresponde al pensamiento intelectual griego que, ciertamente, refleja la ideología oficial de numerosos provinciales[664]. Si bien el discurso a Roma forma parte de la literatura encomiástica o epidíptica, que representa una tendencia de la retórica antigua en el arte del elogio durante la época de la segunda sofística, no es menos cierto que es un fiel reflejo de la realidad de la *Urbs* y del imperio[665] a mediados del siglo II d. C.

El orador resalta además, un arte descubierto por los romanos: el "mando", la creación de un orden y de vínculos estables y racionales entre ciudades y pueblos[666]. Concibe a Grecia y a Roma como complementarias, no obstante, le

---

[661] Roda, *Profilo* (cit.), p. 147.

[662] Arístides, *A Roma*, 26, 9.

[663] Schiavone, *La storia spezzata* (cit.), pp. 5-35.

[664] Pavan, "Sul significato storico" (cit.), pp. 90-91; Jacques y Scheid, *Roma e il suo impero* (cit.), pp. 274-276.

[665] Una descripción en R. Buono Core V., "El elogio a Roma de Elio Arístides y su relación con Adriano y Antonino Pío frente al problema de la romanización", en *Stylos*, 14 (2005), pp. 7-24.

[666] P. Grimal, *El imperio romano*, Crítica, Barcelona, 2000, esp. pp. 157-158.

corresponderá a esta última por su superioridad política y militar unificar y pacificar el mundo. Él cree en la estabilidad del período y postula que son dichosos los que disfrutan de la *pax Romana* y desdichados quienes, fuera del imperio, no disfrutan de sus bendiciones[667]. La administración del imperio funcionaba, existía una paz generalizada, prevalecían la justicia y el orden, debido a la clarividencia del emperador, no a su presencia: "Puede permanecer donde está y gobernar el universo entero por medio de cartas que llegan a su destino casi al tiempo de ser escritas"[668]. Así, la pacificación imperial, estaba garantizada por la constitución romana y por la organización y profesionalización de su ejército que fue un factor de romanización y de cohesión del imperio.

En la época en que el sofista transmite sus palabras, el *orbis Romanus* vivió una paz generalizada y el ejército se encargó de cautelarla y promocionarla; era un acontecimiento inédito para el imperio[669]. El texto de Arístides describe e idealiza una situación de calma, seguridad, estabilidad y pone énfasis en la concepción imperial universal que representa una fuerza unificante[670]. En consecuencia, el orador nos transmite su opinión respecto de la superioridad y universalidad del mundo romano y a la capacidad que tuvo de instaurar un imperio feliz y seguro, unido políticamente y pacificado.

En su discurso muestra a la urbe como un centro atractivo, cautivador y la ciudad aparece –metafóricamente– extendida no sólo en la superficie de la tierra, sino también elevada hacia el cielo y sus habitantes sienten que están al centro de ella. "En cualquier lugar de esta ciudad en el que uno se encuentre, nada hay que impida encontrarse en el centro. Y además, ésta no se ha vertido sobre la superficie, sino que sencillamente, superando en mucho al ejemplo, llega muy arriba en el aire de manera que su altura no es posible compararla con el alcance de la nieve sino, mejor, con el de las propias montañas. Y de la misma manera que un hombre que supera en mucho a los otros en tamaño y fuerza no se siente satisfecho hasta que no lleva a los otros levantándolos por

---

[667] Wells, *L'impero* (cit.), p. 257.

[668] Arístides, *A Roma*, 26, 33.

[669] Hopkins, "La Romanización" (cit.), p. 25. Los pueblos convertidos en romanos vivieron "pacificados" y el ejército facilitó este mecanismo ayudando, abiertamente, a esta tranquilidad y disfrute. La *"pax Romana* protegida por los militares fue una experiencia única para los miembros y ciudadanos del imperio que supieron mantenerla y aprovecharla para los beneficios de todos".

[670] Arístides, *A Roma*, 26, 81-82, realiza un análisis científico de las fronteras, señalando: "pues más allá del círculo más exterior de la ecúmene, sencillamente como en la fortificación de una ciudad, tras trazar un segundo círculo muy bien curvado y muy fácil de guardar, allí, habéis levantado las murallas y habéis construido ciudades fronterizas, unas en unos lugares, otras en otros, que habéis llenado de colonos, dotándolos de las provechosas artes y dotándolas de los otros adornos. Y el ejército acampado rodea completamente este círculo como si fuera una trinchera".

encima suyo, tampoco esta ciudad, levantada sobre tan abundante tierra, se contenta si no lleva sobre sus espaldas, unas sobre otras, a las demás ciudades de igual consideración"[671].

El sofista estaba convencido de la misión civilizadora y universal de Roma, de su capacidad seductora y pacificadora, de su seguridad, cohesión y unidad, elogia la noción y el mito de *Roma aeterna*[672], admira su magnificencia y su eternidad, "siendo tan grande y tan importante por su tamaño, el imperio es aún mucho más grande por su perfección que por el perímetro de su territorio. Así, toda la ecúmene unida canta con mayor perfección que un coro, rogando conjuntamente para que este imperio perdure por toda la eternidad"[673]. Arístides, con un profundo y arraigado sentimiento, como ya dijimos, reconoce la grandeza y la eternidad de Roma y del mundo construido, admira el clima y el orden reinante en la época de Adriano y Antonino Pío, que corresponde a la edad de oro[674], al máximo desarrollo y esplendor imperial. Exclama convencido: "¡Que todos los dioses y los hijos de los dioses sean invocados y que permitan que este imperio y esta ciudad florezcan por toda la eternidad y que no cese antes de que los lingotes de metal candente floten en el mar y los árboles dejen de florecer en primavera!"[675]. Para el retor, el imperio romano llegó a su punto culminante de perfección y excelencia: se vive en un eterno presente inmodificable[676].

Sería una barbaridad mutar tal situación que simboliza el equilibrio y la perfección misma, el estar viviendo en una eterna "fiesta", en la edad de oro, en la cual, el cosmos entero aparecía unificado en una "súper *polis*"[677]. El panegirista de Asia menor, no hizo otra cosa que retomar, reinterpretar y darle su propio sello a las ideas sobre la "misión universal y la eternidad de Roma"[678] que circulaban abiertamente al interior de ella.

[671] Ibid, 7- 8.

[672] F. Paschoud, *Roma aeterna: études sur le patriotisme romain dans l'occident latin à l'époque des grandes invasions*, Inst. Suize, Rome, 1967; S. di Salvo, "Il mito di *Roma Aeterna*", en *Labeo*, 16 (1970), pp. 95; M. D. Dopico Cainzos, "Le concept de l'aeternitas de Rome. Sa diffusion dans la société romaine", en *LEC* 66 (1998), pp. 251-279.

[673] Arístides, *A Roma*, 26, 29.

[674] Cortés, *Elio Aristides* (cit.), p. 53. Cfr. Hubeñak, *Roma.* (cit.), pp. 179-187.

[675] Arístides, *A Roma*, 26, 109.

[676] Pernot, *Eloges grecs* (cit.), pp. 34-35, afirma que Roma representó el coronamiento de la serie de imperios en la sucesión de ellos. Cfr. M. D. Campanile, "Reseña a Pernot, Eloges grecs (cit.)", en *Athenaeum*, 88 (2000), pp. 637-639.

[677] M. Wörrle, "La festa", en Settis (ed.), *I Greci*. 2. III (cit.), pp. 1167-1181.

[678] Schiavone, *La storia spezzata* (cit.), pp. 7-11 y p. 213.

Presenta una visión de conjunto de las virtudes del *orbis Romanus*[679], alaba su organización política, superior a todos los otros imperios anteriores; la participación de sus miembros a través de la ciudadanía, la unidad jurídica romana; la supremacía de su ejército y las ventajas de convivir en una *communitas* integrada y unida donde Roma es el "centro común de un comercio mundial y urbano"[680]. La grandeza de la *Urbs* y del imperio era preservar, disfrutar y proyectar los beneficios de la *pax*, uno de los grandes *topos* de Arístides. Roma y las provincias, en una palabra, son en conjunto la "patria común" de todos los pueblos. El sofista se siente orgulloso de vivir, por así decirlo, en "un mundo moderno", donde se ensalza la ciudadanía como un privilegio que permite a Roma ser la "patria" que domina el mundo civilizado[681].

La noción de una "perfecta democracia" también está presente en el encomio, donde se demuestra que la urbe no construyó un régimen despótico, sino por el contrario, un amplio imperio que fue gobernado como una *polis*. Al mismo tiempo, es una ciudad y un imperio en que todos participan democráticamente en una "síntesis política"[682] y donde el gobierno romano trató a los súbditos con filantropía y firmeza[683]. El orador se percató muy bien de que una de las grandes razones de la originalidad de la constitución romana y de su éxito para dominar, consistió en la ampliación de la ciudadanía a la aristocracia local[684]. De este modo, la ciudad gobernaba a "compatriotas", no a súbditos o enemigos derrotados, en una clara anticipación al edicto de Caracalla.

Con sus palabras, impresionó profundamente al auditorio y se sintió retroalimentado por el pensamiento y el ambiente reinante entre la aristocracia en los años gloriosos de la centuria dorada del imperio. Su elogio viene a expresar un gesto de satisfacción y gratitud, perpetuando así el reconocimiento de las élites griegas a la dominación romana[685] y justificando a Roma en su calidad de "salvadora de las ciudades griegas"[686].

---

[679] Rostovtzeff, *Historia social y económica* (cit.), pp. 261-264, considera la oración como la "mejor descripción, la más detallada y completa que poseemos para el imperio romano en el siglo II. No es sólo un testimonio de admiración sincera ante la grandeza del imperio, sino también un magistral análisis político, tan rico en ideas como sólidamente fundado". En contra, J. H. Oliver, *The Ruling Power. A study of the Roman Empire in the second century after Christ through the Roman Oration of Aelius Aristides*, Transactions of the American Philosophical Society (New Series, 43, Part 4), Philadelphie, 1953, pp. 871-1003, estima que el discurso es una adaptación platónica e idealista de una realidad histórica (imperio romano).

[680] Pernot, *Eloges grecs* (cit.), p. 30.

[681] P.D. Giacomini, y G. Poma, *Cittadini e non cittadini nel mondo romano. Guida ai testi e ai documenti*, Studi di Storia Antica 14 (Collana dir. da G. Susini), Clueb, Bologna, 1996, esp. pp. 160-161.

[682] Marotta, *Ulpiano* (cit.), pp. 15-16.

[683] Veyne, "Humanistas: los romanos" (cit.), p. 416.

[684] Arístides, *A Roma*, 26, 63-65.

[685] Pernot, *Eloges grecs* (cit.), p. 10.

[686] Hidalgo de la Vega, "Algunas reflexiones" (cit.), p. 283.

Caracterizó a su época por la paz social, la regularidad y seguridad en el tráfico comercial, el desarrollo de la vida urbana y la circulación, a través del imperio, de hombres, ideas y recursos[687]. Le correspondió vivir y describir el período de Antonino Pío, que se sentía como un nuevo Augusto o Adriano, un *restitutor orbis terrarum*. Si nos atenemos a lo que nos señala el *Digesto*, Antonino parece que no dudó en decir: "*Ego quidem mundi dominus*"[688], y es justamente, en esta época cuando comienza a arraigarse en forma profunda entre los contemporáneos, el pensamiento común acerca de la "misión universal de Roma", donde el imperio se hace uno, integrado, ordenado, próspero y se consolida la *pax Romana*. Es el momento de la *felicitas, concordia, saeculum aureum, aeternitas imperii* y se propaga la noción de Roma eterna, enraizada entre los *cives* del imperio.

Por ello, no parece sorprendente ni circunstancial que su loa a Roma la pronunciara probablemente, el 21 de abril del 147[689] para conmemorar los 900 años de la fundación de Roma[690]. ¿No era acaso el momento más propicio para realizar un discurso apologético cuando se conmemoraba y celebraba el nonogentésimo aniversario de la ciudad, que en ese instante estaba convertida en un imperio civilizado y cohesionado? Lamentablemente, las fuentes no nos ayudan a esclarecer este punto, ya que sólo Sexto Aurelio Víctor –quien escribe hacia mediados del siglo IV–, transcribe la noticia de la celebración del cumpleaños de Roma[691]. Suponemos lógico que se celebre tal acontecimiento con diversos actos solemnes y festejos, incluyendo el panegírico del sofista.

En síntesis, desde una mirada hodierna, Arístides describe en el Ateneo –construido por Adriano –al imperio romano como 'global', integrado e interrelacionado, percibiendo una unidad y uniformidad dentro de la gran diversidad que constituía el *orbis Romanus*. De ahí que presenta una estructura imperial y una forma de vida –'ser romano'– que debe permanecer en el tiempo y donde todos sus miembros se sientan representados e identificados, siendo en el fondo un elogio a la esencia misma de la *Romanitas*. Elio Arístides retorna de Roma a

---

[687] Laffi, "Il passato interrotto" (cit.), p. 489.

[688] *Digesto*, 14, 2, 9. ["Soy, pues, el dueño del mundo"].

[689] Si bien, el año 143 d. C. es la fecha mayormente utilizada, otros autores con hipótesis divergentes la alargan hasta el 156 d. C. Según Pernot, *Eloges grecs* (cit.), (apendice 1, "La date du discours d'Aelius Aristide"), pp. 163-170, estima que el discurso se efectuó en el verano del 144.

[690] Entre quienes postulan el año 147 para el discurso de Arístides, encontramos, A. Mastino, "*ORBIS, KOΣMOΣ OIKOYMENH*: Aspetti spaziali dell'idea di impero universale da Augusto a Teodosio", en *Popoli e Spazio Romano tra diritto e profezia. Da Roma alla terza Roma, documenti e studi*, Scientifiche Italiane, Napoli, 1986, pp. 63-162, esp. p. 82; también Hubeñak, *Roma* (cit.), p. 179.

[691] Aurelio Victor; *De Caesar*, 15.

Esmirna[692] y de allí a Pérgamo[693]; durante su vida escribió 51 obras, falleciendo[694] a fines del siglo II d. C.

1.4. EL TESTIMONIO DE APIANO

Apiano, que escribió entre el 150 y 160 d. C., bajo el reinado de Antonino Pío, comparó el imperio romano con los otros antiguos –tal como lo hizo Polibio, Dionisio de Halicarnaso, Veleyo Paterculo, Trogo Pompeyo, Dión de Prusa y Arístides– considerando que el romano en su conjunto había llegado en esa época a los novecientos años y había superado a todos los anteriores. Describe la grandeza y prosperidad de Roma y de su mundo[695], afirmando que "desde la instauración de los emperadores hasta nuestros días median casi otros doscientos años, en el transcurso de los cuales la ciudad ha sido objeto de gran embellecimiento, sus recursos aumentaron en grado máximo y, en medio de una paz duradera y segura, todas las cosas progresaron hacia un estado de prosperidad bien cimentado. Estos emperadores además anexaron a su imperio algunos pueblos y sometieron a otros que habían hecho defección"[696].

Antes del elogio aristideo y de los escritos de Apiano, desde Britania al África y al Asia Occidental existía un sentir generalizado de orden, paz, desarrollo, liderazgo, integración y calidad de vida como patrimonio de ideas y experiencias que formaban el "tejido mental" de la aristocracia romana[697] y que no tenía precedentes en los imperios anteriores. De acuerdo con Alonso-Núñez, Apiano, el historiador alejandrino, mantiene una línea tradicional respecto de la doctrina de la sucesión de los imperios, donde Roma está en el centro del mundo, la noción de *Urbs* representa *caput imperii*, por lo cual, las provincias simbolizan a su vez *membra imperii* y, en su conjunto, conforman el *corpus imperii*[698].

---

[692] Ahora último, C. Franco, *Elio Aristide e Smirna*, Bardi, Roma, 2005.

[693] En su permanencia en Roma, Arístides sufrió enfermedades y resfríos constantes; muchas de éstas fueron psicosomáticas y fue calificado de hipocondríaco. Después de Roma retorna a Esmirna y de ahí pasó varios años en Pérgamo. En esta localidad fue paciente y se estimuló por una revelación en el santuario de Asclepio, depositando todas sus posibilidades en la divinidad salvadora para su pronta mejoría, cfr. Gascó y Ramírez de Verger, "Introducción" (cit.), p. 21.

[694] Entre Pérgamo y Esmirna se dedicó a su actividad de profesor, sofista y ocupó cargos públicos, viajando como conferencista por toda el Asia menor. En el año 176 d. C. tuvo la ocasión y la satisfacción de encontrarse con el emperador Marco Aurelio en su recorrido por Oriente. Elio Arístides escribió más de cincuenta obras entre discursos, himnos, obras políticas y otras, falleciendo en su casa de campo entre el 180 y 187 d. C.

[695] En particular, la visión de Apiano sobre Roma en I. Hahn y G. Német, "Appian und Rom", en *ANRW*, II, 34, 1 (1993), pp. 364-402; E. Gabba, "Roma nell'opera storiografica di Appiano", en Reggi (ed.), *Storici latini e greci* (cit.), pp. 103-115.

[696] Apiano, *Historia romana*, prefacio 7-9.

[697] Schiavone, *La storia spezzata* (cit.), p. 10, destaca esta visión pacífica y próspera del imperio, largamente condividida por una parte importante de los contemporáneos a Arístides.

[698] J. M. Alonso-Núñez, "Appian and the World Empires", en *Athenaeum*, 62 (1984), pp. 640-644.

Tanto Arístides como Apiano exaltan el gobierno y la administración romana en relación con los griegos y los dos alaban la fórmula de la vieja teoría de la sucesión imperial[699], correspondiente a la época de esplendor de los Antoninos, en la cual se resalta la importancia de las provincias con sus tradiciones, sean del Asia menor o de Egipto. Los dos autores, que escribieron con pocos años de diferencia en la "nueva época" que corresponde al cenit de Roma, adoptan la mencionada teoría, proponiendo ambos que al llegar al quinto y último –obviamente el romano–, éste se identifica con la plenitud de los tiempos.

En consecuencia, sería una aberración modificar la situación de bienestar del siglo II. Los imperios anteriores habían sido provisorios y desechables; en cambio, el de Roma vivía un eterno presente, configurándose como el paradigma de la perfección perenne. Su grandeza llegó a la cima; no se podía seguir ni continuar más allá, había que mantener y disfrutar lo logrado. Esta época caracteriza un hecho indiscutible: la aristocracia helenística del orbe, se sintió cada vez más integrada al interior de la órbita del poder romano; siente un sincero aprecio por ella y la élite local griega afirma "la superioridad de Roma"[700].

La perfección de la *Urbs* y del imperio es una realidad concreta que, como afirman Arístides y Apiano, constituye la identificación de la ciudad con el *orbis Romanus*. Igualmente, esto queda en evidencia cuando en poco más de cincuenta años, los juristas de la época de los Severos exclamaron: "*Roma communis nostra patria est*"[701]. Estos autores le atribuyen a un inteligente y fructífero proceso de romanización, la prosperidad de la ciudad, de su dinámica de integración y asimilación, su política urbanizadora y la paz duradera que conlleva cultura, prosperidad y progreso económico. Se aprovechó la coyuntura histórica para conmemorar y celebrar los 900 años del aniversario de la fundación de Roma (147 d. C.), en su calidad de imperio mundial, civilizado y cohesionado[702].

1.5. La opinión de Tertuliano

Tertuliano, el retórico cristiano de origen africano, entre fines del siglo II e inicios del III, informa sobre "la estabilidad del imperio y la grandeza de Roma"[703],

---

[699] Sobre la teoría de los imperios, véase F. Gascó, "La teoría de los cuatro imperios: reiteración y adaptación ideológica", en *Habis*, 12 (1981), pp. 179-196; M. Mazza, "Roma e i quattro imperi. Temi della propaganda nella cultura ellenistico-romana", en *SMSR*, 62, n. s. 20 (1996), 1-2, pp. 315-350.

[700] E. Gabba, "Storici Greci dell'impero romano da Augusto ai Severi", en *RSI*, 71 (1959), pp. 361-381, esp. p. 375.

[701] *Digesto*, 50, 1, 33.

[702] En este tema existe una indiferencia de las fuentes por registrar el evento.

[703] Tertuliano, *Apologético*, 32; cfr. Sherwin White, *The Roman Citizenship* (cit), pp. 433-437. En general, un clásico estudio del retor en T. D. Barnes, *Tertulian. A historical and literary study*, Clarendon, Oxford, 1971.

dando a conocer el ambiente de integración romano –provincial en que se vivía y el universalismo del orbe como arquetipo de homogenización y pacificación. El imperio ha llegado a ser una comunidad amplia y políticamente organizada[704]. Proclama además, la fidelidad de todos los habitantes al príncipe y al imperio. Los cristianos en sus asambleas ruegan por el soberano, por sus oficiales y por la prosperidad del mundo. "Suplican a Dios por una larga vida para los emperadores, para que perdure un imperio tranquilo y un mundo de paz"[705].

De hecho –como analizamos– fue el creador del término *Romanitas*[706], utiliza el concepto de *cives* como sinónimo de *Romani*, puesto que estaba convencido de que se había logrado una amalgamación entre ciudadanos y provinciales, y creía en la unidad y el progreso civilizador del *orbis Romanus*, debido a la concesión de la ciudadanía.

Sensibles y sinceras son las palabras que escribe Tertuliano en *De Anima*: "Cada día conocemos más el mundo, está mejor cultivado y es más civilizado que antaño. Por todas partes hay calzadas, se conocen todas las regiones, todos los países están abiertos al comercio. Risueños campos han invadido los bosques. El ganado lanar y vacuno ha puesto en fuga a las tierras salvajes, incluso se han sembrado las arenas, las rocas se han hecho pedazos y se han drenado los marjales. Allí donde hay vestigios de vida hay casas, moradas humanas y rectos gobiernos"[707]. Para el retor cristiano, el desarrollo de la vida urbana[708] del imperio jugó también un rol esencial en el proceso de asimilación y unión romano-provincial.

Ya Ireneo de Lión, el más grande teólogo del siglo II d. C., durante el reinado de Cómodo hace una valorización muy positiva de la *pax Romana*. Señala que gracias a ella todos los habitantes del mundo romano tenían la posibilidad de "caminar por las vías y navegar sobre cualquier mar, sin temores"[709].

[704] Marotta, *Ulpiano* (cit.), pp. 27-28.

[705] Tertuliano, *Apologético*, 39, 2.

[706] Véase nota 77.

[707] Tertuliano, *De Anima*, 30.

[708] El escritor se percató del valor y del rol que juegan las ciudades en calidad de células integradoras del imperio. Véase C. Lepelley, "*Ubique Respublica*. Tertullien, témoin méconnu de l'essor des cités Africaines à l'époque Sévérienne", en *L'Afrique dans l'occident Romain, 1er. siècle av. J.C.-IVe siècle ap. J.C.*, Actes du colloque organisé par l'École Française de Rome, (Roma, 3-5 décembre 1987), Rome, 1990, pp. 403-421.

[709] Ireneo, *Adversus haereses*, 4, 30, 3, cfr. además, L. De Giovanni, *Introduzione allo studio del diritto romano antico*, Jovene, Napoli, 1997, esp. p. 43.

2. Relatos desfavorables

2.1. La invectiva de Calgaco

Agrícola, gobernador de Britania, emprendió en el año 83 d. C. una última campaña militar que tenía como objetivo central someter y pacificar definitivamente bajo la hegemonía romana a los pueblos bárbaros de Caledonia, actual Escocia, en el límite norte de Britania. Los britanos, atentos a una nueva incursión romana, se congregaron y escucharon con atención a su jefe Calgaco quien "sobresalía entre los demás por su valor y linaje"[710].

Su discurso expresa la concepción de un vencido sobre el carácter y la naturaleza del imperialismo romano. Las reflexiones del rey britano representan la noción del "otro", de los "nativos"[711]. Es, por cierto, una visión negativa y una aguda crítica a los abusos de la dominación, a la fuerza utilizada y a las debilidades de la urbe, en fin, a la incapacidad del poder para mantener con coherencia la unión entre los pueblos[712].

El jefe britano en su alocución muestra a Roma como un imperio donde está presente el robo, las masacres y donde no hay paz; es una dominación violenta, apoyada en la fuerza. Señala: "saqueadores del mundo, cuando les faltan tierras para su sistemático pillaje, dirigen sus ojos escrutadores hacia el mar. Si el enemigo es rico, se muestran codiciosos; si es pobre, despóticos; ni el Oriente ni el Occidente han conseguido saciarlos; son los únicos que codician con igual ansia las riquezas y la pobreza. A robar, asesinar y asaltar llaman con falso nombre imperio y paz al sembrar la desolación"[713].

Calgaco ofrece una interpretación del carácter y espíritu del imperialismo de Roma y, en particular, de su sistema de gobierno. De acuerdo con esta percepción, los romanos no pueden tolerar la existencia de pueblos libres; éstos deben estar sometidos a su dominación[714]. De este modo, las palabras del rey reflejan que la difundida paz romana, a su juicio, se ha convertido en un desastre humano y económico, puesto que se aprovecha de los pueblos y destruye su modo de vida. Es esto una "esclavitud, no libertad ni pacificación"[715]. La invectiva de Calgaco

---

[710] Tácito, *Agrícola*, 29, 4.

[711] James, "The language of dissent" (cit.), pp. 279-285.

[712] Christol, "La dominación de Roma" (cit.), pp. 174-175.

[713] Tácito, *Agrícola*, 30-4.

[714] Desideri, "La Romanizzazione" (cit.), pp. 592-593, sostiene que Tácito prefigura con las palabras de Calgaco el lento proceso de anulación de una individualidad étnica. A su vez, para el historiador de la Narbonense, el modo de proceder de Roma es una necesidad vital para el imperio: la difusión y la imposición del propio modelo de vida que, con el tiempo, garantiza una existencia mayor y una salud moral a las poblaciones bárbaras de Occidente.

[715] Poma, *Le istituzioni politiche* (cit.), pp. 349-352; Giua, *Contesti ambientali* (cit.), p. 62.

a los caledonios, es una incisiva reflexión crítica de la naturaleza y el poder del *orbis Romanus* y de su dominación universal. En el fondo, él se refiere a la problemática conquistadores–conquistados, en relación con la unidad y diversidad del imperio romano[716], cuestionando el proceso civilizador de la romanización y basándose en el contraste entre *libertas* y *servitus* en clave antirromana.

La ciudad de Roma, dominada por los vicios y la soberbia, impone la esclavitud a los pueblos sometidos, expropiándoles su libertad, sus valores morales, sus recursos económicos y su propia cultura[717]. Sin embargo, no debemos olvidarnos de que esta arenga de Calgaco es una reconstrucción hecha por Tácito que utiliza un recurso estilístico característico de la historiografía clásica.

2.2. LA ACCIÓN DE MITRÍDATES VI: EL ANTECEDENTE

Las palabras de Calgaco se insertan en una larga tradición[718] –sobre todo en el Oriente– de oposición a Roma y a su imperio, concebible a partir de los propósitos centrales que buscaban los aliados itálicos en la guerra social. Algunos estudiosos pretenden ver en la guerra social no un deseo primordial de adquirir la *civitas Romana* y su consecuente integración con la urbe, sino más bien, un profundo sentimiento emancipador para separarse de Roma y conformar una nueva entidad independiente y rival[719].

La brutalidad de ciertas acciones militares en la guerra, en particular por parte de los samnitas y la famosa expresión de Poncio Telesino en el 82 a. C. demuestran un odio inextinguible contra los romanos: "*Lupi, raptores Italicae libertatis*"[720]. Al poco tiempo, y gracias a la intervención militar de Sila, la cabeza del rebelde Telesino fue colgada como ejemplo[721] y para amedrentamiento de aquellos que se alzaran –incluso verbalmente– contra la *Urbs*. La estigmatización de Roma como "pueblo de lobos", déspota, que roba la libertad y esclaviza a las naciones, se basa en algunos desbordes cometidos como la terrible acción de Mitrídates VI, rey del Ponto. Éste, entre los años 88-87 a. C. invadió la provincia de Asia y mandó a asesinar a 80.000 *cives Romani* y

---

[716] G. Woolf, "The Unity and Diversity" (cit.), pp. 349-352.

[717] De Vivo, "L'idea di Roma" (cit.), p. 187.

[718] Schiavone, *La storia spezzata* (cit.), p. 91.

[719] Para una síntesis véase, Bancalari, "Gli interventi degli italici" (cit.), p. 421, n. 66.

[720] Veleyo, 2 27, 2. Cfr. Nicolet, *Roma conquista* (cit.), pp. 209-210.

[721] G. Grosso, "Storia antica e storia d'oggi", en *Scritti Storici Giuridici*, vol. I, Storia, Diritto, Società, Giappichelli, Torino, 2000, pp. 959-963, en un interesante estudio comparativo entre los Estados Unidos de la década de 1950-70 con la crisis republicana romana de los primeros decenios del siglo I a. C., establece un parangón -como figura crítica y en abierta oposición a un sistema y poder central- entre Martin Luther King con la invectiva de Poncio Telesino, llegando los dos al mismo fin.

negotiatores itálicos[722] e incluso la cifra pudo alcanzar a 150.000 víctimas[723]. El hecho causó profundo malestar en los grupos dirigentes romanos, no obstante, este rey repitió la masacre en la isla de Delos, asesinando a 20.000 itálicos.

La postura inhumana de Mitrídates VI[724], en abierta oposición a la política exterior de la *Urbs* y a su consecuente imperialismo, es el reflejo del odio que sentía el monarca hacia Roma y su imperio. Para los romanos, la barbárica acción del rey tuvo efectos devastadores y desmoralizadores. Las nuevas generaciones no olvidaron fácilmente el terrorífico episodio, sin embargo, continuaron con su misma política expansionista.

2.3. LA DICOTOMÍA EN TÁCITO

Una problemática central en torno a la legitimización y valoración del imperio se encuentra en Tácito. Este historiador, si bien en parte de su obra está de acuerdo con la expansión romana, la propagación de su cultura, la forma de vida civilizada y la política integradora entre la urbe y los notables locales, en otros pasajes cuestiona la naturaleza conquistadora de Roma[725]. De esta forma, por un lado, Tácito alaba y defiende los aspectos civilizadores y romanizadores del expansionismo romano y, por otro, es contrario al carácter opresivo del imperialismo. Es factible que en su obra, *Agrícola* responda al discurso negativo, atribuido a Calgaco, acerca de la dominación romana.

Ya analizamos la invectiva de Calgaco y su actitud es todavía más notoria en su incisiva monografía de carácter etnográfico: la *Germania*. En ella, particularmente en el capítulo 37, Tácito describe a los cimbrios, que por espacio de más de doscientos años no han sido sometidos y le han suministrado a Roma diversas derrotas y lecciones[726]. No está verdaderamente convencido del expansionismo romano; duda, vacila, cambia de opinión y se pregunta con qué grado de pro-

---

[722] Apiano, *Sobre Mitrídates*, 22-23, describe los detalles de la brutal masacre y como debían ser atacados todos a la vez, junto a sus mujeres, hijos y libertos. Cfr. P.A. Brunt, *Italian Manpower 225 BC. - AD. 14*, Oxford University, London, 1971, esp. pp. 224-227.

[723] Purcell, *Romans* (cit.), p. 86.

[724] Una sólida descripción de la enemistad de Mitrídates contra Roma en J. L. Ferrary, "La resistenza ai Romani", en Settis (ed.), *I Greci. 2. III* (cit.), pp. 803-837, esp. pp. 825-833.

[725] En torno a la problemática de la oscilación y a veces contradicciones en Tácito de la naturaleza del imperialismo romano, véase S. Mazzarino, *Il pensiero storico classico*, 2, Laterza, Roma-Bari, 1983, pp. esp. 460-469. Acerca de la expansión imperial en Tácito, cfr. P. Laederich, *Les limites de l'empire. Les stratégies de l'impérialisme romain dans l'oeuvre de Tacite*, Economica, Paris, 2001.

[726] Tácito, *Germania*, 37, 1-6. El historiador sintetiza en este célebre capítulo las relaciones entre romanos y germánicos en clave pesimista, donde las posibilidades de triunfos de los primeros sobre los segundos son muy inciertas e improbables. Cfr. Giua, *Contesti ambientali* (cit.), p. 59.

fundidad se desarrolla tal proceso. Tiene, en cierta medida, una visión negativa y contradictoria del imperio.

De este modo, su noción general de la historia romana se inserta, desde el punto de vista metodológico, en la trayectoria de los emperadores, algunos virtuosos y otros no, que no tenían mayor interés en expandir el imperio[727]. En la historiografía de Tácito, como en la gran mayoría de las fuentes clásicas, se observa una dualidad de culturas, de dos orbes muy diferentes, uno civilizado y el otro bárbaro[728]. Para los pueblos belicosos y rudos, el sometimiento y la pacificación eran la única verdadera salida y posibilidad de organización comunitaria que estaba simbolizada en la cultura romana[729]. No obstante, Tácito, apoyando los mecanismos concretos de la romanización –de la civilización o *humanitas*– tales como la propagación de la educación y de la urbanización, señala: "Ellos [referencia a los britanos], ingenuos, llamaban civilización a lo que constituía un factor de su esclavitud"[730]. Este párrafo, como expresa M. A. Giua, puede ser interpretado dentro de la *praxis* romana, en el sentido de la esclavitud como sinónimo de "dependencia política"[731] o ser considerado por otros como la postura de un imperialismo agresivo y despiadado[732].

En el fondo, Tácito no renuncia a entregarle "voces a los vencidos" –a los enemigos que combaten contra Roma y reivindican el derecho a la "*libertas*"– para increpar a un imperio caracterizado, sobre todo, como "*servitium*"[733]. En el historiador de la Narbonense se presenta, a su vez, la dicotomía del "otro *orbis*" como sinónimo de bárbaros, pero también "virtuosos"[734] en relación con la visión romanocéntrica, expresada en "nuestro *orbis*", equivalente a la romanidad y a la extensión y propagación de la *humanitas*.

---

[727] Id., *Annales*, 4, 32-33.

[728] Id., *Germania*, 2; *Agrícola*, 21.

[729] Una aguda explicación sobre la incidencia de los contextos ambientales en la acción humana y particularmente, sobre los dos mundos antagónicos en Giua, *Contesti ambientali* (cit.), pp. 44-45 y 55-59.

[730] Tácito, *Agrícola*, 21, 2.

[731] Giua, *Contesti ambientali* (cit.), p. 56, n. 107 y pp. 64-70.

[731] Canali, *Contro storia* (cit.), pp. 29-62.

[733] J. Gascou, "Tacite et les provinces", en *ANRW*, II, 33, 5, (1991), pp. 3450-3483, esp. p. 3479; De Vivo, "L'idea di Roma" (cit.), p. 212.

[734] W. Harris, "Can enemies too be brave? A question about Roman representation of the other", en Angeli Bertinelli y Donati (eds.), *Il cittadino* (cit.), pp. 465-472, en este estudio se analizan, en general, algunos pasajes de la historiografía romana acerca de los enemigos de Roma.

CAPÍTULO V

De Roma a la Aldea Global

En la evolución y proyección de Roma, de la ciudad al imperio o, como fundamentaremos, de la *Urbs* a la "aldea global", del *orbis Romanus* al *orbis terrarum*, fueron esenciales su proceso imperialista, su política exterior y los mecanismos de dominación, integración y romanización. La participación efectiva de Octavio Augusto, con su política conquistadora y expansionista, sumada a una clara ideología y acertada propaganda imperial, hicieron pensar en un mundo bajo la égida de Roma, que tiene como punto final el ecumenismo de Caracalla.

1. Roma y su fuerza simbólica

Roma a lo largo de sus casi trece siglos de continuidad histórica, ejerció una gran atracción y tuvo fuerza propia como su nombre. Según la tradición, el término griego *Rhóme* significa "fuerza" y correspondería al nombre de una heroína que habría sido la epónima de la ciudad de Roma. De acuerdo con un fragmento de Helánico de Mitilene (fines del siglo V a. C.), conservado por Dionisio de Halicarnaso, "Eneas, cuando vino a Italia desde la tierra de los molosos [Iliria] en compañía de Ulises, fundó la ciudad y la llamó Roma por una mujer troyana"[735].

---

[735] Dionisio de Halicarnaso, 1, 72, 2-4. En realidad, los dos héroes (Eneas y Ulises) llegaron a las orillas del Tíber, debido a una tempestad y las mujeres cautivas, cansadas de navegar y errar por los mares, prendieron fuego a las naves exhortadas por la troyana Roma, que sobresalía por su linaje y prudencia. Instalados en el Palatino, la ciudad comenzó a florecer y prosperar rápidamente; agradecidos por tal circunstancia, los inmigrantes desearon honrar la memoria de la heroína, colocándole a la ciudad el epíteto de Roma. Cfr. similar versión en Plutarco, *Rómulo*, 1, 1. Fuera de esta versión existen otras tradiciones y relatos de genealogistas y mitógrafos que pretenden relacionar a la mujer Roma como hija de Ascanio y nieta de Eneas, fundando ella, el templo de Fides en el Palatino. La ciudad resultante, levantada en la colina y en homenaje a su fundadora se llamó Roma. Otras variantes pretenden ver a Roma no como hija de Ascanio, sino como su esposa, asimismo, como la mujer de Eneas. También, se le atribuye ser la esposa de Latino y madre de Rómulo y Remo. Otra como hija de Telémaco y hermana de Latino. Una última versión visualiza a Roma como hija del rey Evandro o del rey Ítalo y de Leucaria (Plutarco, *Rómulo*, 1, 2). A su vez, otra variante corresponde al nombre de una adivina que aconsejó a Evandro, el sitio para fundar la localidad de Palanteo, sobre el Palatino, antes de la fundación de Roma. Cfr. P. Grimal, *Diccionario de mitología griega y romana*, Paidos, Buenos Aires, 1981, b. v. Roma, esp. pp. 468-469; F. Ferrari y otros, *Dizionario della civiltà classica*, vol. II, Rizzoli, Milano, 1994, b. v. Roma, p. 1562.

225

El desarrollo de la ciudad y su posterior crecimiento imperial hizo honor a la etimología de su nombre. Entendida como la capacidad creadora de un grupo de campesinos-agricultores que gradualmente se convirtieron en los dueños del mundo y, sobre todo, que pudieron mantener el predominio de este estatus. La fuerza arrolladora de la ciudad conformó un imperio ecuménico, extendido, globalizado y aprovechó todos sus territorios hasta los confines más remotos. Con mucha razón, Elio Arístides exclama sobre el poder y la fuerza de Roma: "Así pues, su nombre es como su sobrenombre, y no otra cosa sino la fuerza [que] le es propia. De manera que si alguien hubiese tenido la intención de desdoblarla limpiamente y colocar, unas junto a la otras, las ciudades que ahora están en el cielo, apoyándolas sobre la tierra, me parece que se llenaría todo el territorio de Italia que ahora está vacío, y se formaría una única ciudad continua que se extendería hasta el canal de Otranto"[736].

La ciudad de Roma, excelsa y predestinada a dominar la ecúmene, por su grandiosidad y potencia, surgió en un suelo consagrado[737], con el fin de dirigir tan magna empresa. Con razón, el poeta Ovidio, perteneciente a la época augustea, señaló que desde la fundación misma de Roma existió una tradición secular, religiosa y popular en la cual "el espacio asignado a los romanos era el mundo"[738]. Tito Livio, por su parte, escribe sobre la grandeza futura de Roma, desde la aparición misma del padre y fundador Rómulo: "ve y anuncia a los romanos que es voluntad de los dioses que mi Roma sea la capital del orbe; que practiquen, por consiguiente, el arte militar; que sepan, y así lo transmitan a sus descendientes, que ningún poder humano puede resistir a las armas romanas"[739]. La figura de Rómulo, en su calidad de inmortal y la misión de *Roma aeterna* trascienden a todo el *imperium Romanum*. En general, los historiadores y poetas del siglo de Augusto, coincidieron y colaboraron en la idea de la consagración de Roma como ciudad eterna; las historias de Livio aluden al valor de los forjadores de la *Urbs* y narran su ascenso progresivo; la Eneida de Virgilio ilustra la predestinación y la misión civilizadora[740] y los fastos de Ovidio[741], buscan ennoblecer los antiguos ritos de origen agreste[742].

---

[736] Arístides, *A Roma*, 26, 8 y 29-30.

[737] Tito Livio, 5, 52, 2, señala que no existe en Roma "ningún rincón que no posea y esté lleno de cultos y divinidades".

[738] Ovidio, *Fastos*, 2, 684- 689. En otras palabras, "el mundo y la ciudad de Roma ocuparon el mismo espacio". Cfr. además, Edwards y Woolf, "Cosmopolis" (cit.), p. 3.

[739] Tito Livio, 1, 16, 6-8.

[740] Virgilio, *Eneida*, 6, 850 y 8, 65.

[741] Ovidio, *Metamorfosis*, 2, 259.

[742] L. Storoni Mazzolani, *L'idea di città nel mondo romano*, Ricciardi, Milano, 1967, esp. pp. 129-130.

Es necesario retroceder hacia la época de la fundación misma de Roma, para explicarnos si su posición geográfica y topográfica ayudaron a crear y a desarrollar la ciudad capital de un imperio y el mito que surgió de ella. No se trata de plantear un determinismo geográfico, sino más bien, apuntar a cómo las fuentes evidenciaron que el lugar del asentamiento de Roma, fue esencial para su posterior ascensión. Esa es la postura de autores como Cicerón[743] y Tito Livio[744] quienes elogiaban la óptima elección del lugar para la fundación[745]. De esta manera, la ubicación central de la *Urbs* dentro de Italia con espléndidas vías de comunicación, junto al río Tíber, en un punto por el cual éste es fácilmente atravesable, gracias a la presencia de la isla Tiberina, corroboran esta interpretación. Además se ubicaba cercana al mar; en una situación topográfica óptima[746], lo que le permitió poder desarrollarse en plenitud hasta convertirse en *caput mundi*. El nombre de Roma alude a su imagen arrolladora como sinónimo de "fuerza" y a su identidad colectiva, puesto que la *Urbs* fue capaz de transformarse de una aldea en un imperio mundial. Su espíritu y vigor la convirtieron en la ciudad rectora del *orbis terrarum*, con la idea permanente y sagrada de ser eterna.

2. Augusto y el mundo romano

Nos surgen una serie de interrogantes a partir de la visión conquistadora y global que tiene Octavio Augusto. ¿Existe realmente un control de la ecúmene? ¿Por qué aconsejó a su sucesor Tiberio para que desistiera de las conquistas? ¿Podemos decir que durante el principado, la *Urbs* conquistó el mundo entero? ¿El *orbis Romanus* coincide con el *orbis terrarum*? ¿Era sólo un mito el de la *propagatio imperii* que proviene de las grandes conquistas republicanas y que debía continuar? ¿La proclamación del sometimiento de la *oikouméne* al dominio romano, fue fruto de una hábil propaganda imperial y utopía progresiva? En fin, ¿Roma,

---

[743] Cicerón, *De Republica*, 2, 3, 5; 6, 11.

[744] Tito Livio, 5, 54, 4, con una especie de interpretación religiosa y de determinismo geográfico elogió el sitio fundacional de Roma, señalando que "no sin razón los dioses y los hombres eligieron este sitio para fundar la ciudad, unas colinas tan sanas, un río a mano por el que transportar los productos desde las zonas del interior y recibir el tráfico marítimo, un mar cercano para nuestra comodidad y no expuesto por su excesiva proximidad al peligro de las flotas extranjeras; en el centro de Italia, en un enclave único hecho a propósito para el crecimiento de la ciudad".

[745] En realidad, tanto autores antiguos como investigadores actuales, gracias a la arqueología han llegado a resultados contradictorios. A las fuentes mencionadas que elogiaban el sitio de Roma, otros como Polibio y Estrabón tenían una opinión diferente, criticando la ubicación de la urbe en una región poco productiva. Cfr. Kolb, *La ciudad* (cit.), p. 142.

[746] Gianfrotta, "Le vie di comunicazione" (cit.), pp. 301-303. Desde sus inicios Roma se destacó en su ascenso, por poseer un gran tráfico comercial y mercantil como uno de los elementos que favorecieron su atracción.

aplicando nomenclaturas actuales, constituyó una globalización en la historia:
de la ciudad a la "aldea global"?

En el preámbulo de las *Res gestae*, se establece cómo la ecúmene está sometida al *imperium populi Romani*[747]. De esta forma, es posible sostener que al inicio del siglo I d. C., se puede hablar de un mundo romano íntegro, de una tierra controlada por Roma y de un imperio mundial[748]. Roma estaba consciente de su dominio y poder civilizador en el Mediterráneo y se daba cuenta de que esta influencia merecía ser comprendida en nombre del mundo: *imperio orbis terrarum*, hecho trascendental para la historia del Occidente.

Es aquí donde surge con real magnitud la empresa establecida por Augusto, pues ésta presenta una doble dimensión; por una parte, el régimen imperial llega a ser un conjunto espacial por la conquista del mundo conocido (Europa, África y Asia) y, por otra, es una renovación en el plano temporal, un orden distinto, una especie de refundación con un nuevo Rómulo que crea un Estado eterno[749]. En suma, en el año 14 d. C. –fecha de la muerte del primer emperador Octavio Augusto–, la ciudad ha conquistado y organizado más o menos el 80% de lo que llegó a ser el territorio imperial en su máxima extensión geográfica[750]. La propaganda e ideología augustea, tenía dentro de sus máximas fundamentales por una parte la convergencia de los límites del imperio con los del mundo entero y, por otra, postulaba una Roma que detentara la hegemonía universal. En otras palabras, esta ideología tenía como propósito hacer coincidir la extensión del imperio romano sobre la base de una progresiva identificación del *orbis Romanus* con el *orbis terrarum*[751].

[747] *Res gestae divi Augusti*, preámbulo: "de las obras del divino Augusto con las cuales sometió todas las tierras del orbe al imperio romano".

[748] Argumento con todas sus implicancias y sutilezas desarrollado esencialmente por G. Cresci Marrone, *Ecumene Augustea. Una politica per il consenso*, L'Erma di Bretschneider, Roma, 1993; Ead, "La conquista ecumenica in età augustea: voci di consenso e dissenso", en Foresti, Barzanò, Bearzot, Prandi, Zecchini (eds.), *L'ecumenismo politico* (cit.) *nella coscienza dell'occidente"*. Alle radici della casa comune europea, vol. II, (Bergamo, 18-21 settembre 1985), L'Erma di Bretschneider, Roma, 1995, pp. 307-318. Una síntesis y con una postura crítica en J. M. Roddaz, "Augusto o el arte de lo posible", en *Semanas de Estudios Romanos*, 13 (2006), pp. 129-147.

[749] Nicolet, "Il modello dell'impero" (cit.), pp. 462- 463.

[750] Una descripción y representación geográfica del *orbis Romanus* en A. M. Biraschi, "Una geografia per l'impero", en Settis (ed.), *I Greci*. 2. III (cit.), pp. 1079-1097; A. K. Bowman, H. M. Cotton, M. Goodman y S. Price (eds.), *Representations of Empire. Rome and the Mediterranean World*, (Proceedings of the British Academy 114), Oxford University, Oxford, 2002. Cfr. J. E. Lendon, "Reseña a Bowman y otros (eds.). Representations of Empire (cit.)", en *CR*, 54/2 (2004), pp. 483-485.

[751] Cresci, "La conquista ecumenica" (cit.), p. 308, la autora explica el tema del triunfo de la *historia Romana* sobre la totalidad del mundo.

*Figura 53. Tazón de plata de Bosco Real (Campania, Italia) de inicios del siglo I d. C., repre-
sentando al emperador Augusto, circundado por sus lictores y recibiendo los homenajes y tributos de los bárbaros sometidos, además de ejercer clemencia sobre ellos.
(París, Colección privada).*

2.1 LAS CONQUISTAS Y LOS PROYECTOS DE AUGUSTO

El problema mayor de la política exterior del *princeps* se muestra en una doble contradicción: la de una irrestricta y constante expansión imperialista hasta la concretización del dominio mundial versus la consolidación y mantención del imperio dentro de los límites[752]. Al momento de la muerte de Augusto, las fronteras del orbe romano eran: al oeste, las columnas de Hércules y el océano Atlántico; al norte, el mismo océano, el canal de la Mancha y los ríos Rin y Danubio; al este, el Éufrates y al sur, la costa mediterránea de África. En el fondo, eran límites naturales.

Ahora bien, el propio Augusto expresa su vocación imperialista. "Aumenté los límites de todas las provincias del imperio con las cuales confinaban pueblos contrarios a nuestro imperio"[753]. Si bien existen variadas fuentes antiguas que apoyan la ideología y la propaganda oficial o el deseo desenfrenado de Roma por lograr mayores conquistas territoriales[754], la realidad histórica de los hechos demostró otra cosa. E. Gabba es categórico al explicar que la derrota romana en Teotoburgo (9 d. C.) aminoró la tentativa del emperador por la conquista de la Germania y demostró la imposibilidad de sucesivas expansiones, debido principalmente a un problema de fondo del gobierno augusteo: los insuficientes recursos económicos[755]. El mismo Augusto recomendó y aconsejó a Tiberio no más conquistas,

---

[752] A. Marcone, "La frontiera del Danubio fra strategia e politica", en *Storia di Roma* 2, II (cit.), pp. 469-490; J. M. Roddaz, "Auguste et les confins", en *L'Africa Romana*, I (cit.), pp. 261-276.

[753] *Res gestae divi Augusti*, 26. Cfr., además, el prefacio: "sometió todas las tierras del orbe al imperio romano". Cfr. asimismo, C. Nicolet, *L'inventario del mondo. Geografia e politica alle origini dell'impero romano*, Laterza, Roma-Bari, 1989, esp. pp. 95-114.

[754] Entre otros, Horacio, *Odas*, 1, 12; Flavio Josefo, *Guerra judaica*, 2, 363.

[755] Gabba, "Le strategie militari" (cit.), p. 500, argumenta que no se debe confundir una justificación ideológica de la expansión con la realidad de los hechos.

sino mantener el imperio, dentro de los límites[756]. Esta detención de la expansión imperial se explica por los elevados costos económicos de las conquistas.

Al hacer un análisis de fondo, Augusto consiguió mucho menos de lo que se había propuesto. La derrota del legado Quintilio Varo[757], por el rey germano Arminio, obligó a garantizar el límite en el Rin, fracasando la ofensiva hacia el norte de la Germania y la expedición sin éxito que el prefecto de Egipto, Cornelio Galo, realizó hacia el interior de Arabia; son dos ejemplos concretos de desastrosas y fallidas empresas militares. Más aún, el desastre de Teotoburgo demostró que

Figura 54. Alto relieve con la figura de Augusto, en el Sebasteión de Afrodisias, recibiendo los beneficios de la Tierra y el Mar, que representa las victorias y el dominio sobre el mundo. Es un ejemplo de la pretensión universalista de Roma y del emperador.

[756] Tácito, *Annales*, 1, 11, 4, precisa que el consejo de mantención del *orbis Romanus* lo realizó Augusto "sin que se viera claro si por temor o por envidia". Cfr, además, Id., *Agrícola*, 13, 2; Floro, *Prefacio*, 4. Un análisis en C. Nicolet, "L'Empire Romain: espace, temps et politique", en *Ktèma*, 8 (1983), pp. 163-174; Roddaz, "Augusto o el arte (cit.)", p. 142.

[757] Con su general Varo, Roma perdió tres legiones y las tropas auxiliares. Fue tal el impacto y desazón por la ignominiosa derrota, que Augusto se dejó crecer la barba y sus cabellos por varios meses, golpeándose además su cabeza contra la puerta, exclamando: "Quintilio Varo, devuélve[me] las legiones". Cfr. Suetonio, *Augusto*, 23.

la idea de un "imperio infinito"[758] necesitaba una cierta prudencia, valorando los riesgos y gastos de las nuevas ofensivas.

Augusto del mismo modo que Julio César, tuvo la ambición, al parecer, de proyectar una gran expedición hacia el Oriente del imperio, cruzando más allá del Rin y del Elba, hasta alcanzar el mar de China, es decir, el océano ubicado al este. Hecho que muestra claramente el propósito de una conquista para lograr el dominio universal[759]. Como sabemos, esta empresa no se concretó, lo que prueba que todavía existía un cierto desconocimiento geográfico de la zona. No olvidemos pues, que en la práctica, si bien el *imperium Romanum* se extendió y se proyectó mucho más allá del mundo mediterráneo, el eje político y el fundamento cultural del imperio, era precisamente esta zona[760]. El *mare nostrum*, de hecho, devino en el verdadero centro de gravedad del *orbis Romanus*.

Roma, a lo largo de la época republicana, tuvo grandes éxitos militares que la llevaron a la concreción de un imperio. No estaba habituada a derrotas y por eso el triunfo de los partos sobre el triunviro Craso en Carras (53 a. C.) causó hondo pesar en la clase dirigente romana y en la propaganda imperial. La *Urbs* fue constreñida a reconocer una sustancial "igualdad" con los partos[761]. Un equilibrio difícil de modificar y que debía ser aceptado. Entre la realidad y la leyenda, Julio César estaba preparando una gran expedición al Oriente[762] con varios propósitos: vengar a Craso, restablecer el prestigio, la dignidad y la superioridad de Roma y proyectar un imperio universal, emulando al conquistador macedónico Alejandro Magno. La empresa, sin embargo, no se cumplió por el asesinato de César.

Octavio Augusto no tenía otra alternativa, debía reorganizar el orbe utilizando una política de conciliación y, al mismo tiempo, reconocer que al este del Éufrates y del Tigris, se encontraba el Estado de los partos. En Oriente tuvo un gran éxito diplomático que produjo un fuerte efecto psicológico, cuando logró que ellos le entregaran las insignias militares y los prisioneros que habían tomado al vencer a Craso.

A pesar de la propaganda imperial, Tácito es enfático en reconocer y explicar que la ecúmene está subdividida en dos grandes imperios: el de Occidente controlado por Roma y el de Oriente, bajo la dominación de los partos[763]: los eternos

[758] Le Roux, *L'impero romano* (cit.), p. 22.

[759] J. N. Robert, *De Roma a China. Por la ruta de la seda en tiempos de la Roma antigua*, Herder, Barcelona, 1996, pp. 99-106.

[760] Garnsey y Saller, *El imperio romano* (cit.), pp. 17-19.

[761] E. Gabba, "I Parti", en *Storia di Roma*, 2, II (cit.), pp. 433-442, esp. p. 436.

[762] Suetonio, *César*, 44; Plutarco, *César*, 58, 6.

[763] Tácito, *Annales*, 2, 56, 1-2. Cfr. Además, Justino-Trogo, 41, 5, 8, que contrapone los *Caesares*: señores de Occidente con los *Arsaces*, jefes del Oriente.

enemigos. Así, las relaciones romano-párticas entre dos Estados independientes, expansionistas y militarizados se mantuvieron, en sus respectivos 'espacios vitales' y tuvieron en el río Éufrates la frontera natural[764]. Roma, después de Trajano y del intento fallido de Caracalla por la unión dinástica entre él y la hija de Artaban V, abandona la política pártica, pero se da cuenta de la imposibilidad de la conquista y del sueño de hegemonía universal[765]. Augusto legó a sus sucesores, particularmente a los emperadores Antoninos, el desafío de mantener la grandeza del imperio generado en la república y en el principado augusteo, como resultado de una política ofensiva regular. Por sobre todo, se preocupó de transmitir la necesidad de conocer bien las diferentes realidades geopolíticas, no subestimando a los enemigos y no sobrepasando las verdaderas posibilidades y los recursos del imperio[766]; no más conquistas y empresas inútiles que desgastan y desangran al orbe.

En fin, el genio práctico de Augusto comprendió que los grandes triunfos, producto de las guerras y la política imperialista ofensiva, no eran los únicos elementos necesarios para legitimar el poder, buscar gloria y prestigio. Se dio cuenta de que lo central era conservar el dominio territorial a través de una óptima gestión, incorporando para ello, activamente, a las provincias. Tuvo la certeza de creer que la *Urbs*, Italia y las provincias formaban un todo asociado; estas últimas ya no eran las zonas explotadas por la capital, sino partes de un todo orgánico.

Como analizamos, la expresión formulada por Augusto en el preámbulo de las *Res gestae*, en el sentido de "someter el mundo entero al imperio del pueblo romano"[767], no era una idea original creada por el primer emperador. Más bien, la "pretensión universalista"[768] de Roma tenía una vasta experiencia y existía desde hacía un siglo en los escritores e historiadores, quienes se referían a las grandes conquistas territoriales de los generales del último siglo de la república. Los autores latinos utilizaban la terminología *orbis terrarum* como sinónimo de *orbis Romanus*.

La retórica de Herenio describe el poder de Roma en la siguiente forma: "el imperio de la tierra al cual han consentido todas las naciones, todos los reyes, todos los pueblos"[769]. Diodoro de Sicilia, recuerda a Pompeyo por sus triunfos en

---

[764] A. Barzanò, "Roma e i parti tra pace e guerra fredda nel I secolo dell'impero", en Sordi (ed.), *La pace nel mondo antico* (cit.), pp. 211-222; también, Gabba, "Parti" (cit.), pp. 441-442.

[765] Véase capítulo V, 5.3.

[766] Christol, "La dominación de Roma" (cit.), p. 161.

[767] Véase nota 747.

[768] Le Glay, *Grandeza y caída* (cit.), pp. 92-97.

[769] *Retórica de Herenius*, 4, 13.

Oriente (61 a. C.), quien se hizo grabar una inscripción que señalaba: "extendió las fronteras del imperio de Roma hasta los límites de la tierra"[770]. Asimismo, debido a sus victorias fue representado en el Campo de Marte, sosteniendo el globo terráqueo y simbolizando el dominio universal[771]. También, Cicerón en referencia a Sila y Julio César resalta "la supremacía total de la urbe"[772]. Por último, Cornelio Nepote utiliza esta expresión para explicar, en cierta medida, las ambiciones y realidades de Marco Antonio y Octavio, "quienes de común acuerdo aspiraban, no sólo al dominio de Roma, sino al del mundo entero"[773]. Sin duda, con el régimen augusteo, se exacerba más esta política de identificar el dominio romano con el dominio del mundo. Tito Livio explica, en el prefacio de su nueva historia,

Figura 55. Copia de un Denarius con la imagen victoriosa y de dominio del mundo de Octavio como Neptuno, con sus pies sobre el globo, datado entre el 31-29 a. C. (Tomado de R. Hingley, Globalizing Roman Culture: Unity, Diversity and Empire, Routledge, London-New York, 2005, esp. p. 2).

[770] Diodoro de Sicilia, 40, 4.

[771] En general, sobre la expresión simbólica de la victoria sobre el mundo, cfr. Arnaud, "L'image du globe dans le monde romain", *MEFRA* (1984), pp. 53-116 ; Le Glay, *Grandeza y caída* (cit.), p. 92; Hidalgo de la Vega, "Algunas reflexiones" (cit.), p. 275.

[772] Cicerón, *Pro Sex. Roscio*, 131; *Pro Balbo*, 64.

[773] Cornelio Nepote, *Vida de Ático*, 20, 5.

el propósito de "evocar los hechos gloriosos del pueblo que está a la cabeza de todos los de la tierra"[774]. Virgilio y Horacio, los poetas de Augusto, plantean la noción de una "dominación universal" por parte de Roma[775].

La imagen del poderío romano y de la sumisión del mundo, está representada igualmente en la numismática de la época. Por ejemplo, en un denario datado el 31-29 a. C., Octavio aparece con un pie, en actitud de soberanía y dominio, sobre el globo terráqueo[776]. Simboliza así la figura de un 'poder global', al menos como hemos señalado, en el ámbito del Mediterráneo. Ahora bien, las fuentes del período confirmaban el *imperium populi Romani* sobre el resto de las tierras y pueblos. No era una exageración[777] sino que además, significaba un sentir popular. El mundo bajo la supremacía de la diosa Roma era un símbolo recurrente en la transición de la república al imperio. Los recordados versos de Virgilio acerca de la aspiración romana al "dominio del mundo" son una válida formulación de este proceso conquistador.

Si bien Julio César fue clave en la expansión del imperio y dejó evidencias de un control y 'poder global', es verdaderamente Augusto quien configura el intento real de una "mundialización"[778] del orbe romano, vinculado con la pacificación, el desarrollo y la propaganda de una nueva Roma y de una nueva era. Ya es la *Urbs* convertida en *orbis*.

3. El *orbis Romanus* y el *orbis terrarum*

Diversas fuentes sucumbieron a la tentación de escribir e interpretar al *orbis Romanus* en equivalencia al *orbis terrarum*[779]; surgen, empero, planteamientos dicotómicos con matices diversos. Se encuentran aquellos en los cuales predomina una noción que afirma una cierta sinonimia entre el imperio romano y el mundo entero.

En primer lugar, encontramos aquellos testimonios donde se destaca la carta geográfica del mundo confeccionada por Marco Agripa, terminada y expuesta al público el año 7 a. C., conocida también como *Corografía*[780], en la cual pretendía

---

[774] Tito Livio, *Prefacio*, 3. A su vez, el historiador cree que la misión final y el destino de Roma por la voluntad divina es convertirse en la "capital del orbe", cfr. 1, 16, 7.

[775] En general, cfr. Robert, *De Roma a China* (cit.), p. 107. Una actualización en Favro, "Making Rome" (cit.), pp. 234-263.

[776] Véase el diseño de la moneda en la figura n° 55.

[777] Malitz, "Globalisierung?" (cit.), pp. 38-39.

[778] Hidalgo de la Vega, "Algunas reflexiones" (cit.), p. 275.

[779] Sobre la representación del mundo, cfr. S. Mattern, *Rome and the Enemy, Imperial strategy in the principate*, University of California, Berkeley, 1999, esp. pp. 24-80.

[780] Lamentablemente, Agripa no pudo ver expuesta su magna carta por su prematura muerte en el año 12 a. C. y que, según disposición testamentaria, se confiaba su ejecución material a su hermana Vipsania Pola, que la

representar el *orbis terrarum*. La ecúmene se identificaba en su totalidad subdividida en tres continentes (Europa, Asia, África) y la superficie terrestre estaba repartida en 24 regiones, que en su mayoría coincidían con el *orbis Romanus* y con sus provincias. A su vez, otros pueblos o etnias estaban vinculados con Roma a través de embajadas, alianzas, solicitudes de protección y amistad, como es el caso de Persia, los escitas, sármatas y pueblos del Cáucaso e India.

La carta de Agripa, en una lectura actual[781], identifica el territorio entero como un 'mundo global', es decir, tierras conquistadas, control hegemónico, relaciones diplomáticas, incursiones y protectorados que hacen suponer una clara relación e identificación entre el *orbis terrarum* y el *orbis Romanus*. El mapa de Agripa reconoce el *orbis* al interior de la *Urbs* y responde a uno de los eslóganes más difundidos de la propaganda augustea: "el dominio de Roma sobre el mundo". El *orbis terrarum* sometido bajo la competencia de un magistrado, o mejor dicho, bajo el poder del emperador. La tierra habitada controlada globalmente por Roma[782].

La conquista del mundo en la época de Octavio Augusto va acompañada con una representación cartográfica donde se observa la similitud del *orbis terrarum* con el *orbis Romanus*. En el fondo, esta carta geográfica pretendía, una vez más, exhibir a los habitantes de la urbe, provinciales, extranjeros y turistas, el mundo conocido, conquistado y dominado por Roma, que Augusto y el mismo Agripa contribuyeron a ampliar con su política expansionista e integradora.

Otra fuente relevante, donde se muestra el dominio de Roma sobre el mundo, es la obra de Dionisio de Halicarnaso quien compara el imperio romano con las anteriores potencias universales (asirios, medos, persas y macedonios), teoría que fue

---

llevó a término en el *Campus Agrippae*. El edificio fue conocido con el nombre de "Pórtico de Vipsania". Cfr. Plinio, *Historia Natural*, 3, 17; Dión Casio, *Historia Romana*, 55, 8, 4 y 54, 29, 4; Estrabón, *Geografía*, 2, 17. En general, véase *Geógrafos latinos menores, fragmentos relativos a la corografía de M. V. Agripa*, Gredos, Madrid, 2002, pp. 82-113. Corresponde a un *orbis pictus*, es decir, una realización cartográfica monumental que representa toda la ecúmene.

[781] A. Grilli, "La geografia di Agrippa", en *El bimillenario di Agrippa*, Università di Genova, Genova, 1990, pp. 127-146; P. Trousset, "La "Carte d'Agrippa": nouvelle proposition de lecture", en *DHA*, 19 (1993), pp. 137-157; S. Magnani, *Geografia storica del mondo antico*, Il Mulino, Bologna 2003, esp. pp. 145-147. Importante síntesis en Nicolet, *L'inventario del mondo* (cit.), pp. 95-114; Cresci, *Ecumene augustea* (cit.), pp. 215-222; Conta, "La cartografía romana" (cit.), pp. 41-51. Para una discusión teórica actualizada, M. De Nardis, "Forma: aspetti della percezione della spazio geografico-politico a Roma tra I secolo a. C. e I secolo d. C.", en A. Storchi Marino (ed.), *Economia, Administrazione e fiscalità nel mondo romano. Ricerche lessicale. Documenti e studi*, Collana del dipartimento di Scienze dell'antichità dell Università di Bari (N° 36), Edipuglia, Bari, 2004, pp. 133-162.

[782] Pseudo Etico, *Cosmografía*, I, 3, señala y describe que en 32 años se realizaron las mediciones del mundo ordenadas por Julio César y concluidas por Augusto. "El mundo tiene en su totalidad treinta mares, cincuenta y dos islas, cuarenta montes, setenta y un provincias, trescientas ocho ciudades, cincuenta y siete ríos y se cuentan ciento veintitrés pueblos".

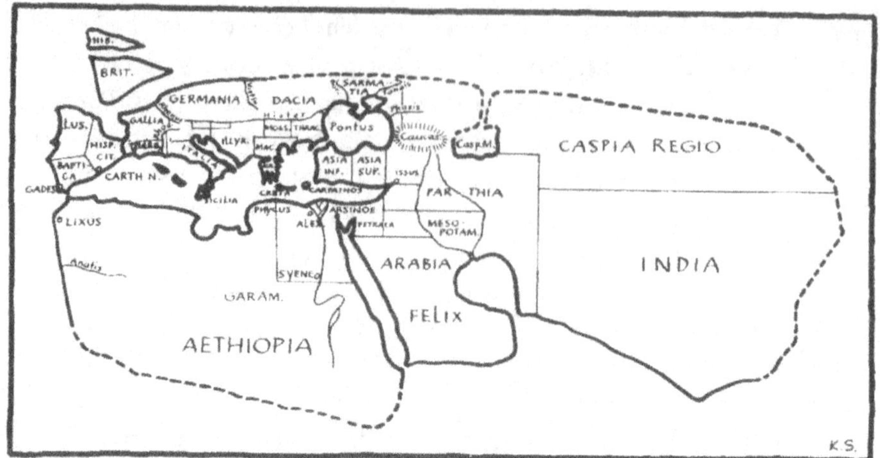

Figura 56. Reconstrucción de la carta de Agripa: el orbis terrarum hacia fines del siglo I a. C. (Tomado de S. Magnani, Geografia storica del mondo antico, Il Mulino, Bologna, 2003, esp. p. 147).

conocida como la sucesión de los imperios[783]. El autor concluye que por la extensión de la conquista es aplastante la superioridad de la Roma augustea[784]. Aún más, Dionisio en su examen comparativo de los imperios, considera que la dominación romana se ha extendido a la totalidad de la tierra habitable hasta alcanzar los términos de la ecúmene, constituyéndose en una hegemonía universal: "La ciudad de los romanos gobierna toda la tierra que no es inaccesible, sino habitada por hombres, y domina todo el mar, no sólo el que está dentro de las columnas de Hércules, sino también todo el océano navegable; es la primera y única ciudad de las que se recuerda a lo largo de todos los tiempos que ha hecho de la salida y la puesta del sol los límites de sus dominios y el período de su soberanía no ha sido corto, sino mayor que el de ninguna de las demás ciudades o reinos"[785]. Para Dionisio, Roma se aventuró audazmente a la conquista de un imperio universal[786].

---

[783] Véase nota 699. Para un mayor análisis, J.L. Ferrary, "L'"oikoumène", l'orient et l'occident d'Alexandre le grand à Auguste: histoire et historiographie", en A. Fraschetti e A. Giardina (ed.) *Convegno per Santo Mazzarino*, (Roma, 9-11 maggio 1991), L'Erma di Bretschneider, Roma, 1998, pp. 97-132.

[784] Dionisio, 1, 2, 1, señala: "sin duda, si alguien pone su atención en las hegemonías de ciudades y pueblos de los que tenemos referencia desde tiempos pasados y, después de examinarlos cada uno por separado y compararlos mutuamente, quisiera determinar cuál de ellos consiguió el mayor poder y realizó proezas más brillantes tanto en paz como en guerra, verá que la soberanía de los romanos ha superado con mucho a todas las que se recuerdan antes de ella, no sólo por la extensión de su dominio y por la nobleza de sus acciones, que todavía ninguna historia ha alabado dignamente, sino también por el espacio de tiempo que ha durado ese poder, llegando hasta nuestros días".

[785] Ibid, 1, 3, 3, cfr. Cresci, *Ecumene augustea* (cit.), pp. 245-246.

[786] Ibid, 1, 3, 5, explica: "desde que se adueñó de toda Italia y se atrevió a pretender el gobierno de todo el mundo, después de expulsar del mar a los cartagineses, que tenían la mayor flota naval, y someter a Macedonia,

Asimismo, en el prólogo de la obra de Vitruvio se reconoce la ocupación y aparece Augusto como "conquistador del mundo entero"[787]. Virgilio, a su vez, escribe sobre la grandeza y el dominio romano, del *imperium sine fine*, carente de fronteras fijas y cerradas[788], donde el *orbis Romanus* se asemeja al *orbis terrarum* mismo. Por su parte, el judío-romano Flavio Josefo, al explicar la revuelta de Jerusalén (66 d. C.), nos transmite en el discurso del rey Agripa II cómo Roma controla todo el orbe[789].

La carta de Agripa, los testimonios de Dionisio, Flavio Josefo y otros escritores, son pruebas de la existencia de una idea de consenso en relación con la equivalencia *imperium Romanum* con *orbis terrarum*. Sin duda que la noción de conquista ecuménica acompañará a Augusto y a muchos de los príncipes entre el siglo I y III d. C.

Roma tuvo una clara "vocación ecuménica"[790], su destino no podía ser otro que el de la absoluta coincidencia del mundo con ellos mismos. Así, con Trajano, el imperio llega a su máxima extensión territorial[791], puesto que se incorporan nuevas provincias: Dacia, Arabia, Armenia, Asiria y Mesopotamia. Territorialmente el imperio ya no crecerá más[792]. Adriano desea mantener la posición rectora que Roma había alcanzado; abandona, no obstante, las recientes provincias orientales incorporadas y se preocupa prioritariamente de defender y reordenar el *limes* del imperio. Desde esta perspectiva, se desarrolla una política de preservación y seguridad territorial, clave para entender en la práctica, las relaciones exteriores de los emperadores adoptivos. Tanto Adriano como Antonino Pío, aseguraron sus fronteras con muros, obras fortificadas y defensivas, pues había que estabilizar las conquistas imperiales y disfrutar de una vida civilizada.

Como señala Apiano –contemporáneo de Antonino– "los emperadores prefieren conservar su imperio por medio de la prudencia a extenderlo de modo indefinido sobre tribus bárbaras, pobres y nada provechosas"[793]. En otros términos,

---

que hasta entonces parecía poseer el máximo poder en tierra, ya no tuvo ningún pueblo bárbaro ni griego como rival y, en nuestros días, ya en la séptima generación, continúa gobernando todo el mundo; y no hay ningún pueblo, por decirlo así, que dispute por la hegemonía universal o por no aceptar el gobierno de Roma". Cfr. P. Martin, "L'ecuménisme dans la vision de Rome par l'historien Denys d'Halicarnasse", en Foresti, Barzanò, Bearzot, Prandi, Zecchini (eds.), *L'ecumenismo politico* (cit.),en Foresti (ed) "Ecumenismo" (cit.), pp. 295-306.

[787] Vitruvio, *De Arquitectura*, 1, 1.

[788] Virgilio, *Eneida*, 1, 273-279.

[789] Véase nota 642.

[790] E. Lo Cascio, "Impero e confini nell'età del principato", en Foresti (ed.) "Ecumenismo" (cit), en Foresti, Barzanò, Bearzot, Prandi, Zecchini (eds.), *L'ecumenismo politico* (cit.), pp. 333-347.

[791] L. Polverini, "Traiano e l'apogeo dell impero", en Urso (ed.), *Hispania Terris* (cit.), pp. 303-313.

[792] Nicolet, "Il modello dell'impero" (cit.), p. 464, señala que en la época imperial, casi ya no existen las conquistas; "los emperadores asesinaron el imperio".

[793] Apiano, *Historia romana*, pref., 7; C. R. Whittaker, *Frontiers of the Roman Empire. A social and economic study*, Johns Hopkins University, Baltimore, 1994, esp. p. 37.

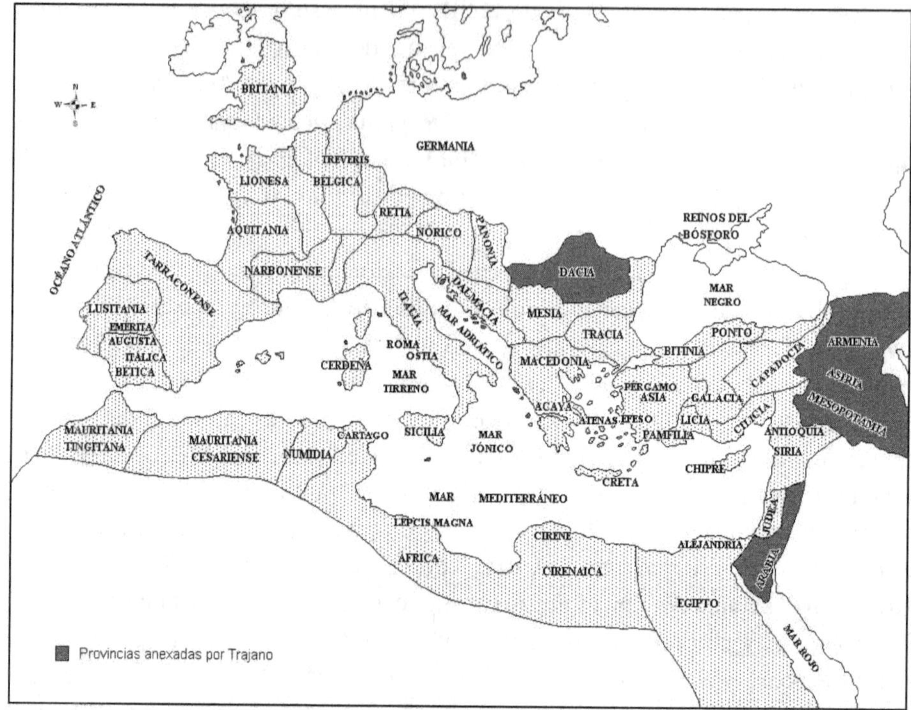

Figura 57. El imperio romano en la época de Trajano (98-117 d.C.), máxima expansión territorial.

se produce un cambio radical en la "ideología del *imperium sine fine*"[794], cuyos modelos son Augusto y, sobre todo, Trajano como el último emperador-conquistador. Esta ambición expansionista de Roma comienza a detenerse, empieza a proteger el imperio y finalmente pasa de una geopolítica ofensiva, utilizada por Trajano, a una defensiva[795] llevada a cabo por Adriano y Antonino Pío. Estamos frente a un cambio de estrategias y surge una nueva concepción del *limes*[796].

[794] Corresponde al imperio sin límites de espacio y tiempo, ya presente en el pensamiento de Virgilio, *Eneida*, 1, 278-279 y Veleyo Paterculo, 2, 103.

[795] R. Watson, "Eserciti e confini" (cit.), pp. 387-408, en general, destaca la política defensiva de Adriano; Whittaker, *Frontiers* (cit.), pp. 62-84.

[796] Con la política de estabilización y defensiva de Adriano y sus sucesores aparece una nueva concepción estratégica del *limes*. Construir grandes y complicadas fronteras con diversas obras de persuasión, configurando una zona fronteriza de hasta 2 a 3 kilómetros de profundidad con defensas escalonadas, fosos, fortines, torres de señales, rutas estratégicas para una rápida comunicación y desplazamiento de tropas hacia y desde los campamentos militares. Sin duda que todo este "aparataje defensivo y monumental" posee además, un propósito "psicológico", es decir, señalar a los bárbaros hasta dónde el imperio había decidido que llegase su soberanía. Cfr. Luttwak, *The grand strategy* (cit.), pp. 170-186; Liberati y Silverio, *Organizzazione militare* (cit.), pp. 28-40. Muy útil G. Forni, "*Limes*: nozioni e nomenclature", en M. Sordi (ed.), *Il confine nel mondo classico*, CISA, 13, Università Cattolica Sacro Cuore di Milano, Milano, 1987, pp. 272-294.

Otro intento de dominación ecuménica lo protagonizó Caracalla, como examinaremos más adelante, sin embargo, todavía se mantenía en estos emperadores la noción de un imperio de configuración universal y cosmopolítico. Por ejemplo, Adriano es proclamado –como se lee en las monedas– "el salvador de la patria" y Antonino Pío reafirma en forma explícita esta universalidad, declarándose "el señor del mundo"[797]. Los diversos emperadores y la clase dirigente romana, estaban conscientes de que Roma nunca dominó y controló la totalidad del mundo[798], puesto que muchas regiones estaban ubicadas fuera de los límites del imperio.

A pesar de esto, la intención de un sueño de dominio universal tiene una larga tradición en la historia romana. A través de las fuentes y de la historiografía actual, se observa cómo Roma –desde la segunda guerra púnica y, particularmente después de su victoria en Zama sobre los cartagineses–, concibe un proyecto unitario de conquista y de hegemonía mundial. Más aún, la perspectiva de la "supremacía mundial" será proclamada por Escipión el africano quien arenga a las tropas, en la vigilia de la batalla de Zama, asegurando para Roma el "dominio indisputado de todo el resto del mundo"[799]. El control del universo está íntimamente ligado a la concepción historiográfica de Polibio, que es "general" o "universal"[800]. El historiador de Megalópolis fue el primero en reconocer esta dimensión global que tenía el imperio romano, pues el destino de Roma era la "conquista del mundo"[801]. Polibio observó cómo la proyección gradual de la urbe dominaba el mundo. A la muerte de éste (125 a. C.), Roma siguió con su política imperialista ofensiva, anexando nuevas provincias.

Julio César y los emperadores Octavio Augusto, Trajano y Caracalla continuaron esta política e hicieron suponer la constitución de un *orbis Romanus* como 'globalizado', a través de la propaganda e ideología imperial. Ciertamente, los romanos se sintieron muy conformes y orgullosos de la creación y el mantenimiento de su imperio.

---

[797] Digesto 14, 2, 9; véase, A. Schiavone (ed.), *Storia del diritto romano*, Giappichelli, Torino 2001² esp. pp. 201-202.

[798] Robert, *De Roma a China* (cit.), p. 100.

[799] Polibio, *Historias*, 15, 10. En otras palabras, para Escipión el destino y la misión de Roma era la "hegemonía y el gobierno del universo". Cfr. Ibid, 1, 63, 9.

[800] Ibid, 1, 4, 2. Cfr. A. Momigliano, "Polibio, Posidonio e l'imperialismo romano", en *Atti della Accademia delle scienze di Torino*, 107 (1972-1973), pp. 693-707; (= ahora en Id., *Sesto contributo* (cit.), pp. 89-101); (= ahora en Id., *La storiografia greca*, Einaudi, Torino, 1982, pp. 258-272); (= ahora en Id., *La historiografía griega*, Crítica, Barcelona, 1984, pp. 226-238).

[801] De los principales pasajes del historiador griego, donde se observa una hegemonía mundial existe un pequeño matiz de un control de "casi todo el universo" (o sea, una porción de la ecúmene). Cfr. Polibio, *Historias*, 1, 1, 5. Sin embargo, en otros pasajes, es categórico en afirmar, de un proyecto consciente de "dominar la totalidad del mundo". Cfr. Ibid, 1, 2, 7; 1, 3, 4-6, 3, 1, 4-5, 3, 2, 6, 3, 3, 1-9.

4. El dominio de una parte del mundo

Dión Casio –asumiendo una posición de 'control limitado' de la ecúmene, con un matiz diverso respecto de lo que había sido la proyección universal, hegemónica y conquistadora de Roma–, nos transmite las sentidas palabras de Octavio, en una alocución que dirige a sus tropas, a la vigilia de la batalla de Accio. En ellas, el triunviro hace referencia al pasado glorioso y victorioso de la *Urbs* (sometiendo a Pirro, Filipo, Perseo, Antíoco, a los cartagineses, cimbrios, panonios, avanzando al Danubio, Rin y hasta Britania), por lo tanto, no podían ser pisoteados o derrotados por una mujer egipcia, pues "los romanos son los dominadores de la parte más extensa y mejor de la ecúmene"[802]. Dión habla de una tierra controlada por Roma (no toda, sino la parte "más vasta y mejor") e introduce un criterio selectivo[803]. El autor, representante de la clase dirigente imperial, con una dilatada experiencia en temas político-militares, consciente de la deficiencia fiscal del imperio que repercutía en la situación del ejército, se declaraba contrario a la expansión más allá del Éufrates, siendo este río la frontera natural entre Roma y los partos[804].

Similar a la versión de Dión es la que nos presenta Estrabón. El geógrafo delineó las coordenadas geopolíticas del imperio romanizado: "éstas son las partes en que se divide el mundo: porque los romanos ocupan la mejor parte y la más conocida, habiendo superado a los precedentes dominadores de los cuales tenemos recuerdos"[805]. Tanto para Dión Casio, como para Estrabón, los romanos controlan la mejor parte y la más conocida de la ecúmene, superando por extensión hegemónica las anteriores supremacías universales. Este último adopta en su obra la tradicional tripartición continental (Europa, África=Libia y Asia), distinguiendo el *cosmos* romanizado de aquellas áreas marginales y periféricas que están deshabitadas, carentes de recursos y todavía aptas para una vida nómade. En el fondo, son tierras bárbaras, estériles, carentes de civilidad, en las cuales es muy difícil intentar un proceso de desarrollo y culturización[806].

---

[802] Dión Casio, *Historia Romana*, 50, 24, 3.

[803] Cresci, *Ecumene augustea* (cit.), pp. 53-55.

[804] Dión Casio, *Historia Romana*, 75, 3, 3. Cfr. Gabba, "Parti" (cit.), p. 442.

[805] Estrabón, *Geografía*, 17, 3, 24 C 839. Cfr. Dión Casio, *Historia Romana*, 53, 12. Para una ampliación, E. Noé, "Considerazioni sull'impero romano in Strabone e Cassio Dione", en *RIL* (122), 1988, pp. 101-124.

[806] El pasaje de Estrabón, recién citado (173, 24 C839 y, a su vez, 4, 5, 4 C 201), se inserta en la ideología augustea de precisar la diferenciación entre civilización y barbarie y la sobreposición entre sistema ambiental y antrópico, favorable y hostil. Uno de los propósitos del imperialismo romano y su consecuente proceso civilizador de la romanización fue, justamente, el de difundir la vida urbana y civilizada. Cfr. Garnsey y Saller, *El imperio romano* (cit.), pp. 23-26; Cresci, *Ecumene augustea* (cit.), pp. 65-67.

Plinio es otra fuente, con una perspectiva diversa. Nos describe cómo Augusto surcó el océano septentrional y se interesó por la circunnavegación meridional desde las columnas de Hércules hasta Arabia y por el este desde el mar Índico al Caspio[807]. De ahí se podía avanzar hacia China e India dando la vuelta completa. Gracias al avance en lo geográfico y científico, logrado a través de los descubrimientos y exploraciones en la época augustea[808], se concibió como probable la idea de navegar alrededor del *orbis terrarum* y dominarlo totalmente. No obstante, esto nunca se llevó a cabo, ni por Augusto ni por los sucesores.

Un tercer testimonio que manifiesta el carácter selectivo del mundo romano, es el del intelectual judío Filón Alejandrino. En el elogio que hace del emperador Tiberio en desmedro de Calígula, muestra que a la muerte del primero, el imperio se extendía pacificado y en armonía, dirigido con buenas leyes y con óptimos recursos económicos para fines militares[809]. En el pasaje más relevante de sus

Figura 58. La gruta de Sperlonga del emperador Tiberio (14-37 d. C.), al sur de Roma.

[807] Plinio, *Historia Natural*, 2, 167-169.
[808] Roddaz, "Augusto o el arte (cit.)", pp. 143-145.
[809] Filón, *Legatio ad Caium*, 8, 9.

escritos, Filón[810] distingue un "imperio que no solamente comprende la parte mayor y más vital del mundo habitado, delimitado por el Rin y Danubio, sino además un imperio extendido por donde surge el sol y tramonta, abrazando todas las tierras que se encuentran más acá del océano y abarcando pueblos de Asia y Europa"[811]. Para Filón la ecúmene está subdividida en sectores más importantes y extendidos, excluyendo la periferia[812]. Sin duda, el *elogium* tiberiano de Filón estuvo influenciado por la obra de Estrabón.

En síntesis, los tres textos aludidos, el de Estrabón, Filón y Dión Casio muestran la concepción de un imperio conquistador y romanizado, donde el mundo romano equivale a una tierra selectiva, vasta, pacificada, desarrollada y con amplias ventajas comparativas. Si bien estos autores no pretenden asociar el *imperium Romanum* con el *orbis terrarum,* como lo hacen Virgilio, Plinio y Elio Arístides, entre otros, estamos frente a una visión del poder y la gloria de Roma en una dimensión global. La élite dirigente, el Senado y los emperadores, concibieron un mundo centrado e interconectado bajo la égida de Roma. En el fondo, la ecúmene tenía un espacio digno de ser habitado y disfrutado. El *orbis Romanus* como entidad globalizada (= imperio global) es perfectamente factible no obstante, los matices, diferencias o voces disonantes que hemos abordado[813].

---

[810] Sobre Filón y el imperio, cfr. L. Troiani, "Filone Alessandrino e la XIV regio augustèa", en *Athenaeum*, 62 (1984), pp. 268-275; Id., "Gli Ebrei e lo stato pagano in Filone e in Giuseppe", en *Ricerche di storiografia antica II,* Giardini, Pisa, 1980, esp. pp. 195-218.

[811] Filón, *Legatio ad Caium*, 10.

[812] Cresci, *Ecumene augustea* (cit.), p. 73.

[813] Entre las fuentes disonantes que no creen en una dominación total de la ecúmene por Roma en el período augusteo, sino más bien en sólo una parte del mundo sometido al poder romano y, en consecuencia, en un *alter orbis* y en una *mundi pars altera*, encontramos el anónimo Panegírico de Mesala hacia fines del siglo I a. C. *Paneg. Mess*, 135-146. Según éste, Britania y Oriente no forman parte del dominio romano. Cfr. L. Alfonsi, "La digressione delle 'zone' nel panegirico di Messalla", en *Aevum* 26 (1952), pp. 147-155. Asimismo, Ovidio es contradictorio y desmiente la propaganda oficial al no consentir una total conquista romana del mundo; Ovidio, *Ars*, 1, 177-181; 201-214. El *orbis* no es enteramente romano y el Oriente conserva su independencia. En una postura también ambigua, encontramos a Pompeyo Trogo, quien publica una historia universal, conservada a través del epítome de Justino. Si bien, en un primer momento critica a Roma, en una "historia sin Roma y contra Roma", después declara cómo ella es su patria y define a la *Urbs* como capital del mundo entero (*caput totius orbis*). Además, califica a Augusto como aquel que ha sometido toda la tierra. Justino, 43, 1, 1-2; 44, 5, 8. Trogo observa un paralelo entre Alejandro Magno y Augusto como "conquistadores del mundo" y a partir de su teoría cíclica de los imperios cree, finalmente, en la *aeternitas* de Roma, reconociendo la ecumenicidad y la acción civilizadora de la urbe. En general, Cresci, *Ecumene augustea* (cit.), pp. 259-268; Ead; *Conquista* (cit.), pp. 310-318.

5. La *imitatio Alexandri* y el ecumenismo en Caracalla

5.1. El mito de Alejandro en Roma en los siglos I y II d. C

Con el advenimiento y la consolidación paulatina del régimen imperial, la *aemulatio* o *imitatio Alexandri*[814] llegó a ser para muchos una verdadera añoranza. Ésta se presenta en una cuádruple perspectiva, es decir, Alejandro como modelo para cada mortal; para los monarcas de cada época; para otros grandes generales griegos y romanos y además en su calidad de visionario y constructor de un imperio universal[815].

Con anterioridad al ascenso de Octavio Augusto, la imitación a Alejandro poseía una larga tradición que va desde Pirro[816], pasando por Escipión el africano[817], Lúculo, Pompeyo, Marco Antonio y Julio César[818], encarnándose en este último el modelo conquistador y político. Será a partir del gobierno de Augusto que se consolida un clima favorable entre políticos, militares e intelectuales en la percepción de Alejandro como arquetipo a seguir, como conquistador del orbe, "dueño del mundo civilizado" (*kosmokrátoras*) y creador de un nuevo orden[819].

---

[814] El argumento de la *imitatio Alexandri* en la historia romana ha sido muy estudiado con múltiples enfoques. Entre otros, P. Ceausescu, "La double image d'Alexandre le grand à Rome. Essai d'une explication politique", en *StudClas* 16 (1974), pp. 153-168; L. Braccesi, *Alessandro e i Romani*, Pàtron, Bologna, 1975; G. Wirth, "Alexander und Rom", en A. B. Bosworth y E. Badian (eds.), *Alexandre le Grand. Image et réalité*, (Entretiens sur l'Antiquité classique), Fondation Hardt, Vandoeuvres-Génève, 1976, pp. 181-210; J. M. Croisille (ed.), *Alejandro Magno, modelo de los emperadores romanos*, Actes du IV Colloque international de la Sien, Neronia 4, Latomus, Bruxelles, 1990; G. Nenci, "L'imitatio Alexandri", en *Polis*, 4 (1992), pp. 173-186; F. De Polignac, "Alessandro o la genesi di un mito universale", en S. Settis (ed.), *I Greci. 2. III* (cit.), pp. 271-292; D. Spencer, *The Roman Alexander. Reading a cultural myth*, Exeter University, Exeter, 2002; D. Ambaglio, "Il tempo di Alessandro Magno", en *RSI* 114/3 (2002), pp. 726-737.

[815] F. Fabbrini, *Translatio Imperii. L'impero universale da Ciro ad Augusto*, Edizioni di Storia e Letteratura, Roma, 1983, esp. pp. 69-91.

[816] Pirro es quien introduce en el ámbito romano, la imagen y modelo de Alejandro, imitándolo en sus acciones y en el gusto por los elefantes. Tuvo una admiración especial por él y además le colocó a su hijo el nombre del macedónico, siendo gobernante del Epiro; véase Nenci, "L'imitatio" (cit.), p. 181.

[817] El general romano, lo apreciaba por su valentía y destreza militar, sin embargo, va a ser Plauto -alrededor del 202 a. C.- quien por primera vez inserta la figura de Alejandro en lengua latina y lo considera como el "prototipo del gran capitán al que se sueña imitar"; cfr. Plauto, *Mostellaria (La comedia del fantasma)* 3, 2, 775.

[818] Julio César fue otro de los grandes imitadores de Alejandro. Es muy sugerente y claro el párrafo de Plutarco, *César*, 11, 5-6, al compararlo con el macedonio. «Del mismo modo, dicen que en España en otra ocasión en que tenía tiempo libre, mientras leía una de las obras sobre Alejandro, se quedó mucho rato ensimismado y luego incluso terminó por echarse a llorar. Y ante la extrañeza de los amigos, que le preguntaron la causa, respondió: "¿No os parece digno de dolor que Alejandro, a la edad que yo tengo, fuera ya rey de tan inmensos territorios, y yo, en cambio, no haya realizado aún nada brillante?"». Cfr. además, Suetonio, *César*, 7; Dión Casio, 37, 52,2; P. Green, "Caesar and Alexander: *aemulatio, imitatio, comparatio*", en *AJAH*, 3 (1978), pp. 1-26.

[819] En Octavio Augusto estaban dadas todas las condiciones para la emulación de Alejandro Magno: triunfos militares, incorporaciones de nuevas provincias, pacificación, proyecto ecuménico del soberano, corte de intelectuales al servicio del príncipe y, en fin, la creación de un nuevo orden imperial; cfr. Virgilio, *Eneida*, 6, 854-886; *Res gestae divi Augusti*, 31-32; Suetonio, *Augusto*, 30.

El ejemplo de su figura fue importante y ella se convirtió en un referente casi obligado para los escritores romanos de épocas imperiales[820]. Respecto de Tiberio y Claudio, las fuentes no consignan datos acerca de una admiración por el macedonio. Sin embargo, el general Germánico –padre de Calígula y designado por Tiberio como su sucesor– fue ampliamente alabado por Tácito y comparado con la figura, edad, lugar y forma de muerte de Alejandro Magno[821].

Entre los emperadores Julio-Claudios que evidenciaron una preferencia por el sistema monárquico helenístico, destacan Calígula y Nerón. El primero, sintió una profunda admiración por Alejandro. Tal como un déspota oriental, este controvertido emperador sometió a sus súbditos a la costumbre de adorar inclinándose (*proskýnesis*) de la misma forma que lo hiciera el macedónico. También, acentuó las prácticas autocráticas en desmedro del Senado. Suetonio nos relata que Calígula usaba una "pequeña barba imitando a la de Alejandro y utilizó, algunas veces, la coraza de éste, que fue extraída de su tumba"[822]. Por su parte, en Nerón encontramos una fuerte atracción por la obra política y militar del joven Alejandro. Plinio, refiriéndose al filoheleno Nerón, relata que el emperador "adoró una estatua del héroe representado en edad juvenil, reclutó soldados para una expedición hacia el Oriente, en dirección a las puertas Caspianas y le otorgó el nombre de falange de Alejandro"[823]. Asimismo, cuando envió tropas hacia la zona de los partos para resolver un problema pendiente –el desastre de Carras y la consecuente muerte de Craso en el 53 a. C.–, lo hizo imitando al conquistador.

Trajano a su vez emuló a Alejandro, sobre todo en sus triunfos militares y en la conquista de las provincias orientales. Dión Casio relata que el emperador "condujo su ejército a las ciudades de Artabana y Babilonia y le escribió al Senado, contando que había llegado más lejos que Alejandro y que hizo sacrificios en el lugar donde había muerto"[824]. En cambio, Marco Aurelio fue indiferente al mito. Sin embargo, esto no impidió que su hijo Cómodo fuese influido por la atmósfera cultural de la

---

[820] A. Guzmán Guerra y F. Gómez Espelosín (eds.), *Alejandro Magno de la historia al mito*, Alianza, Madrid, 1997, esp. p. 196.

[821] Tácito, *Anales*, 2, 73.

[822] Suetonio, *Calígula*, 52 y 55, la idea del emperador de nombrar cónsul a su caballo *Incitatus* es otro ejemplo de la *imitatio*, cuando Alejandro le rinde homenaje a *Bucéfalo*, convertido en ciudad de la India. Cfr. Diodoro, 17, 95, 5; Quinto Curcio, 9, 3, 23; Arriano, *Anábasis*, 5, 19, 4 y 29, 5.

[823] Plinio, *Historia Natural*, 34, 63.

[824] Dión Casio, *Historia Romana*, 68, 26 y 29-30, Trajano en el 114 comenzó la guerra pártica -en la que Arriano pudo haber participado y relató- se creyó un nuevo Alejandro y superior a él. Véase E. Cizek, *L'époque de Trajan*, Les Belles Lettres, Paris, 1983, esp. pp. 388-390; G. Zecchini, "Alessandro Magno nella cultura dell' età Antonina", en M. Sordi (ed.) *Alessandro Magno. Tra storia e mito*, Jaca Book, Milano, 1984, pp. 195-212, esp. p. 202.

Figura 59. Fuente dedicada a Trajano (inicios del siglo II d. C.) en la vía de los Curetes, Efesos.

edad Antonina y prosiguiera con la *imitatio* del macedónico[825]. Obligó al Senado a denominarle *Hércules et deus*, se vestía como el dios e hizo acuñar monedas en las cuales, identificado con éste, aparece unido con Alejandro[826].

Diversos hechos como los expuestos, confirman la emulación desde Calígula hasta Cómodo, pero más bien se trata de casos concretos, de ciertas posturas, manías y testimonios anecdóticos que reflejan un espíritu conquistador unido al elemento simbólico.

5.2. LA IMPRONTA DE ALEJANDRO EN LA DINASTÍA DE LOS SEVEROS

Con la llegada de los Severos, la *aemulatio Alexandri* nuevamente vuelve a recobrar relevancia, debido a que esta dinastía tiene origen militar y una fuerte tendencia personalista en la concentración del poder. Por ello, la figura del macedonio que representaba al militar exitoso, gobernante y cohesionador de pueblos, simbolizaba el referente perfecto.

[825] Id., pp. 208-209.
[826] Nenci, "L'imitatio" (cit.), p. 183.

El africano Septimio Severo, después de su victoria sobre Albino y de haber consolidado la autoridad imperial, organizó una empresa conquistadora hacia el Oriente, con el fin de emprender una nueva guerra contra los partos (197-198), tradicionales rivales de Roma. Mientras una parte del ejército se desplazaba por vía terrestre, el emperador junto a su esposa Julia Domna y sus hijos Caracalla y Geta, se embarcaron en Brindisi para desembarcar, probablemente, en el puerto de Seleucia de Pieria (Siria). De ahí atravesó el Éufrates, pasó a Edesa y liberó Nisibis. Después se apoderó de Babilonia y luego de alcanzar el Tigris, tomó Seleucia para terminar ocupando la capital enemiga Ctesifonte[827]. Debido a su triunfo, Septimio Severo asumió el título de *Parthicus maximus*[828]. Si bien las fuentes no lo mencionan en forma explícita, la expedición oriental de Severo tuvo como arquetipo la fama e imagen de Alejandro el grande. Por ejemplo, en la *Historia Augusta* se consigna que "los rumores de la gente aireaban la noticia de que Septimio Severo promovía la guerra contra los partos movido por el deseo de hacerse famoso, no por alguna necesidad"[829].

No hay duda de que tenía presente el mito del joven conquistador junto a un estudiado cálculo propagandístico. Septimio se presentaba como el nuevo Trajano (fiel y reconocido admirador de Alejandro) con el que culminaba el siglo de los Antoninos, bajo el signo de la *renovatio temporum* y, a la vez, promovía a su hijo Caracalla con el que se inauguraba un nuevo *saeculum*[830]. El único testimonio más directo de esta admiración, fue su viaje a Egipto (199-201), y a Alejandría, según cuenta Dión Casio, visitó la tumba de Alejandro Magno[831].

La empresa oriental que dirigió trajo como resultado la anexión y organización de la nueva provincia de Mesopotamia. El balance de la guerra fue modesto en relación con la adquisición territorial para el imperio, no obstante, el significado de ese patrimonio adquirido le acarreó un inmenso prestigio[832]. Septimio, como los otros emperadores-conquistadores deseaba ante todo fama y gloria. En él se manifestó la emulación a Alejandro, actuando como militar valeroso y conquis-

[827] Una descripción del itinerario de Septimio Severo y su familia al Oriente en Letta, "La dinastia dei Severi" (cit.), pp. 663-668.

[828] Según Herodiano, 3, 9, 12, el emperador "más por su buena suerte que por su estrategia, fue celebrado por su victoria contra los partos. Tras estos logros superiores a sus aspiraciones, comunicó la noticia al Senado y al pueblo, vanagloriándose de sus empresas y ordenó que se refirieran en inscripciones públicas sus batallas y victorias. El Senado le votó todos los honores y le otorgó los títulos de los pueblos conquistados". Cfr. además, Dión Casio *Historia Romana*, 75, 9, 3-5; *Historia Augusta, Severo*, 16, 2-3.

[829] Ibid, 15, 1.

[830] Letta, "La dinastia dei Severi" (cit.), p. 664.

[831] Dión Casio, *Historia Romana*, 75, 13, 2.

[832] Letta, "La dinastia dei Severi" (cit.), p. 665, menciona además, que sobre el plano financiero, la victoria pártica y el oro proveniente del botín, ayudó al emperador en sus proyectos gubernativos.

Figura 60. Teatro construido por Septimio Severo (200 d. C.) en Hierápolis, con una capacidad para 20.000 espectadores.

tador en la guerra pártica e introduciendo en el imperio el culto a Diónisos, al cual trataba de identificar con el macedónico: *domitor orientis*[833].

5.3. La *imitatio Alexandri*: Caracalla y la conquista de Oriente

Con el gobierno de Caracalla, creemos que la *aemulatio /imitatio Alexandri* llegó a uno de sus puntos más fervorosos y casi enfermizos[834]. Tanto la persona como el mito y el culto por el macedónico, fueron reforzados en Roma por este príncipe que tenía una fuerte obsesión y manía por considerarse el nuevo Alejandro[835]. Llegó incluso a llamarlo, según cuenta Dión Casio, el *"Augusto de Oriente"*[836].

[833] Nenci, "L'imitatio" (cit.), p. 184. En otra expedición hacia Britania, el emperador Septimio Severo a la edad de 65 años, encontró la muerte en su cuartel general de *Eburacum* (York), el 4 de febrero de 211.

[834] U. Espinosa, "La Alejandrofilia de Caracalla en la antigua historiografía", en Croisille (ed.), *Alejandro Magno, modelo* (cit.), pp. 37-51, quien no acepta la idea de la *imitatio Alexandri*, como quiere la moderna historiografía, sino más bien, una cierta invención de la tradición, particularmente, Dión Casio y Herodiano; por lo mismo, el autor prefiere hablar de alejandrofilia respecto a Caracalla.

[835] En general, para esta problemática, véase A. Bancalari, "La imitatio Alexandri en el mundo romano: el caso del emperador Caracalla", en *Semanas de Estudios Romanos* 10 (2000), pp. 77-97.

[836] Dión Casio, *Historia Romana*, 77, 7, 2.

Detengámonos en este punto central, para analizar de qué manera la alejandromanía de Caracalla influyó en sus proyectos políticos e imperiales, en sus disposiciones administrativas, en su diario vivir y en mostrar cómo las fuentes consignaron esta problemática[837].

Así como algunos historiadores insisten en la alejandrofilia del emperador[838], igualmente la arqueología evidencia otros indicios del fanatismo y admiración que sintió por el joven conquistador. Por ejemplo, en un camafeo se muestra a Augusta Julia Domna con los atuendos de Olimpia, la madre de Alejandro[839]. A su vez, el culto religioso que se practicaba en honor de divinidades greco-orientales como Isis, Serapis, Hércules y otras, confirman que el emperador trataba de asimilarse a Alejandro[840]. Caracalla en varias ocasiones rindió homenajes y sacrificios a distintos dioses por los lugares que transitaba durante sus empresas conquistadoras. Fue un ferviente admirador de su espíritu religioso, como asimismo de su crueldad y energía. En su afán de emular las hazañas y conquistas del joven macedónico, organizó un gran proyecto de expansión oriental: la guerra contra los partos, convirtiéndose, entonces, en el nuevo conquistador del mundo. Esta magna empresa ofrecía al emperador innumerables posibilidades de encontrar analogías y afianzar su admiración por Alejandro. La experiencia militar de Caracalla era limitada, solamente había combatido bajo las órdenes de su padre y no había logrado, hasta el momento, ningún triunfo personal relevante. Estaba obligado a campañas victoriosas, propias y a desarrollar una política exterior expansiva. Para él era clave alimentar el mito del nuevo Alejandro, tratando de mostrarse como un jefe carismático y vencedor, un verdadero *vir militaris*.

A partir del año 213 d. C., centró sus empresas militares en la zona fronteriza del Rin y el Danubio, donde obtuvo relevantes triunfos contra los alamanes. Reconfortado por estas victorias y reconocimientos decide preparar en Roma el

---

[837] La devoción y manía de Caracalla por Alejandro Magno está presente durante los seis años de su gobierno; esto lo podemos observar y agrupar en los siguientes puntos: utilizó el epíteto de "*Magnus*" y ataviado como el macedónico (Dión Casio, *Historia Romana*, 77, 7, 1; Herodiano, 4, 8, 2.); impulsor de estatuas de Alejandro en templos, campamentos, ciudades, en el Capitolio y en Roma, en general de su culto (Ibid, 77, 7, 1 y 78, 19, 2; Ibid, 4, 8, 1-2); fiel admirador de la falange macedónica, reclutando una de 16.000 hombres, dotándola de armamento característico y llamándola "*Falange de Alejandro*"(Ibid, 77, 7, 1-2 y 18, 1; Id., 4, 8, 2-3); promotor y alabador de las obras y gestas del héroe (Ibid, 4, 8, 1; *Historia Augusta*, *Caracalla*, 2, 2; Ibid, 77, 7, 1.); prohibió las reuniones y libros aristotélicos, porque culpaba a Aristóteles de la muerte de su modelo (Ibid, 77, 7, 3); predilección y gusto por los macedónicos (Ibid, 77, 8, 1-2) y, por último, interés de una reencarnación de Alejandro en Caracalla (Ibid, 77, 7, 2; Ibid, 4, 8, 1; Ibid, 2, 1).

[838] Véase nota 834.

[839] F. Ghedini, *Giulia Domna tra oriente e occidente. Le fonti archeologiche*, L'Erma di Bretschneider, Roma, 1984, esp. pp. 152-154.

[840] P. Parpaglia, *Sacra peregrina, civitas Romanorum*, (cit.), pp. 89-93.

gran proyecto de la expedición oriental. En la primavera del año 214, junto con su madre Julia Domna y el prefecto Macrino abandonan Roma, de la capital la expedición se dirige hacia el Danubio y atraviesa Tracia, cruza el Helesponto e inverna en Nicomedia (215); desde ésta se perfila hacia Siria estableciéndose en Antioquía[841]. En el interior de Asia y en esta parte del viaje se ha creído reconocer exactamente el itinerario de Alejandro[842]: en Filipópolis celebró grandes fiestas en honor del macedonio, en Troya recordó a Aquiles y visitó el famoso Asclepión de Pérgamo. Desde Antioquía –donde estableció su cuartel general–, Caracalla proyectó su programa de anexar Armenia y declarar la guerra a los partos. Reunió 10 legiones y una flota en Antioquía y envió a Teócrito como jefe del comando destinado a instalarse como prefecto de la nueva provincia (Armenia). La empresa fracasó en forma rotunda y Caracalla decide esperar otro año para emprender la iniciativa original de la conquista del reino parto.

El emperador, después de su revés en Armenia en el otoño del 215 abandona Antioquía para dirigirse a Alejandría. La ciudad estaba en un profundo caos y sumida en revueltas, las fuentes presentan un episodio caótico donde reprimió bruscamente el desorden generalizado[843]. Pretende restaurar en la ciudad el orden social tan quebrantado y eliminar a un buen número de sus habitantes, ya que éstos se burlaban del emperador ridiculizándolo con frecuencia[844]. La visita a Alejandría tuvo, además, una especial significación para Caracalla pues visitó la tumba de Alejandro, del mismo modo que lo habían hecho antes tantos otros personajes y emperadores: "se quitó su manto de púrpura, sus anillos de piedras preciosas, su cinturón y todo lo que llevaba de valor, y lo depositó sobre el sepulcro del héroe"[845]. Veneró el culto a Isis y Serapis, permaneció en Egipto hasta principios del 216 y de ahí volvió a Antioquía para dar su golpe final con la conquista del reino parto en el interior de la región Mesopotámica.

Si aceptamos la interpretación de Herodiano, Caracalla deseaba recibir el título de "*pártico*" y comunicarle a los romanos que había derrotado a los bárbaros de Oriente. Mientras reinaba una completa paz, ideó un plan para contraer

---

[841] Una descripción de la empresa oriental en D. Van Berchem, "L'Itinéraire d'Antonin et le voyage en Orient de Caracalla (214-215)", en *CRAI*, 1973, pp. 123-148; Letta, "La dinastia dei Severi" (cit.), pp. 677-682, resalta cómo las campañas militares constituían la forma de alimentar el mito alejandrino en el emperador.

[842] Letta, "La dinastia dei Severi" (cit.), p. 678.

[843] Herodiano, 4, 8, 7-9; 9, 1-2; Dión Casio, *Historia Romana*, 78, 22-23; *Historia Augusta, Caracalla*, 6, 2-4.

[844] Particularmente, para el episodio del asesinato de alejandrinos, cfr. G. Marasco, "Caracalla e i massacri di Alessandria (215 d. de C.)", en Id., *Studia Historica*, Università degli Studi di Firenze, Firenze, 1988, pp. 67-76, consigna que las masacres en la ciudad se debieron a una difusa oposición antirromana de los habitantes de Alejandría y, a su vez, a la política oriental de Caracalla.

[845] Herodiano, 4, 8, 9.

matrimonio con la hija del rey de los partos, Artaban V[846]. "Escribió al rey de los partos, cuyo nombre era Artaban y le envió una embajada con presentes de diversos materiales valiosos y artísticamente trabajados. En la carta le decía que deseaba casarse con su hija; que lo adecuado para él, que era emperador e hijo de emperador, no era convertirse en yerno de cualquier persona de humilde cuna, sino casarse con una princesa, hija de un gran rey. Le decía también que el imperio de los romanos y el de los partos eran los más poderosos; que si se unían por el matrimonio, sin estar ya separados por un río, constituirían un único imperio invencible, pues los restantes pueblos bárbaros, [que todavía no estuvieran sometidos al poder de estos dos imperios] serían presa fácil para ellos, tanto por pueblo separadamente como por confederaciones. Añadía que los romanos tenían una infantería invencible en el combate cuerpo a cuerpo con lanzas, mientras que los partos contaban con una numerosa caballería de probada puntería con el arco. Si estas fuerzas se unían, con la colaboración de todos en el éxito de la guerra, lograrían fácilmente someter a todo el mundo bajo una solo corona"[847]. El propósito particular de esta acción, era crear en la Mesopotamia meridional un reino vasallo, colocando en el trono al futuro hijo del matrimonio propuesto. Sin duda, este episodio, era muy similar al matrimonio entre Alejandro y Roxana y a las bodas colectivas acaecidas en Susa. Caracalla no hacía otra cosa que imitar la acción emprendida por el conquistador. No obstante, era un proyecto coherente, respaldado por la visión ecuménica reinante: la unión de los pueblos y la alejandromanía del emperador.

Si bien la empresa de Caracalla fracasó[848], emprendió otra vez la marcha contra el rey Artaban V y los partos, pues necesitaba ser nuevamente un militar victorioso y concebir un proyecto cosmopolita. La expedición culminó con la toma de Arbelas, la mítica ciudad conquistada por Alejandro y saqueó la zona de

---

[846] El intento de matrimonio entre Caracalla y la hija del rey de los partos, cuyo nombre no conocemos, es uno de los ejemplos más concretos y reales de la *imitatio Alexandri* del emperador. Cfr. Herodiano, 4, 10; Dión Casio, *Historia Romana*, 78, 1, 1. En contra, refutando la tesis de la autenticidad del matrimonio D. Timpe, "Ein Heiratsplan Caracallas", en *Hermes*, 95 (1967), pp. 470-495. Según S. Michon, "À propos de deux as surfrappés de Caracalla", en *BSFN*, 43, (1988), pp. 293-295 y 313, una alusión a este proyecto de matrimonio se puede reconocer en algunas monedas.

[847] Herodiano, 4, 10, 1-4; Dión Casio, *Historia Romana*, 78, 1, 1.

[848] Según J. Vogt, "Zu Pausanias und Caracalla", en *Historia*, 18 (1969), pp. 299-308, el fracasado proyecto del matrimonio pudo ser causado por la preocupación de Artaban V de supuestos futuros intereses romanos sobre el trono de los Arsácidas. Cfr. además, A. Mastino, "Antonino Magno, la cittadinanza e l'impero universale", en *La nozione di 'romano' tra cittadinanza e universalità*, Atti del II Sem. internz. di Studi Storici, "Da Roma alla terza Roma" (Roma, 21-23 aprile 1982), Scientifiche Italiane, Napoli, 1984, pp. 559-563, esp. p. 561. En realidad, el objetivo práctico de Caracalla era crear un reino vasallo en los confines de la Mesopotamia; para una descripción, véase Letta, "La dinastia dei Severi" (cit.), pp. 680-681.

Media, violando las tumbas de algunos reyes partos[849]. Cansados de los ataques y asedios a sus enemigos, Caracalla y sus tropas regresaron a la Mesopotamia occidental. Herodiano relata que "desde allí envió un mensaje al Senado y al pueblo romano, anunciándoles que todo el Oriente había sido sometido y que en el reino situado al este de Mesopotamia todo el mundo reconocía su autoridad"[850]. Al año siguiente, mientras viajaba entre Edesa y Carras, el 6 de abril del 217, Caracalla fue asesinado en una emboscada por iniciativa del prefecto del pretorio, Macrino[851]. Murió a los 29 años y alcanzó a gobernar durante 6, tuvo una vida corta y agitada, tal como sucedió con el modelo que admiró e imitó. La ofensiva oriental, sus sueños y estas conquistas tuvieron, al mismo tiempo, la finalidad de reforzar el sentido y propósito de su edicto, es decir, integrar a otros pueblos, expandir los límites del imperio[852] y proyectar el proceso civilizador de la romanización.

5.4. LA CIUDADANÍA GLOBAL

Como hemos revisado, ante los ojos del emperador, la figura de Alejandro Magno aparece como el cohesionador de diversos pueblos y etnias en torno a una ecúmene organizada. Alejandro produjo la eclosión de un nuevo mundo, una simbiosis entre Occidente y Oriente. Por eso, al dictar la *Constitutio*, Caracalla estaba a su vez creando otro mundo, un imperio unido política y jurídicamente a través de una ciudadanía universal. La unificación del imperio por parte de éste, tiene una conexión muy fuerte con el monarquismo militarista de Alejandro[853]. Llegó a ser el unificador del *orbis Romanus*, tal como lo hizo el macedónico con el Oriente; fue un rey que gobernó sobre la tierra y produjo consenso[854]. Aún más, el edicto[855] fue concebido en clave megalomaníaca, con una visión cosmopolita, a imagen de la que configuró y soñó Alejandro para el Occidente, sin que esto se concretara.

Creemos que la concepción unificadora está muy presente en la *Constitutio* dictada por el emperador; hay una clara similitud entre el proceso de helenización y el de romanización. Alejandro es portador de la cultura griega al Oriente

---

[849] Dión Casio, *Historia Romana*, 77, 22, 1.

[850] Herodiano, 4, 11, 8-9.

[851] *Historia Augusta, Caracalla*, 6, 6. Cfr. a su vez, Dión Casio, *Historia Romana*, 78, 5, 4 y 11, 6. Cinco días después de la muerte de Caracalla, Macrino fue proclamado emperador (11 de abril de 217).

[852] Mastino, "Antonino Magno" (cit.), pp. 561-563.

[853] D'Ors, "Estudios Constitutio II" (cit.), pp. 17-18 y 24-25.

[854] Zecchini, *La constitutio Antoniniana* (cit.), pp. 349-358.

[855] Caracalla en el año 212 al conceder la *civitas Romana* a todos los miembros del mundo romano tuvo, sin duda, como modelo e imagen, la obra conquistadora y, sobre todo, unificadora de Alejandro Magno. Desde su juventud, sintió una admiración extrema por el macedónico.

Figura 61. Busto del emperador Caracalla (211-217 d. C.). (Roma, Museo Capitolino).

y viceversa, y Caracalla al decretar el edicto, está civilizando y romanizando al imperio. Por otra parte, es frecuente encontrar en inscripciones y monedas de la época, referencias a Caracalla y su mundo, como *pacator orbis, propagator orbis, rector orbis* y, asimismo, con la leyenda *aeterni imperi*[856]. De ahí su interés y preocupación por otorgarle un carácter global al edicto, que corresponda a la universalidad del *orbis Romanus*.

La generosa concesión de la *civitas Romana* representa un acto cohesionador que puede sintetizarse en una especie de "ciudadanía ecuménica"[857] o mejor dicho "global", donde se exalta el imperio universal. Ciertamente, en la mente de Caracalla estaba la idea central de que Roma era la *patria communis*[858] y la

[856] Mastino, "Antonino Magno" (cit.), pp. 561-562; Turcan, "Le soleil et l'éternité" (cit.), en Eversy y Tsingarida (eds.), *Rome et ses provinces* (cit.), pp. 224-230.

[857] De Sensi, "Problemi" (cit.), pp. 243-264; asimismo en D'Ors, "Estudios constitutio I" (cit.)‑, p. 322.

[858] D'Ors, "Estudios Constitutio II" (cit.), pp. 2 y 13-14; F. Casavola, "Il concetto di "*Urbs Roma*": Giuristi e Imperatori Romani", en *Labeo*, 38/1 (1992), pp. 20-29, esp. pp. 25-26.

madre de todos los habitantes[859], lo que implicaba no sólo la concesión de la *civitas*, sino también, una nivelación social, una fusión racial, un amplio movimiento de unificación y una visión cosmopolita del imperio. Así, la *constitutio Antoniniana*, como parte de un proceso histórico de maduración, afirmó la idea de un imperio universal, ecuménico, al tiempo que se entiende como un amplio y coherente diseño político, religioso y jurídico[860].

En la historia, el primer intento de globalización lo realizó Alejandro Magno[861] con la fusión de Oriente con Occidente y el surgimiento de un nuevo mundo: el helenismo. La experiencia alejandrina, en efecto, fue el punto central

Figura 62. Tabla pintada de la familia de Septimio Severo (inicio del siglo III d. C). Se puede observar las diversidades regionales y la mestización del imperio. Septimio, nacido en Lepcis Magna (África), su mujer Julia Domna, oriunda de Siria (Asia), y su hijo Caracalla, que nació en Galia (Europa), los tres continentes del imperio. A la izquierda aparece borrada la figura del otro hijo, Geta, asesinado por su hermano Caracalla. (Berlín, Museo Nacional).

[859] Veyne, "L' empereur" (cit.), p. 63.

[860] Mastino, "Antonino Magno" (cit.), p. 562.

[861] El mismo Arístides, *A Roma*, 26, 24-27, resalta, también, la figura de Alejandro, conquistando un gran imperio, aunque mucho menor que el romano por la carencia de Occidente. Considera al héroe macedónico, su accionar y obra como el precedente del imperio romano. En la comparación que hace Arístides con los otros tres imperios (persa, macedónico y las hegemonías de las *poleis* griegas) siempre el romano aparece en primer lugar. En el caso concreto del de Alejandro, reconoce sus conquistas y territorios, sin embargo, niega su capacidad como administrador, gobernante y sostenedor del mismo. Cfr. Cortés, *Elio Aristides* (cit.), p. 49, quien plantea que con Roma se logra la perfección y la plenitud de lo que Alejandro sólo preparó, en una "interpretación teleológica de la historia".

de la obra imperial de Caracalla, de su accionar, de su propaganda victoriosa[862] y de su controvertido edicto. Es aquí, entonces, donde el proceso de romanización de los provinciales llega a su momento culminante con la *constitutio Antoniniana de civitate peregrinis danda*, aportando al *orbis* un indicio claro, conciso y directo de globalización en la historia universal desde la perspectiva romanocéntrica.

6. De la ciudad al orbe romano

Como hemos señalado, entre las fuentes clásicas (escritores, historiadores y poetas), existió una tendencia más o menos generalizada de sucumbir y presentar a la *Urbs* como conquistadora del orbe, personificada en la imagen de la diosa Roma y el mundo. Así, una de las inquietudes de Polibio, Ovidio, Elio Arístides y Rutilio Namaciano, entre otros, fue la de explicarse la forma cómo Roma se convirtió en un imperio y en la patria común de los habitantes del mundo entero[863]. En otras palabras, desde una perspectiva contemporánea, el *orbis Romanus*, centrado en el eje del Mediterráneo, pretendió organizar un mundo global: de la ciudad al orbe.

Examinemos algunos casos que nos dan a conocer las fuentes: Propercio, en torno al 22 a. C., para celebrar la ecumenicidad de la Roma augustea, utiliza un eslogan propagandístico y paronomástico de la *Urbs/orbis*; en el sentido de la dependencia del mundo entero de la urbe. "La alta ciudad (urbe) de siete colinas que domina el mundo entero (orbe)"[864]. A su vez, las palabras de Ovidio son proféticas en esta dimensión globalizada: "fueron otorgadas a otras gentes, tierras con límites ciertos, sin embargo, el espacio de la *urbe* es el mismo del *orbe*"[865]. La propaganda imperial fue vital en esta concepción ecuménica de la *Urbs*. En ella, coinciden la ciudad y el mundo, porque Roma –aunque antigua– es una "realidad nueva"[866] que aspiró siempre a la dominación universal y superó con creces la teoría de la sucesión de los imperios.

---

[862] D. Baharal, *Victory of propaganda. The dynastic aspect of the imperial propaganda of the Severi: the literary and archaeological evidence AD 193-235*, BAR (S. 657), Oxford, 1996, esp. pp. 69-83.

[863] Importante análisis en G. Schepens, "Between utopianism and hegemony. Some reflections on the limits of political ecumenism in the Graeco-Roman world", en Foresti, Barzanò, Bearzot, Prandi, Zecchini (eds.), *L'ecumenismo politico* (cit.), pp. 117-147, esp. pp. 130-131.

[864] Propercio, 3, 11, 57. Este eslogan como parte de la propaganda oficial del período y del *princeps* es, posteriormente, tomado por Ovidio, *Ars*, 1, 173-174; *Fastos*, 2, 684-685. Cfr., además, Cresci, *Ecumene augustea* (cit.), pp. 241-242.

[865] Véase nota 738.

[866] López Barja y Lomas, *Historia de Roma* (cit.), pp. 254-256.

Plinio el Viejo, a 50 años de distancia del reinado de Augusto e inspirándose en la urbe, en Italia y en la totalidad del imperio, señaló en su obra: "una tierra que es criatura y a la vez madre de todo el mundo, elegida por la voluntad de los dioses para hacer el cielo mismo más luminoso, congregar imperios antes esparcidos, educar los hábitos sociales y, con la comunidad de lengua, llevar a entendimiento a gentes de hablas tan diferentes y salvajes y aportar la civilización al género humano: en una palabra, a que fuera una sola en todo el orbe la patria del conjunto de las naciones. Pero, ¿qué puedo hacer? ¿Quién alcanzaría a expresar la nobleza de tantos lugares. La inmensa fama de cada uno de los hechos y de los pueblos me sobrecoge. La ciudad de Roma ella sola, y dentro de ella su inmensidad y una estampa digna de adornar su cerviz con guirnaldas de fiesta, ¡Con qué fuerza debe ser descrita!"[867]. Del mismo modo, Lucio Anneo Floro afirmó que la historia de Roma coincide con la historia de la humanidad[868].

Sin duda que a causa del contexto histórico-político, de la integración romano-provincial, de la pacificación generalizada y del desarrollo y bienestar alcanzados, el discurso de Arístides, a mediados de la segunda centuria, representó un testimonio de primer orden y muy clarificador de cómo Roma domina el mundo y tiene un "linaje común"[869]. La afirmación del panegirista es concluyente al presentar un imperio mundial y superior[870] en calidad de *communitas*, ya que todos eran considerados "romanos"[871]. Arístides interpreta, en un sentido actual, el proceso en que la urbe y su gente se convierten en una "aldea global"[872]. Roma,

---

[867] Plinio, *Historia Natural*, 3, 39-40. Por su parte, escribió en 14, 2 "el poder de Roma ha conferido la unidad del mundo".

[868] Floro, *Preámbulo*, 2 y 7.

[869] Véase nota 8.

[870] Pernot, *Eloges grecs* (cit.), pp. 37-39; Bauman, *Human Rights* (cit.), p. 96.

[871] El universalismo y unidad del imperio romano se refleja en todo el discurso a Roma, particularmente, en los parágrafos 59-61; cfr. Zecchini, *La constitutio Antoniniana* (cit.), pp. 349-359, esp. p. 354, n. 33; Cortés, *Elio Aristides* (cit.), pp. 44-47.

[872] Fue Marshall Mc Luhan -profesor de la Universidad de Toronto- quien, en 1964, advirtió la transformación del mundo en una "aldea global". Proceso histórico de relevancia planetaria que, sin duda, está presente, por lo menos desde la época helenística. El concepto "globalización" se asemeja a ecúmene (tierra habitada y mundo conocido) esto es, que posee elementos "comunes": lo político, lo económico y lo cultural entre otros. Si la empresa alejandrina fue el primer intento y esbozo integrador, encontramos en el imperio romano una concretización real de un mundo globalizado entre el siglo I y III d. C. Si bien el término es contemporáneo, no resulta un anacronismo hablar de él en un sentido amplio e interpretativo, con antelación a la aparición del concepto. Se ha caracterizado a la globalización o la mundialización en un sentido ya asumido mayoritariamente, como una fase, la más reciente, del proceso de "integración de la especie humana a escala planetaria". Véase, J. Pérez Serrano, "Fortaleza y debilidad en la estrategia globalista en la post guerra fría", en *Revista de Historia Social y de las Mentalidades*, 7 (2003), pp. 175-191. En el fondo, procesos históricos tales como la helenización, romanización (más notorio), evangelización, colonialismo e imperialismo, entre otros, en sus momentos históricos fueron ciertas formas que constituyeron antecedentes directos de la globalización.

la ciudad única e ideal para todos, es una comunidad que gobierna la tierra[873] y es el símbolo de la unificación. En síntesis, está presente la idea de cómo el imperio se concentra en la capital y, a su vez, la *Urbs* se proyecta al *orbis*[874].

Los juristas Calistrato y Modestino, de la época de los Severos, repiten en sus escritos una fórmula ya consolidada que viene de los discursos de Elio Arístides: *Roma communis nostra patria est*[875], reflejando la nueva realidad jurídica sancionada por la *constitutio Antoniniana de civitate*, al otorgar la ciudadanía romana a casi todos los miembros del imperio[876]. Tendencia generalizada y consciente de la larga y profunda transformación de la aldea hasta convertirse en un orbe global[877].

En el bajo imperio, tanto Claudiano[878] como Sidón Apolinar[879] cantan la gloria de Roma y muestran de qué manera la *Urbs*, en calidad de generadora de leyes, instituciones y ciudadanos, los reunió a todos en un mundo que, al final, llegó a ser un solo pueblo y una "patria común"[880]. Todavía más significativo es el testimonio de Rutilio Namaciano, poeta galo aristocrático, prefecto de Roma quien en las postrimerías del imperio (417 d. C.) admira con nostalgia y devoción a la urbe, proclamando su sentido de patria común: "*Fecisti patriam diversis gentibus unam; profuit iniusti te dominante capi, dumque offers victis propii consortia iuris*

---

[873] Arístides, *A Roma*, 26, 9, señala: "pero, de esta ciudad, grande en todos sus aspectos, nadie podría afirmar que no fue dotada de un poder concorde a su tamaño. Cuando se dirige la mirada hacia la totalidad del imperio, es posible sentir admiración por la ciudad al pensar que una pequeña parte gobierna toda la tierra entera; pero cuando se mira a la propia ciudad y a sus límites, ya más no cabe admirarse de que toda la ecúmene sea mandada por tal ciudad".

[874] V. Hope, "The city of Rome: capital and symbol", en Huskinson, *Experiencing Rome* (cit.), pp. 63-92, esp. pp. 82-87, atrayente estudio simbólico que desarrolla la proyección de la *Urbs* al *orbis*. También en Favro, "Making Rome" (cit.), p. 235.

[875] Sobre la identificación de Roma en calidad de *patria communis* en P. Le Roux, "L'*amor patriae* dans les cités sous l'empire romain", en Inglebert (ed.), *Idéologies* (cit.), pp. 143-161, esp. pp. 154-157. Cfr. además, L. Salerno, *Roma communis patria*, Cappelli, Bologna, 1968, esp. pp. 9-11.

[876] Calistrato, *Digesto*, 48, 22, 18; Modestino, *Digesto*, 50, 1, 33. Sobre estas ideas, cfr. D'Ors, "Estudios Constitutio" (cit.), p. 13 n. 53. También en Oliver, *Greek constitutions* (cit.), pp. 495-505; L. Prosdocimi, "*Roma communis patria* nella tradizione giuridica della cristianità medievale", en *La nozione di 'romano'* (cit.), pp. 43-48, esp. p. 46; Marotta, *Ulpiano* (cit.), pp. 29-32.

[877] M. Boatwright, D. Gargola, R. Talbert, *The Romans from Village to Empire*, Oxford University, Oxford, 2004, esp. pp. 393-430, analizan el camino recorrido por Roma desde sus orígenes hasta llegar a ser un imperio. Los autores, además, destacan cómo entre la dinastía de los Antoninos y de los Severos -sobre todo Caracalla- se produce un desarrollo "globalizado del mundo romano".

[878] H. Herrera Cajas, "Temas de Claudiano", en *Semanas de Estudios Romanos*, 3-4 (1986), pp. 187-208; V. Zarini, "Histoire, panégyrique et poésie: trois éloges de Rome l'éternelle autour de l'an 400 (Ammien Marcelin, Claudien, Rutilius Namatianus)", en *Ktèma*, 24 (1999), pp. 167-179.

[879] J. D. Harries, "Sidonius Apollinaris, Rome and the Barbarians: a climate of treason?", en J. Drinkwater y H. Elton (eds.), *Fifth-century Gaul: a crisis of identity?*, Cambridge University, Cambridge, 1992, pp. 298-308.

[880] B. Beuyard, "Le patriotisme municipal dans la gaule de l'antiquité tardive", en Inglebert (ed.), *Idéologies* (cit.), pp. 261-269.

urbem fecisti quod prius orbis erat[881]. Namaciano resaltó en sus versos la obra perdurable de Roma y con ello reafirmó la misión histórica de la *Urbs*, esto es, la unificación política de las *gentes* en una única ciudad[882]. Es el último romano consciente de la sublime virtud de la capital arcaica y eterna[883], de la perennidad de la romanidad[884]; de la clara y manifiesta intención de asemejar a la *Urbs* con el *orbis Romanus*.

De esta forma, entre los panegiristas, historiadores e intelectuales, la ideología imperial y la cosmovisión de los provinciales como un todo, se fue estructurando la concepción de un espíritu "global" por el cual los temas de *communis patria* y *Roma domina gentium* se complementan[885]. La urbe –en virtud de su fuerza inagotable, de su civilización vertebradora, de su fácil comunicación e integración provincial y de la capacidad de sus súbditos para convertirse en "iguales" y en *cives Romani*– concibió en la *praxis* "la aldea global"[886]. Roma y su imperio inauguraron, obviamente con matices diversos en el eje espacio–temporal, un fenómeno sociológico, político y económico, propio de la segunda mitad del siglo XX.

La inmensa mayoría de los habitantes de la capital imperial, la propaganda augustea y algunas fuentes vinculan a la *Urbs* con la noción e imagen del *orbis*: la ciudad se identifica con el mundo. A partir de esta proyección y realidad de Roma, en calidad de conquistadora de la ecúmene y de una hegemonía universal, es sustentable proponer al orbe romano como el primer imperio "global"[887].

---

[881] Namaciano, *De reditu*, 1, 63-66, ["Hiciste para las naciones más distantes una sola patria; a los pueblos sin ley que has conquistado les has beneficiado gobernando sobre ellos. Ofreciendo a los vencidos compartir tus propias leyes, hiciste una ciudad de lo que antes era el Universo"]. Un compendio de los dichos de Namaciano en Zecchini, *La constitutio Antoniniana* (cit.), p. 355; Cortés, *Elio Aristides* (cit.), p.51 y p. 183. En particular, el amor por Roma y la exaltación de su función unificadora en el poeta, vista desde una perspectiva literaria en A. Fo, "Rievocazioni: Rutilio Namaziano dal viaggio alla letteratura e allo spettacolo (con un ritorno)", en E. Narducci, S. Audano y L. Fezzi, *Aspetti della Fortuna dell'Antico nella Cultura Europea*, Atti di studi, (Sestri Levante, 26 marzo 2004), ETS, Pisa, 2005, pp. 101-207, esp. pp. 110-111.

[882] A. Carile, "Impero romano e Romania", en *La nozione di 'romano'* (cit.), pp. 247-253.

[883] F. Corsaro, "Il mito di *Roma aeterna* da Claudiano a Rutilio Namaziano", en F. Elia (ed.) *Politica, retorica e simbolismo: Roma e Constantinopoli (secoli IV-VII)*, Atti del convegno internz. (Catania, 4-7 ottobre 2001), CULC, Catania, 2001, pp. 57-77.

[884] C. Disandro, "Rutilio, Poeta en un imperio que muere", en *Semanas de Estudios Romanos*, 2 (1984), pp. 155-169.

[885] Sherwin White, *The Roman Citizenship* (cit.), pp. 467-468.

[886] Entre los autores que sostienen esta postura, véase A. Alvar, "El legado de Roma", en *América Latina y lo Clásico* I, Centro de Estudios Clásicos, Universidad Metropolitana de Ciencias de la Educación, Santiago, 2003, pp. 113-128, esp. p. 124. En un tono similar, aunque un tanto diverso, Woolf, "Beyond Romans" (cit.), p. 339; Favro, "Making Rome" (cit.), pp. 234-263. Ahora bien, desde una perspectiva actual, geográfica-sociológica y simbólica de cómo el mundo es ahora un "espacio urbano", D. Clark, *Urban World/Global City*, Routledge, London-New York, 1996.

[887] J. Toner, *Rethinking Roman History*, Oleander, Cambridge, 2002, esp. p. 14; además, Hingley, *Globalizing Roman Culture* (cit.), pp. 1 2.

Más allá del limes del orbis Romanus: India y China

En las páginas precedentes, hemos concebido al orbe romano como un 'imperio global', desde una perspectiva geográfica tricontinental (Europa, África y Asia) y mediterránea. El *imperium Romanum*, a través de los once agentes que analizamos, constituyó un mundo globalizado para su época. No obstante, sería ahistórico no reconocer que en forma paralela al mundo romano, existían civilizaciones tan sugerentes como ella y otras más elementales en su grado de cultura. Roma tuvo vinculaciones directas e indirectas con los germanos, los partos, los chinos e indios. Cuatro sociedades heterogéneas, militarizadas y con una cosmovisión muy diversa. La problemática de las relaciones entre el imperio romano con aquellas culturas, obviamente, excede con creces el argumento de este libro. Los estudios y la bibliografía son múltiples, aquí solamente nos proponemos reiterar estos contactos en el marco de la concepción de una historia global.

El *orbis Romanus* como modelo de civilización política, organización urbana, modo de vida y visto desde el exterior, era ciertamente, "más envidiado que temido"[888]. En efecto, entre Roma y los germanos, que nunca se constituyeron en imperio en la antigüedad, hubo un conocimiento mutuo y una interrelación fuerte. Era notoria la influencia, hegemonía, superioridad y prestigio de la *Urbs* respecto de las tribus germanas. Éstas y otras poblaciones libres, en reiteradas ocasiones acudían a los romanos, a fin de que intervinieran en calidad de 'mediadores' o "árbitros" para resolver sus problemas internos, dinásticos y tribales.

Como es lógico, se discutieron algunas zonas de influencia y existieron conflictos. Sin embargo Roma, habiendo adoptado una política pacifista, integradora y conservadora, a partir de Augusto, frenó sus intentos expansionistas más allá del Rin. Motivos económicos, geopolíticos, estratégicos, culturales y relacionados con su modo de vida, explican esta postura de su clase dirigente. No les parecía recomendable proseguir hacia la Germania: ¿qué ventaja podían obtener en una zona de selvas impenetrables e inhóspitas? Esta decisión fue al

[888] Le Roux, *L'Impero romano* (cit.), p. 22.

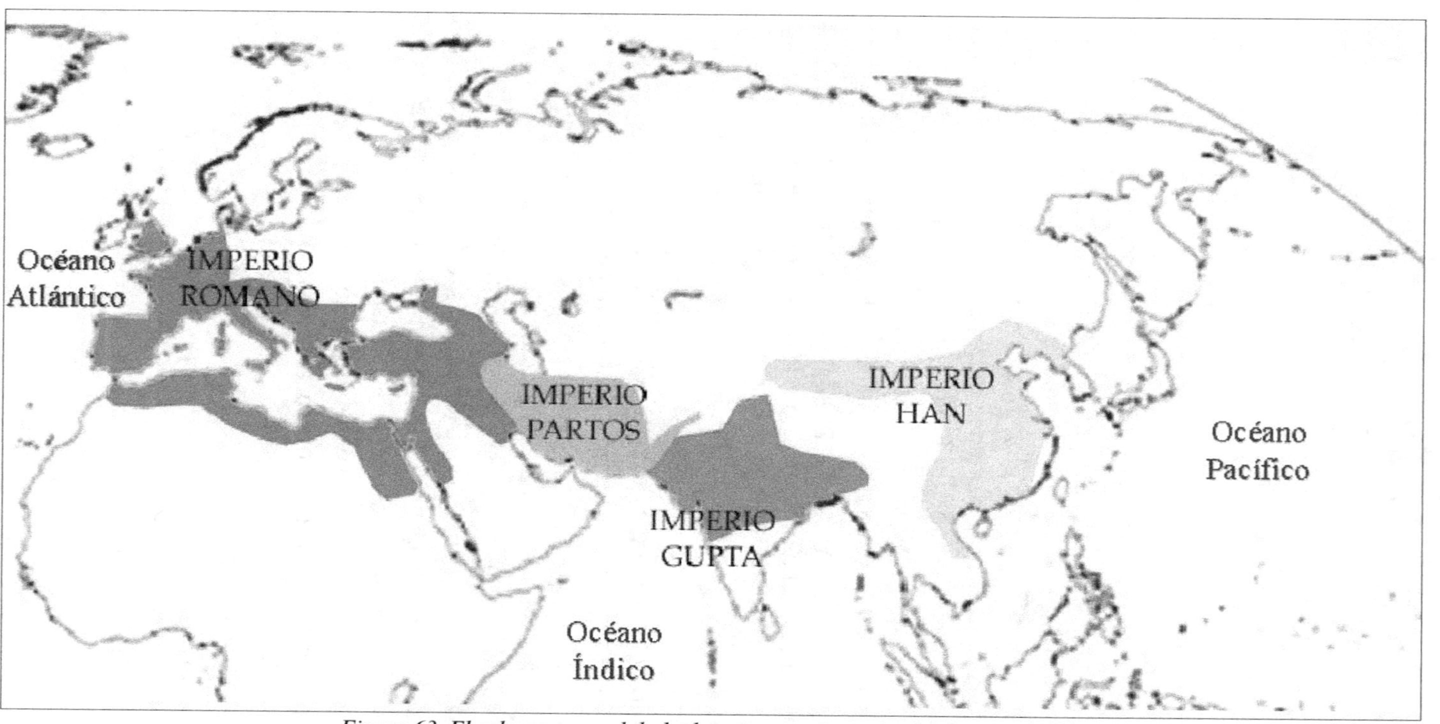

Figura 63. El orbe romano global y los otros tres imperios (siglos I-III d. C.).

final, un problema de costo-beneficio[889], unida a la influencia del ambiente y a la forma práctica de pensar de los romanos: no aventurarse en tierras hostiles y fuera de su centro que era el Mediterráneo. Además, los germanos no habitaban en grandes conglomerados urbanos y no tenían una élite clara.

La relación de la urbe con los partos, presenta situaciones tal vez más complejas. De partida, eran dos fuerzas e imperios contrapuestos. Existía una antigua tradición en el Oriente, desde los persas a los partos, en relación al control territorial. A su vez, los romanos tenían siempre presente la figura casi mítica de Alejandro Magno, en su calidad de conquistador del este. Y por este motivo, Roma conservaba el anhelo de expandirse hacia esas zonas. También influían razones estratégicas como por ejemplo, lograr el control de Armenia tenía para el imperio un innegable valor geopolítico, ya que les permitía el acceso al Tigris y Éufrates. Sin embargo, el desastre de Carras, con altos costos humanos y económicos, los escasos beneficios obtenidos en territorios inhóspitos y carentes de riquezas y los proyectos imperialistas de los emperadores Trajano y Caracalla, en particular, demostraron otra realidad. Los romanos competían con un imperio y con una fuerza, al menos, equivalente. De este modo, la pretensión de universalidad y la grandeza de *la Urbs* tenía su límite. Se establece así un equilibrio de poder y paridad en las zonas de control e influencia: el Occidente para Roma y el Oriente para Persia; una paz que los beneficiaba a ambos[890].

Dejamos de lado estas breves reflexiones en torno a la Germania y a la Partia, para centrarnos en aquellas sociedades geográfica y culturalmente más distantes de Roma: la India y la China. Durante su reinado, Octavio Augusto mantuvo contactos y estableció tratados comerciales y de amistad con estas naciones lejanas, del mismo modo, aceptó embajadas y relaciones diplomáticas. En sus memorias escribe: "hasta mí llegaron numerosas embajadas de los reyes de la India, algo que ningún otro general romano había visto hasta entonces"[891]. Asimismo, el emperador menciona a pueblos como los basternas, escitas, sármatas (o medos) que solicitaron su amistad "a través de algunos legados". Es destacable el interés de Augusto por las visitas que realizaron al imperio los escitas (pueblos meridio-

---

[889] En particular, sobre este punto, véase cap. V, 2. El problema de la vinculación de estos dos pueblos en el bajo imperio, de una penetración violenta y pacífica de los germanos al *orbis Romanus* y de una germanización de los romanos es otro tema vastamente conocido y que excede, como señalamos, este trabajo.

[890] Respecto de la relación y equilibrio de poderes Roma-partos, véase cap. V, 5.3. Asimismo, el argumento de estas vinculaciones es amplísimo, y por ello no lo hemos considerado.

[891] *Res gestae divi Augusti*, 31. Octavio Augusto recibió la visita de dos embajadas provenientes de la India: la primera, el 25 a. C. en España, en Tarragona; la segunda, más conocida por el año 20 a. C., mientras el *princeps* se encontraba en la isla de Samos estableciendo tratados y la paz en Oriente, particularmente, con los etíopes.

nales de Rusia) y, en particular, por las de los indios. Estos últimos, tenían para el *princeps* un significado mayor; Alejandro Magno conquistó y fundó ciudades en la India. Augusto, en consecuencia, se siente el nuevo Alejandro que debe estrechar vínculos, y como señala Suetonio, el emperador, "envía espontáneamente embajadores, solicitando su amistad y la del pueblo romano"[892].

De las dos embajadas, con las que emisarios de la India honran al emperador, se puede deducir el interés y el deseo de los representantes enviados por conocer la fama de Octavio Augusto, de Roma y del imperio. Realizar un viaje tan extenso sólo para honrar al príncipe es un hecho por cierto destacable. Es fácil imaginarse que dicho periplo pudiera ser interpretado por el pueblo romano y por el propio Augusto, como un "acto de fidelidad al emperador"[893]. Un hecho digno de destacar (durante todo el siglo II d. C.), fue el prestigio de Roma, sobre todo en el Oriente, como 'garante' para resolver problemas en varios reinos. A modo de ejemplo, el emperador Antonino Pío "gozó de un gran prestigio entre todos los pueblos"[894] y utilizó con destreza su habitual diplomacia recibiendo embajadores que provenían desde Bactria, Hircania, India y el Asia Central[895]. Actuó como mediador, limando asperezas y procurando soluciones.

Otro pueblo que envió delegados a Roma y al emperador Augusto, fue el "país de los seres". ¿Quiénes eran estos pueblos? ¿Dónde se ubicaban? ¿Qué relación tenían con Roma? Horacio y Floro, solamente nos hablan de una "embajada de los seres"[896]. Para Robert, éstos estaban asociados y vinculados con la "seda"[897]; tejido apreciado por la aristocracia. Lo único que los romanos todavía no podían determinar con precisión, era la ubicación geográfica del país de Sérica, situados en tierras recónditas en los "límites del Oriente"[898].

Si bien las fuentes antiguas, en especial las geográficas, siguieron tratando de descubrir y caracterizar esta región y este pueblo[899], no existe en ellas, ni en otros testimonios, la certeza de su ubicación. La hipótesis más común era vincularlos

---

[892] Suetonio, *Augusto*, 21.

[893] Robert, *De Roma a China* (cit.), p. 126.

[894] *Historia Augusta, Antonino Pío*, 8, 12.

[895] W. Williams, "Antoninus Pius and the control of provincial Embassies", en *Historia*, 16 (1967), pp. 470-482.

[896] Horacio, *Odas*, 4, 14, 5-6; Floro, 4, 2.

[897] Robert, *De Roma a China* (cit.), p. 73 y 80, plantea que el pueblo de los seres "estaba de moda" y nadie ignoraba su existencia en la época de Augusto. Cfr. a su vez, Le Gall y Le Glay, *El imperio romano* (cit.), p. 225, n. 41.

[898] Horacio, *Odas*, 1, 12, 55-56; Marcial, *Epigramas*, 12, 8, 8-10; Lucano, *Farsalia*, 1, 19-20. También, para Virgilio, *Georgicas*, 2, 121, los seres se localizan en los "confines de las tierras orientales" y es el poeta el primero en citarlos en la obra mencionada, el año 37 a. C.

[899] Estrabón, *Geografía*, 11, 11, 1; Plinio, *Historia Natural*, 6, 54-55; Amiano Marcelino, *Historias*, 23, 64-68.

con China, con Ceylán o Cachemira. De este modo, la respuesta más plausible correspondería a la equivalencia Sérica = China, o sea, el territorio de la seda[900]. Sin embargo, todavía existen dudas. El argumento central que nos atañe, por cierto, no es la localización geográfica precisa de la India o de la Sérica, sino más bien, las relaciones que el *orbis Romanus* tuvo y mantuvo fuera de su mundo mediterráneo, esto es, con India y China.

Desde la perspectiva de una historia global, durante el alto imperio romano se disfrutó de un período de paz generalizada, de estabilidad política y económica, de la circulación libre de productos y de ideas. Fue una época de madura proliferación de la población, de procesos migratorios y de redes humanas globales, razón por la cual el historiador W. Mc Neill, la denominó: "ecúmene euroasiática"[901]. Desde Augusto hasta los Severos, el mundo romano compartió la hegemonía y el dominio de la tierra con otros tres imperios limítrofes y asiáticos. El imperio de los partos o sasánidas, el de la India del norte de Kushan o imperio gupta y, finalmente, la China de la dinastía de los Han[902]. Estos cuatro imperios, paralelos en el tiempo, tuvieron diversos contactos diplomáticos, existió un reconocimiento mutuo y un cierto entendimiento entre ellos.

Las vinculaciones entre Roma y los partos –como ya examinamos– fueron, en efecto, las más frecuentes por tener un límite común entre el Tigris y el Éufrates. Hubo escaramuzas entre ellos, fuertes rivalidades, ataques, invasiones violentas e incluso intentos de uniones imperiales fracasadas, pero finalmente, se logró un acuerdo y una adecuada convivencia: el Occidente para los romanos, el Oriente para los partos, cada uno con su espacio delimitado. A su vez la *Urbs* sostuvo relevantes encuentros protocolares con la India, gracias al envío de embajadores[903] del imperio Kushan, hecho que demuestra el respeto y admiración que sentían por la urbe y el imperio. Son muchos los productos y animales exóticos (tigres, serpientes) que provienen de estas lejanas tierras. Los vínculos comerciales y culturales entre Roma y la India, están bien documentados. Aunque fueron arriesgados y lentos, se llevaron a cabo con frecuencia, sobre la base de tres rutas terrestres y marítimas[904] y nunca se produjeron guerras entre ellos.

---

[900] Robert, *De Roma a China* (cit.), pp. 81-89.

[901] Mc Neill, *The Rise of the West* (cit.); Id., *Rise West. After Twenty* (cit.), pp. 1-21; cfr. la síntesis de Rossi, "Storia globale" (cit.), p. 803.

[902] Mc Neill y Mc Neill, *Las redes humanas* (cit) pp. 86-93; Robert, *De Roma a China* (cit.) p. 19.

[903] R. M. Cimino, "Indian Ambassadors at the Roman Court", en Id. (ed.), *Ancient Rome and India. Commercial and cultural contacts between the Roman World and India*, M. Manoharlal, New Delhi, 1994, pp. 17-24.

[904] Uno de los itinerarios más antiguos, pero lentos, de mercancía oriental hasta el Mediterráneo, era la ruta "caravanera" a dorso de camellos, desde la India atravesando Afganistán, Persia, Mesopotamia hasta los puertos de Sidón o Tiro y Antioquía o Efesos, para proseguir después a cualquier destinación en el Mediterráneo.

Más interesantes fueron las relaciones entre Roma y China que en la actualidad forman parte de un debate historiográfico sobre dichas civilizaciones[905]. Están comprobadas las vinculaciones directas entre los imperios romano y chino[906], sobre todo en los dos primeros siglos de la era cristiana. Por primera vez en la historia, en el año 166 d. C., después de un largo viaje por tierra y mar, los romanos llegaron a la zona china[907]. En un encuentro preparado, lleno de simbología, Roma vino a descubrir en la antigua China un mundo desconocido y exótico, con una flora y fauna diferentes, con arquitectura y ciudades también disímiles y con sus habitantes que eran de índole muy diversa. Los dos imperios estaban en su apogeo, vivían años de prosperidad y paz, de aumento de su población, contaban con importantes vías internas para el desplazamiento de sus ciudadanos. En el momento del encuentro entre el *orbis Romanus* y el imperio Han[908], la población de cada uno de ellos llegaba a los 60 millones de habitantes[909], aunque en el caso romano se ha estimado –como lo señalamos– en 80 millones.

Existía también, la posibilidad de transporte mixto, utilizando primeramente embarcaciones desde los puertos noroccidentales de la India hasta el interior del golfo pérsico, continuando por tierra hasta Seleucia y a los puertos del Mediterráneo. Un tercer recorrido entre la India y Roma, de mayor frecuencia en época imperial, fue enteramente desarrollado por vía marítima. Las naves costeaban la India occidental y atravesaban el golfo pérsico, prosiguiendo por la costa meridional de la península arábica y de ahí subiendo por el mar rojo, navegando por el Nilo para llegar a Alejandría. De ésta los productos y mercancías llegaban a Roma y a todo el *mare nostrum*. Para una profundización de las rutas Roma-India, véase Gianfrotta, "Le vie di comunicazione" (cit.), 310-311; F. De Romanis, "Roma e i nótia dell'India", en *Helikon*, 22-26 (1982-1987), pp. 147-210; R. M. Cimino, "Land and sea routes between Roma and India", en Id. (ed.), *Ancient Rome and India* (cit.), pp.25-27.

[905] Uno de los pioneros en estudiar las relaciones, vinculaciones, diferencias y conflictos bélicos y culturales entre los cuatro imperios (romano, chino, gupta y los partos) fue el gran historiador inglés A. Toynbee, *La gran aventura de la humanidad*, Emecé, Buenos Aires, 1985, esp. pp. 260-272. Otros estudios de la vinculación Roma-China: J. Ferguson, "China and Rome", en *ANRW*, II, 9, 2 (1978), pp. 581-603; S. Salamó, "Vías de relación entre Roma y China", en *Semanas de Estudios Romanos*, (1991), pp. 163-174; S. Settis, "Roma fuori di Roma: periferie della memoria", en *Roma nell'alto medioevo*, II, Settimane di Studi di Spoleto (27 aprile - 1 maggio 2000), Spoleto, 2001, pp. 991-1013, interesante estudio que aborda una tesis donde, por una parte, la "periferia de la memoria" conserva importantes señales de cómo la imagen de Roma y de sus monumentos es percibida y transmitida y, por otra, que la fama de Roma viaja en dos sentidos: de la ciudad misma se difunde hacia tierras lejanas y periféricas y cómo de éstas regresa a Roma.

[906] Entre Roma y China hubo evidentes contactos comerciales a través de la ruta de la "seda", que partía desde Loyang (la capital de la dinastía Han) en la llanura de China septentrional, de ahí corría hasta Sogdiana en dirección al oeste a Palmira y Petra, para acceder finalmente al Mediterráneo. Cfr. Toynbee, *La gran aventura* (cit.), pp. 262-263. Ahora último, A. Razeto, "Contatti tra Roma e la Cina nelle fonti cinesi relative alla dinastia Han orientale, alla luce del metodo storiografico cinese", en *RSA*, 32 (2002), pp.251-258.

[907] Robert, *De Roma a China* (cit.), pp. 9-11.

[908] La dinastía Han se extiende desde el 206 a. C. hasta el 220 d. C., creando un imperio universal en el sur-este asiático. Corresponde, prácticamente, a la misma época, donde Roma desarrolló una fuerte y enérgica política imperialista ofensiva (a partir de la segunda guerra púnica) hasta llegar al reinado de los Antoninos y Severos, como un período de integración entre Roma y las provincias, concibiendo un Estado comunitario y universal. La equivalencia y los períodos de expansión territorial, mantención, prosperidad y apogeo de los dos imperios son sorprendentes y originales.

[909] Mc Neill y Mc Neill, *Las redes humanas* (cit), p. 86.

Es opinión común (*communis opinio*) que las fuentes de la época no poseían mayores informaciones del imperio chino –y a veces se encuentran distorsionadas–, pues para muchos romanos, las fronteras del imperio eran los límites del mundo conocido y civilizado (*humanitas*). Ir más allá de ellas era, simplemente, una verdadera "hazaña". Lo relevante, sin embargo, es que a través de estas vinculaciones, Roma no conquistó al viejo mundo oriental, sino más bien fue éste el que se hizo presente para entrar en contacto con la *Urbs*[910]. Actualmente, es la arqueología la que nos entrega en mayor proporción, noticias acerca de los contactos y relaciones entre Roma y China. Numerosas monedas romanas de oro y plata, se han encontrado en territorio asiático, demostrando el gran flujo comercial entre los dos imperios[911]. Igualmente, diversos testimonios constatan, de manera fehaciente, que soldados romanos, al escapar de prisiones de los partos en el siglo I d. C., fundaron ciudades en China con el nombre de Roma[912]. La atracción e irradiación que desplegaba la urbe, se expandió más allá de su centro que era el Mediterráneo. Como es de suponer, los viajes de romanos y provinciales al corazón del imperio chino, debieron realizarse sorteando las diferencias e inclemencias del clima, tanto por vía terrestre como marítima, siendo muy largos y plenos de aventuras notables. Pero a pesar de todos los contratiempos, la ciudad de las siete colinas, aunque fuera en pequeños grupos y en forma esporádica, cumplió así su misión cosmopolita, proyectándose hacia el mundo.

---

[910] Nicolet, *L'inventario del mondo* (cit.), pp. 82-83.

[911] Salamó, "Vías de relación"(cit.), pp. 172-173. También en, S. M. Carrasco, "Relaciones entre el imperio romano y los reinos del lejano Oriente: verificación del intercambio a través de hallazgos de monedas romanas en la ruta de difusión del budismo", en *Semanas de Estudios Romanos*, 11 (2002), pp. 243-258.

[912] Settis, *Roma fuori* (cit.), p. 995.

Conclusiones

El fenómeno civilizador de la romanización no fue un proceso totalizante ni una repentina homogenización del *orbis Romanus*. Se fue desarrollando gradualmente una forma de vida común y una identidad que al final terminaron compartiendo los miembros del imperio. Es decir, una *Romanitas* que se puede sintetizar en la fórmula: 'unidad en la diversidad'.

Hemos revisado una pluralidad de teorías y estudios acerca de la romanización, en los cuales se proponían nuevos enfoques para analizar e interpretar el contacto, cambio político, social y cultural que se produjo entre conquistadores y conquistados, especialmente en las provincias occidentales del imperio. Lo hicimos desde una orientación tradicional, pasando por la destrucción de las sociedades nativas hasta la colonización y las propuestas analizadas, algunas mejor fundadas que otras, son aplicables al estudio de la historia romana. En los nuevos intentos revisionistas de interpretación que incluyen algunas visiones parciales y otras más holísticas del fenómeno de integración y aculturación, la expresión "romanización" como proceso, sigue completamente vigente y no ha podido –a pesar de los variados enfoques– ser reemplazada en forma cabal por otras nociones. En efecto, existe una vasta discusión sobre el tema y continuar su estudio –a través de nuevas aproximaciones y métodos– es una posibilidad siempre abierta, lo que nos parece positivo y clarificador. A nuestro juicio, no podría estar en duda el concepto ni la forma en que se llevó a cabo el proceso de romanización. Negarlo es desconocer, por una parte, a un imperio tricontinental, integrado y que se mantuvo durante ocho siglos y, por otra, cercenar el aporte de la *Urbs* al mundo occidental, que se expresa en la máxima "Roma después de Roma".

La fuerza magnética de Roma, entre Augusto y Caracalla, fue capaz de crear, integrar y sostener un mundo pacificado y sobre todo, centrado en el Mediterráneo. Si bien el antecedente directo del *imperium Romanum*, como entidad con estas características, fue la obra conquistadora y ecuménica de Alejandro Magno, va a ser en Roma y en sus provincias donde este macro fenómeno se manifiesta con más vigor y originalidad. Y la ciudad tuvo además la capacidad de mantenerlo. Querámoslo o no, esta atracción e irradiación que provoca la *Urbs*, representada e identificada con la romanización, fue un proceso imparable en ese momento de la civilización, tal vez similar a la forma en que se manifiesta la globalización en la época contemporánea.

El otorgamiento de la ciudadanía romana y la integración y asimilación de las élites locales, son dos ejes transversales y exitosos en toda la historia romana y, al mismo tiempo, son los procesos que permiten diferenciar al imperio romano de los otros imperios europeos y de otros continentes. Un hecho notable y bien logrado, fue la convicción y la disponibilidad romana para transformar a los súbditos en ciudadanos, otorgándoles a casi todos la posibilidad de sentirse copartícipes en el funcionamiento de la estructura del imperio. Esta idea constante de convertir a los enemigos vencidos en *cives* del orbe romano, es un rasgo prácticamente desconocido en todos los demás imperialismos. La experiencia de Roma, al cohesionar política y socialmente al mundo antiguo, constituye uno de los más grandes logros y aportes que proyectó a Occidente. Más aún, los romanos –en gran parte– se sintieron orgullosos con la creación y mantención de su imperio. He ahí el peso, la resonancia y la grandeza de la *Roma aeterna*. Es a partir de la serie de reformas de Augusto cuando se logra una efectiva integración, equilibrio y un cambio cultural en las provincias, con lo cual el imperio se asienta y perdura. De este modo, más adelante, la *Urbs* con los emperadores Antoninos, combinaba una fuerza centrípeta con otra centrífuga, difícil de imaginar. Llegó a ser un importantísimo polo de atracción que cautivó y promovió la proliferación y difusión de su cultura y valores a lo largo de las provincias: en una palabra, se constituyó en un espacio urbano seductor. En la antigüedad tardía, la ciudad de Roma seguía siendo recordada y admirada, era *aeterna* y en algunas monedas aparece la leyenda *invicta Roma*, conjuntamente con la sigla *C.M.* que al parecer correspondería a la abreviación de *caput mundi*[913].

La atracción y la irradiación de la urbe, el natural avance e intensidad del proceso de la *Romanitas* y la pacificación generalizada, crearon las condiciones y la impronta necesaria para que el mundo romano se constituyera en forma paulatina en una unidad política, jurídica, administrativa, social, económica y cultural con cerca de 80 millones de habitantes. Estamos frente al *orbis Romanus* que es, en esencia, una *communitas* entre romanos y nativos, más tarde *cives*, donde el imperio está generando y estructurando la gran globalización de la historia antigua. Este claro precedente debe servirnos, necesariamente, para comprender y mejorar aún más nuestro propio presente.

---

[913] L. di Paola, "Roma *caput mundi* e *natalis scientiae sedes*. Il recupero della centralità di Roma in epoca tardoantica", en Elia (ed), *Politica* (cit.), pp. 119-155, esp. p. 137.

Desde Augusto, el fenómeno integrador y pacificador del imperio, está en estrecha relación con el proceso paulatino de la romanización. Los diversos pueblos que conformaban el *orbis*, bajo el dominio de Roma pudieron encontrar: condiciones de paz; estabilidad gubernamental y política; un cierto incremento de la población; una serie de beneficios, materiales, culturales y educativos; un sostenido desarrollo tecnológico y de la actividad económico-comercial, en fin, un mejoramiento de sus condiciones de vida en asuntos fundamentales. Recordemos cómo Virgilio proyectó la misión universal de orden, estabilidad y civilización: "Tú, romano, recuerda tu misión: ir rigiendo los pueblos con tu mando. Éstas serán tus artes: imponer leyes de paz, conceder tu favor a los humildes y abatir combatiendo, a los soberbios"[914]. Sin duda, un aspecto clave en esta valorización positiva del fenómeno romanizador lo constituye el desarrollo de la vida urbana, como símbolo del progreso, de una buena calidad de vida y de una cierta homogenización. Estrabón nos habla de las ventajas de la vida en las ciudades[915]. Elio Arístides, por su parte, exalta la obra civilizadora y política de Roma y hace hincapié en la concesión de la ciudadanía. Afirma que ésta fue una obra maravillosa y generosa, que no tenía precedentes en la historia de la humanidad[916].

La extensión gradual de la *civitas* avanza en forma paralela con el desarrollo de la romanización y es un hecho indesmentible que después de la conquista, en pocos decenios, la idea de 'pertenecer' a Roma era más fuerte y difundida que la de 'pertenecer' a su mundo originario. La *Urbs* fue conformando una cohesión social interna y una asimilación con la aristocracia provincial y luego, con el resto de la población libre. Logró un proceso de amalgamación por el cual la identidad local se integra a una identidad superior por vía de la concesión de la ciudadanía romana[917].

Estamos convencidos de que la fuerza magnética de Roma otorgó el sustento al *orbis Romanus* para mantenerse por varios siglos y ser la generadora de Europa con el apoyo del Cristianismo. No obstante, Roma fue una ciudad contradictoria, vivía en ella todo tipo de gente, mezclándose progresivamente en los distintos barrios y no en forma artificial como sucedió en la Atenas clisténica. Criticada y censurada por escritores como Juvenal, Marcial y Séneca, admirada y elogiada por Elio Arístides, Tertuliano y Modestino. Con moradores viviendo atemorizados en *insulae* debido a los frecuentes incendios y derrumbes, habitada también

[914] Virgilio, *Eneida*, 6, 850-853. El poeta transmite el dominio y poder civilizador de la urbe en el concierto del Mediterráneo y todavía más allá de sus límites.
[915] Estrabón, *Geografía*, 4, 1, 11-12.
[916] Arístides, *A Roma*, 26, 59.
[917] Roda, *Profilo* (cit.), pp. 80-81.

por la *nobilitas* y los *honestiores* que tenían espléndidas y refinadas *domus*. Una impronta de callejuelas estrechas y serpenteadas, comunicaba con extensos foros, basílicas, termas y espacios públicos para la socialización del romano. Ciudad de ensueño y posibilidades para muchos inmigrantes en busca de nuevos horizontes y de una mejor calidad de vida, pero a su vez, de trabajos pesados, desencantos y muerte. Así, esta Roma cautivadora y seductora, con su polo de atracción que influyó directa y conscientemente en las ciudades provinciales, provocó un proceso irreversible de romanización e integración.

El imperio fue construyéndose en forma paciente y regular, hábilmente establecido y mantenido. No corrió el riesgo de caer bruscamente[918], pues sus integrantes poseyeron un sentido de amplia pertenencia. La continuidad de sus instituciones, la urbanización exitosa, el dinamismo de las élites, la facilidad de circulación y el desarrollo económico acompañado de una pacificación, hicieron del orbe romano algo único de la historia mundial.

Desde una perspectiva actual, Roma es el primer gran ejemplo concreto de una "aldea global", de un "imperio global" y, por extensión, del neologismo "globalización". Estos conceptos aplicados al orbe romano, debemos entenderlos, por cierto, desde una óptica europocéntrica y romanocéntrica, en el sentido de que el eje central de Roma es el Mediterráneo. Sin embargo, desde la época de Augusto existieron con frecuencia vinculaciones diplomáticas, comerciales y de amistad con diversos pueblos fuera de los límites del *mare nostrum*, entre ellos, germanos, escitas, sármatas, partos, indios y chinos[919]. Al adoptar y emplear los términos "aldea global", "imperio global" y "globalización", lo hacemos con esta restricción: considerando casi sinónimo a *oikouméne* y Mediterráneo. Arístides en su loa a Roma expresa: "lo que una ciudad es para sus propias fronteras y territorio, eso es esta ciudad para toda la ecúmene, como si se presentase como el núcleo *urba*no común a todo el territorio"[920]. Roma (la "aldea"), en su evolución y proyección, se convirtió en un *orbis Romanus* ("aldea global") en el ámbito espacio-cultural y político-socioeconómico centrado en el mar Mediterráneo. Un mundo que involucraba a los tres continentes conocidos de la época y creaba una *imago mundi* sometida por Roma: el centro y sur de Europa, el oeste de Asia y el norte de África.

---

[918] Le Roux, *l'impero romano* (cit.), pp. 111.

[919] *Res gestae divi Augusti*, 31; cfr., además, Robert, *De Roma a China* (cit.), pp. 81-89. Actualmente, los contactos y relaciones entre disímiles culturas forman parte del debate historiográfico entre los estudiosos, en una perspectiva y análisis global de las civilizaciones. Esta postura, entre otros, se observa en Mc Neill y Mc Neill, *Las redes humanas* (cit), pp. 86-93.

[920] Arístides, *A Roma*, 26, 61.

Ahora bien, en el núcleo del poder, en la ideología imperial, en la propaganda y en la simbología, el orbe romano era representado como el *orbis terrarum*, en el sentido de convertirse en la patria común del género humano[921]. La *Urbs* en el fondo, creó y configuró un "orden mundial internacional"[922]: *orbis*, que tenía como epicentro y fuerza de atracción a Roma y al Mediterráneo. En la antigüedad como hoy, simboliza una ciudad y un imperio, los dos términos están entrelazados. Por ello, la expresión *urbis et orbis*, que en cierto grado tiene un sentido metafórico o parece un juego de palabras, representa lo que fue esta urbe en la *praxis* histórica y en la actualidad. La ciudad construyó un *imperium Romanum* equivalente al mundo de la época. De ahí que, a lo largo de la historia universal y occidental, otras capitales imperiales hayan intentado asemejarse a Roma, sin embargo, no todas se han convertido en "epítomes" del imperio[923].

El mundo romano, como macroestructura, paralela y posteriormente a su etapa de conquistas –muchas de ellas fueron brutales–, tuvo el ingenio de adoptar una política integradora y la capacidad de mantener la diversidad entre sus habitantes. Esta idea de preservar la identidad, ha sido uno de los grandes éxitos de la romanización. Actualmente, si observamos el comportamiento de grandes regiones, como la Unión Europea y, sobre todo, al pensar en el fenómeno de la globalización, quizás debemos volver una vez más, nuestra mirada hacia la antigua Roma. Si la idea y la *praxis* de respetar la diversidad resultaron exitosas como *modus vivendi*, con mayor razón esta experiencia romana podría ser una alternativa para el mundo hodierno globalizado.Tal vez se terminaría con los focos de resistencia y se podría llevar a cabo una convivencia más humana y respetuosa en un planeta interrelacionado.

Roma, un modelo político, social-económico, urbano-arquitectónico y cultural, se extendió hacia las sociedades nativas, las cuales paulatinamente comenzaron un proceso de autorromanización e identificación voluntaria con la *Urbs*; primero la élite local y después la mayor parte de la población. Los pueblos originarios fueron capaces de conservar su identidad, tradiciones y transmitirlas a Roma. Es, por cierto, un proceso de transculturización bidireccional el que, a través de un consenso más o menos generalizado, fue conformando una simbiosis de elementos culturales entre vencedores y vencidos, generando un cambio social y una nueva cultura e identidad.

La *Romanitas* era un 'modelo de sociedad' común, una forma de vida, de ser, de pensar y de accionar, concebido y hecho realidad tanto por romanos como por

---

[921] Entre otros, cfr. Plinio, *Historia Natural*, 3, 39-40 y 14, 2; Dionisio, I, 3, 5.

[922] G. W. Bowersock, "I percorsi della politica", en *Storia di Roma*, 3, I (cit.), pp. 527-549, es quien utiliza la terminología "orden mundial internacional".

[923] Edwardo y Woolf, "Cosmopolis" (cit.), en Id., *Rome* (cit.), p. 18.

provinciales, por lo cual todos participaron en una *communitas*, con una unidad que respetaba y conservaba una gran diversidad regional. Fruto de la difusión y masificación de la *civitas Romana*, la urbe fue capaz de crear una especie de 'ciudadanía universal', apoyada por una paz y concordia social relativamente estables en todo el *orbis Romanus*. A través de la categoría jurídica de "ley de las naciones", Roma convirtió e integró a un "grupo de pueblos en un imperio"[924] y en un mundo globalizado. Este imperio, entendido como una sumatoria de provincias[925], fue una realidad concreta. Esa realidad debemos reestudiarla para comprender las diferencias que existen en nuestro planeta globalizado del cual, querámoslo o no, formamos parte. ¿Cómo hacerlo más grato, próspero y humano? La respuesta no la tenemos. Sin embargo, el proceso de romanización –que por cierto no fue una panacea– puede entregarnos algunas luces y herramientas para lograr consenso, tolerancia, pacificación, integración y establecer la unidad dentro de la heterogeneidad.

A través de un esfuerzo teórico, intentamos en las páginas anteriores comprender la romanización en calidad de macrofenómeno, para relacionarla e interpretarla como precedente y, en cierta medida, como sinónimo de globalización. Obviamente, a partir de este estudio no podemos concluir que la mundialización contemporánea se haya generado y nutrido de un proceso donde confluyeron conquistadores y conquistados, como fue el caso de la romanización. ¿Quiénes serían hoy los vencedores y los vencidos? Por cierto, no se trata de eso o de recrear artificialmente componentes que no corresponden a una nueva realidad. Más bien, hemos interpretado la *Romanitas* como un modelo, un estilo de vida y una cierta identidad común, que tendía a la integración, adaptación y asimilación de los pueblos.

La globalización en la que estamos hoy insertos podría extraer de la experiencia de Roma algunos signos como paradigmas de identidad y unidad, que le sirvan para intentar convivir en un planeta interrelacionado y diverso. Al considerar al orbe romano desde esta perspectiva, es factible pensar que proyectó un poder global que se vio reflejado en sus intereses económico-comerciales y en el alcance que tuvo su cultura. El hallazgo de Marshall Mac Luhan, *"the global village"*, donde relaciona aspectos filosóficos, sociológicos y comunicacionales, coincide sorprendentemente con Roma, la ciudad eterna que hace dos mil años logró que este supuesto se hiciera realidad. Por lo mismo, preguntarnos hoy por la naturaleza de la historia romana, es intentar explicarnos, otra vez, de qué manera la *Urbs* se convirtió en un *orbis* global.

---

[924] Pagden, *Pueblos* (cit.), p. 206.

[925] En contra, Perkins y Nevett, "Urbanism" (cit.), p. 215, prefiere decir que el imperio, por sí mismo, fue una "colección de provincias". Idea que refleja una suerte de diferenciación entre los componentes del imperio, más que una visión integradora.

BIBLIOGRAFÍA

ACCAME, S.; *La formazione della civiltà mediterranea*, La Scuola, Brescia, 1966.

ADAMS, C. y LAURENCE, R. (eds.); *Travel and geography in the Roman Empire*, Routledge, London-New York, 2001.

ADAMS, J. N.; "*Romanitas* and the Latin language", en *Classics Quarterly*, 53 (2003), pp. 184-205.

ALCOCK, S. E. (ed.); *The Early Roman Empire in the East*, Oxbow Book, Oxford, 1997.

__________; *Graecia Capta. The landscapes of Roman Greece*, Cambridge University, Cambridge, 1993.

__________; "Vulgar Romanization and the domination of the élites", en Keay y Terrenato (eds.), *Italy and the West* (cit.), pp. 227-230.

ALFÖLDY, G.; *Konsulat und Senatorenstand unter den Antoninen*, Habelt, Bonn, 1977.

__________; "L'originalité des élites hispaniques", en Navarro Caballero y Demougin (eds.), *Élites hispaniques* (cit.), pp. 11-12.

ALFONSI, L.; "La digressione delle 'zone' nel panegirico di Messalla", en *Aevum* 26 (1952), pp. 147-155.

__________; "Significato politico e valore poetico nel "de reditu suo", di Rutilio Namaziano", en *Studi Romani*, 3 (1995), pp. 125-139.

ALONSO-NÚÑEZ, J. M.; "Appian and the World Empires", en *Athenaeum*, 62 (1984), pp. 640-644.

__________; "Le letture greche della storia di Roma e lo sviluppo della storia universale", en Settis (ed.), *I Greci. 2. III* (cit.), pp. 1059 1077.

ALVAR EZQUERRA, A.; "El legado de Roma", en *América Latina y lo Clásico* I, Centro de Estudios Clásicos, Universidad Metropolitana de Ciencias de la Educación, Santiago, 2003, pp. 113-128.

ALVAR, J.; "Arquitectura religiosa e integración social: aspectos de la romanización de la Bética", en González (ed.), *Ciudades privilegiadas* (cit.), pp. 101-116.

AMARELLI, F. (ed.); *Politica e participazione nelle città dell' impero romano*, L'Erma di Bretschneider, Roma, 2005.

AMBAGLIO, D.; "Il tempo di Alessandro Magno", en *Rivista Storica Italiana* 114/3 (2002), pp. 726-737.

AMELING, W.; *Herodes Atticus*, I-II, G. Olms, Hildesheim, 1983.

AMES, C.; "El título imperial romano y la problemática del principado", en Estudios Clásicos, 116 (1999), pp. 49-64.

AMOURETTI, M. C. y BRUN, J. P. (eds.); *La production du vin et de l´huile en Méditerranée*. "École Française d´Athènes, Bulletin de correspondance Hellénique", (Suppl. XXI), Athèns, 1993.

ANDO, C.; *Imperial Ideology and provincial loyalty in the Roman Empire*, University of California, Berkley - Los Angeles - New York, 2002.

__________; "Interpretatio Romana", en *Classical philology* 100/1 (2005), pp. 41-51.

ANDREAU, J.; "Mercati e mercato", en *Storia di Roma, 2, II* (cit.), pp. 367-385.

__________; "Reflections on a one day conference. Italy and the west: Comparative Issues in Romanization", en Keay y

Terrenato, *Italy and the West* (cit.), pp. 231-233.

ANDREU PINTADO, J. (ed.); *Edictum, Municipium y Lex: Hispania en época Flavia (69-96 d. C.)*, BAR (S. 1293), Oxford, 2004.

ANGELI BERTINELLI, M. G. y DONATI, A. (eds.); *Usi e abusi epigrafici*, Atti del Colloquio Internazionale di Epigrafia Latina (Genova, 20-22 settembre 2001), L'Erma di Bretschneider, Roma, 2003.

__________; *Il cittadino, lo straniero, il barbaro, fra integrazione ed emarginazione nell'antichità*, Atti del I incontro Internazionale di Storia Antica (Genova, 22-24 maggio 2003), L'Erma di Bretschneider, Roma, 2005.

ARANGIO-RUIZ, V.; "L'application du droit romain en Egipte après la constitution antoninienne", en *Bulletin de l'institut d'Égypte*, 29 (1946-47), pp. 83-130.

__________; "Sul problema della doppia cittadinanza nella repubblica e nell'impero romano", en *Scritti giuridici in onore di F. Carnelutti*, IV, Cedam, Padova, 1950, pp. 53-72.

__________; *Historia del derecho romano*, Reus, Madrid, 1963.

ARCE, J.; *Funus imperatorum. Los funerales de los emperadores romanos*, Alianza, Madrid, 1988.

ARCE, J., ENSOLI, S. y LA ROCCA, E. (eds.); *Hispania Romana. Da terra di conquista a provincia dell'Impero*, Electa, Milano, 1997.

ARCHI, G. (ed.); *Scritti di diritto romano in onore di C. Ferrini*, Hoepli, Milano, 1946.

ARNAUD, P.; "L'image du globe dans le monde romain", *MEFRA* (1984), pp. 53-116.

ASHERI, A.; "Identità greche, identità greca", en Settis (ed.), *I Greci*, 2, II (cit.), pp. 5-26.

ASSMANN, A. J.; *La memoria culturale. Scrittura, ricordo e identità politica nelle grandi civiltà antiche*, Einaudi, Torino, 1997.

AUVRAY-ASSAYAS, C. (ed.); *Images Romaines*, École Normale Supérieure, Paris, 1998.

BAHARAL, D.; *Victory of propaganda. The dynastic aspect of the imperial propaganda of the Severi: the literary and archaeological evidence AD 193-235*, BAR (S. 657), Oxford, 1996.

__________; "Caracalla, Alexander the Great and Education in Rome", en P. Defosse (ed.), *Hommages à Carl Deroux, III Histoire et épigraphie, Droit*, Latomus (vol. 270), Bruxelles, 2003, pp. 27-36.

BAIETTI, S.; "Strade antiche e strade moderne", en Ferrari y Bravo (eds.), *Le Strade dell'Italia romana* (cit.), pp. 14-29.

BAILEY, C. (ed.); *El legado de Roma*, Pegaso, Madrid, 1956.

BALBO, A.; "Chi è il giovane: ovvero quando comincia e quando finisce la gioventù", en Lana, *Seneca* (cit.), pp. 11-28.

BANCALARI, A.; "Gli interventi degli italici nella lotta politica romana durante il tribunato di Livio Druso (91 a. C.)", en *Studi Classici e Orientali*, 37 (1987), pp. 407-437.

__________; "El Proceso de romanización en Occidente. Factores y consideraciones teóricas", *Atenea*, 477 (1998), pp. 63-81.

__________; "La Constitutio Antoniniana: aproximaciones, significado y características", en *Semanas de Estudios Romanos*, 9 (1998), pp. 57-67.

__________; "La problemática de la juventud en la sociedad romana: propuesta de enfoques para su estudio", en *Florentia Iliberritana*, 9 (1998), pp. 41-68.

__________; "La imitatio Alexandri en el mundo romano: el caso del emperador Caracalla", en *Semanas de Estudios Romanos*, 10 (2000), pp. 77-97.

__________; "Sobre los efectos del Edicto de Caracalla: consideraciones histórico-jurídicas", en *Studi Classici e Orientali*, 47 (2001), pp. 167-182.

__________; "Coexistencia o enfrentamiento entre el derecho romano y los derechos locales de las provincias", en *Revista de Estudios Histórico-Jurídicos*, 26 (2004), pp. 25-39.

__________; "Theodor Mommsen, el mundo romano y sus proyecciones: a propósito del centenario de su muerte", en *Atenea*, 492 (2005), pp. 135-146.

BARBAGALLO, C.; *Lo stato e l'istruzione pubblica nell'impero romano*, Battiato, Catania, 1911.

BARKER, E.; "El concepto del imperio", en Bailey, *El legado* (cit.), pp. 61-124.

BARLOW, J.; *The emergence of identity/alterity in the late Roman ideology*, en "Historia" 53/4 (2004), pp. 501-502.

BARNES, T. D.; *Tertulian. A historical and literary study*, Clarendon, Oxford, 1971.

BARRETT, J. C.; "Romanization: a critical comment", en Mattingly (ed.), *Dialogues* (cit.), pp. 51-64.

BARRIENTOS J.; *Curso de Historia del Derecho. I. El Derecho en la Hispania Romana*, Lexis-Nexis, Santiago, 2003.

BARTEL, B.; "Colonialism and cultural responses: problems related to Roman provincial analysis", en *World Archaeology*, 12 (1980), pp. 11-26.

BARZANÒ, A., BEARZOT, C., LANDUCCI, F., PRANDI, L. y ZECCHINI, F. (eds.); *Identità e valori. Fattori di aggregazione e fattori di crisi nell' esperienza politica antica*, L'Erma di Bretschneider, Roma, 2001.

BARZANÒ, A.; "Roma e i Parti tra pace e guerra fredda nel I secolo dell'impero", en Sordi (ed.), *La pace nel mondo antico* (cit.), pp. 211-222.

BAUMAN, R. A.; *Human Rights in Ancient Rome*, Routledge, London-New York, 2000.

BAUMAN, Z.; *La globalización. Consecuencias humanas*, F.C.E., México, 2001.

BAUZA, H.; "El otro rostro de la paz Augustal", en *Semanas de Estudios Romanos*, 9 (1998), pp. 69-79.

__________; "Virgilio, Horacio y la construcción del *imperium*", en *Semanas de Estudios Romanos*, 13 (2006), pp. 149-161.

BEAR, M., NORTH, M. y PRICE, S. (eds.); *Religions of Rome, I. A history*, Cambridge University, Cambridge, 2002.

BECK, U.; *¿Qué es la globalización?. Falacias del globalismo, respuestas a la globalización*, Paidós, Barcelona, 1998.

BEHR, C.; "Studies on the biography of Aelius Aristides", en *ANRW* II, 34, 2, (1994), pp. 1140-1233.

BÉNABOU, M.; *La résistance africaine à la Romanisation*, Maspero, Paris, 1976.

__________; "Les Romains ont-il conquis l' Afrique"?, en *Annales* (*ESC*), 33 (1978), pp. 83-88.

BENOIST, S.; "Las Religiones del mundo romano", en Kaplan y Richer (eds.), *El mundo romano* (cit.), pp. 193-231.

BENTIVOGLI, V.; "Ai confini dell' impero: mausolei e romanizzazione del nord Africa", en *L'Africa Romana* (cit.), vol. I, pp. 421-437.

BERETTA, M. y DI PASQUALE, G. (eds.); *Vitrium: il vetro fra l' arte e scienza nel mondo romano*, (Mostra, Palazzo Pitti, Firenze, 27 marzo - 31 ottobre 2004), Giunti, Prato, 2004.

BERGER, P. y HUNTINGTON, S. (eds.); *Globalizaciones múltiples. La diversidad cultural en el mundo contemporáneo*, Paidós, Barcelona, 2002.

BEUYARD, B.; "Le patriotisme municipal dans la Gaule de l'antiquité tardive", en Inglebert (ed.), *Idéologies* (cit.), pp. 261-269.

BIANCARDI, M.; *La cavalleria romana del principato nelle province occidentali dell' Impero*, Edipuglia, Bari, 2004.

BIRASCHI, A. M.; "Una geografia per l'impero", en Settis (ed.), *I Greci. 2. III* (cit.), pp. 1079-1097.

BIRLEY, A.; *Hadrian. The restless emperor*, Routledge, London-New York, 1997.

BLAGG, T. y KING, A. (eds.); *Military and Civilian in Roman Britain. Cultural relationships in a frontier province*, BAR (S. 136), Oxford, 1984.

BLAGG, T. y MILLET, M. (eds.); *The Early Roman Empire in the West*, Oxbow Book. Oxford, 1990 (2002).

BLÁZQUEZ, J. M., MARTÍNEZ-PINNA, J. y MONTERO, S. (eds.); *Historia de las religiones antiguas. Oriente, Grecia y Roma*, Cátedra, Madrid, 1993.

BLÁZQUEZ, J. M. y J. ALVAR (eds.); *La Romanización de Occidente*, Actas, Madrid, 1996.

BLÁZQUEZ, J. M.; *Nuevos estudios sobre la Romanización*, Itsmo, Madrid, 1989.

BLOCH, M.; *Introducción a la historia*, F.C.E., México, 1957.

BOATWRIGHT, M., GARGOLA, D. y TALBERT, R.; *The Romans from Village to Empire*, Oxford University, Oxford, 2004.

BOCH DE BOLDRINI, V.; "Britania: un nuevo reto a la romanización", en *Revista de Historia Universal*, Universidad Nacional de Cuyo, 6 (1994), pp. 9-18.

BONAMENTE, G.; "Il ruolo del Senato nella divinizzazione degli imperatori", en Carrié y Lizzi Testa (eds.), *Humana Sapit* (cit.), pp. 359-381.

BONNER, S.; *La Educación en la Roma antigua: desde Catón el viejo a Plinio el joven*, Herder, Barcelona, 1984.

BORSACCHI, S.; "In margine ad un inedito di Th. Mommsen", en *Societas-Ius. Munuscula di allievi a Feliciano Serrao*, Jovene, Napoli, 1999, pp. 17-24.

BOSWORTH, A. B. y BADIAN, E. (eds.); *Alexandre le Grand. Image et réalité*, (Entretiens sur l'Antiquité classique), Fondation Hardt, Vandoeuvres-Génève, 1976.

BOSWORTH, A. B.; "Arrian and Rome: the Minor Works", en *ANRW*, II, 34, 1 (1993), pp. 226-275.

BOURGEOIS, A.; "El Occidente romano desde la conquista hasta el siglo V d.C.", en Kaplan y Richer (eds.), *El mundo romano* (cit.), pp. 233-268.

BOWEN, J.; *Historia de la educación occidental, I, El mundo antiguo*, Herder, Barcelona, 1976.

BOWERSOCK, G. W.; "Greek Intellectuals and the Imperial Cult in the Second Century A. D.", en Reverdin (ed.), *Le culte des souverains* (cit.), pp. 177-212.

__________; "La Grecia e le province orientali", en *Storia di Roma* (cit.), 2, II, pp. 409-432.

__________; "I percorsi della politica", en *Storia di Roma, 3, I* (cit.), pp. 527-549.

__________; "The mechanics of subversion in the Roman provinces", en Giovannini (ed.), *Opposition et résistance* (cit.), pp. 291-320.

BOWMAN, A. K., COTTON, H. M., GOODMAN, M. y PRICE, S. (eds.); *Representations of Empire. Rome and the Mediterranean World*, (Proceedings of the British Academy 114), Oxford University, Oxford, 2002.

BOWMAN, A. K., y WOOLF, G. (eds.); *Literacy and Power in the Ancient World*, Cambridge University, Cambridge, 1994.

BRACCESI, L.; *Alessandro e i Romani*, Pàtron, Bologna, 1975

__________; *Roma Bimillenaria. Pietro e Cesare*, L'Erma di Bretschneider, Roma, 1999.

BRAGUE, R.; *Europa, la vía romana*, Gredos, Madrid, 1995.

BRAUDEL, F.; *Civilisation matérielle, économie et capitalisme*, A. Colin, Paris, 1967-1979.

BRAUND, D. C.; *Rome and the Friendly Kings. The Character of Clients Kingship*, Croom Helm, London, 1984.

BRAVO, G. y GONZÁLEZ, R.; *La aportación romana a la formación de Europa: naciones, lenguas y culturas*, Signifer, Madrid, 2005.

BRAVO, G.; *Hispania y el Imperio*, Síntesis, Madrid, 2001.

BRETONE, M.; *Storia del diritto romano*, Laterza, Roma-Bari, 2004.

BRILLIANT, R.; "L'arte locale e non locale dal 600 a. C. al 500 d. C.", en Guilaine y Settis (eds.), *Storia d'Europa* (cit.), pp. 1069-1093.

BRIZZI, G.; "*Si vis pacem, para bellum*", en Pani (ed.), *Storia romana* (cit), pp. 11-26.

BRODERSEN, K.; "Mapping (in), the ancient world", en *Journal of Roman Studies*, 94 (2004), pp. 183-190.

BRUN, J. P., POUX, M. y TCHERNIA, A. (eds.); *Le Vin. Néctar des Dieux, génie des hommes*, Infolio, Rhône, 2004.

BRUNT, P. A.; "Reflections on British and Roman Imperialism", en *Comparative Studies in Society and History*, 7/3 (1965), pp. 267-288.

__________; "The Romanization of the local ruling classes in the Roman Empire", en Pippidi (ed.), *Assimilation et résistance* (cit.), pp. 161-174, (=*Roman Imperial Themes*, Oxford, 1990, pp. 267-281).

__________; *Italian manpower 225 BC-AD 14*, Oxford University, London, 1971.

__________; *Roman imperial themes*, Clarendon, Oxford, 1990.

BRUUN, C. F. M.; "Pericula Alexandrina. The adventures of a recently discovered centurion of the legio II Parthica", en *Arctos*, 29 (1995), pp. 9-27.

BUCCI, O.; *Le province orientali dell'impero romano. Una introduzione storico-giuridica*, Pontificia Universitas Lateranensis, Roma, 1998.

BUGUIÈRE, A. (ed.); *Diccionario de Ciencias Históricas*, Akal, Madrid, 1991.

BUONO CORE V., R.; "El significado histórico del Elogio a Roma de Elio Arístides: una discusión abierta", en *Semanas de Estudios Romanos*, 10 (2000), pp. 99-112.

__________; *Roma republicana: estrategias, expansión y dominio (525-31 a.C.)*, Universidad Católica de Valparaíso, Valparaíso, 2002.

__________; "El elogio a Roma de Elio Arístides y su relación con Adriano y Antonino Pío frente al problema de la romanización", en *Stylos*, Universidad Católica Argentina, 14 (2005), pp. 7-24.

BUONOCORE, M.; *Theodor Mommsen e gli studi sul mondo antico: dalle sue lettere conservate nella Biblioteca Apostolica Vaticana*, Jovene, Napoli, 2003.

BURNAND, Y.; "Le gentilice Claudius en Narbonnaise et dans les Trois Gaules", en Y. Burnand, Y. Le Bohec y J. P. Martin (eds.), *Claude de Lyon. Empereur romain*, Actes du Colloque (Paris-Nancy-Lyon, Novembre 1992), Université de Paris-Sorbonne, Paris, 1998, pp. 105-127.

BURNAND, Y., LE BOHEC, Y. y MARTIN, J. P. (eds.); *Claude de Lyon empereur romain*, Actes du Colloque (Paris, Nancy-Lyon, Novembre 1992), Université de Paris-Sorbonne, Paris, 1998.

BURTON, G.; "The Roman imperial state, provincial governous and the public finances of provincial cities", 27 BC-AD 235, en *Historia* 53, 3 (2004), pp. 311-342.

CABALLOS, A., MARÍN, J. y RODRÍGUEZ, J. M.; *Itálica Arqueológica*, Universidad de Sevilla, Sevilla, 1999.

CABALLOS, A.; "Las élites y el poder", en Navarro Caballero y Demougin (eds.), *Élites hispaniques* (cit), pp. 187-189.

__________; "Los recursos económicos de los notables de la Bética", en Navarro Caballero y Demougin (eds.), *Élites hispaniques* (cit.), pp. 69-87.

CAMASSA, G. y FASCE, S. (eds.); *Idea e realtà del viaggio: il viaggio nel mondo Antico*, Ecig, Genova, 1991.

CAMPANILE, E. y LETTA, C.; *Studi sulle magistrature indigene e municipali in area italica*, Giardini, Pisa, 1979.

CAMPANILE, E.; *La cultura italica*. Atti del convegno della società italiana di glottologia, Pisa (19-20 dicembre 1977), Pisa, 1978.

__________; "L'assimilazione culturale del mondo italico", en *Storia di Roma, 2, 1* (cit.), pp. 305-312.

__________; "Le lingue dell'impero", en *Storia di Roma, IV* (cit.), pp. 679-691.

CAMPANILE, M. D.; "Il mondo greco verso l'integrazione politica nell'impero", en Settis (ed.), *I Greci, 2, III* (cit.), pp. 839-867.

__________; "La costruzione del sofista. Note sul "bíos" di Polemone", en Virgilio (ed.), *Studi Ellenistici*, 12 (cit.), pp. 269-315.

__________; *I sacerdoti del Koinón d´Asia (I sec. a. C. - III sec. d. C.) Contributo allo studio della romanizzazione delle élites provinciali nell´Oriente greco*, Giardini, Pisa, 1994.

__________; "I sommi sacerdoti del Koinón d´Asia: numero, rango e criteri di elezione", en *Zeitschrift für Papyrologie und Epigraphik*, 100 (1994), pp. 422-426.

__________; "Reseña a Pernot (cit.), Eloges grecs de Rome", en *Athenaeum*, 88 (2000), pp. 637-639.

__________; "Note sullo studio delle élites locali nelle province orientali in età romana", en *Rivista di cultura classica e medioevale*, 45 (2003), pp. 307-316.

CAMPBEL, J. B.; *The Emperor and the Roman army 31 BC-AD 235*, Clarendon, Oxford, 1984.

CAMPOLUNGHI, M.; "*Urbs aeterna*. Una ricerca sui testi giuridici", en *Popoli e Spazio Romano tra diritto e profezia. Da Roma alla terza Roma, documenti e studi*, Scientifiche Italiane, Napoli, 1986, pp. 163-230.

CANALI, L.; *Contro storia di Roma*, Ponte alle Grazie, Milano, 2004.

CANCELA RAMÍREZ, M. L.; "Los monumentos funerarios de las élites locales hispanas", en Navarro Caballero y Demougin (eds.), *Élites hispaniques* (cit.), pp. 105-120.

CANFORA, L.; "L'educazione", en *Storia di Roma 4* (cit.), pp. 735-770.

CANTARELLA, E.; *El peso de Roma en la cultura europea*, Akal, Madrid, 1996.

CARANDINI, A.; "Il mondo della tarda antichità vista attraverso le merci", en Giardina (ed.), *Società romana e impero tardoantico* (cit.), pp. 3-19.

__________; "L'ultima civiltà sepolta o del massimo oggetto desueto, secondo un archeologo", en *Storia di Roma III, 2* (cit.), pp. 11-38.

CARCOPINO, J.; *La vida cotidiana en Roma en el apogeo del imperio*, Temas de Hoy, Madrid, 1989.

CARILE, A.; "Impero romano e Romania", en *La nozione di 'romano' tra cittadinanza e universalità*, Atti del II Seminario internazionale di Studi Storici, "Da Roma alla terza Roma" (Roma, 21-23 aprile 1982), Scientifiche Italiane, Napoli, 1984, pp. 247-253.

CARRASCO, S. M.; "Relaciones entre el imperio romano y los reinos del lejano oriente: verificación del intercambio a través de hallazgos de monedas romanas en la ruta de difusión del budismo", en *Semanas de Estudios Romanos*, 11 (2002), pp. 243-258.

CARRIÉ, J.M. y LIZZI TESTA, R. (eds.); *Humana Sapit, Etudes d'Antiquité Tardive offertes à Lellia Cracco Ruggini*, Brepols, Turnhout (Belgium), 2002.

CARRIÉ, J. M.; "El soldado", en Giardina (ed.), *El hombre* (cit.), pp. 121-160.

CASAVOLA, F.; "Il concetto di "*Urbs Roma*": Giuristi e Imperatori Romani", en *Labeo*, 38/1 (1992), pp. 20-29.

CASAVOLA, F. P.; "Teodoro Mommsen", en *Labeo*, 48 (2002), pp. 331-338.

CASTELLS, M.; *La era de la información: economía, sociedad, cultura*, Alianza, Madrid, 1997.

CASSOLA, F.; "Note critiche al testo di Erodiano", en *Rendiconti dell' Accademia di Arch., lettere e belle arti di Napoli*, 38 (1963), pp. 139-143.

__________; "Romani e Italici in oriente", en *Dialoghi di Archeologia*, 4-5 (1970-71), pp. 305-322.

CASSON, L.; *Viaggi e viaggiatori dell 'antichità*, Mursia, Milano, 1978.

CASTILLO, C. (ed.); *Novedades de Epigrafía jurídica romana en el último decenio*, Actas del Coloquio Internacional AIEGL, Universidad de Navarra, Pamplona, 1989.

CASTILLO, C.; "Los senadores béticos. Relaciones familiares y sociales", en *Epigrafia e ordine Senatorio*, Atti del Colloquio internazionale AIEGL, (Roma, 14-20 maggio 1981), Roma, 2 (1982), pp. 465-519.

__________; "Los senadores de la Bética: onomástica y parentesco", en *Gerión*, 2 (1984), pp. 239-250.

CASTILLO, C., RODRÍGUEZ, J. y NAVARRO, F. (eds.); *Sociedad y economía en el Occidente romano*, Eunsa, Pamplona, 2003.

CATALANO, P. y SINISCALCO, P. (eds.); *La nozione di 'romano' tra cittadinanza e universalità*, Atti del II Seminario internazionale di Studi Storici, "Da Roma alla terza Roma" (Roma, 21-23 aprile 1982), Scientifiche Italiane, Napoli, 1984.

__________; *Idea giuridica e politica di Roma e personalità storiche*. "Da Roma alla terza Roma", Documenti e studi, Herder, Roma, 1990.

CAVALLO, G. y CHARTIER, R. (eds.); *Historia de la lectura en el mundo occidental*, Taurus, Madrid, 1998.

CAVALLO, G.; "Entre el *volumen* y el *codex*. La lectura del mundo romano", en Cavallo y Chartier (eds.), *Historia de la lectura* (cit.), pp. 95-133.

CEAUSESCU, P.; "La double image d'Alexandre le grand à Rome -essai d'une explication politique-", en *Studii Clasice* 16 (1974), pp. 153-168.

CÉBEILLAC-GERVASONI, M. y LAMOINE, L. (eds.); *Les Élites et leurs facettes. Les élites locales dans le monde hellénistique*

et romani, École Française de Rome, Rome, 2003.

CHASTAGNOL, A.; *La Gaule romaine et le droit Latin*, De Boccard, Lyon, 1995.

CHEESMAN, G.; *The Auxilia of the Roman Imperial Army*, L'Erma di Bretschneider, Roma, 1968.

CHEVALIER, R.; *Les voies Romaines*, A. Colin, Paris, 1972.

__________; *Voyages et déplacements dans l'empire romain*, A. Colin, Paris, 1988.

CHRISTES, J.; "Rom und die Fremde. Bildungsgeschichtliche Aspkte der Akkulturation", en *Gymnasium*, 104 (1997), pp.13-35.

CHRISTOL, M.; "La dominación de Roma y la administración de las provincias", en Kaplan y Richer (eds.), *El mundo romano* (cit.), pp. 155-192.

CIMINO, R. M. (ed.); *Ancient Rome and India. Commercial and cultural contacts between the Roman World and India*, M. Manoharlal, New Delhi, 1994.

__________; "Indian Ambassadors at the Roman Court", en Id. (ed.), *Ancient Rome and India* (cit), pp. 17-24.

CIMINO, R. M.; "Land and sea routes between Roma and India", en Id. (ed.), *Ancient Rome and India* (cit.), pp.25-27.

CIMMA, M. R.; *Reges socii et amici populi romani*, Giuffrè, Milano, 1976.

CIZEK, E.; *L'epoque de Trajan. Circonstances politiques et problèmes idéologiques*, Les Belles Lettres, Paris, 1983.

CLARKE, K.; "Parochial Tales in a Global Empire: Creating and Recreating the World of the Itinerant Historian", en Troiani y Zecchini (eds.), *La cultura storica* (cit.), pp. 111-127.

CLARK, D.; *Urban World/Global City*, Routledge, London-New York, 1996.

CLAUSS, M.; *Kaiser und Gott. Herrscherkult im römischen Reich*, Teubner, Stuttgart-Leipzig, 1999.

COLLINGWOOD, R. G.; *Roman Britain*, Clarendon, Oxford, 1932.

COMUCCI BISCARDI, M. B.; *Donne di rango e donne di popolo nell'età dei Severi*, L.S. Olschki, Firenze, 1987.

CONDURACHI, E.M.; "La costituzione antoniniana e la sua applicazione nell'impero romano", en *Dacia*, Revue d'Archéologie et d'Histoire Ancienne, 2 (1958), pp. 1-36.

CONTA, G.; "La cartografía romana", en *Semanas de Estudios Romanos*, 12 (2004), pp. 41-51.

COOLEY, A. E. (ed.); *Becoming Roman, writing latin?. Literacy and epigraphy in the Roman west*, Journal of Roman Archaeology, ser. num. 48, Portsmouth, Rhode Island, 2002.

CORNELL, T. y MATTHEU, J.; *Roma, legado de un Imperio*, Folio, Barcelona, 1989.

CORSARO, F.; "Il mito di *Roma aeterna* da Claudiano a Rutilio Namaziano", en Elia (ed.), *Politica, retorica e simbolismo* (cit.), pp. 57-77.

CORTÉS, J. M.; *Elio Aristides. Un sofista griego en el imperio romano*, Clásicas, Madrid, 1995.

__________; "Notas sobre la política educativa de los Flavios y Antoninos", en *Habis*, 26 (1995), pp. 165-175.

__________; "*Polis* Romana. Hacia un nuevo modelo para los griegos del imperio", en *Studia Historica. Historia Antigua*, 23 (2005), pp. 413-437.

COTTAM, S., DUNGWORTH, D., SCOTT, S. y TAYLOR, J. (eds.); *Proceedings of the fourth Theoretical Roman Archaeology Conference Durhanm 1994*, Oxbow Book, Oxford, 1995.

CRACCO RUGGINI, L. (ed.); *Tecnologia, economia e società nel mondo romano*, Atti del Convegno di Como, (27-29 settembre 1979), Banca Popolare Commercio e Industria, Como, 1980.

CRACCO RUGGINI, L.; "La città imperiale", en *Storia di Roma, IV* (cit.), pp. 201-266.

__________; "Le associazioni professionali del mondo romano-bizantino", en *XVIII Settimane di Studi sull'Alto Medioevo*, Spoleto, 1971, pp. 60-193.

__________; "Progresso tecnico e manodopera in età imperiale romana", en Id., *Tecnologia, economia e società* (cit.), pp. 46-66.

__________; "Culture in dialogo: la preistoria dell' idea di Europa", en *Storia di Roma 3, 1* (cit), pp. 351-367.

CRAWFORD, M.; "Money and exchange in the Roman world", en *Journal of Roman Studies*, 60 (1970), pp. 40-48.

__________; "The monetary system of the Roman Empire", en Id., *L'impero romano e le strutture economiche* (cit.), pp. 61-69.

__________; *L'impero romano e le strutture economiche e sociale delle province*, New press, Como, 1986.

CRESCI MARRONE, G.; "La conquista ecumenica in età augustea: voci di consenso e dissenso", en Foresti, Barzanò, Bearzot, Prandi, Zecchini (eds.), *L'ecumenismo politico* (cit.), pp. 307-318.

__________; *Ecumene Augustea. Una politica per il consenso*, L'Erma di Bretschneider, Roma, 1993.

__________; "Casi di emarginazione nella Traspadana romana: cittadini, stranieri o barbari?", en Angeli Bertinelli y Donati (eds.), *Il cittadino* (cit.), pp. 245-256.

CRIFÒ, G.; *Civis: La Cittadinanza tra antico e moderno*, Laterza, Roma-Bari, 2000.

__________; "Cittadinanza e potere nel mondo romano e nell'età moderna", en *Popolo e potere nel mondo antico*, Atti del convegno internz. Cividale del Friuli (23-25 settembre 2004), ETS, Pisa, 2004, pp. 271-277 (edición electrónica: www.fondazionecanussio.org).

CROISILLE, J. M. (ed.); *Alejandro Magno, modelo de los emperadores romanos*, Actes du IV Colloque international de la Sien, Neronia 4, Latomus, Bruxelles, 1990.

CRUZ, N.; *Res Gestae Divi Augusti*. Prólogo, traducción y notas", en *Revista de Historia Universal*, 1 (1984), Pontificia Universidad Católica de Chile, pp. 64-112.

_________; "Restauración republicana y consenso en el gobierno de Augusto", en *Semanas de Estudios Romanos*, 3-4 (1986), pp. 155-165.

CUBILLOS, M.; "Por una historia de la ciudad antigua. Barrios populares y morfología de la ciudad romana según Juvenal (I-II d. C.)", en *Anuario de la Universidad Internacional SEK*, 5 (1999), pp. 9-32.

_________; "Para una historia social del mundo clásico: sociedad, pobreza y marginalidad en Roma entre los siglos I y II d.C.", en *Revista de Humanidades*, Universidad Andrés Bello, 5 (1999), pp. 69-95.

CUNLIFFE, B. y KEAY, S. (eds.); *Social complexity and the development of towns in Iberia. From the cooper age to the second century AD.*, Proceedings of the British Academy-86, Oxford University, Oxford, 1995.

CURCHIN, L.; *España romana*, Gredos, Madrid, 1996.

CURTI, E.; "Toynbee's legacy: discussing aspects of the Romanization of Italy", en Keay y Terrenato (eds.), *Italy and the West* (cit.), pp. 17-26.

D'ORS, A. y D'OR, X.; "*Lex Irnitana*", (*Cuadernos compostelanos de Derecho Romano 1*), Universidad de Santiago de Compostela, Santiago de Compostela, 1988.

D'ORS, A.; "Estudios sobre la Constitutio Antoniniana", en *Emerita*, 11 (1943), pp. 297-337 y 24 (1956), pp. 1-26.

_________; "Nuevos estudios sobre la Constitutio Antoniniana", en *Atti dell'XI Convegno internazionale di Papirologia (Milano, 2-8 settember 1965)*, Milano, 1966, pp. 408-432.

_________; "Sobre legislación municipal", en *Labeo* 40 (1994), pp. 89-102.

DAGUET, A.; *Septime Severe. Rome, l'Afrique et l'orient*, Payot, Paris, 2000.

DAL COVOLO, E.; "La Constitutio Antoniniana e lo sviluppo dell'impero e della Chiesa nell' età dei Severi, en *Augustinianum*, 37/2 (1997), pp. 303-309.

DARDAINE, S.; "La naissance des élites hispanoromaines en Bétique", en Navarro Caballero y Demougin (eds.), *Élites hispaniques* (cit.), pp. 23-44.

DAVID, J. M.; *La Romanisation de l'Italie*, Aubier, Paris, 1994.

DE GIOVANNI, L.; *Introduzione allo studio del diritto romano antico*, Jovene, Napoli, 1997.

DE MARTINO, F.; *Storia della Costituzione Romana*, IV, 2, Jovene, Napoli, 1975.

_________; "Il modello della città-stato", en *Storia di Roma*, 4 (cit.), pp. 433-458.

DE NARDIS, M.; "Forma: aspetti della percezione dello spazio geografico-politico a Roma tra I secolo a. C. e I secolo d. C.", en Storchi Marino (ed.), *Economia, Administrazione e fiscalità* (cit.), pp. 133-162.

DE POLIGNAC, F.; "Alessandro, o la genesi di un mito universale", en Settis (ed.), *I Greci. 2. III* (cit.), pp. 271-292.

DE ROMANIS, F. y TCHERNA, A. (eds.); *Crossings. Early Mediterranean Contacts with India*, Manohak, New Delhi, 1997.

DE ROMANIS, F.; *Cassia, cinnamomo, ossidiana. Uomini e merci tra Oceano Indiano e Mediterraneo*, L'Erma di Bretschneider, Roma, 1996.

_________; "Roma e i nótia dell'India", en *Helikon*, 22-26 (1982-1987), pp. 147-210.

DE SENSI, G.; "Problemi della Constitutio Antoniniana", en *Helikon*, 9-10 (1969-70), pp. 243-264.

DE VISSCHER, F.; "Le statut juridique des nouveaux citoyens romains et l'inscription de Rhosos", en *L'Antiquité Classique*, 13 (1944), pp. 11-35; 14 (1945), pp. 29-59.

_________; "La constitution Antonine et le dynastie africaine des Sévères", en *Revue*

Internationale des Droits de l' Antiquité, 18 (1961), pp. 226-248.

DE VIVO, A.; "L'idea di Roma e l'ideologia dell'imperialismo in Tacito", en Giordano (ed.), *Idea di Roma* (cit.), pp. 183-214.

DEFOSSE, P. (ed.); *Hommages à Carl Deroux, III Histoire et épigraphie, Droit,* Latomus (vol. 270), Bruxelles, 2003.

DEGL' INNOCENTI, A. y MORETTI, G. (eds.); *Miscillo flamine. Studi in onore di C. Rapisarda*, Dipartimento di Science Filologiche e Storiche, Trento, 1997.

DELGADO, J.; "La obra de Theodor Mommsen en España: la traducción española de la Römische Geschichte", en *Gerión* 21/2 (2003), pp. 45-58.

DENCH, E.; "Reseña a Keay y Terrenato, *Italy and the West* (cit.)", en *JRS*, 93 (2003), pp. 327-329.

DESIDERI, P.; *Dione di Prusa. Un intellettuale greco nell' impero romano*, G. D'Anna, Messina-Firenze, 1978.

__________; "La Romanizzazione dell' Impero", en *Storia di Roma. 2, II* (cit.), pp. 577-626.

__________; "L'impero bilingue e il parallelismo Greci/Romani", en Settis (ed.), *I Greci. 2. III* (cit.), pp. 909-938.

__________; "Intellettuali Greci e impero romano: una vicenda attuale", en Pani (ed.), *Storia romana* (cit.), pp. 41-58.

__________; "Questioni di identità greca nell' impero romano", en *Mediterraneo antico. (ESC)*, 1/1 (1998), pp. 10-28.

DEVREKER, J.; "Les Orientaux au Sénat Romain d' Auguste à Trajan", en *Latomus*, 41 (1982), pp. 492-516.

DI PAOLA, L.; "Roma *caput mundi* e *natalis scientiae sedes*. Il recupero della centralità di Roma in epoca tardoantica", en Elia (ed), *Politica, retorica e simbolismo* (cit.), pp. 119-155.

DI SALVO, S.; "Il mito di *Roma Aeterna*", en *Labeo*, 16 (1970), pp. 95.

DISANDRO, C.; "Rutilio, Poeta en un imperio que muere", en *Semanas de Estudios Romanos*, 2 (1984), pp. 155-169.

DOMINGO, R. (ed.); *Textos de derecho romano*, Aranzadi, Pamplona, 1998.

DONDIN-PAYRE, M. y RAEPSAET- CHARLIER, M. T. (eds.); *Noms, Identités culturelles et Romanisation sous le Haut-Empire,* Le livre Timpermain, Bruxelles, 2001.

DOPICO CAINZOS, M. D.; "Le concept de l'aeternitas de Rome. Sa diffusion dans la société romaine", en *Les Études Classiques* 66 (1998), pp. 251-279.

DRINKWATER, J. y ELTON, H. (eds.); *Fifth-century Gaul: a crisis of identity?*, Cambridge University, Cambridge, 1992.

DRINKWATER, J.F., DRUMMOND, A. y FREEMAN, C.; *El mundo de los romanos*, Blume, Barcelona, 1994.

DUNCAN-JONES, R.; *Structure and scale in the Roman economy*, Cambridge University, Cambridge, 1990.

DUVERGER, M. (ed.); *Le concept d'empire*, Presses Universitaires de France, Paris, 1980.

DYSON, S.; "Native revolt patterns in the Western Empire", en *ANRW*, II, 3 (1975), pp. 138-175.

__________; "Rome in America", en Hingley, *Images of Rome* (cit.), pp. 57-70.

ECK, W.; *Senatoun von Vespasian bis Hadrian*, C. H. Beck, München, 1970.

__________; "La riforma dei gruppi dirigenti. L'ordine senatorio e l'ordine equestre", en *Storia di Roma, 2, II* (cit.), pp. 73-118.

__________; "Il sistema di trasmissione delle informazioni ufficiali nell´Alto Impero", en M. Pani (ed.), *Epigrafia e territorio. Política e Società. Temi di antichità romane*, IV, Edipuglia, Bari, 1996, pp. 331-352.

__________; *Augusto e il suo tempo*, Il Mulino, Bologna, 2000.

EDWARDS, C. y WOOLF, G. (eds.); *Rome the Cosmopolis*, Cambridge University, Cambridge, 2003.

EDWARDS, C. y WOOLF, G.; "Cosmopolis: Rome as World City", en Edwards y Woolf (eds.), *Rome the Cosmopolis* (cit), pp. 1-20.

EDWARDS, C.; "Imaginaires de l'image de Rome ou comment (se) représenter Rome?", en Auvray-Assayas (ed.), *Images Romaines* (cit), pp. 235-244.

ELIA, F. (ed.); *Politica, retorica e simbolismo del primato: Roma e Constantinopoli (secoli IV-VII)*, Atti del convegno internazionale (Catania, 4-7 ottobre 2001), CULC, Catania, 2001.

ERDKAMP, P.; *The Grain Market in The Roman Empire: A Social, Political and Economic Study*, Cambridge University, Cambridge, 2005.

ERIM, K.; *Afrodisias*, Net Books, Izmir, 2006.

ESPINOSA, U.; "La Alejandrofilia de Caracalla en la antigua historiografía", en Croisille (ed.), *Alejandro Magno, modelo* (cit.), pp. 37-51.

ETIENNE, R.; *Le culte impérial dans la peninsule ibérique d'Auguste à Diocletien*, E. De Boccard, Paris, 1958.

EUZENNAT, M. y MARION, J. ; *Inscriptions antiques du Maroc 2: inscriptions Latines*, Centre National de la Recherche Scientifique, Paris, 1982.

EVERSY, C. y TSINGARIDA, A. (eds.); *Rome et ses provinces: genèse et diffusion d'une image du pouvoir. Hommages a Charles Balty*, Timperman, Bruxelles, 2001.

FABBRINI, F. y ACCAME, J. ; *Studioso del mondo antico*, Istituto italiano per la storia antica 1, Abilgraph, Roma, 2000.

FABBRINI, F.; *Translatio Imperii. L'impero universale da Ciro ad Augusto*, Edizioni di Storia e Letteratura, Roma, 1983.

__________; *L'impero di Augusto come ordinamento sovrannazionale*, Giuffrè, Milano, 1974.

FALK, R.; *La globalización depredadora. Una crítica*, Siglo XXI, Madrid, 2002.

FALQUE, E. y GASCÓ, F. (eds.); *Graecia capta. De la conquista de Grecia a la helenización de Roma*, Universidad de Huelva, Huelva, 1996.

FAVRO, D.; "Making Rome a World City", en Galinsky (ed.), *The Age of the Augustus* (cit.), pp. 234-263.

FAYER, C.; *Il culto della Dea Roma. Origine e diffusione nell'Impero*, Trimestre, Pescara, 1976.

FEAR, A. T. ; *Rome and Baetica: Urbanization in Southern Spain 50 BC-AD 150*, Clarendon, Oxford, 1996.

FEATHERSTONE, M. (ed.); *Global Culture: Nationalism, Globalization and Modernity*, Sage, London, 1990.

FEDELI, P.; "Ecología política y cultura en Roma", en *Semanas de Estudios Romanos*, 6 (1991), pp. 93-108.

__________; "Il Panegirico di Plinio nella critica moderna", en *ANRW*, II, 33, 1 (1989), pp. 387-514.

__________; "Política y cultura en Roma", en *Limes*, 11 (1999), pp. 102-119.

FENTRESS, E. (ed.); *Romanization and the City. Creation, transformations and failures*, Portsmouth, Rhode Island, 2000.

__________; "La vendetta del Moro: recenti ricerche sull'Africa romana", en *Dialoghi di Archeologia* 4 (1982), pp. 107-113.

__________; "Romanizing the Berbers", en *Past and Present*, 190 (2006), pp. 3-33.

FERGUSON, J.; "China and Rome", en *ANRW*, II, 9, 2 (1978), pp. 581-603.

FERGUSON, N.; *Empire. The rise and demise of the British world order and the lessons for global power*, Allen Lane, London, 2002.

FERRARI, A. y BRAVO (eds.); *Le strade dell' Italia romana*, Touring Club Italiano, Milano, 2004.

FERRARY, J. L.; *Philhellénisme et impérialisme : aspects idéologiques de la conquête romaine du monde hellénistique, de la seconde guerre de Macédoine à la guerre* _contre Mithridate_, Ecole française de Rome, Roma, 1988.

__________; "L'"oikoumène", l'orient et l'occident d'Alexandre le grand à Auguste: histoire et historiographie", en Fraschetti e Giardina (ed.) _Convegno per Santo Mazzarino_ (cit.), pp. 97-132.

__________; "La resistenza ai Romani", en Settis (ed.), _I Greci. 2. III_ (cit.), pp. 803-837.

FERRER, A.; _Historia de la globalización, Vol. I, Origen del orden económico mundial_, F.C.E., México, 1990.

FERRO, M.; _La Colonización. Una historia global_, Siglo veintiuno, Madrid, 2000.

FÉVRIER, P. A.; "Le province dell' Europa occidentale", en _Storia di Roma, 2, II_ (cit.), pp. 443-467.

FINLEY, M.; _Estudios sobre historia antigua_, Akal, Madrid, 1981.

__________; "La ciudad antigua: de Fustel de Coulanges a Max Weber y más allá", en Id., _La Grecia Antigua. Economía y Sociedad_, Crítica, Barcelona, 1984, pp. 35-59.

__________; _Historia Antigua. Problemas metodológicos_, Crítica, Barcelona, 1986, pp. 75-103.

FISHWICK, D.; _The Imperial Cult in the Latin West_, I-III, Brill, Leiden-New York, 1987-2004.

FITZ, J.; "Le province danubiane", en _Storia di Roma, II, 2_ (cit.), pp. 491-505.

FO, A.; "Rievocazioni: Rutilio Namaziano dal viaggio alla letteratura e allo spettacolo (con un ritorno)", en Narducci, Audano y Fezzi, _Aspetti della Fortuna_ (cit.), pp. 101-207.

FORABOSCHI, D.; "Vicino ed Estremo Oriente: forme dello scambio monetale", en _Moneta mercanti banchieri. I precedenti greci e romani dell' Euro_, Atti del convegno internazionale (Cividale del Friuli, 26-28 settembre 2002), ETS, Pisa, 2003, pp. 137-146.

__________; "L'uomo romano: il politico e l'economico", en Pani (ed.), _Storia romana_ (cit.), pp. 59-67.

FORESTI, L., BARZANÒ, A., BEARZOT, C., PRANDI, L., ZECCHINI, G. (eds.); _L'ecumenismo politico nella coscienza dell' occidente, vol. II. Alle radici della casa comune europea_, (Bergamo, 18-21 settembre 1995), L'Erma di Bretschneider, Roma, 1998.

FORNI, G.; "Estrazione etnica e sociale dei soldati delle legioni nei primi tre secoli dell' impero", en _ANRW_, II, 1 (1974), pp. 339-391. (= Esercito e Marina (cit.), pp. 11-63).

__________; "_Limes_: nozioni e nomenclature", en Sordi (ed.), _Il confine nel mondo classico_ (cit.), pp. 272-294.

__________; _Esercito e marina di Roma antica. Raccolta di contributi_, Steiner, Stuttgart, 1992.

FRACCARO, P.; Arcana Imperii, en "Opuscula", 1 Pavia, (1956), pp. 61-80.

__________; "Theodor Mommsen", en _Enciclopedia Italiana_ XXIII, Treccani, Roma, 1934.

FRANCE, J.; "État romain et romanisation: à propos de la municipalisation des Gaules et des Germanies", en _L'Antiquité Classique_, 70 (2001), pp. 205-212.

FRANCO, C.; _Elio Aristide e Smirna_, Bardi, Roma, 2005.

FRASCA, R.; _Educazione e formazione a Roma. Storia, testi, imagini_, Dedalo, Bari, 1996.

FRASCHETTI, A. y GIARDINA, A. (ed.); _Convegno per Santo Mazzarino_, (Roma, 9-11 maggio 1991), L'Erma di Bretschneider, Roma, 1998.

FRASCHETTI, A.; "El mundo romano", en Levi y Schmit, _Historia de los jóvenes, 1_ (cit.), pp. 73-115.

__________; _Roma e il principe_, Laterza, Roma-Bari, 1990.

__________; *Augusto*, Laterza, Roma-Bari, 1998.

FREEMAN, P.; "Mommsen to Haverfield: the origins of studies of Romanization in late 19th-c. Britain", en Mattingly (ed.), *Dialogues* (cit.), pp. 27-50.

__________; "Romanisation and Roman mate-rial culture", en *Journal of Roman Archaeology*, 6 (1993), pp. 438-445.

FRÉZOULS, E.; "Les ressources de l'évergétis-me. Le cas d'Opramoas de Rhodiapolis", en Leveau (ed), *L'origine des richesses défensées* (cit.), pp. 249-254.

__________; "Sur l'historiographie de l'impérialisme romain", en *Ktèma*, 8 (1983), pp. 141-162.

GABBA, E. y CHRIST, K. (eds.); *L'impero romano fra storia generale e storia locale*, Biblioteca di Athenaeum, 16, New Press, Como, 1991.

GABBA, E. y LAFFI, U.; *Sociedad y política en la Roma republicana (siglos III-I a. C.)*, Pacini, Pisa, 2000.

GABBA, E.; "Le origini della guerra sociale e la vita politica romana dopo l'89 (a. C.)", en *Athenaeum*, 32 (1954), pp. 41-114 y 295-345 (= *Esercito e Società nella tarda repubblica* romana, La nuova Italia, Firenze, 1973, pp. 193-345).

__________; "Storici Greci dell'impero romano da Augusto ai Severi", en *Rivista Storica Italiana*, 71 (1959), pp. 361-381.

__________; "L'impero romano di Agrippa II (Ioseph, B. I. II, 345-401)", en *Rivista Storica dell'Antichità (Scritti in memoria di Gianfranco Tibiletti)*, 6-7 (1976-1977), pp. 189-194.

__________; "Il problema dell'unità dell'Italia romana", en Campanile (ed.), *La cultura italica* (cit.), pp. 11-27, (=ahora en *Italia Romana*, New press, Como 1994, pp. 17-31), (=*Sociedad y política* (cit.), pp. 11-24).

__________; "Aspetti dell'assimilazione delle popolazione italiche nel II secolo", en *Storia di Roma, 2, I* (cit.), pp. 267-283.

__________; "I Parti", en *Storia di Roma, 2, II* (cit.), pp. 433-442.

__________; "Italia e Roma nella storia di Velleio Patercolo", en *Esercito e Società* (cit), pp. 347-360.

__________; "L'imperialismo romano", en *Storia di Roma, 2, I* (cit.), pp. 189-233.

__________; "L'impero di Augusto", en *Storia di Roma, 2, II* (cit.), pp. 9-28.

__________; "Le strategie militari, le frontiere imperiali", en *Storia di Roma, 4* (cit.), pp. 487-513.

__________; *Per la storia dell'esercito romano in età imperiale*, Patron, Bologna, 1974.

__________; "Roma nell'opera storiografica di Appiano", en Reggi (ed.), *Storici latini e greci* (cit.), pp. 103-115.

__________; *Aspetti dell'imperialismo romano*, Sansoni, Firenze, 1980.

__________; "Tecnologia militare antica", en Cracco Ruggini (ed.), *Tecnologia, economia e società* (cit.), pp. 219-234.

__________; *Italia Romana*, New press, Como, 1994.

__________; *Cultura classica e storiografia moderna*, il Mulino, Bologna, 1995.

GADDIS, J. L.; *El paisaje de la historia. Cómo los historiadores representan el pasado*, Anagrama, Barcelona, 2004.

GAGÉ, J.; "Les organisations des iuvenes en Italie et en Afrique du début du IIIe siècle au Bellum Aquileiense (238 ap. J.C.)", en *Historia*, 19 (1970), pp. 232-258.

GALINSKY, K. (ed.); *The Cambridge Companion to the Age of Augustus*, Cambridge University, Cambridge, 2005.

GALSTERER, H.; *Herrschaft und Verwaltung im republikanischen Italien: die Beziehungen Roms zu den italischen Gemeinden vom Latinerfrieden 338 v. Chz. bis zum Bun-*

desgenossenkrieg 91 v. Chz., C. H. Beck, München, 1976.

GALLI, C.; *La guerra globale*, Laterza, Roma-Bari, 2002.

GARA, A.; *Tecnica e Tecnologia nelle società Antiche*, NIS, Roma, 1994.

GARNSEY, P. y WHITTAKER, C. R.; *Imperialism in the ancient world*, Cambridge University, Cambridge, 1978.

GARNSEY, P. y SALLER, R.; *El imperio romano. Economía, Sociedad y Cultura*, Crítica, Barcelona, 1991.

GARNSEY, P.; "Romans and African Empire under the principate", en Garnsey y Whittaker, *Imperialism* (cit.), pp. 223-254.

GARZETTI, A.; *From Tiberius to the Antonines. A History of the Roman Empire A.D. 14-192*, Methuen, London, 1974.

GASCÓ, F. y RAMÍREZ DE VERGER, A.; "Introducción general"; en *Elio Arístides, Discursos I*, Gredos Madrid, 1987, pp. 7-103.

GASCÓ, F.; "Aristócratas, evérgetas y colaboradores del imperio", en Falque y Gascó (eds.), *Graecia capta* (cit.), pp. 171-191.

__________; "La teoría de los cuatro imperios: reiteración y adaptación ideológica", en *Habis*, 12 (1981), pp. 179-196.

__________; "Vita della «polis» di età romana e memoria della «polis» classica", en S. Settis (ed.), *I Greci. 2. III* (cit.), pp. 1147-1164.

GASCOU, J.; "Tacite et les provinces", en *ANRW*, II, 33, 5, (1991), pp. 3450-3483.

GASPARRI, S.; *Prima delle nazioni. Popoli, etnie e regni fra Antichità e Medioevo*, La Nuova Italia Scientifica, Roma, 1997.

GAUTIER, P.; "Le citoyenneté en Grèce et à Rome: participation et integration", en *Ktèma*, 6 (1981), pp. 166-179.

GHEDINI, F.; *Giulia Domna tra oriente e occidente. Le fonti archeologiche*, L'Erma di Bretschneider, Roma, 1984.

GIACOMINI, y G. POMA, P.D.; *Cittadini e non cittadini nel mondo romano. Guida ai testi e ai documenti*, Studi di Storia Antica 14 (Collana dir. da G. Susini), Clueb, Bologna, 1996.

GIANFROTTA, P.; "Le vie di comunicazione", en *Storia di Roma*, IV (cit.), pp. 301-322.

GIANGRIEGO, M. V.; *Situazione economico-sociale e politica finanziaria sotto i Severi*, Scientifiche Italiane, Napoli, 1988.

GIARDINA, A. y VAUCHEZ, A.; *Il mito di Roma. Da Carlo Magno a Mussolini*, Laterza, Roma-Bari, 2000.

GIARDINA, A. (ed.); *Società romana e impero tardoantico, III. Le merci, gli insediamenti*, Laterza, Roma-Bari, 1986.

__________; *El hombre romano*, Alianza, Madrid, 1991.

__________; *Roma Antica. Storia di Roma dall'antichità a oggi*, Laterza, Roma-Bari, 2000.

__________; "La formazione dell' Italia provinciale", en *Storia di Roma*, 3, I (cit), pp. 53-68.

__________; *L'Italia romana. Storie di un'identità incompiuta*, Laterza, Roma-Bari, 1997.

__________; "Gli antichi a confronto. L' Europa rapita", en *Archeo*, 15/167 (1999), pp. 36-41.

GIBBON, E.; *The history of the decline and fall of the Roman Empire*, Encyclopedia Britannica, Chicago (1788), 1952.

GIDDENS, A. y TURNER, J. (eds.); *La teoría social hoy*, Alianza, Madrid, 1990.

GIDDENS, A.; *Consecuencias de la modernidad*, Alianza, Madrid, 1990.

GILLIAM, J. F.; "Dura Rosters and the Constitutio Antoniniana", en *Historia*, 14 (1965), pp. 74-92.

GINESTET, P.; *Les organisations de la jeunesse dans l'occident romain*, Latomus, Bruxeles, 1991.

GIORCELLI BERSANI, S. (ed.); *Romani e Barbari. Incontro e scontro di culture*, Atti del convegno (Bra, 11-13 aprile 2003), AGIT Beinasco, Torino, 2004.

GIORDANO, F. (ed.); *L' idea di Roma nella cultura Antica*, Scientifiche Italiane, Napoli, 2001.

GIOVANNI, G.; "Ingeniería y construcción", en Bailey (ed.), *El legado* (cit.), pp. 609-671.

GIOVANNINI, A. (ed.); *Opposition et résistances à l'empire d'Auguste à Trajan*, (Entretiens sur l'Antiquité classique, 33) Fondation Hardt, Vandoeuvres-Génève, 1986.

GIUA, M. A.; *Contesti ambientali e azione umana nella storiografia di Tacito*, Biblioteca di Athenaeum 8, New press, Como, 1988.

__________; "Reseña a Dondin-Payre y Raep-saet-Charlier (eds.), *Noms, Identités culturelles*" (cit.), en *Athenaeum*, 92 (2004), pp. 313-321.

GIULIANO, G.; *Giuventù e istituzioni della Roma antica, condizione giovanile e processi di socializzazione*, Artistica, Roma, 1979.

GOFF, B. E.; *Classics and Colonialism*, Duckworth, London, 2005.

GÓMEZ, P.; "Elio Arístides, a Roma", en *Ítaca, Quaderns catalans de cultura clàssica*, 2 (1986), pp. 143-164.

GONZÁLEZ ROMÁN, C. (ed.); *La sociedad de la Bética. Contribuciones para su estudio*, Universidad de Granada, Granada, 1994.

__________; *Roma y las provincias. Realidad administrativa e ideología imperial*, Clásicas, Madrid, 1994.

GONZÁLEZ ROMÁN, C.; *Imperialismo y romanización en la provincia de Hispania ulterior*, Universidad de Granada, Granada, 1981.

__________; *Roma y la urbanización de Occidente*, Arco Libros, Madrid, 1997.

GONZÁLEZ, J.; "The lex Irnitana: a new copy of the Flavian municipal law", en *Journal of Roman Studies*, 76 (1986) pp. 147-243.

__________; "El ius Latii y la lex Irnitana", en *Athenaeum*, 65 (1987), pp. 317-333.

__________; *Ciudades privilegiadas en el Occidente Romano*, Diputación y Universidad de Sevilla, Sevilla, 1999.

GOZZOLI, S.; "Fondamenti ideali e pratica politica del processo di romanizzazione nelle province", en *Athenaeum*, 65 (1987), pp. 81-100.

GRADEL, I.; *Emperor worship in Roman religion*, Clarendon, Oxford, 2002.

GRANT, M.; *The Antonines. The Roman Empire in transition*, Routledge, London-New York, 1994.

GRAMMATICO, G.; "Silencio y furor en la Apokolokynthosis de Séneca", en *Semanas de Estudios Romanos*, 9 (1998), pp. 93-108.

GREEN, P.; "Caesar and Alexander: *aemulatio, imitatio, comparatio*", en *American Journal of Ancient History*, 3 (1978), pp. 1-26.

GRILLI, A.; "La geografia di Agrippa", en *El bimillenario di Agrippa*, Università di Genova, Genova, 1990, pp. 127-146.

GRIMAL, P.; *Diccionario de mitología griega y romana*, Paidos, Buenos Aires, 1981, b. v. Roma.

__________; *La civilización romana. Vida, costumbres, leyes, artes*, Paidos, Barcelona, 1999.

__________; *El imperio romano*, Crítica, Barcelona, 2000.

GROS, P.; "La transmission des modèles romains", en Navarro Caballero y Demougin (eds.), *Élites hispaniques* (cit.), pp. 101-104.

GROSSO, G.; "Storia antica e storia d'oggi", en *Scritti Storici Giuridici*, *vol. I, Storia, Diritto, Società*, Giappichelli, Torino, 2000, pp. 959-963.

__________; "The expansion of the empire under Augustus", en *Cambridge Ancient History*, 10 (1996), pp. 147-197.

GRUEN, E.; "Augustus and the Making of the Principate", en Galinsky (ed.), *The Age of the Augustus* (cit.), pp. 33-51.

GRÜNEWALD, Th.; *Bandits in the Roman Empire. Myth and Reality*, Routledge, London-New York, 2004.

GRUZINSKI, S.; *La pensée métisse*, Foyard, Paris, 1999.

GUILAINE, J. y SETTIS, S. (eds.); *Storia d'Europa*, II, Preistoria e Antichità, Einaudi, Torino, 1994.

GUILLEN, J.; *Vrbs Roma. Vida y costumbre de los romanos. 1. La vida privada*, Sígueme, Salamanca, 1981.

GUILLOCHON, B.; *La globalización, ¿un futuro para todos?*, Spes, Barcelona, 2003.

GUINEA, P.; "Ciudadanos romanos en una ciudad del Asia Menor griega: Nicea", en Falque y Gascó (eds.), *Graecia capta* (cit.), pp. 241-257.

GUZMÁN BRITO, A.; "La igualdad natural de todos los hombres en el pensamiento jurídico romano de la época clásica", en *Revista de Estudios Histórico-Jurídicos*, 14 (1991), pp. 17-42.

__________; *Historia del derecho romano privado*, Tomo 1, Jurídica de Chile, Santiago, 1996.

GUZMÁN GUERRA, A. y GÓMEZ ESPELOSÍN, F. (eds.); *Alejandro Magno de la historia al mito*, Alianza, Madrid, 1997.

HADAS-LEBEL, M.; *Flavio Josefo. El judío de Roma*, Herder, Barcelona, 1994.

HAHN, I. y NÉMET, G. ; "Appian und Rom", en *ANRW*, II, 34, 1 (1993), pp. 364-402.

HALEY, E. W.; *Baetica Felix. People and prosperity in southern Spain from Caesar to Septimius Severus*, University of Texas, Austin, 2003.

HAMMOND, M.; "Composition of the Senate, A.D. 68-235", en *Journal of Roman Studies*, 47 (1957), pp. 74-81.

HANSON, W. S.; "Forces of change and methods of control", en Mattingly (ed.) *Dialogues* (cit.), pp. 67-80.

__________; *Agricola and the conquest of The North*, Bastford, London, 1987.

HARDEN, D. B. (ed.); *Vetri dei Cesari. Catalogo della mostra di Roma*, Olivetti, Milano, 1989.

HARDT, M. y NEGRI, A.; *Impero*, Rizzoli, Milano, 2001.

HARDWICK, L.; "Concepts of peace", en Huskinson, (ed.), *Experiencing Rome* (cit.), pp. 335-368.

HARMAND, L.; *L'Occident romain. Gaule, Espagne, Bretagne, Afrique du nord (31 av. J. C. à 235 ap. J. C.)*, Payot, Paris, 1960.

HARRIES, J. D.; "Sidonius Apollinaris, Rome and the Barbarians: a climate of treason?", en Drinkwater y Elton (eds.), *Fifth-century Gaul* (cit.), pp. 298-308.

HARRIS, W. (ed.); *The Imperialism of mid-republican Rome* (Memoirs of the American Academy in Rome 29), Roma, 1984.

__________; *Rethinking the Mediterranean*, Oxford University, Oxford-New York, 2005.

__________; *Guerra e imperialismo en la Roma republicana: 327-70 a.C.*, Siglo XXI, Madrid, 1989.

__________; *Lettura e istruzione nel mondo antico*, Laterza, Roma-Bari, 1991.

__________; "Roma fuori di Roma", en Giardina (ed.), *Roma antica* (cit.), pp. 329-348, (= "Roma vista desde afuera" en *Semanas de Estudios Romanos*, 11 (2002), pp. 61-64).

HARRIS, W.; "Can enemies too be brave? A question about Roman representation of the other", en Angeli Bertinelli y Donati (eds.), *Il cittadino* (cit.), pp. 465–472.

HARTOG, F.; "Il confronto con gli antichi", en Settis (ed.), *I Greci. 1* (cit), pp. 3-37.

HASELGROVE, C. C.; "Romanization before the conquest: Gaulish precedent and British consequences", en Blagg y King (eds.), *Military and Civilian in Roman Britain* (cit.), pp. 1-64.

HATT, J. J.; *Histoire de la Gaule Romaine (120 avant J. C. -451 après J.C) Colonisation ou colonialisme?*, Payot, Paris, 1966.

HÄUSSLER, R.; "Writing Lating-from resistance to assimilation: language, culture and society in N. Italy and S. Gaul", en Cooley, *Becoming Roman, writing latin?* (cit.), pp. 61-76.

HAVERFIELD, F.; "Theodor Mommsen", en *English Historical Review* 19 (1904), pp. 80-89.

__________; *The Romanization of Roman Britain*, Clarendon, Oxford, 1923.

HERRERA, H.; "Príncipe e imperio en el panegírico de Trajano de Plinio el Joven", en *Semanas de Estudios Romanos*, 7-8 (1996), pp. 277-285.

HIDALGO DE LA VEGA, M. J., PÉREZ, D. y GERVÁS, M. (eds.); *Romanización y reconquista en la península ibérica: Nuevas perspectivas*, Universidad de Salamanca, Salamanca, 1998.

HIDALGO DE LA VEGA, M. J.; *El intelectual, la realeza y el poder político en el imperio romano*, Universidad de Salamanca, Salamanca, 1995.

__________; "La teoria monarchica e il culto imperiale", en Settis (ed.), *I Greci. 2. III* (cit.), pp. 1015-1058.

__________; "La importancia de las princesas imperiales en el culto imperial. Su imagen pública", en *Mediterraneo Antico (ESC)*, 6/1 (2003), pp. 393-407.

__________; "Algunas reflexiones sobre los límites del oikouméne en el Imperio Romano", en *Gerión*, 23 (2005), pp. 271-285.

HIGHET, G.; *La tradición clásica. Influencias griegas y romanas en la literatura occidental*, 2 vols., F.C.E., México-Buenos Aires, 1954.

HINGLEY, R. (ed); *Images of Rome: Perceptions of Ancient Rome in Europe and the United States of America in the Modern Age*, Journal of Roman Archaeology, Supplementary Series Nº 44, Portsmouth, Rhode Island, 2001.

HINGLEY, R.; "Britannia, origin myths and the British empire", en Cottam, Dungworth, Scott y Taylor (eds.), *Proceedings of the fourth Theoretical Roman Archaeology* (cit.), pp. 11-23.

__________; "Resistance and domination: social change in Roman Britain", en Mattingly (ed.) *Dialogues* (cit.), pp. 81-100.

__________; "Roman-Britain: the structure of Roman Imperialism and the consequences of imperialism on the developement of a peripheral province", en Miles (ed.), *The Romano-British Countryside* (cit.), pp. 17-52.

__________; "The legacy of Rome: the rise, decline and fall of the theory of Romanization", en Webster y Cooper (eds.), *Roman imperialism* (cit), pp. 35-48.

__________; *Globalizing Roman Culture: Unity, Diversity and Empire*, Routledge, London-New York, 2005.

HITCHNER, R. B.; "Archaeological Survey in the Roman World", en *American Journal of Archaeology*, 98 (1994), pp. 347–351.

__________; *The First Globalization: The Roman Empire and Its Legacy in the 21st Century*, Oxford University, Oxford, 2007 (en prensa).

HODGES, R.; "Il declino e la caduta: San Vincenzo al Volturno", en *Storia di Roma, 3, II* (cit), pp. 255-278.

HOFF, C. y ROTROFF, S. (eds.); *The Romanization of Athens*, Oxbow Book, Oxford, 1997.

HOMO, L.; *Le siècle d'or de l'empire romain. Les Antonins (96-192 ap. J.C.)*, Ch. Piétri, Paris, 1969.

HONORÉ, T.; *Ulpian. Pioneer of human right*, Oxford University, Oxford, 2002.

HOPE, V.; "The city of Rome: capital and symbol", en Huskinson, *Experiencing Rome* (cit.), pp. 63-92.

HOPKINS, K.; "Reseña a Millar, *The emperor* (cit.)", *JRS*, 68 (1978), pp. 178-186.

__________; "Taxes and Trade in the Roman Empire (200 BC-AD 400)", en *Journal of Roman Studies*, 70 (1980), pp. 101-125.

__________; *Conquistadores y Esclavos*, Península, Barcelona, 1981.

__________; "Movilidad de la élite en el Imperio Romano", en Finley (ed.), *Estudios sobre historia* (cit.), pp. 119-136.

__________; "La Romanización, asimilación, cambio y resistencia", en Blázquez y Alvar (eds.), *La Romanización* (cit.), pp. 15-43.

HOWGEGO, C., HEUCHER, V. y BURNETT, A. (eds.); *Coinage and Identity in the Roman Provinces*, Oxford Universuty, Oxford, 2005.

HOWGEGO, C.; "Coin circulation and the integration of the Roman economy", en *Journal of Roman Archaeology*, 7 (1994), pp. 5-21.

HUBEŇAK, F.; *Roma. El mito político*, Ciudad Argentina, Buenos Aires, 1997.

HUGHES, J. D.; *La ecología en las civilizaciones antiguas*, F.C.E., México, 1981.

HUNINK, V. (ed.); *Tertullian, De Pallio*, J. C. Gieben, Amsterdam, 2005.

HUNTINGTON, S.; *¿Quiénes somos? Los desafíos a la identidad nacional estadounidense*, Paidós, Barcelona, 2004.

__________; *El choque de civilizaciones y la reconfiguración del orden mundial*, Paidos, Barcelona, 2005.

HUSKINSON, J. (ed.); *Experiencing Rome. Culture, Identity and Power in the Roman Empire*, Routledge, Open University, Oxford, 2000.

HUSKINSON, J.; "Looking for culture, identity and power", en Id. (ed.), *Experiencing Rome* (cit), pp. 3-27.

INGLEBERT, H. (ed.); *Idéologies et valeurs civiques dans le monde romain, (Hommage à Claude Lepelley)*, Picard, Paris, 2002.

INGLEBERT, H.; "Citoyenneté romaine, romanités et identités romaines sous l'Empire", en Id. (ed.), *Idéologies et valeurs* (cit.), pp. 241-260.

IRANZO, J. M.; "El imperio como fantasía y deseo de las globalizaciones", en *Política y sociedad*, 41 (2004), pp. 35-61.

IRIYE, A.; "The internationalization of history", en *American Historical Review*, 94 (1989), pp. 1-10.

ISAAC, B.; *The invention of racism in classical antiquity*, Princeton University, Princeton-Oxford, 2004.

__________; *The limits of empire. The Roman Army in the East*, Oxford University, Oxford, 1990.

JACQUES, F. y SCHEID, J.; *Roma e il suo impero. Istituzioni, economia, religione*, Laterza, Roma-Bari, 1999.

JACQUES, F.; *Le privilège de liberté. Politique impériale et autonomie municipale dans les cités de l'Occident romain (161-244)*, École Française de Rome, Rome, 1984.

__________; "L'éthique et la statistique. A propos du renouvellement du sénat romain (I-III siècles de l'empire)", en *Annales (ESC)*, 42 (1987), pp. 1287-1295.

__________; *Les cités de l'Occident romain. Du 1er siècle avant J.-C. au VI° siècle après J.-C. Documents traduits et commentés par Francois Jacques*, Les Belles Lettres, Paris, 1992.

JACZYNOWSKA, M.; "Le caratteristiche delle associazioni della gioventù romana (collegia iuvenum)", en *Atti Istituto Veneto*, 124 (1975-6), pp. 359-381.

__________; *Les organisations des iuvenes et l'aristocratie municipale au temps de l'empire romain*, en "Recherches sur les structures sociales dans l'antiquité classique", Paris, 1970, pp. 265-274.

JAGUARIBE, H.; *Un estudio crítico de la historia I*, F.C.E., México, 2001.

JAHN, A.; "Il discorso di Claudio in Tac. Ann. XI 24 a confronto con la tavola di Lione", en Reggi (ed.), *Storici latini e greci* (cit.), pp. 73-101 y pp. 240-245.

JAMES, P.; "The language of dissent", en Huskinson (ed.), *Experiencing Rome* (cit.), pp. 277-303.

JENKYNS, R. (ed.); *El legado de Roma. Una nueva valoración*, Crítica, Barcelona, 1995.

JONES, C. P.; "Aelius Aristides", en *Journal of Roman Studies*, 62 (1972), pp. 134-152.

JULLIAN, C.; *Histoire de la Gaule, vol. VI, La Civilasation gallo-romaine: état moral*, Hachette, Paris, 1929.

KAPLAN, M. y RICHER (eds.), N.; *El mundo romano*, Universidad de Granada, Granada, 2003.

KAPLAN, R. D.; *El retorno de la antigüedad. La política de los guerreros*, Sine qua non, Barcelona, 2002.

KEAY, S. y TERRENATO, N. (eds.); *Italy and the West. Comparative Issues in Romanization*, Oxbow Book, Oxford, 2001.

KEAY, S.; "La Romanización en el sur y el levante de España hasta la época de Augusto", en Blázquez y Alvar (eds.), *La Romanización* (cit.), pp. 147-177.

__________; "Recent archaeological work in Roman iberia (1990-2002)", en *Journal of Roman Studies*, 93 (2003), pp. 146-211.

__________; "Romanization and the Hispaniae", en Keay y Terrenato, *Italy and the West* (cit.), pp. 117-144.

__________; "Innovation and adaptation. The contribution of Rome to urbanism in Iberia", en Cunliffe y Keay (eds.), *Social complexity and the development of towns in Iberia* (cit.), pp. 291-337.

KLEIN, R.; "Zur Datierung der Romrede des Aelius Aristides", en *Historia*, 30 (1981), pp. 337-350.

KOLB, F.; *La ciudad en la antigüedad*, Gredos, Madrid, 1992.

__________; "Bemerkungen zur urbanen Ausstattung von Städten im Westen und im Osten des römischen Reiches anhand von Tacitus, Agricola 21 und her Konstantimischen Inschrifs von Orkistos", en *Klio*, 75 (1993), pp. 321-341.

__________; *Transport und Nachrichlenaranfer im römischen Reich*, (Klio, Beihefte, Neme Folge, 2), Akademie Verlag, Berlin, 2000.

KUHLMANN, P.A.; *Die Giessener literarischen Papyri und die Caracalla Erlasse. Edition, Übersetzung und Kommentar*, Universitätsbibliothek, Giessen, 1994.

KUHOFF, W.; "La politica militare degli imperatori romani in Africa (I-IV sec. d. C.)", en *L'Africa Romana. Ai confini del Impero: contatti, scambi, conflitti*, vol. III, (Atti del XV convegno di studio di Tozeur, 11-15 dicembre 2002), Carocci, Roma, 2004, pp. 1643-1662.

LA PENNA, A.; "La cultura letteraria latina nel secolo degli Antonini", en *Storia di Roma*, II, 3 (cit), pp. 491-577.

LADAGE, D.; "Collegia iuvenum-Ausbildung einer municipalen élite?", en *Chiron*, 9 (1979), pp. 319-346.

LAEDERICH, P.; *Les limites de l'empire. Les stratégies de l'impérialisme romain dans l'oeuvre de Tacite*, Economica, Paris, 2001.

LAFFI, U.; "Reseña a Galsterer, Roma e l'Italia prima della guerra sociale", en *Athenaeum*, 58 (1980), pp. 174-186.

__________; "Il sistema di alleanze italico", en *Storia di Roma, II, 1* (cit.), pp. 285-304 (=ahora en *Sociedad y política* (cit.), pp. 41-59), (=*Studi di storia romana e di diritto* (cit.), pp. 17-44).

__________; *Studi di storia romana e di diritto*, Raccolta di studi e testi (206), ediz. di storia e letteratura, Roma, 2001.

__________; "Il passato interrotto", en *Excerptum ex Studia et Documenta Historiae e Iuris*, 68 (2002), pp. 487-500.

LAMBERTI, F.; *"Tabulae Irnitanae": municipalità e "ius Romanorum"*, Jovene, Napoli, 1993.

LANA, I. y MARINONE, N. (eds.); *Atti del convegno sulla lessicografia politica e giuridica nel campo delle scienze dell' antichità* (Torino 1978), Accademia delle Scienze, Torino, 1980.

LANA, I.; *Studi sull'idea della pace nel mondo antico*, (Mem. Acc. Sc. Torino, ser 5ª, 13, 1-2), Torino, 1989.

__________; *Seneca e i giovani*, Osanna, Venosa, 1997.

LANATA, G.; "Diritti locali-non locali (400 a.C.-600 d. C.)", en Guilaine y Settis (eds.), *Storia d'Europa, II* (cit.), pp. 1037-1068.

LANZA, A.; "Il nobel a Mommsen", en *Studia et documenta historiae et iuris*, 68 (2002), pp. 501-517.

LASSÈRE, J. M.; "L´approche de la Romanisation. Reflexions méthodologiques sur l´onomastique, le paysage et la démographie dans l´empire romain", en *Pro poplo Ariminese*, Atti del Convengo internazionale su Rimini antica, (Rimini, 1993), Faenza, 1995, pp. 10-14.

LAURENCE, A. R. y BERRY, J.; *Cultural identity in the Roman Empire*, Routledge, London-New York, 1998.

LE BOHEC, Y.; *L'esercito romano. Le armi imperiali da Augusto a Caracalla*, La nuova Italia Scientifica, Roma, 1992.

LE GALL, J. y LE GLAY, M.; *El Imperio Romano. El alto imperio desde la batalla de Actium hasta la muerte de Severo Alejandro (31 a. C.-235 d. C.)*, I, Akal, Madrid, 1995.

LE GLAY, M.; "L'épigraphie juridique d'Afrique romaine", en C. Castillo (ed.), *Novedades de epigrafía* (cit.), pp. 179-208.

__________; "Les leçons d'Aphrodisias de Carie", en *Journal of Roman Archaeology*, 4 (1991), pp. 356–368.

__________; *Grandeza y caída del imperio romano*, Cátedra, Madrid, 2002.

LE GOFF, J. y NORA, P. (eds.); *Fare Storia: Temi e metodi della nuova Storiografia*, Einaudi, Torino, 1981.

LE ROUX, P.; "L' histoire du droit latin des origines à Caracalla", en *Revue historique de droit français et étranger*, 76 (1988), pp. 315-341.

__________; "L'*amor patriae* dans les cités sous l'empire romain", en Inglebert (ed.), *Idéologies* (cit.), pp. 143-161.

__________; *Le haut-Empire romain en Occident d'Auguste aux Sévères (31 av. J.C. 235 apr. J.C.)*, Le Seuil, Paris, 2003.

__________; "La romanisation en question", en *Annales (ESC)*, 59-2 (2004), pp. 287-311.

__________; *L'impero romano*, Newton & Compton, Roma, 2005.

LENDON, J. E.; "Reseña a Bowman y otros (eds.). Representations of Empire (cit.)", en *Classical Review*, 54/2 (2004), pp. 483-485.

LEPELLEY, C. (ed.); *Rome et l'intégration de l'Empire 44 av J.C. 260 ap. J.C., tome 2, Approches régionales du Haut-Empire romain*, Nouvelle Clio, Presses Universitaires de France, Paris, 1998.

LEPELLEY, C.; "*Iuvenes et Circoncellions*: les derniers sacrifices humains de l'Afrique Antique", en *Antiquités Africaines*, 15 (1980), pp. 261-271.

__________; "*Ubique Respublica*. Tertullien, témoin méconnu de l'essor des cités Africaines à l'époque Sévérienne", en *L'Afrique dans l'occident Romain, 1er. siècle av. J.C.-IV e siècle ap. J.C.*, Actes du colloque organisé par l'École Française de Rome, (Roma, 3-5 décembre 1987), Rome, 1990, pp. 403-421.

__________; "L'Afrique", en Id (ed.), *Rome et l'intégration* (cit.), pp. 71-112.

LETTA, C.; "La dinastia dei Cozii e la romanizzazione delle Alpi Occidentali", en *Athenaeum*, 54 (1976), pp. 37-76.

__________; "La composizione dell' opera di Casio Dione: cronologia e sfondo storico-politico", en Troiani, Noe y Letta (eds.), *Ricerche di storiografia greca* (cit.), pp. 117-163.

__________; "Administración romana y cultos locales en la edad imperial: el caso de Galia", en *Semanas de Estudios Romanos*,

3-4 (1984), pp. 167-186 (=*Rivista Storica Italiana*, 96/2 (1984), pp. 1001-1024).

__________; "La famiglia di Settimio Severo", en *L'Africa romana*, IV, (Sassari, 12-14 dicembre 1986), Gallizzi, Sassari, 1987, vol. 2, pp. 531-545.

__________; "Le dediche dis deabusque secundum interpretationem oraculi clarii Apollinis e la Constitutio Antoniniana", en *Studi Classici e Orientali*, 39 (1989), pp. 265-280.

__________; "Caracalla e Iulia Domna. Tradizioni storiografiche come echi di propaganda politica", en *Scritti off. a E. Paratore =Abruzzo*, 23-28 (1985-90), Chieti, 1990, pp. 521-529.

__________; "La dinastia dei Severi", en *Storia di Roma, 2, 2* (cit.), pp. 639-700.

__________; "Postille sulle iscrizioni della dinastia Cozia", en *Bimillenario dell'Arco*, Atti del convegno (2-3 ottobre 1992), Segusium, Società di ricerche e studi Valsusini, Susa, 31 (1994), pp. 115-127.

__________; "Seneca di fronte a Claudio e Nerone: data e significato politico dell' Apocolocyntosis", en *Semanas de Estudios Romanos*, 7-8 (1996), pp. 239-258.

__________; "Allusioni politiche e riflessioni sul principato nel *De Beneficiis* de Seneca", en *Limes*, 9-10 (1997-1998), pp. 227-243.

__________; "Prestigio social y política de la imagen en Roma: el orden senatorial como modelo de autorrepresentación", en *Revista de Historia*, Universidad de Concepción, 9-10 (1999-2000), pp. 13-20.

__________; "Il culto pubblico dei Lares Augusti e del Genius Augusti in una dedica metrica da Acerrae", en *Rivista di cultura classica e medioevale*, 44 (2002), pp. 35-43.

__________; *I praefecti di tribù non urbanizzate in Africa e in Europa*, "L'Africa Romana". Lo spazio marittimo del Mediterraneo occidentale: geografia storica ed economia, Atti del XVI convegno di studio (Sassari, 7-10 dicembre 2000), Carocci, Roma, 2002, pp. 2093-2110.

__________; "Reseña a Clauss, *Kaiser und Gott*" (cit.), en *Athenaeum* 90, (2002), pp. 625-632.

__________; "Novità epigrafiche sul culto del Genius Augusti in Italia", en Angeli Bertinelli y Donati (eds.) *Usi e abusi epigrafici* (cit.), pp. 217-236.

LEVEAU, Ph. (ed.); *L' origine des richesses défensées dans la ville antique*, Actes du Colloque (Aix-en-Provence, 1984), Université de Provence, Aix-en-Provence, 1988.

LEVI, G. y SCHMIT, J.; *Historia de los jóvenes. 1. De la antigüedad a la edad moderna*, Taurus, Madrid, 1996.

LEVI, M. A.; "Gli studi superiori nella politica di Vespasiano", en *Studi Romani*, 1 (1937), pp. 361-367.

__________; "Iscrizioni relative a collegia dell'età imperiale", en *Athenaeum*, 41 (1963), pp. 387-405.

__________; *Adriano. Un ventennio di cambiamento*, Rusconi, Milano, 1994.

LEVICK, B.; *The government of the Roman empire. A sourcebook*, Routledge, London-New York, 2000.

LEWARTOWSKI, E.; "Les membres des *Koina* sous le principat (1er-IIIe siècles): Quelques exemples d'intégration dans la vie locale", en Cébeillac-Gervasoni y Lamoine (eds.), *Les Élites et leurs facettes* (cit.), pp. 209-221.

LEWIN, A. (ed.); *Gli ebrei nell'impero romano*, Saggi vari, Giuntina, Firenze, 2001.

LEWIS, N. y REINHOLD, M. (eds.); *Roman Civilization*, (Vol. I, II), Columbia University, New York, 1990.

LIBERATI, A. y SILVERIO, F.; *Organizzazione militare: esercito*, Quasar, Roma, 1988.

LINDERSKY, J.; "*Si vis pacem para bellum*: concepts of defensive imperialism", en Harris (ed.), *The Imperialism of mid-republican Rome* (cit.), pp. 133-164.

LINTOTT, A.; "Wath was the *Imperium Romanum?*", en *Greece and Rome*, 28 (1981), pp. 53-67.

LO CASCIO, E.; "Forme dell' economia imperiale", en *Storia di Roma, 2, II* (cit.), pp. 313-365.

__________; "Le tecniche dell' amministrazione", en *Storia di Roma 2, II* (cit.), pp. 119-191.

__________; "Produzione monetaria, finanza pubblica ed economia nel Principato", en *Revista Storica Italiana*, 109 (1997), pp. 650-677.

__________; "Impero e confini nell'età del principato", en Foresti, Barzanò, Bearzot, Prandi, Zecchini (eds.), *L'ecumenismo politico* (cit.), pp. 333-347.

__________; *Il "princeps" e il suo impero. Studi di storia amministrativa e finanziaria romana*, Edipuglia, Bari, 2000.

__________; *Roma imperiale. Una metropoli antica*, Carocci, Roma, 2000.

__________; "La "New Institutional Economics" e l'economia imperiale romana", en Pani (ed.), *Storia romana* (cit.), pp. 69-83.

__________; "I valori romani tradizionali e le culture delle periferie dell'impero" en *Athenaeum*, 95 (2007), pp. 75–96.

LOMBARDI, M.; "La definizione degli spazi di azione nella globalizzazione", en *Rivista di studi politici internazionali*, 69/4 (2002), pp. 531-544.

LÓPEZ BARJA, P. y LOMAS, F. J.; *Historia de Roma*, Akal, Madrid, 2004.

LÓPEZ, P.; "La relación ciudad-campo: revisión", en *Veleia*, 6 (1989), pp. 111-133.

LUGARESI, M.; "La idea de Roma Aeterna, los historiadores griegos y Polibio", en *Revista de Estudios Clásicos*, Universidad de Cuyo, 1952, pp. 73-100.

LUKASZEWICZ, A.; "Some Berlin Papyri reconsidered", en *Zeitschrift für Papyrologie und Epigraphik*, 82 (1990), pp. 129-132.

LURASCHI, G.; "La questione della cittadinanza nell'ultimo secolo della repubblica", en Milazzo (ed.) *Res publica e princeps* (cit.), pp. 35-99.

LUTTWAK, E.; *The grand strategy of the Roman Empire. From the first century A. D. to the third*, Johns Hopkins University, Baltimore-London, 1976.

LUZZATTO, G. I.; "Ricerche sull' applicazione delle costituzioni imperiali nelle province", en Archi (ed.), *Scritti di diritto romano* (cit.), pp. 263-293.

__________; "La cittadinanza dei provinciali dopo la 'constitutio Antoniniana'", en *Rivista italiana per le scienze giuridiche*, (1953), pp. 233-257.

__________; *Roma e le province, I, Organizzazione, Economia, Società*, Istituto Nazionale di Studi Romani, Cappelli, Bologna, 1985.

MAC LEOD, M. D.; "Lucianic Studies since 1930", en *ANRW*, II, 34, 2 (1994), pp. 1362-1421.

MACMULLEN, R.; *Enemies of the Roman order: treason, unrest and alienation in the Empire*, Oxford University, Cambridge Mass, 1967.

__________; "Rural Romanization", *Phoenix*, 22 (1968), pp. 337-341.

__________; "Notes on Romanization", en *Bulletin of the American Society of Papirologists*, 21 (1984), pp. 161-174.

__________; *Changes in the Roman empire. Essays in the ordinary*, Princeton University, Princeton, 1990.

__________; *Romanization in the time of Augustus*, Yale University, London, 2000.

MAGNANI, S.; *Geografia storica del mondo antico*, Il Mulino, Bologna, 2003.

MALISSARD, A.; *Los Romanos y el agua*, Herder, Barcelona, 1996.

MALITZ, J.; "Globalisierung? Einheitlichkeit und Vielfalt des Imperium Romanum", en Schreiber (ed.), *Vom imperium Romanum* (cit.), pp.37-52.

MANCINI, G.; "Ius Latii e ius adipiscendi civitatem per magistratum nella lex Irnitana", en *Index*, 18 (1990), pp. 367-388.

MANGAS, J.; "Pervivencias sociales de astures y cántabros en los modelos administrativos romanos: tiempos y modos", en Hidalgo de la Vega, Pérez y Gervás (eds.), *Romanización y reconquista* (cit.), pp. 117-128.

MANSUELI, G. A.; *Roma e le province, II. Topografia, urbanizzazione, cultura*, Istituto Nazionale di Studi Romani, Cappelli, Bologna, 1985.

MARASCO, G.; "Giulia Domna, Caracalla e Geta: frammenti di tragedia alla corte dei Severi", en *L'Antiquité Classique*, 65 (1966), pp. 119-134.

__________; "Caracalla e i massacri di Alessandria (215 d. C.)", en Id., *Studia Historica*, Università degli Studi di Firenze, Firenze, 1988, pp. 67-76.

MARCO, F.; "Integración, *interpretatio* y resistencia religiosa en el Occidente del imperio", en Blázquez y Alvar (eds.) *La Romanización* (cit.), pp. 217-238.

MARCONE, A.; "La frontiera del Danubio fra strategia e politica", en *Storia di Roma 2, II* (cit.), pp. 469-490.

__________; *Storia dell' Agricoltura romana*, Carocci, Roma, 1997.

MAROTTA, V.; *Ulpiano e l'impero, I*, Loffredo, Napoli, 2000.

__________; "Conflitti politici cittadini e governo provinciale", en F. Amarelli (ed.), *Politica e participazione nelle città dell' impero romano*, L'Erma di Bretschneider, Roma, 2005, pp. 121-201.

MARROU, H.; *Historia de la educación en la antigüedad*, Akal, Madrid, 1985.

MARTIN, J. P.; *Société et religions dans les provinces romaines d'Europe centrale et occidentale 31 avant J. C. 235 après J. C.*, Sedes, Paris, 1991.

MARTIN, P. M.; "L'ecuménisme dans la vision de Rome par l'historien Denys d'Halicarnasse", en Foresti, Barzanò, Bearzot, Prandi, Zecchini (eds.), *L'ecumenismo politico* (cit.), pp. 295-306.

MARTINELLI, F.; "Identità attuale di una città bimillenaria, Roma", en *Studi Romani*, 50/1-2 (2002), p. 68-79.

MASTINO, A.; *"ORBIS, KOΣMOΣ, OIKOYMENH*: Aspetti spaziali dell'idea di impero universale da Augusto a Teodosio", en *Popoli e Spazio Romano* (cit.), pp. 63-162.

__________; "Antonino Magno, la cittadinanza e l'impero universale", en *La nozione di 'romano'* (cit.), pp. 559-563.

MATHINSEN, R. W.; "Reseña a Honorè, *Ulpian. Pioneer* (cit.)", en *JRS* 94 (2004), pp. 279-280.

MATTERN, S.; *Rome and the Enemy, Imperial strategy in the principate*, University of California, Berkeley, 1999.

MATTINGLY, D. J. (ed.); *Dialogues in Roman imperialism. Power, discourse, and discrepant experience in the Roman Empire*, Journal of Roman Archaeology, Suppl. series n. 23, Porthsmouth, Rhode Island, 1997.

MATTINGLY, D. J.; "Vulgar and weak romanization or time a paradigm shift?", en *Journal of Roman Archaeology*, 15 (2002), pp. 536-540.

__________; "Being Roman: Expressing Identity in a Provincial Setting", *Journal of Roman Archaeology*, 17 (2004), pp. 5-25.

MATYSZAK, P.; *I grandi nemici di Roma Antica*, Newton Compton, Roma, 2005.

MAYER, M., D'ENCARNAÇAO, J. y CARDIM RIBEIRO, J. (eds.); *Divinidades indígenas e Interpretatio romana*, II Coloquio Internacional de epigrafía, culto e sociedade, Sintra, 1995.

MAZZA, M.; "Roma e i quattro imperi. Temi della propaganda nella cultura ellenistico-romana", en *Studi e Materiali di Storia delle Religioni*, 62, n. s. 20 (1996), 1-2, pp. 315-350.

MAZZARINO, S.; *Il pensiero storico classico*, 2, Laterza, Roma-Bari, 1983.

__________; *L'impero romano I*, Laterza, Roma-Bari, 1973 (1991).

MC NEILL, J. R. y Mc Neill, W. H.; *Las redes humanas. Una historia global del mundo*, Crítica, Barcelona, 2004.

MC NEILL, W. H.; *The Rise of the West. A History of the Human Community*, University of Chicago, Chicago, 1963 (1991).

__________; "The Rise of the West. After Twenty-Five Years", en *Journal of World History*, I (1990), pp. 1-21.

MEGILL, A.; "Globalization and the History of Ideas", en *Journal of the History of Ideas*, 66 (2005), pp. 179-187.

MÉLÈZE MODRZEJEWSKI, J.; "La règle de droit dans l'Égypte romain. Etat des questions et perspectives de recherches", en *Proc. of the XIIth. Intern. Congress of Papyrology (Ann Arbor, Mich., agosto 1968)*, New-Haven, Toronto, 1970, pp. 317-378.

__________; "Grégoire le Thaumaturge et le droit romain. A propos d' une édition récente", en *Revue d'histoire du droit*, 49 (1971), pp. 312-324.

__________; "Diritto romano e diritti locali", en *Storia di Roma 3, II* (cit.), pp. 985-1009.

MELLOR, R.; "The Godden Roma", en *ANRW*, II, 17, 2 (1981), pp. 950-1030.

MENCHELLI, S.; "La terra sigillata - etrusca ai confini dell' Impero", en *L'Africa Romana*, III (cit.), pp. 1091-1100.

__________; "Pisa nelle rotte commerciali mediterranee dal III secolo a. C. all' età tardoantica", en Tangheroni (ed), *Pisa e il Mediterraneo* (cit), pp. 99-103.

METZLER, J., MILLET, M., ROYMANS, N. y SLOFSTRA, J. (eds.); *Integration in the Early Roman West. The role of culture and ideology*, Dossiers d'Archéologie du Musée National d' Histoire et d'art 4, Luxembourg, 1995.

MICHON, S.; "À propos de deux as surfrappés de Caracalla", en *Bulletin de la Société Française de Numismatique*, 43 (1988), pp. 293-295 y 313.

MIGLIARIO, E.; "Nota in margine alla Tabula Banasitana", en Degl' Innocenti y Moretti (eds.), *Miscillo flamine* (cit), pp. 221-229.

__________; "Gentes foederatae. Per una riconsiderazione dei rapporti romano-berberi in Mauretania Tingitana", en *Rendiconti della Accademia dei Lincei*, ser. 9°, 10 (1999), pp. 427-471.

MILAZZO, F. (ed.); *Res publica e princeps. Vicende politiche, mutamenti istituzionali e ordinamento giuridico da Cesare ad Adriano*. Atti del convegno internazionale di diritto romano, (Copanello, 25-27 Maggio 1994), Scientifiche Italiane, Napoli, 1996.

MILES, D. (ed.); *The Romano-British Countryside*, BAR (S. 103), Oxford, 1982.

MILES, G. B.; "Roman and Modern Imperialism: a Reassessment", en *Comparative Studies in Society and History*, 32/4 (1990), pp. 629-659.

MILLAR, F.; "The date of the Constitutio Antoniniana", en *The Journal of Egyptian Archaeology*, 43 (1962), pp. 124-180.

__________; *The Emperor in the Roman World (31 BC- AD 337)*, Duckworth, London, 1977 (1992).

__________; *The Roman near est 31 BC-AD 337*, Harvard University, London, 1993.

MILLETT, M.; "Romanization: historical issues and archaeological interpretation", en Blagg y Millet (eds.), *Early Roman* (cit.), pp. 35-41.

__________; *The Romanization of Britain. An essay in archaeological interpretation*, Cambridge University, Cambridge, 1990.

MITCHELL, S. y GREATREX, G. (eds.); *Ethnicity and culture in late Antiquity*, Duckworth and the classical press of Wales, Swansea, 2000.

MOHLER, S. L.; "The iuvenes and Roman education", en *Transactions of the American Philological Association*, 68 (1937), pp. 442-479.

MOMIGLIANO, A.; "Reseña a Sherwin-White, *The Roman Citizenship* (cit.)", en *JRS*, 31 (1941), pp. 158-165 (=*Secondo contributo alla storia degli studi classici*, Edizioni di Storia e Letteratura, Roma, 1960 (1984), pp. 389-400.

__________; "Polibio, Posidonio e l'imperialismo romano", en *Atti della Accademia delle scienze di Torino*, 107 (1972-1973), pp. 693-707; (=*Sesto contributo* (cit.), pp. 89-101); (=*La storiografia greca*, Einaudi, Torino 1982, pp. 258-272); (=*La historiografía griega*, Crítica, Barcelona, 1984, pp. 226-238).

__________; "Le regole del gioco nello studio della storia antica", en *ASNP*, S. III, 4 (1974), pp. 1183-1192 (=*Sesto contributo alla storia degli studi classici e del mondo antico*, Edizioni di Storia e Letteratura, Roma, 1980, pp. 13-22) (=*Sui fondamenti della storia antica*, Einaudi, Torino, 1984, pp. 477-485).

__________; "After Gibbon's Decline and Fall", en *ASNP*, S. III, 8 (1978), pp. 435-454 (=*Sesto contributo* (cit.), pp. 265-284); (=*Sui fondamenti* (cit.), pp. 328-348).

__________; *Sui fondamenti della storia antica*, Einaudi, Torino, 1984.

MOMMSEN, T.; *Le Province Romane da Cesare a Diocleziano*, Sansoni, Firenze (1885), 1970.

__________; *Römisches istaatsrecht*, Leipzig 1887, (trad. Fr. *Le droit public romain*, Paris, 1984).

MONTERO, S.; "Un oráculo del Apolo de Claros en Galicia", en *Estudios sobre la antigüedad en homenaje al profesor Santiago Montero Díaz*, en "Gerión", Anejos N°2 (1989), pp. 357-365

__________; "La religión romana del Imperio", en Blázquez, Martínez-Pinna y Montero (eds.), *Historia de las religiones antiguas* (cit.), pp. 537-616.

MONTOYA, R.; *El imperio global*, El Ateneo, Buenos Aires, 2003.

MORALEJO, J. L.; "Horacio y sus modelos griegos. (En torno a *Epi*. I 19, 21-34)", en Falque y Gascó (eds.), *Graecia capta* (cit.), pp. 45-81.

MOURITSEN, H.; *Italian Unification: A Study in Ancient and Modern Historiography*, Institute of Classical Studies, London, 1998.

MUÑOZ, F. y DIEZ, E.; "*Pax orbis terrarum*. La pax en la moneda romana", en *Florentia Iliberritana*, 10 (1999), pp. 211-250.

NANCY, J. L.; *La creazione del mondo o la mondializzazione*, Einaudi, Torino, 2003.

NARDUCCI, E., AUDANO, S. y FEZZI, L.; *Aspetti della Fortuna dell' Antico nella Cultura Europea*, Atti di studi, (Sestri Levante, 26 marzo 2004), ETS, Pisa, 2005.

NAVARRO CABALLERO, M. y DEMOUGIN, S. (eds.); *Élites Hispaniques*, (Études 6), Ausonius, Bordeaux, 2001.

NENCI, G.; "L'imitatio Alexandri", en *Polis, Revista de ideas y formas políticas de la antigüedad clásica*, 4 (1992), pp. 173-186.

NÉRAUDAU, J.; *Le Jeunesse dans la littérature et les institutions de la Rome républicaine*, Les Belles lettres, Paris, 1979.

NICOLET, C.; *Le métier de citoyen dans la Rome républicaine*, Gallimard, Paris, 1976.

__________; *Roma y la conquista del mundo mediterráneo 264-27 a. J. C. 2. La génesis de un imperio*, Labor, Barcelona, 1984.

__________; "Lexicographie politique et histoire romaine: problèmes de méthode et directions de recherches", en Lana y Marinone (eds.), *Atti del convegno sulla lessicografia politica e giuridica* (cit.), pp. 19-46.

__________; "Il modello dell'Impero", en *Storia di Roma 4* (cit.), pp. 459-486.

__________; *L'inventario del mondo. Geografia e politica alle origini dell'impero romano*, Laterza, Roma-Bari, 1989.

NIPPEL, W.; "La costruzzione dell altro", en Settis (ed.), *I Greci, 1* (cit.), pp. 165-196.

NOÉ, E.; "Considerazioni sull'impero romano in Strabone e Cassio Dione", en *Rendiconti dell'Istituto Lombardo*, (122) 1988, pp. 101-124.

NOGALES, T.; "Autorrepresentación de las élites provinciales: el ejemplo de Augusta Emerita", en Navarro Caballero y Demougin (eds.), *Élites hispaniques* (cit.), pp. 121-139.

NONY, D.; "Les provinces hispaniques", en Lepelley (ed.), *Rome et l'intégration* (cit), pp. 113-141.

OLIVER, J. H.; *The Ruling Power. A study of the Roman Empire in the second century after Christ through the Roman Oration of Aelius Aristides*, Transactions of the American Philosophical Society (New Series, 43, Part 4), Philadelphie, 1953, pp. 871-1003.

__________; *Greek constitutions of early Roman Emperors from Inscriptions and papyri*. Transactions of the American Philosophical Society 178, Philadelphia, 1989.

ORSTED, P.; *Roman imperial economy and Romanization*, Museum tusculanum, Copenhagen, 1985.

OSTERHAMMEL, J. y PETERSSON, N. P.; *Storia della globalizzazione. Dimensioni, processi, epoche*, il Mulino, Bologna, 2005.

PACI, G. (ed.); *Epigrafia romana in area adriatica*, Actes de la IXe Rencontre franco-italienne sur l'épigraphie du monde romain (Macerata, 10-11 nov. 1995), Pisa-Roma, 1998.

PAGDEN, A.; *Pueblos e Imperios*, Mondadori, Madrid, 2003.

PANI, M. (ed.); *Epigrafia e territorio. Política e Società. Temi di antichità romane*, IV, Edipuglia, Bari, 1996.

__________; *Storia romana e storia moderna*, Edipuglia, Bari, 2005.

PANI, M.; *Potere e valori a Roma fra Augusto e Traiano*, Edipuglia, Bari, 1993.

PARETI DE CANESSA, M. E.; "África del norte en la perspectiva política de Augusto. Su proyección", en *Revista de Historia Universal*, Universidad Nacional de Cuyo, 6 (1994), pp. 19-41.

PARPAGLIA, P. P.; *Sacra peregrina, civitas Romanorum, dediticii nel Papiro Giessen n. 40*, Tipografia Moderna, Sassari, 1995.

PASCHOUD, F.; *Roma aeterna: études sur le patriotisme romain dans l'occident latin à l'époque des grandes invasions*, Inst. Suize, Rome, 1967.

PASQUINUCCI, M.; *Terme romane e vita quotidiana*, Panini, Modena, 1987.

__________; "Pisa romana", en Tangheroni (ed.) *Pisa e il Mediterraneo* (cit.), pp. 81-85.

PAVAN, M.; "Sul significato storico dell'Encomio di Roma di Elio Aristide", en *Parola del Passato*, (1962), pp. 81-95.

PEREA YÉBENES, S. (ed); *Res gestae. Grandes generales romanos (I)*, Signifer Libros, Madrid, 2004.

PÉREZ SERRANO, J.; "Fortaleza y debilidad en la estrategia globalista en la post guerra fría", en *Revista de Historia Social y de las Mentalidades*, Universidad de Santiago, 7 (2003), pp. 175-191.

PERKINS, P. y NEVETT, L.; "Urbanism and urbanization in the Romand world", en Huskinson, *Experiencing Rome* (cit.), pp. 213-244.

PERKINS, P.; "Power, Culture and Identity in the Roman economy", en Huskinson, *Experiencing Rome* (cit.), pp. 183-221.

PERNOT, L.; *Éloges grecs de Rome, Discours traduits et commentés*, Les Belles Lettres, Paris, 1997 (2004).

PETIT, P.; *La Paz Romana*, Labor, Barcelona, 1976.

PIPPIDI, D. M. (ed.); *Assimilation et résistance à la culture grecorromaine dans le monde ancien*, Travaux du VIe Congrès International d'Études Classiques, Les Belles Lettres, Paris, 1976.

PLACIDO, D.; "Alejandro y los emperadores romanos en la historiografía griega", en Croisille (ed.), *Alejandro Magno, modelo* (cit.), pp. 58-75.

__________; "Emperadores y sofistas: Herodes Ático y Roma", en Falque y Gascó (eds.), *Graecia capta* (cit.), pp. 193-200.

__________; "*Graecia capta*. Integradora de la Romanidad", en *Studia Historica, Historia Antigua*, 8 (1990), pp. 97-107.

PLEKET, H.; "Collegium iuvenum nemesiorum. A note on ancient youth organizations", en *Mnemosyne*, 22 (1969), pp. 281-298.

POLVERINI, L.; "Reseña a Accame, *La formazione* (cit.)", en *Vita e pensiero*, 51 (1968), pp. 511-516.

__________; "Reseña a Bénabou, *La résistance* (cit.)", en *Athenaeum*, 57 (1978), pp. 185-190.

__________; "Traiano e l'apogeo dell'impero", en Urso (ed.), *Hispania Terris* (cit.), pp. 303-313.

POMA, G.; *Le istituzioni politiche del mondo romano*, Il Mulino, Bologna, 2002.

__________; "Le regole della convivenza tra cittadini e 'immigrati' in età imperiale", en Angeli Bertinelli y Donati (eds.), *Il cittadino* (cit.), pp. 185-212.

PORENA, P. F.; "Forme di partecipazione politica cittadina e contatti con el potere imperiale", en Amarelli (ed.), *Politica e participazione* (cit.), pp. 13-92.

PRICE, J.; "La grande rivolta", en Lewin (ed.), *Gli ebrei nell'impero* (cit.), pp. 113-124.

PRICE, S.R.F.; *Rituals and Power. The Roman Imperial Cult in Asia Minor*, Cambridge University, Cambridge, 1984.

PRIETO, A.; "La aportación de Marcelo Vigil al concepto de romanización de la península ibérica", en Hidalgo de la Vega, Pérez y Gervás (eds.), *Romanización y reconquista* (cit.), pp. 141-152.

PRONTERA, F. (ed.); *Tabula Peutingeriana. Le antiche vie del* mondo, S. Olschki, Firenze, 2003.

PROSDOCIMI, L.; "*Roma communis patria* nella tradizione giuridica della cristianità medievale", en *La nozione di 'romano'* (cit.), pp. 43-48.

PURCELL, N.; "La ciudad de Roma", en Jenkyns (ed.), *Legado* (cit.), pp. 374-401.

__________; "Romans in the Roman World", en Galinsky (ed.), *The Age of the Augustus* (cit.), pp. 85-105.

RAEPSAET-CHARLIER, M. Th.; "Cn. Julius Agricola: mise au point prosopographique", en *ANRW*, II, 33, 3 (1991), pp. 1807-1857.

RAGGI, A.; "Cittadinanza coloniaria e cittadinanza romana", en Salmeri, Raggi y Baroni (eds.), *Colonie romane* (cit.), pp. 55-68.

RAMELLI, I.; "L'opposizione all'impero in Giovenale", en Sordi (ed.), *L'opposizione nel mondo antico* (cit.), pp. 195-214.

RANDAZZO, S.; "*Collegia iuvenum*. Osservazioni in margine A D. 48, 19, 28, 3", en *Studia et documenta historiae et iuris*, 66 (2000), pp. 201-222.

RATTI, E.; "Impero romano e armonia dell' universo nella pratica retorica e nella concezione religiosa di Elio Aristide: una ricerca per l'*Ei□□□μ□□*, en *Memorie dell' Istituto Lombardo*, 31 (1971), pp. 283-361.

RAYBOULD, M. E.; *A Study of inscribed material from Roman Britain. An inquiry into some aspect of literacy in Romano-British society*, BAR (S. 281), Oxford, 1999.

RAZETO, A.; "Contatti tra Roma e la Cina nelle fonti cinesi relative alla dinastia Han orientale, alla luce del metodo storiografico cinese", en *Rivista storica dell' Antichità*, 32 (2002), pp. 251-258.

REBENICH, S.; *Theodor Mommsen. Eine Biographie*, Beck, München, 2002.

REECE, R.; *My Roman Britain*, Cotswold, Cirencester, 1988.

__________; "Romanization: a point of view", en Blagg y Millet (eds.), *Early Roman* (cit.), pp. 30-34.

REGGI, G. (ed.); *Storici latini e greci di età imperiale*, Atti del corso d'aggiornamento per docenti di Latino e Greco del Canton Ticino (Lugano, 17-19 ottobre 1990), EUSI, Lugano, 1993.

REGGIANI, A. M.; *Educazione e scuola: vita e costumi dei romani antichi*, Quasar, Roma, 1990.

REPELLINI, F. F.; "Tecnologie e macchine", en *Storia di Roma 4* (cit.), pp. 323-368.

REVERDIN, O. (ed.); *Le culte des souverains dans l'empire Romain*, (Entretiens sur l'Antiquité classique, 19) Fondation Hardt, Vandoeuvres-Génève, 1973.

REYNOLDS, J.; *Aphrodisias and Rome*. Society for the promotion of Roman studies, Monograph I, London, 1982.

RICHARD, J. C.; "Recherches sur certains aspects du culte impérial: Les funérailles des empereurs romains aux deux premiers siècles de notre ère", en *ANRW*, II, 16, 2 (1978), pp. 1121-1134.

RICHARDSON, J.; "*Imperium Romanum*: empire and the language of power", en *Journal of Roman Studies*, 81 (1991), pp. 1-9.

__________; *Hispania y los Romanos*, Crítica, Barcelona, 1998.

RINALDI TUFI, S.; *Archeologia delle province romane*, Carocci, Roma, 2004.

RIVES, J.; "Religion in the Roman Empire", en Huskinson, *Experiencing Rome* (cit.), pp. 245-275.

ROBERT, J. N.; *Los placeres en Roma*, Edaf, Madrid, 1992.

__________; *De Roma a China. Por la ruta de la seda en tiempos de la Roma antigua*, Herder, Barcelona, 1996.

ROBERTSON, R.; *Globalization: Social Theory and Global Culture*, Sage, London, 1992.

ROBINSON, E. W.; "American Empire? Ancient Reflections on Modern American Power", en *Classical World*, 99/1 (2005), pp. 33-50.

RODÀ DE LLANZA, I. (ed.); *Aqua Romana. Técnica humana y fuerza divina*, Agbar, Lisboa, 2004.

RODA, S.; *Roma antica e il mondo occidentale moderno: criteri di interpretazione e ipotesi di continuità*, Thélème, Torino, 1999.

__________; *Profilo di Storia Romana. Dalle origini alla caduta dell'impero d'occidente*, Carocci, Roma, 2002.

__________; "L'immagine del Barbaro tra mondo antico e mondo contemporaneo", en Giorcelli Bersani (ed.), *Romani e Barbari* (cit.), pp. 11-24.

__________; "Strategie imperiali", en Pani (ed.), *Storia romana* (cit.), pp. 115-132.

RODDAZ, J. M.; "Auguste et les confins", en *L'Africa Romana*, I (cit.), pp. 261-276.

__________; "De la conquête à la pacification: la mutation des sociétés indigènes", en Castillo, Rodríguez y Navarro (eds.), *Sociedad y economía* (cit.), pp. 15-26.

__________; "Hispania Pacata: L'Empereur et les Espagnes aux deux premiers siècles de l'empire", en Urso (ed.), *Hispania Terris* (cit.), pp. 201-223.

__________; "Augusto o el arte de lo posible", en *Semanas de Estudios Romanos*, 13 (2006), pp. 129-147.

RODRÍGUEZ GONZÁLEZ, J.; "Petilio Cerial, un general con suerte", en Perea Yébenes (ed), *Res gestae. Grandes generales* (cit.), pp. 97-129.

RODRÍGUEZ NEILA, J. F.; *Los Balbos de Cádiz*, Universidad de Sevilla, Sevilla, 1973.

RODRÍGUEZ SAN JUAN, F.; "Algunas consideraciones sobre los contactos culturales entre romanos y partos en la frontera del

Éufrates", en *Studia Historica. Historia Antigua,* 22 (2004), pp. 103–124.

ROJAS, L.; *España y Portugal ante los otros,* Universidad del Bío-Bío, Talcahuano, 2002.

ROLDÁN, M.; "El elemento indígena en las guerras civiles en Hispania: aspectos sociales", en *Hispania Antiqua,* 2 (1972), pp. 77-123.

__________; "El ejército romano y la romanización de la península ibérica", en *Hispania Antiqua,* 6 (1976), pp. 125-145.

__________; *Hispania y el ejército romano. Contribución a la historia social de la España Antigua,* Universidad de Salamanca, Salamanca, 1974.

ROSSI, P.; "Verso una storia globale", en *Rivista Storica Italiana,* 113 (2001), pp. 798-816.

ROSTOVTZEFF, M.; *Historia social y económica del imperio romano,* I y II, Espasa Calpe, Madrid (1927), 1981.

ROUGÉ, J.; "Transports maritimes et transports fluviaux dans les provinces occidentales de l' Empire", en *Ktèma,* 13 (1988), pp. 87-93.

ROUSELLE, A.; "Camille Julian", en Buguière (ed.), *Diccionario de Ciencias Históricas* (cit.), pp. 427-429.

RUFFOLO, G.; *Quando l'Italia era una superpotenza. Il ferro di Roma e l'oro dei mercanti,* Einaudi, Torino, 2004.

SAAVEDRA-GUERRERO, M. D.; "Imagen, Mito y realidad en el reinado de Septimio Severo. Julia Domna y la *virtus* en la familia imperial", en *Athenaeum,* 94 (2006), pp. 95-103.

SADDINGTON, D. B.; "Roman soldiers, local gods and interpretatio romana in Roman Germany", en *L'Antiquité Classique,* 42 (1999), pp. 155-199.

SAID, E. W.; *Orientalismo,* Mondadori, Barcelona, 2002.

SALAMÓ, S.; "Vías de relación entre Roma y China", en *Semanas de Estudios Romanos,* 6 (1991), pp. 163-174.

SALERNO, L.; *Roma communis patria,* Cappelli, Bologna, 1968.

SALMERI, G., RAGGI, A. y BARONI, A. (eds.); *Colonie romane nel mondo greco,* L'Erma di Bretschneider, Roma, 2004.

SALMERI, G.; "Dalle province a Roma: il rinnovamento del senato", en *Storia di Roma 2, II,* (cit.), pp. 553-575.

SALMON, E. T.; "The cause of the social war", en *Phoenix,* 16 (1962), pp. 107-119.

SÁNCHEZ LEÓN, M. L.; *El Alto Imperio Romano (14-235)* Síntesis, Madrid, 1998.

SÁNCHEZ MARTÍNEZ, M.; "Reseña a Perea Yébenes (ed), *Res gestae. Grandes generales* (cit.)", en *Gerión,* 22 (2004), pp. 548-550.

SANTOS, N.; *El ejército romano y la romanización de los astures,* Asturlibros, Oviedo, 1981.

SARTRE, M.; "Les manifestations du culte impérial dans les provinces syriennes et en Arabie", en Eversy y Tsingarida (eds.), *Rome et ses provinces* (cit.), pp. 167-186.

__________; *El Oriente Romano. Provincias y sociedades provinciales del mediterráneo oriental, de Augusto a los Severos (31 a. C.-235 d. C.),* Akal, Madrid, 1994.

SAVINO, E.; *Città di frontiera nell'impero romano. Forme della romanizzazione da Augusto ai Severi,* Edipuglia, Bari, 1999.

SCOBIE, A.; "Slums, sanitation and mortality in the Roman world", en *Klio,* 68 (1986), pp. 399-433.

SCHEID, J.; "Le protocole des arvales de l'année 213 et l'arrivée de Caracalla à Nicomédie", en Paci (ed.), *Epigrafia romana in area adriatica* (cit.), pp. 439-451.

SCHEIDEL, W.; "Human mobility in Roman Italy, I: The free population", en *Journal of Roman studies,* 94 (2004), pp. 19-26.

SCHEPENS, G.; "Between utopianism and hegemony. Some reflections on the limits of political oecumenism in the Graeco Roman world", en Foresti, Barzanò, Bearzot, Prandi, Zecchini (eds.), *L'ecumenismo politico* (cit.), pp. 117-147.

SCHIAVONE, A. (ed.); *Storia di Roma 4. Caratteri e morfologie*, Einaudi, Torino, 1989.

__________; *Storia di Roma, 2, L' imperio mediterraneo, I, La repubblica imperiale*, Einaudi, Torino, 1990.

__________; *Storia di Roma. 2. L'impero mediterraneo, II. I principi e il mondo*, Einaudi, Torino, 1991.

__________; *Storia di Roma, 2 L'impero mediterraneo. 3, la cultura e l'impero*, Einaudi, Torino, 1992.

__________; *Storia di Roma 3. L'età tardoantica. I. Crisi e trasformazioni*, Einaudi, Torino, 1993.

__________; *Storia di Roma, 3, L'età tardoantica, II, I luoghi e le culture*, Einaudi, Torino, 1993.

__________; *Storia del diritto romano*, Giappichelli, Torino, 2001.

SCHIAVONE, A.; "La struttura nascosta. Una grammatica dell' economia romana", en *Storia di Roma, 4* (cit), pp. 7-69.

__________; *La storia spezzata. Roma antica e occidente moderno*, Laterza, Roma-Bari, 1996.

SCHREIBER, W. (ed.); *Vom imperium Romanum zum Global Village. "Globalisierungen" im Spiegel der Geschichte*, Ars una, Neuried, 2000.

SEALEY, P. R.; *The Boudican revolt against Rome*, Princes Risborough, Shire Publ., 1997.

SEBESTA, J. L. y BONFANTE, L.; *The World of Roman Costume*, University of Wisconsin, Madison, Wisconsin, 2001.

SEELENTAG, G.; *Taten und Tugenden Traians. Herrschaftsdarstellung im Prinzipat*, ("Hermes" Einzelschriften, 91), Steiner, Stuttgart, 2004.

SEGENNI, S.; "Antonino Pio e le città dell'Italia (Riflessioni su HA., v. Pii, 8, 4)", en *Athenaeum*, 89 (2001), pp. 355-405.

SEGRÈ, A.; "La costituzione Antoniniana e il diritto dei 'novi cives'", en *Iura*, 17 (1966), pp. 1-26.

SERRAO, F.; "Il modello di costituzione. Forme giuridiche, caratteri politici, aspetti economico-sociali", en *Storia di Roma, 2, II* (cit.), pp. 29-71.

SESTON, W. y EUZENNAT, M.; "La Citoyenneté romaine au temps de Marc-Aurèle et de Commode d'après la Tabula Banasitana", en *Comptes Rendus de l'Académie des Inscriptions et Belles-lettres* (1961), pp. 317-323.

SESTON, W.; "La Citoyenneté Romaine", en *XIII Congrès International des Sciences historiques (Moscou, 16-23 octobre 1970)*, 1973, pp. 31-52.

SETTIS, S. (ed.); *I Greci. Storia Cultura Arte Società, 1. Noi e i Greci*, Einaudi, Torino, 1996.

__________; *I Greci. Storia, cultura, arte, società, 2 Una storia greca, II*. Definizione, Einaudi, Torino, 1997.

__________; *I Greci. Storia, cultura, arte, società. 2. Una storia greca, III. Trasformazioni*, Einaudi, Torino, 1998.

__________; "Roma fuori di Roma: periferie della memoria", en *Roma nell'alto medioevo*, II, Settimane di Studi di Spoleto, (27 aprile - 1 maggio 2000), Spoleto 2001, pp. 991-1013.

SHAW, A.; "El bandido", en Giardina (ed.), *El hombre* (cit.), pp. 351-394.

SHELDON, R.; "Romanizzazione, Acculturazione e Resistenza: problemi concettuali nella storia del Nordafrica", en *Dialoghi di Archeologia*, 4 (1982), pp. 102-106.

SHERWIN-WHITE, A. N.; "The Tabula of Banasa and the constitutio Antoniniana", en *Journal of Roman Studies*, 63 (1973), pp. 86-98.

__________; *The Roman Citizenship*, Oxford University, Oxford, 1939 (1973).

SHOTTER, D.; *Augustus Caesar*, Routledge, London-New York, 2005.

SIDEBOTTOM, H.; "Roman Imperialism: the changed outward trayectory of the Roman Empire", en *Historia* 54 (3), 2005 pp. 315-330.

SORDI, M. (ed.); *Alessandro Magno. Tra storia e mito*, Jaca Book, Milano, 1984.

__________; *La pace nel mondo antico*, en CISA, 11, Università Cattolica Sacro Cuore di Milano, Milano, 1985.

__________; *Il confine nel mondo classico*, en CISA, 13, Università Cattolica Sacro Cuore di Milano, Milano, 1987.

__________; *L'opposizione nel mondo antico*, CISA, 26, Università Cattolica Sacro Cuore di Milano, Milano, 2000.

SOUTHERN, P.; "La Bretagne", en Lepelley, *Rome et l'intégration* (cit), pp. 197-229.

SPAGNUOLO VIGORITA, T.; "Cittadini e sudditi tra II e III secolo", en *Storia di Roma 3, I* (cit.), pp. 5-50.

__________; "Diritto locale e modello romano nel principato", en González (ed.), *Roma y las provincias* (cit.), pp. 209-224.

__________; *Città e impero. Un seminario sul pluralismo cittadino nell'impero romano*, Jovene, Napoli, 1996.

SPENCER, D.; *The Roman Alexander. Reading a cultural myth*, Exeter University, Exeter, 2002.

STACCIOLI, R. A.; *Strade Romane*, L'Erma di Bretschneider, Roma, 2003.

STANLEY Jr., F. H.; "Roman Education: observations on the Iberian experience", en *Revue des Études Anciennes*, 93 (1991), pp. 299-320.

STERN, E.; *Roman mold-blown glass*, L'Erma di Bretschneider, Roma, 1995.

STERNINI, M.; *La fenice di sabbia. Storia e tecnologia del vetro antico*, Edipuglia, Bari, 1995.

STERTZ, S. A.; "Aelius Aristides' Political Ideas", en *ANRW*, II, 34, 2 (1994), pp. 1248-1270.

STEVENSON, G. H.; "Comunicaciones y Comercio", en Bailey (ed.), *El legado* (cit.), pp. 195-239

STIERLIN, H.; *El imperio romano. Desde los etruscos a la caída del imperio romano*, Taschen, Colonia, 1997.

STONE, S; "The toga: from national to ceremonial costume", en Sebesta y Bonfante (eds.), *The World of Roman* (cit.), pp. 13-45.

STORCHI MARINO, A. (ed.); *Economia, Administrazione e fiscalità nel mondo romano. Ricerche lessicale. Documenti e studi*, Collana del dipartimento di Scienze dell'antichità dell'Università di Bari (N° 36), Edipuglia, Bari, 2004.

STORONI MAZZOLANI, L.; *L'idea di città nel mondo romano*, Ricciardi, Milano, 1967.

STURGEON, M. C.; "East meets West: toward a global perspective on the Roman empire", en *Journal of Roman Archaeology*, 13 (2000), pp. 659-667.

SWAIN, S. (ed.); *Dio Chrysostom - Politics, letters and Philosofhy*, Oxford University, Oxford, 2000.

SWEETMAN, R. J.; "Roman Knossos: The Nature of a Globalized City", en *American Journal of Archaeology*, 111 (2007), pp. 61-81.

SYME, R.; *Colonial Élites. Rome, Spain and the Americas*, Oxford University, London, 1958.

__________; "Rome and the Nations", en *Diogenes*, 124 (1983), pp. 33-46 (=E. Birley (ed.) *Roman papers*, IV, Clarendon, Oxford, 1988, pp. 62-73).

TALAMANCA, M. (ed.); *Lineamenti di Storia del Diritto Romano*, Giuffrè, Milano, 1989.

TALAMANCA, M.; "Su alcuni passi di Menandro di Laodicea relativi agli efetti della 'Constitutio Antoniniana'", en *Studi in onore di E. Volterra*, V, Giuffrè, Milano, 1971, pp. 433-560.

__________; *Istituzioni di Diritto Romano*, Giuffrè, Milano, 1990.

TANGHERONI, M. (ed.); *Pisa e il Mediterraneo. Uomini, merci, idee dêgli etruschi ai Medici*, Skira, Milano, 2003.

TCHERNIA, A.; "Le vignoble italien du Ier siècle avant notre ère au III e siècle de notre ère: Répartition et évolution", en Amouretti y Brun, (eds.), *La production du vin et de l'huile* (cit.), pp. 283-296.

THEBERT, Y.; "Romanisation et déromanisation en Afrique: Histoire décolonisée ou histoire inversée", en *Annales (ESC)* 33 (1978), pp. 64-82.

THOMAS, Y.; *"Origine et commune Patrie". Étude de droit public romain (89 av. J.C 212 ap. J.C)*, École Française de Rome, Rome, 1996.

TIMPE, D.; "Ein Heiratsplan Caracallas", en *Hermes*, 95 (1967), pp. 470-495.

TOBIN, J.; *Herodes Atticus and the city of Athens. Patronage and social conflict under the Antonines*, Gieben, Amsterdam, 1997.

TODISCO, E.; "L'immigrato e la comunità cittadina: una riflessione sulle dinamiche di integrazione", en Pani (ed.), *Storia romana* (cit.), pp. 133-153.

TODOROV, T.; *La conquista de América. El problema del otro*, Siglo XXI, México, 2000.

TONER, J.; *Rethinking Roman History*, Oleander, Cambridge, 2002.

TORELLI M.; "Le forme dell' integrazione. Colonizzazione, integrazione economica e politica, stati etnici e stati interetnici, en Guilaine y Settis (eds.), *Storia d'Europa* (cit.), pp. 843-890.

TOVAR, A. y BLÁZQUEZ, J.; *Historia de la Hispania Romana*, Alianza, Madrid, 1975.

TOYNBEE, A.; *A Study of History (vol. I-XII)*, Oxford University, London, 1934-1961.

__________; *El Mundo y el Occidente*, Aguilar, Madrid, 1958.

__________; *La gran aventura de la humanidad*, Emecé, Buenos Aires, 1985.

TRILLMICH, W.; "Il modello della metropoli", en Arce, Ensoli y La Rocca (eds.), *Hispania Romana* (cit.), pp. 131-141.

TROIANI, L., NOE, E. y LETTA, C. (eds.); *Ricerche di storiografia greca di età romana*, Giardini, Pisa, 1979.

TROIANI, L. y ZECCHINI, G. (eds.); *La cultura storica nei primi due secoli dell'impero romano*, L'Erma di Bretschneider, Roma, 2004.

TROIANI, L.; "Filone Alessandrino e la XIV regio augustèa", en *Athenaeum*, 62 (1984), pp. 268-275.

__________; "Gli Ebrei e lo stato pagano in Filone e in Giuseppe", en *Ricerche di storiografia antica II,* Giardini, Pisa, 1980.

TROUSSET, P.; "La "Carte d'Agrippa": nouvelle proposition de lecture", en *Dialogues d'Histoire Ancienne*, 19 (1993), pp. 137-157.

TSIRKIN, J. B.; "Romanisation of Spain: sociopolitical aspect. Part III: Romanisation during the early empire", en *Gerión*, 12 (1994), pp. 217-253.

TUÑON DE LARA, M. y MANGAS, J. (eds.); *Historia de España I*, Labor, Barcelona, 1983.

TURCAN, R.; "Un bimillénaire méconu : l'assemblée des Tríos Gaules", en *Comptes Rendus de l'Académie des Inscriptions et Belles-lettres* (1991), pp. 733-742.

__________; "Le soleil et l'éternité impériale. Expressions monétoires d'un processus historique", en Eversy y Tsingarida (eds.), *Rome et ses provinces* (cit.), pp. 221-232.

UGLIONE, R. (ed.); *La pace nel mondo antico*, Atti del convegno internazionale (Torino, 9-11 apprile 1990), Regione Piemonte, Torino, 1991.

URBAN, R.; *Gallia rebellis. Erhebungen in Gallien im Spiegel antiker Zeugnisse* ("Historia" Einzelschriften, 129), Stuttgart, 1999.

URSO, G. (ed.); *Hispania Terris omnibus felicior. Premesse ed esiti di un processo di integrazione.* Atti del convegno internazionale Cividale del Friuli (27-29 settembre 2001), Ets, Pisa, 2002.

VAN BERCHEM, D.; "L'Itinéraire d'Antonin et le voyage en Orient de Caracalla (214-215)", en *Comptes Rendus de l'Académie des Inscriptions et Belles-lettres* (1973), pp. 123-148.

VANNIER, F.; "Aelius Aristide et la domination romaine d'après le discours *À Rome*", en *Dialogues d.'histoire ancienne*, 2 (1976), pp. 497-506.

VEYNE, P.; "Humanistas: los romanos y los demás", en Giardina (ed.), *El hombre* (cit.), pp. 395-422.

__________; "L'empereur, ses concitoyens et ses sujets", en Inglebert (ed.), *Idéologies* (cit.), pp. 49-74.

__________; "Y a-t-il eu un impérialisme romain?", en *MEFRA*, 87 (1975), pp. 793-855.

__________; *Il pane e il circo. Sociologia storica e pluralismo politico*, Il Mulino, Bologna, 1984.

__________; *La sociedad romana*, Mondadori, Madrid, 1991.

VIDAL-NAQUET, P.; *Ensayos de historiografía bajo el imperio romano: Flavio Arriano y Flavio Josefo*, Alianza, Madrid, 1990.

__________; "Flavio Arriano entre dos mundos", en Id., *Ensayos de historiografía* (cit.), pp. 11-92.

__________; *Flavio Josefo o sobre el buen uso de la traición*, en Id., *Ensayos de historiografía* (cit.), pp. 111-247.

VIGIL, M.; "Romanización y permanencia de estructuras sociales indígenas en la España septentrional", en *Boletín de la Real Academia de la Historia*, 152 (1963), pp. 225-234 (=A. Prieto (ed.), *Conflictos y estructuras sociales en la Hispania antigua*, Akal, Madrid, 1977, pp. 129-137).

VILLA, C.; *Le strade consolari di Roma*, Newton Compton, Roma, 1995.

VIRGILIO, B. (ed.); *Studi Ellenistici*, 12, Giardini, Pisa, 1999.

VOGT, J.; "Zu Pausanias und Caracalla", en *Historia*, 18 (1969), pp. 299-308.

VOLPE, P. y FERRARI, F. (eds.); *Ricerche su Dione di Prusa*, Luciano, Napoli, 2001.

VOLPE, P.; "Harmonia e taxis nell' Encomio a Roma di Elio Aristide", en Giordano (ed.), *L' idea di Roma* (cit.), pp. 305-312.

VOLTERRA, E.; "La Tabula Banasitana. A proposito di una recente pubblicazione", en *Bulletino dell'Istituto di Diritto Romano*, 77 (1974), pp. 407-441.

VON HAGEN, V.; *Le grandi strade di Roma nel mondo. Una rete di formidabili arterie per la costruzione d' un impero*, Newton Compton, Roma, 1978.

WAHELL, O.; *Atlas histórico de la Roma clásica*, Acento, Madrid, 2002.

WALLACE-HADRILL, A.; "Vivere alla greca per essere Romani", en Settis (ed.), *I Greci 2* (cit), pp. 939-963.

__________; "Rome's cultural revolution", en *Journal Roman Studies*, 79 (1989), pp. 157-164.

__________; "*Mutatas Formas*: The Augustan Transformation of Roman Knowledge", en Galinsky (ed.), *The Age of the Augustus* (cit.), pp. 55-84.

WALLERSTEIN, I.; *The modern world system. 3 Vol*, Academic press, New York, 1974-1989.

__________; "Análisis de los sistemas mundiales", en Giddens y Turner (eds.), *La teoría social* (cit.), pp. 398-417.

__________; *Conocer el mundo, saber el mundo: el fin de lo aprendido. Una ciencia social para el siglo XXI*, Siglo XXI, México, 2001.

WATCHEL, N.; "L' acculturazione", en Le Goff y Nora (eds.), *Fare Storia* (cit.), pp. 93-116.

WATSON, R.; "Eserciti e confini da Traiano a Settimo Severo", en *Storia di Roma, 2, II* (cit.), pp. 387-408.

WEBER, G.; "Das Imperium Romanum als Wirtschaftsraum", en Schreiber (ed.), *Vom imperium Romanum* (cit.), pp. 53-74.

WEBSTER, J. y COOPER, N. (eds.); *Roman imperialism, post-colonial perspectives*, School of archaeological studies (Monograph 3), Leicester, 1995.

WEBSTER, G.; *Boudica. The British Revolt against Rome, A.D. 60*, Bastford, London, 1978.

__________; *Rome against Caratacus. The Roman campaigns in Britain A.D. 48-58*, Batsford, London, 1981.

__________; *The Roman Imperial Army of the first and second centuries A. D.*, Black 1969, New York, 1985.

WEBSTER, J.; "Interpretatio: Roman word power and the Celtic gods", en *Britannia*, 26 (1995), pp. 153-161.

__________; "Roman Imperialism and the post-imperial age", en Webster y Cooper (eds.) *Roman imperialism* (cit.), pp. 1-17.

__________; "Creolizing the Roman provinces", en *American Journal of Archaeology*, 105 (2001), pp. 209-225.

WELLS, C.; *L'Impero Romano,* il Mulino, Bologna, 1995.

WHITTAKER, C. R.; "Reseña a Bénabou, *La résistance* (cit.)", en *JRS*, 68 (1978), pp. 190-192.

__________; "El pobre", en Giardina (ed.), *El hombre* (cit.), pp. 319-349.

__________; *Frontiers of the Roman Empire. A social and economic study*, Johns Hopkins University, Baltimore, 1994.

__________; "Imperialism and culture: the Roman initiative", en Mattingly (ed.), *Dialogues* (cit.), pp. 143-163.

WIKANDER, O.; "Water-mills in ancient Rome", en *Opuscula Romana,* 12 (1979), pp.13-36.

__________; "The use of water - power in classical antiquity", en *Opuscula Romana*, 13 (1981), pp. 91-104.

WILLIAMS, W.; "Antoninus Pius and the control of provincial Embassies", en *Historia*, 16 (1967), pp. 470-482.

__________; "Caracalla and the authorship of imperial edict and epistles", en *Latomus*, 38 (1979), pp. 67-89.

WIRTH, G.; "Alexander und Rom", en Bosworth y Badian (eds.), *Alexandre le Grand* (cit.), pp. 181-210.

WOLF, E. R.; *Europe and the people without history*, University of California, Berkeley, 1982.

WOLFF, C.; *Les Brigands en Orient sous le Haut-Empire Romain*, École Française de Rome (308), Roma, 2003.

WOLFF, H.; *Die Constitutio Antoniniana und Papyrus Gissensis 40 I*, Köln, 1976.

WOOD, M. y QUEIROGA, F. (eds.); *Current research on the Romanization of the western provinces*, BAR (S. 575), Oxford, 1992.

WOOLF, G.; "World-System analysis and the Roman empire", en *Journal of Roman Archaeology*, 3 (1990), pp. 44-58.

__________; "Becoming Roman, Staying Greek; Culture, identite and the civiling process in the Roman east", en *Proceedings of the Cambridge Philological Society*, 40 (1994), pp. 116-143.

__________; "The unity and diversity of Romanisation", en Blagg y Millett (eds.), *The Early Roman* (cit.), pp. 349-352.

__________; "The Formation of Roman Provincial Cultures", en Metzler, Millet, Roymans y Slofstra (eds.), *Integration in the Early Roman West* (cit.), pp. 9-18.

__________; "Beyond Romans and Natives", en *World Archaeology*, 28 (1997), pp. 339-350.

__________; *Becoming Roman. The origins of provincial civilization in Gaul*, Cambridge University, Cambridge, 1998.

__________; "Provincial Perspectives", en Galinsky (ed.), *The Age of the Augustus* (cit.), pp. 106-129.

WÖRRLE, M.; "La festa", en Settis (ed.), *I Greci. 2. III* (cit.), pp. 1167-1181.

YANNAKOPULOS, N.; "Preserving the pax romana: The peace functionaries in Roman

East", en *Mediterraneo antico* (*ESC*), 6/2 (2003), pp. 825-905.

YOUNG, G. K.; *Rome's Eastern Trade. International Commerce and Imperial Policy, 31 BC - AD 305*, Routledge, London-New York, 2001.

ZANKER, P.; *Augusto e il potere delle immagini*, Einaudi, Torino, 1989.

__________; "Immagini e valori collettivi", en *Storia di Roma, 2, II* (cit.), pp. 193-220.

__________; "The city as symbol: Rome and the creation of an urban image", en Fentress (ed.), *Romanization and the City* (cit.), pp. 25-41.

ZARINI, V.; "Histoire, panégyrique et poésie: trois éloges de Rome l'éternelle autour de l'an 400 (Ammien Marcelin, Claudien, Rutilius Namatianus)", en *Ktèma*, 24 (1999), pp. 167-179.

ZECCHINI, G.; "Alessandro Magno nella cultura dell' età Antonina", en Sordi, (ed.) *Alessandro Magno* (cit.), pp. 195-212.

__________; "La constitutio Antoniniana e l'universalismo politico di Roma", en Foresti, Barzanò, Bearzot, Prandi, Zecchini (eds.), *L'ecumenismo politico* (cit.), pp. 349-358.

__________; "Egemonie a confronto: Roma e gli Stati Uniti", en Pani (ed), *Storia romana* (cit.), pp. 155-166.

ZERBINI, L.; *La città romana. Storia e vita quotidiana*, Giunti, Firenze, 2005.

ZIOLKOWSKI, A.; *Storia di Roma*, Mondadori, Milano, 2000.

ZOLO, D.; *Globalizzazione. Una mappa dei problemi*, Laterza, Bari, 2004.

A

Acaya 54, 108
Accio 183, 240
Aceite de oliva 17, 164, 167
Acueductos 159
Aculturación 27, 68, 80, 85-89, 93, 94, 100, 101, 124, 267
Adriano 17, 18, 28, 29, 51, 52, 54, 62, 71, 83, 84, 107, 110-112, 115, 123, 134, 139, 142, 143, 152, 175, 187, 189, 190, 196, 200, 201, 212, 214, 216, 237-239
Aemulatio 134, 243, 245, 247
África 29, 39, 41, 45, 51, 74, 75, 81, 84, 105-107, 112, 148, 154, 157, 166, 171, 175, 191, 217, 228, 229, 235, 240, 253, 259, 270
Afrodisias 17, 18, 109, 129-131, 185, 201, 230
Agrícola 103, 106, 112-114, 121, 220, 222, 223, 230
Agripa II 207-209, 237
Alejandría 152, 170, 171, 175, 199, 246, 249, 264
Alejandrinos 249
Alejandrofilia 247, 248
Alejandro Magno 110, 122, 145, 168, 231, 242-244, 247, 248, 251, 261, 262, 267
Alexandri 243, 245, 247, 250
Alimenta 88, 196
Alimentación 162, 164, 166, 198
Amiano Marcelino 262
Anfiteatros 77, 180, 197, 203

Ánforas 164
Animales de tiro 160
Anneo Floro 255
Anneo Séneca 105
Antioquía 170, 171, 199, 249, 263
Antoninos 28, 30, 35, 50-52, 107, 111, 121, 124, 126, 127, 142, 148, 189, 218, 232, 246, 256, 264, 268
Antonino Pío 18, 28, 52-54, 106, 107, 112, 123, 139, 184, 187, 189, 196, 210, 212, 214, 216, 217, 237-239, 262
Antropología cultural 57
Apiano 116, 217, 218, 222, 237
Apoteosis 18, 186, 187, 189
Aquitania 106, 113, 171, 184
Arabia 230, 237, 241
Arbelas 250
Arezzo 162
Armadas 178
Armenia 237, 249, 261
Arminio 230
Arqueología 70, 71, 75, 92, 166, 174, 227, 248, 265
Arquitectura 78, 86, 181, 198, 264
Artaban V 232, 250
Artefactos 160, 164
Asclepión 18, 170, 211, 249
Asia 39, 41, 45, 81, 91, 107-109, 111-114, 123, 129, 130, 132, 140, 146, 152, 171, 182, 185, 208, 210, 214, 217, 218, 221, 228, 235, 240, 242, 249, 253, 259, 262, 270
Asia menor 107-109, 111-113, 123, 129, 132, 140, 185, 210, 214, 217, 218

Italiano 48, 61, 105
Itálica 17, 83, 84, 105, 112, 116, 180
Itinerario Antonino 173
Iulia Augusta 171
Ius 61, 105, 116, 125, 126, 128, 129, 132-
136, 194
Ius Latii 105, 128, 129, 134, 194
Ius Romanum 125, 126, 128, 132-134, 136
Iuvenes 154

J

Jerjes 208
Jerusalén 76, 207, 237
Jóvenes 17, 152, 154, 157-159, 166, 187,
210
Judea 54
Julia Domna 121, 246, 248, 249, 253
Julia Procila 113
Julio Auspice 209
Julio Civil 209
Julio Grecino 113
Júpiter 191
Justino 231, 242
Juvenal 167, 173, 200-202, 269

K

Koinón 192
Kushan 263

L

Laodicea 132
Legado 198
Legión 113
Legiones 177, 178, 230, 249
Lenguas 50, 82, 83, 150, 153, 171
Lepcis Magna 17, 107, 121

Lesbos 183
Leyes locales 131, 133
Libertos 58, 120, 222
Limes 16, 139, 150, 238
Lión 17, 87, 103, 118, 119, 121, 171, 184,
195, 219
Livio 61, 116, 226, 227, 233, 234
Londinum 171
Londres 143, 171, 202
Lucano 105, 262
Lucernas 163
Luciano 110
Lucio Vero 107, 128, 210
Lusitania 29, 183, 197

M

Macedonia 37, 77, 108, 171, 236
Macrino 249, 251
Magister 20
Malaca 129
Marcial 167, 200, 262, 269
Marco Agripa 234
Marco Antonio 233, 243
Marco Aurelio 28, 52, 107, 112, 121, 128, 153,
210, 217, 244
Mare nostrum 231, 264, 270
Marsella 113, 170, 171
Masada 76
Mauritania 54, 76, 128, 156, 171
Mediterráneo 23, 29, 37, 39, 41, 60, 72, 87,
90, 108, 145, 160, 170, 175, 183, 195,
199, 228, 234, 254, 261, 263-265, 267,
269, 270, 271
Megalópolis 239
Menandro 132, 133
Mercaderes 144, 180
Mérida 18, 104, 166, 183
Mesala 242
Mestizaje 91, 95
Milcíades 111

Bloch, M. 32
Boatwright, M., Gargola, D. y Talbert, R. 256
Boch de Boldrini, V. 76
Bonamente, G. 186-187
Bonner, S. 152
Borsacchi, S. 71
Bosworth, A. B. 110
Bosworth, A. B. y Badian, E. 243
Bourgeois, A. 113, 183
Bowen, J. 150
Bowersock, G. W. 183, 186, 271
Bowman, A. K., Cotton, H. M., Goodman, M. y Price, S. 228
Braccesi, L. 243
Brague, R. 94
Braudel, F. 144
Braund, D. C. 101
Bravo, G. 88
Bretone, M. 126
Brilliant, R. 83
Brizzi, G. 52
Brun, J. P., Poux, M. y Tchernia, A. 164
Brunt, P. A. 46, 57, 79, 209, 222
Buguière, A. 73
Buono Core V., R. 38, 211-212
Buonocore, M. 69
Burnand, Y., Le Bohec, Y. y Martin, J. P. 119

C

Caballos, A. 100, 103
Camassa, G. y Fasce, S. 168
Campanile, E. 61, 117, 180
Campanile, E. y Letta, C. 117
Campanile, M. D. 108, 110, 130, 192, 214
Campbel, J. B. 178
Canali, L. 76, 114, 223
Cancela Ramírez, M. L. 198
Canfora, L. 153
Cantarella, E. 94
Carandini, A. 144-145

Carcopino, J. 118, 167, 200
Carile, A. 257
Carrasco, S. M. 265
Carrié, J. M. 177, 180-182
Carrié, J.M. y Lizzi Testa, R. 186
Casavola, F. 252
Casavola, F. P. 69
Casson, L. 168
Castells, M. 89
Castillo, C. 105, 127
Castillo, C., Rodríguez, J. y Navarro, F. 101
Cavallo, G. y Chartier, R. 157
Ceausescu, P. 243
Cébeillac-Gervasoni, M. y Lamoine, L. 108
Chastagnol, A. 129
Cheesman, G. 181
Chevalier, R. 168
Christol, M. 76, 220, 232
Cimino, R. M. 263-264
Cimma, M. R. 101
Cizek, E. 28, 244
Clark, D. 257
Clauss, M. 185-187, 190
Collingwood, R. G. 72, 85
Condurachi, E.M. 121
Conta, G. 173, 235
Cooley, A. E. 103
Cornell, T. y Mattheu, J. 94
Corsaro, F. 257
Cortés, J. M. 62, 108, 197, 210, 214, 253, 255, 257
Cottam, S., Dungworth, D., Scott, S. y Taylor, J. 81
Cracco Ruggini, L. 156, 159, 194, 199
Crawford, M. 147
Cresci Marrone, G. 106, 228, 235-236, 240, 242, 254
Crifò, G. 115, 118
Croisille, J. M. 243, 247
Cruz, N. 136
Cubillos, M. 77, 200

Fraschetti, A. y Giardina, A. 236
Freeman, P. 50, 56, 66, 69-72
Frézouls, E. 37, 111

G

Gabba, E. 37, 50, 61, 115, 117, 136, 166, 177,
    179, 207, 217-218, 229, 231-232, 240
Gaddis, J. L. 33, 91
Gagé, J. 157
Galinsky, K. 58, 80, 90, 136
Galsterer, H. 115, 117
Gara, A. 159, 161
Garnsey, P. 78
Garnsey, P. y Saller, R. 86, 112, 123, 137, 145,
    153, 186, 192, 199, 231, 240
Garnsey, P. y Whittaker, C. R. 78
Garzetti, A. 28
Gascó, F. 62, 109, 111, 218
Gascó, F. y Ramírez de Verger, A. 210, 217
Gascou, J. 223
Gasparri, S. 121
Ghedini, F. 248
Giacomini, y G. Poma, P.D. 215
Gianfrotta, P. 170, 227, 264
Giardina, A. 57, 68, 77, 118-119, 144, 177,
    198, 202, 236
Giardina, A. y Vauchez, A. 48
Gibbon, E. 50-51
Giddens, A. 90
Giddens, A. y Turner, J. 144
Gilliam, J. F. 121
Ginestet, P. 154
Giordano, F. 110, 209
Giovanni, G. 160, 219
Giua, M. A. 60, 210, 220, 222-223
Giuliano, G. 154
Gómez, P. 211
González Román, C. 87, 135, 195-196
González, J. 128, 195
Gozzoli, S. 66, 102, 180

Gradel, I. 185
Grant, M. 28
Green, P. 243
Grilli, A. 235
Grimal, P. 200, 212, 225
Gros, P. 202
Grosso, G. 221
Grünewald, Th. 77
Gruzinski, S. 84
Guilaine, J. y Settis, S. 83, 103, 127
Guillen, J. 152
Guillochon, B. 90
Guinea, P. 109
Guzmán Guerra, A. y Gómez Espelosín, F.
    244

H

Hadas-Lebel, M. 207-208
Hahn, I. y Német, G. 217
Haley, E. W. 88
Hammond, M. 111
Hanson, W. S. 78, 113, 178
Harden, D. B. 164
Hardt, M. y Negri, A. 42, 92
Hardwick, L. 52
Harries, J. D. 256
Harris, W. 38, 70, 151, 202, 223
Hartog, F. 48
Haselgrove, C. C. 66
Hatt, J. J. 82, 181
Häussler, R. 103, 153
Haverfield, F. 69, 71-73
Herrera, H. 140, 256
Hidalgo de la Vega, M. J. 58, 90, 111, 140, 144,
    187, 193, 215, 233-234
Hidalgo de la Vega, M. J., Pérez, D. y Gervás,
    M. 88
Highet, G. 94
Hingley, R. 44, 55-56, 59, 68-69, 72-73, 81-82,
    88, 92, 144, 203, 233, 257

Magnani, S. 235-236

Malissard, A. 160

Malitz, J. 90, 95, 123-124, 234

Mancini, G. 129

Marasco, G. 249

Marco, F. 190-191

Marcone, A. 160, 229

Marotta, V. 126, 137, 156, 215, 219, 256

Marrou, H. 150-151

Martin, P. M. 237

Mastino, A. 216, 250-253

Mathinsen, R. W. 126

Mattern, S. 234

Mattingly, D. J. 41-42, 49-50, 57, 65, 75, 78, 81, 86

Matyszak, P. 76

Mayer, M., D'Encarnaçao, J. y Cardim Ribeiro, J. 190

Mazza, M. 218

Mazzarino, S. 28, 71, 79, 222

Mc Neill, J. R. y Mc Neill, W. H. 42, 263-264, 270

Mc Neill, W. H. 91, 263

Megill, A. 90

Mélèze Modrzejewski, J. 126, 132-135

Mellor, R. 183

Menchelli, S. 162-163

Metzler, J., Millet, M., Roymans, N. y Slofstra, J. 65

Michon, S. 250

Migliario, E. 128

Milazzo, F. 115

Miles, D. 144

Miles, G. B. 45-46, 58, 76, 82

Millar, F. 28, 52, 139

Millett, M. 55, 65, 78-79, 87

Mohler, S. L. 156

Momigliano, A. 40, 50, 115, 118, 239

Mommsen, T. 50-51, 69-73, 122, 126

Montero, S. 122, 185, 191-192

Montoya, R. 42

Moralejo, J. L. 62

Mouritsen, H. 69

Muñoz, F. y Diez, E. 53

N

Narducci, E., Audano, S. y Fezzi, L. 257

Navarro Caballero, M. y Demougin, S. 100-101, 103, 105, 198, 202

Nenci, G. 243, 245, 247

Néraudau, J. 154

Nicolet, C. 27, 38, 115, 136, 142, 178, 221, 228-230, 235, 237, 265

Nippel, W. 60

Noé, E. 240

Nogales, T. 101

Nony, D. 100

O

Oliver, J. H. 122, 215, 256

Osterhammel, J. y Petersson, N. P. 90, 144

P

Pagden, A. 42, 44, 48, 98, 134-135, 272

Pani, M. 42, 52, 111, 126, 148, 175

Pareti de Canessa, M. E. 75

Parpaglia, P. P. 121, 248

Paschoud, F. 214

Pasquinucci, M. 160, 162

Pavan, M. 210, 212

Perea Yébenes, S. 76, 210

Pérez Serrano, J. 255

Perkins, P. 149

Perkins, P. y Nevett, L. 195, 272

Pernot, L. 211, 214-216, 255

Petit, P. 28, 52, 134

Pippidi, D. M. 57

Placido, D. 62, 111

Pleket, H. 154

Colección
EL SABER Y LA CULTURA

Aristófanes: Nubes
Óscar Velásquez

Breve historia universal (hasta el año 2000)
Ricardo Krebs

Breve Historia de la Independencia
Latinoamericana
Rolando Mellafe
María Teresa González

Breve Historia de los Estados Unidos de
América
Cristián Guerrero Lira
Cristián Guerrero Yoacham

Breve Historia del Psicoanálisis
Ramón Florenzano

Breve Historia del Cristianismo
José Orlandis

Chile y Perú, la historia que nos une y nos
separa 1535-1883
Sergio Villalobos R.

Civilizaciones Prehispánicas de América
Osvaldo Silva Galdames

Conociendo a los Grandes
Filósofos
Adriana Figueroa Velasco

Confróntese con la sospecha
Marcelo Pellegrini

Cuestiones disputadas acerca de lo malo
Santo Tomás de Aquino

El Quijote y la poética de la novela
Félix Martínez Bonati

El pasar del tiempo y su medida
Humberto Giannini

De cómo el hombre limitó la razón y perdió
la libertad
Renato Espoz

De Veritate
Santo Tomás de Aquino

El problema del dolor
C.S. Lewis

El sentimiento de lo humano en la ciencia,
la filosofía y las artes. Homenaje a Félix
Schwartzmann
Alejandro Ramírez
César Ojeda

El temor y la felicidad
Sergio Peña y Lillo

En el camino de la vida
Ramón Florenzano

Estudios sobre la Conquista de América
Néstor Meza Villalobos

Estudios sobre la historia colonial de
Hispanoamérica
Mario Góngora

Filosofía, ciencia y técnica
Martin Heidegger

Grandes médicos humanistas
Alejandro Goic

Heidegger y la época técnica
Jorge Acevedo

Heidegger y la historia del ser
Eduardo Carrasco

Heidegger y Zubiri
Jorge Eduardo Rivera

Historia del Derecho
Jaime Eyzaguirre

Hombre y Mundo
Jorge Acevedo

La "reflexión" cotidiana. Hacia una
arqueología de la experiencia
Humberto Giannini

La Novela Chilena
Cedomil Goic

La Poética del Tiempo: ética y estética de la
narración
Jorge Peña Vial

La Sociedad como Proyecto
Jorge Acevedo

La agonía del pensamiento romántico. Cuatro
ensayos sobre nuestra situación intelectual
Félix Martínez Bonati

La alegoría del amor
C.S. Lewis

La angustia
Sergio Peña y Lillo

La antropología de Viktor Frankl
Wenceslao Vial Mena

La ciudad y las palabras
Hernán Neira

La época presente
Soren Kierkegaard

La extraña figura antropológica del hombre
de hoy
Armando Roa

La literatura clásica griega
César García

La transformación de la epistemología
contemporánea
Alejandro Ramírez

La naturaleza como texto
Raúl Villarroel

Las Categorías
Aristóteles

Los principios de la naturaleza
Santo Tomás de Aquino

Lógica elemental
Juan Rivano

Meditaciones Metafísicas
René Descartes

Nativos de este mundo
Carla Cordua

Para leer Así habló Zaratustra de F. Nietzsche
Eduardo Carrasco Pirard

Para leer a Jaspers. Invitación a la
Psicopatología General
Mario Vidal Climent

Platón: El Banquete o siete discursos sobre
el amor
Óscar Velásquez

Prehistoria de América
Osvaldo Silva Galdames

Reflexiones sobre el caos
Max Colodro

Retratos de la antigüedad griega
Gerardo Vidal Guzmán

Retratos de la antigüedad romana y la
primera cristiandad
Gerardo Vidal Guzmán

Retratos del Medioevo
  Gerardo Vidal Guzmán

Ser y Tiempo
  Martin Heidegger

Sobre símbolos
  Francisco José Folch

Sociedad y teoría de sistemas
  Darío Rodríguez
  Marcelo Arnold

Vida y cultura en el oasis de San Pedro de
Atacama
  Lautaro Núñez Ascencio